모닝스타
성공투자 5원칙

THE FIVE RULES FOR SUCCESSFUL STOCK INVESTING

Copyright ⓒ 2004 by Morning Star, Inc.
All Rights Reserved. Authorised translation from the English language edition published by John Wiley & Sons Limited. Responsibility for the accuracy of the translation rests solely with Econ Publishers, Inc. and is not the responsibility of John Wiley & Sons Limited. No part of this book may be reproduced in any form without the written permission of the original copyright holder, John Wiley & Sons Limited.

Korean translation copyright ⓒ 2022 by Econ Publishers, Inc.
This translation published under license with John Wiley & Sons, Inc. through EYA(Eric Yang Agency).

이 책의 한국어판 저작권은 EYA(에릭양 에이전시)를 통한 John Wiley & Sons, Inc. 사와의 독점계약으로 이콘출판(주)이 소유합니다.
저작권법에 의하여 한국 내에서 보호를 받는 저작물이므로 무단전재 및 복제를 금합니다.

이 도서의 국립중앙도서관 출판시도서목록(CIP)은 e-CIP 홈페이지(http://www.nl.go.kr/cip.php)에서 이용하실 수 있습니다(CIP제어번호: CIP2006001121).

모닝스타
성공투자 5원칙

THE FIVE RULES FOR SUCCESSFUL STOCK INVESTING

★★★★★

팻 도시 지음 ─── 지승룡·조영로·조성숙 옮김

이콘

역자 서문

아마 대부분의 사람들은 모닝스타를 세계적인 뮤추얼 펀드 평가회사 또는 독립적인 펀드 리서치 전문기관의 대명사 정도로만 알고 있을 것이다. 나 또한 모닝스타에서 일하기 전에는 펀드 평가에 관련된 논문이나 투자론 관련 서적을 통해 "모닝스타의 뮤추얼 펀드 평가 방법론" 정도만 알고 있었다. 그러나 실제로 모닝스타는 투자은행이나 증권사에 속하지 않는 '독립적인 주식 리서치 기관'으로서 현재 미국시장에 상장된 전 주식을 분석하고 있고, 최근 유럽과 아시아 지역의 주식 분석도 시작하는 등 주식 분석 기관으로서 많은 분석가와 광범위한 데이터 베이스를 가지고 있다.

뮤추얼 펀드는 기본적으로 주식, 채권, 상품 등으로 구성된 포트폴리오이다. 때문에 펀드에 대한 전문가가 되려면 이들 각각에 대해서도 충분한 지식과 탁월한 분석력이 필요하다. 바로 이것이 단순히 뮤추얼 펀드의 수익률만을 따지는 것이 아닌 보유 종목holdings에 바탕을 둔 분석으로 모닝스타만의 독특한 방법론이자 철학이라고 할 수 있다.

대형 주식 리서치 기관들 중에서 특이하게 모닝스타는 주식 분석에 있어 워런 버핏의 투자 철학에 기초를 둔 가치 평가를 적용하고 있다. 따라서 이 책은 한 마디로 독자 스스로가 워런 버핏의 투자 철학을 실제로 기업 분석에 어떻게 적용하는지 알려주는 안내서라고 할 수 있다. 이제까지 워런 버핏의 철학을 말해주는 서적은 무수히 많았다. 이러한 책들을 읽어본 사람들은 대부분 이런 생각을 가졌을 것이다. '그래서 어쩌란 말인가?' 어떻게 하라는 것에 대해선 구체적이지도 않고 너무나도 피상적이며 막연하다.

농구 경기를 보면 감독들은 선수들에게 이길 수 있는 전략을 지시하고 독려한다. 하지만 이것만으로는 승리의 요건으로 부족하다. 모든 선수가 마이클 조던과 같이 뛰어난 것은 아니다. 승리를 위해서는 훌륭한 감독 못지않은 훌륭한 코치가 필요하다. 감독의 전략에 맞추어 선수들을 체계적으로 훈련시키고, 기술을 익히게 하는 것은 코치의 몫이다. 워런 버핏을 훌륭한 감독이라고 한다면 이 책은 '훌륭한 코치'이다.

이 책은 주식투자를 하는 사람들이 필요한 구체적 방법론을 알려주고 있으며 지극히 실무적인 관점에서 쓰였다. 그렇다고 해서 이 책이 회계학 교재 또는 재무 관련 교재만큼 복잡하거나 난해한 것은 아니다. 오히려 완벽하게 독자 지향적인 책이라고 할 수 있겠다. 그렇다고 알맹이 없이 홍밋거리만 잔뜩 늘어놓는 책은 더더욱 아니다. 너무 이론적이지도 않지만 단편적인 사례에 치우쳐 깊이 없이 순전히 독자의 관심만을 끌기 위한 내용으로 일관하지도 않는, 정말 균형 잡힌 책이라고 할 수 있겠다.

이 책에서는 주식투자에 있어 정말 중요한 부분들을 두 가지 면에서 꼼꼼히 짚어주고 있다. 하나는 투자 기회를 포착하는 것이고 다른 하나는 투자 손실을 회피하는 방법이다. 우리나라 금융시장을 꽤 오랫동안 지켜보아온 입장에서 볼 때 우리나라 투자자들의 사고는 지나치다 싶을 정도로 투자 기회 포착에만 편향되어 있다. 주식투자를 하루만 하고 말 것이 아닌 사람이라면 주식투자를 하는 동안 어쩔 수 없이 손실에 직면하곤 한다. 그런 위기 상황에서 어떻게 손실을 최소한으로 줄이며 또 다른 기회를 포착하느냐가 더욱 중요하다.

이 책을 끝까지 읽고 충분히 자기 것으로 만든 사람이라면 주식시장에 뛰어들 때 다른 투자자들보다 한발 앞서 출발하는 것이라 말하고 싶다. 나는 이 책으로부터 독자들이 창과 방패를 함께 얻었으면 하는 바람이다.

마지막으로, 이 책은 미국 주식시장을 기준으로 설명한 책의 번역서이다. 미국의 시장 상황과 제도에 대한 설명 부분은 있는 그대로 옮겼으며, 따로 한국 상황에 맞는 설명을 덧붙이지는 않았다. 그런 친절함이 책의 간명함을 해치고 오히려 내용을 더 번잡스럽게 만들 수 있어 피했다. 이 책을 바탕으로 우리나라의 상황과 제도, 기업에 맞는 독자 개인의 연구가 병행된다면, 틀림없이 좋은 결과를 얻을 수 있을 것이다.

지승룡
(신흥증권 전 대표이사)

목차

역자 서문		5
추천사		17
감사의 말		22
서문	**위대한 주식을 고르기는 어렵다**	24
	중요한 것은 기업이다	
	장기적으로 접근하라	
	우리의 확신에 용기를 가져라	
	시작하라	
1	**성공 투자를 위한 5가지 원칙**	31
	철저히 준비한다	
	경제적 해자를 찾는다	
	안전마진을 마련한다	
	오랫동안 보유한다	
	팔아야 할 때를 안다	
	투자자의 체크리스트: 성공 투자를 위한 5가지 원칙	
2	**피해야 할 7가지 실수**	45
	홈런을 노린다	
	이번에는 다를 것이라고 믿는다	
	제품과 사랑에 빠진다	
	시장이 침체일 때 공포에 빠진다	
	시장 타이밍을 발견하고자 노력한다	

가치 평가를 무시한다

주당순이익에 지나치게 의존한다

투자자의 체크리스트: 피해야 할 7가지 실수

3 경제적 해자 55

수익성 평가하기

경제적 해자 구축하기

얼마나 오래갈까?

업종 분석

투자자의 체크리스트: 경제적 해자

4 투자 언어 78

기본 사항

돈은 어떻게 흐르는가

재무제표 작성하기

투자자의 체크리스트: 투자 언어

5 재무제표 분석 91

대차대조표

손익계산서

현금흐름표

결론

투자자의 체크리스트: 재무제표 분석

6 **기업 분석-기초** 127
성장성
수익성
재무 건전성
부정적인 가능성
결론
투자자의 체크리스트: 기업 분석-기초

7 **기업 분석-경영진** 157
보수
인격
사업 운영
투자자의 체크리스트: 기업 분석-경영진

8 **회계 조작 피하기** 171
6가지 적신호
그 밖에 주의해야 할 7가지 함정
투자자의 체크리스트: 회계 조작 피하기

9 **가치 평가-기초** 186
오른다고 능사는 아니다
주가승수의 현명한 사용
수익률을 따르자
투자자의 체크리스트: 가치 평가-기초

| 10 | **가치 평가 – 내재가치** | 204 |

현금흐름, 현재가치, 할인율

현재가치 계산

할인율 분석하기

영구가치 계산

안전마진

결론

투자자의 체크리스트: 가치평가 – 내재가치

| 11 | **적용하기** | 224 |

AMD

바이오멧

결론

| 12 | **10분 테스트** | 250 |

회사가 최소한의 품질을 만족시키는가?

회사가 영업이익을 벌어들이고 있는가?

회사는 영업 활동으로 인한 현금흐름을 지속적으로 창출하는가?

합리적인 재무레버리지 수준 안에서 자기자본수익률이 일관되게 10%를 상회하는가?

이익 증가율이 일관적인가 탄력적인가?

대차대조표가 얼마나 깨끗한가?

회사가 잉여현금흐름을 창출하는가?

'기타' 항목이 얼마나 많은가?

과거 여러 해 동안 유통 중인 주식 수가 크게 늘어났는가?

10분을 넘겨서

| 13 | **시장 견학** | 258 |

어디를 살펴봐야 하는가

결론

| 14 | **의료산업** | 263 |

의료산업의 경제적 해자

제약산업

복제 의약품 회사

생명공학

의료장비 회사

건강보험 및 의료 관리

투자자의 체크리스트 : 의료산업

| 15 | **소비자 서비스** | 287 |

우리가 매일 접하는 기업들

요식업

소매업

결론

투자자의 체크리스트 : 소비자 서비스

| 16 | **비즈니스 서비스** | 303 |

아웃소싱 경향

비즈니스 서비스 산업의 경제적 해자

기술 기반의 비즈니스 서비스
인력 기반의 비즈니스 서비스
고정자산 기반의 비즈니스 서비스
투자자의 체크리스트: 비즈니스 서비스

17   **은행**   317
이 모든 것이 리스크와 관련이 있다
신용 리스크의 관리
유동성 매각
이자율 리스크의 관리
은행업의 경제적 해자
은행업 성공의 보증수표
투자자의 체크리스트: 은행

18   **자산운용사와 보험사**   337
자산운용
생명보험
손해보험
투자자의 체크리스트: 자산운용사와 보험사

19   **소프트웨어**   361
소프트웨어 산업의 여러 부문
소프트웨어 산업의 경제적 해자
소프트웨어 회계 101
적신호

소프트웨어 기업 성공의 보증수표
소프트웨어 산업의 단점
결론
투자자의 체크리스트: 소프트웨어

20 하드웨어 374
하드웨어 산업의 원동력
하드웨어 산업의 역동성
하드웨어 부문의 경제적 해자
하드웨어 기업 성공의 보증 수표
투자자의 체크리스트: 하드웨어

21 미디어 386
미디어 기업이 돈 버는 방법
미디어 부문의 경제적 해자
출판
방송과 케이블
엔터테인먼트 산업
미디어 부문 성공의 보증수표
미디어 부문의 리스크
투자자의 체크리스트: 미디어

22 통신 400
통신의 경제적 특성
통신의 경제적 해자

통신 산업 성공의 보증 수표

결론

투자자의 체크리스트: 통신

23 소비자 제품 412

소비자 제품 기업들은 어떻게 돈을 버는가

성장을 위한 핵심 전략

소비자 제품 부문의 단점

소비자 제품 기업의 경제적 해자

소비자 제품 기업 성공의 보증 수표

결론

투자자의 체크리스트: 소비자 제품

24 산업재 427

경기순환성의 문제

기본재의 경제적 해자

산업재 부문의 경제적 해자

산업재 부문 성공의 보증 수표

적신호

산업재 시장에서 기회 찾기

투자자의 체크리스트: 산업재

25 에너지 444

땅으로부터

송유관으로

정유회사로
소비자에게
서비스 제공
원유 가격의 영향
에너지 부문의 경제적 해자
에너지 기업 성공의 보증 수표
에너지 부문의 리스크
결론
투자자의 체크리스트: 에너지

26 유틸리티 458
전기 부문
규제, 규제, 규제
유틸리티 부문의 재무적 특성
유틸리티 기업 성공의 보증 수표
유틸리티 부문의 리스크
전체적인 밑그림
투자자의 체크리스트: 유틸리티

추천 도서 및 모닝스타 자료		468
부록	모닝스타 주식 등급 평가 방법	472
색인		483

추천사

내가 모닝스타의 창립자이기 때문에 여러분은 내가 개인 자산의 대부분을 뮤추얼 펀드에 투자하고 있다고 생각할지도 모르겠다. 그러나 난 실제로 뮤추얼 펀드에는 거의 투자하지 않는다. 나는 재산의 대부분을 주식에 투자하고 있다. 펀드를 사랑하긴 하지만 주식에 대한 열정이 훨씬 깊다. 연구할 시간이 많지 않은 사람에게는 펀드가 아주 좋은 투자 방법이다. 하지만 기업 분석을 즐긴다면(이 과정은 매우 재미있다) 당신이 직접 주식에 투자해도 좋은 성과를 거둘 수 있다.

주식에 대한 흥미는 시카고 대학 경영대학원에 다니면서 싹트기 시작했다. 그곳에서 나는 효율적 시장에 대해 배웠고 증권 애널리스트들이 부가가치를 거의 창출하지 못한다는 사실을 알게 되었다. 그렇다고 이것이 주식투자에 대한 흥미를 불러일으킨 것은 아니었다. 주식시장이 그렇게 잘 굴러간다면 기업을 분석하는 데 시간을 쏟을 필요가 있겠는가? 하지만 졸업 후 나는 존 트레인이 쓴 『머니 마스터』를 접하고 워런 버핏에 대한 글을 읽게 되었다.

그것은 흥분되는 경험이었다. 버핏은 내가 이해하기 쉬운 방법을 사용하고 있었으며, 주식투자가 얼마나 많은 재미와 지적 도전을 던져줄 수 있는지를 깨닫게 해주었다. 더욱이 버핏과 그의 투자 철학을 공유하는 사람들의 투자 실적은 눈이 부신 것이었다. 나는 과거를 거슬러서 버크셔 해서웨이의 연차보고서를 모두 읽었다. 그리고 내 인생은 완전히 변했다.

나는 시카고에 있는 해리스 어소시에이츠Harris Associates에서 주식 애널리스트로 근무하게 되었다. 해리스를 선택한 이유는 이 회사가 가치투자를 지향하고 있었기 때문이다. 나는 버핏 식의 방법과 그 방법을 실행에 옮기는 사람들이 좋았다. 그것은 위대한 일이었다. 나는 클라이드 맥그리거, 척 맥퀘이드, 빌 나이그렌 등 훌륭한 투자 철학을 가진 사람들과 같이 일할 수 있었다. 그들 모두 실제 가치보다 싼 값에 거래되는 주식을 찾는 투자법을 적극적으로 실천하고 있었다. 내 일과는 연차보고서를 읽고 경영자들과 대화를 나누고 동료들로부터 배우는 것이었다. 그리고 그런 일을 하면서 월급도 받을 수 있었다.

모닝스타에 대한 아이디어는 내가 직접 주식 분석 방법을 가르쳐보려 하면서 생기게 되었다. 나는 뮤추얼 펀드 보고서를 얻기 위해 린드너 펀드의 커트 린드너, 소스 캐피털의 조지 마이클리스, 뮤추얼 셰어즈의 마이클 프라이스, 세쿼이아 펀드의 빌 루안, 템플턴 펀드의 존 템플턴 경 등 존경하는 펀드매니저들을 자주 찾아갔다. 나는 그들이 어떤 주식을 보유하고 있는지를 알기 위해 그들의 보유 목록을 검토하고 왜 그들이 그 종목을 샀는지 이해하고자 노력했다.

어느 날 집에서 주주 보고서를 어지럽게 펼쳐놓고 있을 때였다. 나는 누군가 이런 귀중한 정보를 한 권의 책에 담아준다면 얼마나 도움이 될까, 하는 생각을 했다. 그 순간 아이디어가 번쩍였다. 나는 뮤추얼 펀드 산업을 조사하기 시작했다. 그 산업은 훌륭하게 성장하고 있었지만 투자자들이 펀드에 대해 현명한 판단을 할 수 있도록 도와줄 수 있는 자료는 거의 없었다. 그래서 모닝스타가 탄생하게 되었다.

나는 해리스의 주식 애널리스트를 그만두고 내 아파트의 거실을 수리한 다음, 몇 대의 PC를 사서 본격적으로 사업을 시작했다. 나는 모든 펀드사에 자료를 요청하는 서한을 보내고 모든 내용을 데이터베이스에 입력했다. 그리고 6개월 뒤 400페이지 분량의 『뮤추얼 펀드 자료집Mutual Fund Sourcebook』이 내 책상 위에 놓여 있었다. 1984년에 이런 심층적인 펀드 정보는 구하기가 힘든 것이었다. 32.50달러로는 절대 구할 수 없는 책이었다. 『뮤추얼 펀드 자료집』은 포트폴리오 보유 목록을 완전하게 제시하고 있었다. 피터 린치의 마젤란 펀드에 오른 800개 주식을 나열하는 데만 다섯 페이지가 소요되었다. 나는 처음에 700권을 팔았고, 그것이 모닝스타의 첫걸음이었다.

뮤추얼 펀드의 세계에 주식의 관점을 도입함으로써 우리는 모닝스타 식의 펀드 투자 방법을 정의하기 시작했다. 지금은 믿기 어렵겠지만 당시의 투자자들은 최근의 실적을 토대로 하거나 아니면 별다른 근거 없이 뮤추얼 펀드를 구입했다. 그런 상황에서 모닝스타는 엄격하고 기본적인 분석 방법을 업계에 도입한 셈이다. 우리는 펀드가 보유한 주식들을 주의 깊게 분석하면 펀드매니저의 전략을 보다 분명하게 이해할 수 있다는 사실을 깨달았다. 그래서 우리는 펀드를 보다 명확히 이해하기 위해 주식에 대한 전문성을 발전시켰다.

그 후 모닝스타는 펀드 투자자로 자리를 잡기 시작했지만, 우리는 우리의 임무를 확대해서 모든 투자자들을 위해 일했다. 여기에는 주식 투자자도 포함되었다. 이것은 영혼이 없는 기업 확장이 아니라 주식 분석에 대한 열정을 기반으로 한 논리적인 성장이었다. 그리고 주식 투자자들에게 제공할 정보를 관찰할수록 더 혁신적이고 더 유용하며 더 독창적인 내용들을 깨닫게 되었다. 주식 리서치에 새로운 내용은 거의 없었고, 기존의 상품들은 구식이거나 큰 도움이 되지 못하는 것이 대부분이었다. 우리는 그보다는 훨씬 잘할 수 있다고 생각했다.

우리의 주식 분석 방법은 벤 그레이엄과 워런 버핏의 투자 철학을 기본으로 한다. 이 두 사람보다 더 훌륭한 투자 스승은 찾기 힘들다. 이 둘이 투자자들에게 해준 그 모든 것에 깊이 감사한다. 우리의 충고에서 가장 핵심적인 교훈 몇 가지를 발견할 수 있을 것이다. 대표적인 것이 '안전마진'과 '경제적 해자'이다. 우리는 여러분이 직접 사용해볼 수 있도록 그 방법을 체계적으로 분석하고 확대하고 설명했다. 그 결과 여러분이 직접 훌륭한 투자 결정을 하는 데 많은 도움이 될 훌륭한 기본 틀이 마련되었다.

하지만 우리는 시장에 대해서는 자세한 충고를 하지 않았다. 훌륭한 투자서는 많지 않다. 따라서 참고 목록을 보고 이 책들의 내용에 통달할 정도로 공부하길 바란다. 지금 당장 그렇게 할 수 없다면 주요 비즈니스 잡지나 신문을 정기적으로 읽어보는 것부터 시작하기를 마란다. 「배런스」「비즈니스위크」「포브스」「포천」「월스트리트저널」을 추천한다. 이런 기본적인 사항을 무시하는 투자자들이 얼마나 많은지를 알면 놀람을 금치 못할 것이다. 우리 회사에서 발행하는 모닝스타닷컴과 「모닝스타 스톡 인베스터」, 그리고 매달 발행하는 소식지도 도움이 될 것이다. 또한 버크셔 해서웨이의 연차보고서와 업계 최고의 자산관리 전문가들과의 자세한 인터뷰를 담은 『뛰어난 투자자 다이제스트Outstanding Investor Digest』도 읽어보기 바란다.

버크셔 해서웨이의 찰리 멍거가 말한 '정신 모델의 격자 세공latticework of mental models'을 구축하려면 폭넓은 독서가 필요하다. 여러 기업을 면밀히 살펴보면 그들이 성공하거나 실패한 공통의 원인을 알게 될 것이다. 그리고 기업 분석에 적용할 수 있는 정신 모델의 기초를 형성할 수 있을 것이다. 그런 다음 몇 가지 질문을 던져야 한다. 세상은 어떻게 변하고 있는가? 이런 변화가 기업의 전망에 어떤 영향을 끼칠 것인가? 이 문제들을 파악하면서 투자의 재미를 즐길 수 있게 될 것이다.

『모닝스타 성공 투자 5원칙』은 모닝스타의 주식 리서치 부서를 이끌고 있는 팻 도시의 노력으로 탄생했다. 그는 많은 재능을 가지고 있지만 무엇보다 명확하고 매력적인 방법으로 내용을 전달할 수 있는 능력을 가지고 있다. 그리고 그는 복잡한 문제를 그만의 방법으로 쉽게 풀어놓아서 명확한 대답을 도출할 수 있는 귀한 능력의 소유자이다. 팻은 모닝스타의 증권 분석 팀장이자 모닝스타의 편집주간인 헤이우드 켈리, 증권 분석 부문장이자 모닝스타의 소매사업을 이끌고 있는 캐서린 길리스 오델보와 합심해서 우리 회사의 주식 분석을 이끌고 있다. 이 세 사람이 모닝스타에 기여한 그 모든 공로와 이 책의 기본이 된 투자 철학을 명확하게 정의해준 점에 대해 무한한 고마움을 표한다.

성공한 투자자의 공통점은 확고하고, 독립적인 사고능력을 갖췄으며, '전문가'의 말에 휘둘리지 않는다는 것이다. 그레이엄과 버핏은 당신의 추론이 옳다면 걱정할 것은 그것이 전부라고 지적한다. 여러분이 탐구심을 가지고 이 책을 읽기를 바란다. 그리고 우리의 생각에 도전해주기를 바란다. 무엇보다 기본적인 원칙들을 익혀서 여러분 자신만의 투자 철학을 형성하기를 원한다. 아무도 성공을 보장해줄 수 없다. 하지만 이 책의 교훈을 적용해서 스스로 생각할 수 있게 된다면 성공의 길에 들어서게 될 것이다.

조 만수에토 Joe Mansueto

감사의 말

표지에는 한 명의 이름만 적혀 있지만 이 책은 팀 전체가 흘린 땀의 결실이다. 에리카 무어는 프로젝트의 일정을 관리하면서 글과 표, 마감일 등을 훌륭하게 조율해서 최종 원고를 탄생시키는 데 일조했으며, 에이미 아노트는 서투른 초고를 한 권의 책으로 탈바꿈시키기 위해 지칠 줄 모르는 열정을 발휘했다. 두 사람 모두에게 큰 감사를 전한다. 존 와일리 앤드 선즈 출판사의 데이브 푸 역시 책을 훌륭히 편집해주고 내용을 새로운 관점에서 바로잡을 수 있게 해주었다. 모닝스타의 디자이너인 제이슨 애클리는 복잡한 개념을 명쾌한 그래프로 바꿔주었으며, 애널리스트인 샌제이 아이어는 표와 차트를 그리기 위한 데이터를 수집해주었다.

재능 있고 헌신적인 여러 애널리스트들과 함께 일하게 된 것은 큰 행운이었다. 모닝스타의 주식 애널리스트들에게 큰 박수갈채를 보내야 한다. 그들은 이 책 후반부를 집필하는 데 가장 큰 역할을 담당했다. 각 산업에 대한 그들의 종합적 전문 지식이 없었다면 이 책은 태어나지 못했을 것이다. 또한 모닝스타의 투자 철학을 개발하도록 도와준 마크 셀러즈에게도 무한한 감사의 마음을 전한다. 그리고 편집 과정에서 귀중한 의견을 제시해준 마이크 포터, 제이슨 스팁, 리치 맥카프리에게도 고마운 마음을 금할 수 없다. 마이크는 내가 마음 편히 이 책을 집필할 수 있도록 내 업무를 아주 많이 도와주었다. 세상에서 가장 인내심 있는 상관일 뿐 아니라 훌륭한 편집자이자 스승이자 친구인 헤이우드 켈리에게 특별한 감사의 뜻을 표한다. 이 책의 출간 프로젝트와 우리의 주식 분석 연구를 지속적으로 도와준 증권분석 및 모닝스타 소매사업 부문장인 캐서린 오델보에게도 많은 고마움을 전한다. 그리고 위험을 무릅쓰고 비전을 세워서 모닝스타를 설립한 조 만수에토에게도 감사한다. 독립심과 객관성에 대한 그의 지칠 줄 모르는 헌신은 회사 전체에 훌륭한 모범이 되고 있다.

  개인적으로는 돌아가신 내 할아버지 E. V. 패트릭께 감사한다. 그 분 덕분에 나는 비교적 어린 나이에 투자 세계에 발을 들여놓을 수 있었다. 또한 내 일을 마음 깊이 응원해주시는 부모님 허브와 캐럴에게도 감사한다. 하지만 그 누구보다 내 아내인 캐서린에게 가장 큰 고마움을 전한다. 그녀의 훌륭한 유머 감각과 굽힐 줄 모르는 인내심은 내 가장 귀중한 재산이다. 그녀의 내조가 없었다면 이 책은 결코 완성되지 못했을 것이다.

팻 도시 Pat Dorsey

서문
위대한 주식을 고르기는 어렵다

성공 투자는 간단하다. 하지만 쉽지는 않다.

1990년대 강세장의 가장 큰 통념 중 하나는 주식시장이 기본적으로 연리 15%의 예금계좌와 같다는 것이었다. 「포천」지 하나 집어 들고 CNBC를 조금 시청하고 증권사 온라인 계좌를 열면, 부자로 가는 길목에 들어선 것이라 여겨졌다. 불행히도 거품이 펑하고 터지고 나서야 많은 투자자들은 무진장 좋아 보이는 것이 실제로는 전혀 좋은 것이 아님을 알게 되었다.

하나의 주식을 선택하는 데에도 많은 노력과 훈련과 시간이 필요하다. 물론 돈도 필요하다. 약간의 노력으로 많은 돈을 벌기를 기대하는 것은 골프채를 처음 집어 들자마자 뛰어난 성적으로 라운딩하기를 기대하는 것과 다름없다. 주식투자 성공을 위한 마법의 공식은 존재하지 않는다. 성공을 보장하는 지름길도 존재하지 않는다.

여기까지가 나쁜 소식이다. 그렇다면 좋은 소식은?

주식을 선정하는 기본 원칙은 이해하기 어렵지 않으며, 위대한 기업을 발견할 수 있는 도구를 누구나 저렴한 가격에 얻을 수 있다는 것이다. 주식시장에서 성공하기 위해 고가의 소프트웨어가 필요한 것도 아니고 값비싼 자문을 구할 필요도 없다. 여러분에게 필요한 것은 인내심, 회계 지식, 경쟁 전략에 대한 이해, 그리고 한 줌의 건전한 회의주의이다. 이 중에서 평범한 사람이 얻지 못할 것은 하나도 없다.

기본적인 투자 과정은 간단하다. 기업을 분석하고 주식을 평가하는 것이다. 위대한 기업을 위대한 투자와 혼동하는 실수를 피한다면, 이미 다른 투자자들보다 한발 앞선 셈이다(이 두 가지는 '아주' 다른 것이다. 2000년 시스코 주식이 주당순이익의 100배에 거래된 것을 생각해보라. 회사는 위대했지만 주식은 끔찍했다).

주식을 산다는 것은 그 기업의 일부를 소유하는 것과 같음을 유념하자. 주식을 기업으로 다룬다면 우리는 그날그날의 주가 상승이나 하락과 같은, 덜 중요한 문제가 아니라 잉여현금흐름free cash flow과 같은 보다 중요한 문제에 집중할 수 있을 것이다.

투자자로서 우리의 목표는 멋진 기업을 찾아내서, 그 기업을 합리적인 가격에 구입하는 것이다. 위대한 기업은 부를 창출한다. 그리고 기업의 부가 증가할수록 주가도 언젠가는 당연히 오른다. 시장은 단기적으로는 변덕쟁이이다. 멋진 기업이 헐값에 팔릴 수도 있고, 돈만 까먹는 벤처기업이 장밋빛 미래를 가진 것처럼 평가될 수도 있다. 그러나 장기적으로 볼 때 주가는 기업의 가치를 따라가게 마련이다.

중요한 것은 기업이다

이 책을 통해 나는 기업의 기본적인 재무 실적에 초점을 맞추는 방법을 알려주고자 한다. 애널리스트들의 최신 동향 분석이나 주가 차트가 월가를 도박판처럼 다루는 트레이더에게는 멋진 도구일지 모르겠지만, 주식시장에서 진정한 부를 일구려는 투자자에게는 아무짝에도 쓸모없다. 성공적인 장기투자자가 되기를 원한다면, 직접 팔을 걷어붙이고 당신이 소유하려는 기업의 주식을 이해해야 한다.

기업이 잘 나가면 주식도 잘 나간다. 기업이 병을 앓으면 주식도 병을 앓는다.

월마트를 예로 들어보자. 1990년대 중반 이 회사의 고속 성장에 제동이 걸리면서 성장률이 약간 둔화되었다. 그리고 이 기간의 주가는 기본적으로 거의 변동이 없었다. 다른 한편, 콜게이트 팜올리브Colgate Palmolive가 1990년대 후반 공급망의 군살을 빼고 혁신적인 기능의 치약으로 시장점유율을 높이자 같은 기간 이 회사의 주가도 엄청난 상승을 기록했다. 메시지는 분명하다. 기업의 펀더멘털이 주가에 직접적인 영향을 끼친다는 것이다.

이 원칙은 장기적으로만 적용된다. 단기적으로 주가는 기업의 기본 가치와 전혀 상관없는 수많은 이유 때문에 오르내릴 수 있고, 실제로도 그렇다. 장기적으로 기업의 실적에 관심의 초점을 맞춰야 하는 이유는 단기적인 주가 변동은 예측 불가능하기 때문이다.

1990년대 후반, 인터넷에 열광하던 시대로 돌아가보자. 보험회사나 은행, 부동산회사와 같은 멋진 (하지만 지루하기 짝이 없는) 회사의 주식들은 믿을 수 없을 정도로 저평가되었다. 이 기업들의 내재가치에는 아무 변동이 없었음에도 말이다. 같은 시기에 이익을 낼만한 가능성이 전혀 없는 회사들에는 수십억 달러의 평가가 매겨졌다.

장기적으로 접근하라

모자 떨어지는 소리만 들려도 일시적으로 이성을 잃는 미스터 마켓의 성격을 감안한다면, 시장의 행동을 예측하느라 시간을 허비할 필요가 없다. 우리만 이렇게 믿는 것이 아니다. 지난 15년 동안 수천명의 투자 전문가와 대화를 나눈 결과, 뛰어난 투자 전문가들 중에서 시장의 단기 움직임을 예측하는 데 시간을 할애하는 사람은 아무도 없음을 알 수 있었다. 대신 그들은 오랫동안 보유할 수 있는 저평가된 주식을 찾는 데 관심을 쏟고 있었다.

이런 행동에는 여러 가지 이유가 있다. 단기적인 가격 변동에 베팅하는 것은 여러 번의 거래를 의미하고 이는 곧 세금과 거래비용의 증가로 직결된다. 단기 자본이득에 대한 세율은 장기 자본이득에 대한 세율의 거의 두 배인데다, 빈번한 거래에는 수수료가 뒤따르게 마련이다. 제1장에서 논하겠지만, 이런 비용들은 포트폴리오에 커다란 손해를 미칠 수 있다. 따라서 이들을 최소화하는 것이 장기적인 투자수익을 높이기 위해 우리가 할 수 있는 가장 중요한 조치이다.

이에 대한 분명한 증거는 뮤추얼 펀드 수익에 대한 장기 분석에서 찾아볼 수 있다. 회전율이 높은 펀드, 다시 말해 거래가 빈번한 펀드는 보다 신중하게 접근하는 펀드에 비해 10년이 넘는 기간 동안 자그마치 1.5% 낮은 수익을 기록한다. 대수롭지 않게 보일 수도 있다. 그러나 1만 달러를 연 수익 10%와 연 수익 11.5% 금융상품에 투자했을 경우, 10년 뒤의 차액은 3,800달러에 달한다. 이것이 성급함의 대가이다.[1]

우리의 확신에 용기를 가져라

마지막으로, 주식 선택에 성공하기 위해서는 군중과 다른 자세를 취

1　Alice Lowenstein, "The Low-Turnover Advantage," *Morningstar Mutual Funds*, 30 (August 15, 1997): S1-S2

할 수 있는 용기를 가져야 한다. 한 회사의 장점에 대해서는 항상 상충되는 의견이 있게 마련이고, 가장 의견이 분분한 기업이 투자하기 가장 좋은 기업인 경우도 많다. 따라서 투자자의 입장에서 우리는 주식 가치에 대한 우리만의 생각을 발전시킬 수 있어야 한다. 또한 부정적인 신문기사나 TV에 나오는 전문가들의 떠벌림이 아니라 분명한 근거가 있을 경우에만 우리 생각을 바꿀 수 있어야 한다. 투자의 성공은 개인적인 훈련에 좌우된다. 군중이 우리의 의견에 동의하는지 아닌지는 상관 없다.

시작하라

이 책의 목표는 우리 스스로의 힘으로 생각하고, 일상의 소문을 무시하며, 수익을 올리는 장기투자 방법을 알려주는 것이다. 이 책의 내용은 다음과 같다.

첫째, 우리는 투자 철학을 개발해야 한다. 이것이 제1장의 내용이다. 성공 투자는 다섯 가지 핵심 원칙 위에서 세워진다.

1. 철저히 준비한다.
2. 강력한 경쟁우위(또는 경제적 해자)를 가진 기업을 찾는다.
3. 안전마진을 마련한다.
4. 오랫동안 보유한다.
5. 팔아야 할 때를 안다.

안정적인 주식 포트폴리오 구축은 이 다섯 가지 개념을 바탕으로 이루어져야 한다. 이 개념을 이해하면 기업을 관찰하는 방법을 배울 준비가 된 것이다.

둘째, 순서를 역으로 생각해서, 하지 말아야 할 사항부터 검토할 것이다. 실수를 피하는 것이 가장 수익성 높은 전략을 구사할 수 있기 때문이다. 제2장에서는 투자자들이 가장 흔하게 저지르는 실수부터 살펴볼 것이다. 이 점을 명심하면 한 발 앞서 투자 여행을 시작할 수 있다.

제3장에서는 위대한 기업과 평범한 기업을 구분하기 위해 이 책에서 '경제적 해자'라고 말하는 경쟁우위를 분석할 것이다. 경제적 해자를 가진 위대한 기업이 최고의 지위를 유지하는 데 어떤 도움이 되는지 그리고 장기적 승자와 잠깐 반짝하는 스타를 구별할 수 있는 요소가 무엇인지를 설명할 것이다. 기업을 철저히 분석하려면 경제적 해자의 원천을 이해해야 한다.

제4장부터 제7장은 재무제표를 통해서 기업을 분석하는 방법을 보여준다. 우선 재무제표가 어떻게 구성되는지, 각 항목의 의미가 무엇이고 서로 다른 진술들이 어떻게 조화를 이루는지를 살펴볼 것이다. 대차대조표와 손익계산서를 읽는 방법을 설명한 뒤에는 모든 숫자들을 조합해보는 다섯 가지 과정과 탄탄한 기업을 찾는 방법을 설명할 것이다. 또한 경영진을 평가하는 방법에 대해서도 나온다.

제8장에서는 부당한 회계 처리를 뜻하는 이른바 공격적 회계를 간파하는 방법을 살펴볼 것이다. 또한 큰 투자 손실의 가능성을 최소화하기 위해서 어떤 적신호를 조심해야 하는지를 설명할 것이다.

제9장과 제10장은 주식 평가 방법을 담고 있다. 투자 가치 이론의 기본적인 내용을 살펴보고, 주가순이익 등의 주요 비율이 언제 유용하고 언제 유용하지 않은지, 그리고 주식이 내재가치보다 높게 거래되는지 아니면 낮게 거래되는지를 알아보는 법을 살펴볼 것이다. 가격이 가장 싸다고 해서, 항상 최고의 투자 대상이 되는 것은 아니다. 또한

비싸 보이는 주식이 다른 각도에서 보면 실제로 싸게 거래되고 있는 것일 수도 있다.

제11장은 두 가지 사례 분석을 제시한다. 앞 장에서 사용된 도구들을 실재하는 두 기업에 적용해볼 것이다. 그렇게 하면 기본적 분석 과정이 투자 분석에 어떻게 적용되는지를 이해할 수 있을 것이다.

제12장은 10분 테스트에 대한 내용이다. 이 간이 테스트는 시간을 투자할 가치가 없는 기업과 철저한 심층 분석을 행할 만한 가치가 있는 기업을 구분하는 데 도움이 될 것이다.

제13장부터 제26장에는 다양한 부문의 주식시장 분석에 대한 모닝스타 주식 애널리스트들의 조언이 담겨 있다. 반도체에서 제약, 금융에 이르기까지 각 부문의 시장을 분석할 때 정확히 어떤 점을 분석해야 하는지를 알려줄 것이다. 위대한 기업과 그저 그런 기업을 구분하기 위한 업계 고유의 특성이 무엇인지, 업계의 전문적인 성격이 무엇인지, 그리고 어떤 산업이 더 비옥한 투자 결실을 거두게 해주는지를 알게 될 것 이다.

마지막으로 심화 학습을 위해 참고할 수 있는 도서 목록을 뽑았다. 이 책은 우리가 권하는 기본적인 투자 과정과 똑같은 방법으로 구성돼 있다. 투자 원칙을 확립하고 기업의 경쟁 환경을 이해한 다음, 기업을 분석하고 주식의 가치를 평가해야 한다. 가장 흔하게 저지르는 큰 실수들을 피하면서 이 과정을 따르다 보면 당신은 훌륭한 투자자로 거듭날 수 있을 것이다.

1
성공 투자를 위한 5가지 원칙

○○○

제대로 된 투자 철학을 가진 투자자(심지어는 펀드매니저들조차)가 그토록 적다는 사실이 놀라울 따름이다. 투자의 기본 틀은 세상에 대한 사고방식을 의미한다. 따라서 이것이 없으면 시장에서 성공하기가 정말로 힘들다.

나는 몇 년 전 억만장자 워런 버핏의 회사인 버크셔 해서웨이 연례 총회에 참석했을 때, 이 사실을 깨달을 수 있었다. 한 참석자가 다음 번 버크셔 회의에는 참석하지 않을 것이라고 투덜댔다. "버핏은 항상 똑같은 소리만 되풀이하기" 때문이라는 것이다. 그가 똑같은 소리라고 투덜대던 버핏의 요점은 투자 철학을 가지고 이를 지키라는 것이었다. 준비를 잘하고 인내심을 유지하며 대중의 생각을 맹목적으로 좇지 않으면 성공할 가능성이 높아지지만, 좌절감에 능력의 영역에서 벗어나고 자신의 투자 철학을 이탈하는 순간 우리는 곤란한 상황에 처한다는 것이다. 그 참석자는 시장에서 성공하기 힘들 것이다.

우리가 지켜야 할 다섯 가지 원칙은 다음과 같다.

1. 철저히 준비한다.
2. 경제적 해자economic moats를 찾는다.
3. 안전마진margin of safety을 마련한다.
4. 오랫동안 보유한다.
5. 팔아야 할 때를 안다.

철저히 준비한다

말은 쉽다. 그러나 투자자들이 저지르는 가장 흔한 실수는 자신이 매수하는 주식을 철저히 조사하지 못한다는 것이다. 그 회사의 안과 밖을 두루 알지 못한다면 주식을 사지 말아야 한다.

회사의 재무 상태가 어떠한지 스스로 파악할 수 있으려면 회계를 이해할 수 있어야 한다. 투자란 우리 자신의 돈을 위험한 상황에 빠뜨리는 것인데, 자신이 무엇을 사는지 알아야 하는 것이 당연하다. 이보다 더 중요한 이유가 있다. 투자에는 수많은 회색지대가 존재하기 때문에 투자할 만한 회사라고 하는 다른 사람의 말에 무조건 솔깃해서는 안 된다. 스스로 결정을 내릴 수 있어야 한다. 어떤 사람에게는 대박인 성장주가 다른 사람에게는 다가올 재앙을 의미할 수도 있기 때문이다. 이를 위해 제4장부터 제7장까지는 회계에 관해 우리가 꼭 알아야 할 사항과 회계 분석 과정을 우리가 다룰 수 있는 수준으로 요약하는 방법에 대해 살펴볼 것이다.

이렇게 분석 도구를 장만한 다음에는 시간을 들여 사용법을 연마해야 한다. 이를 위해서는 자리에 앉아서 연차보고서를 주의 깊게 읽어보고, 경쟁사들을 확인하고, 과거의 재무제표를 훑어보아야 한다. 힘든 일이다. 시간에 쫓기는 사람이라면 더더욱 그럴 것이다. 하지만 시간을 들여 그 회사를 철저하게 조사하지 않는다면 잘못된 투자에 이를 수 있다.

조사에 들이는 시간을 투자 취소의 기회라고 생각하자. 사람은 돈이 된다는 귀띔을 들으면 주가가 움직이기 전에 바로 행동해야 한다고 생각하게 마련이다. 그러나 대개 만용보다는 분별이 승리를 거두는 법이다. 조사를 철저히 하다 보면 그 투자가 사실은 그다지 매력적이지 않다는 사실이 드러날 수도 있다. 그것이 멋진 주식이고 당신이 진정한 장기투자자라면, 가장 먼저 움직이지 않아서 약간의 이익을 놓친다 해도 포트폴리오의 전체적인 성과에는 별다른 차이가 발생하지 않는다. 게다가 투자 취소 기회를 가진 덕분에 당신은 실패할 것이 뻔한 투자를 피할 수도 있다.

경제적 해자를 찾는다

나쁜 회사와 좋은 회사의 차이점은 무엇인가? 좋은 회사와 위대한 회사의 차이점은?

대체로 그것은 회사가 구축한 경제적 해자의 크기를 말한다. '경제적 해자'는 기업의 경쟁우위를 말한다. 옛날에 성 바깥을 둘러싼 연못, 즉 해자를 두어서 침입자를 막았듯, 경제적 해자는 경쟁사가 자사의 이익을 공격하지 못하게 막아준다.

자유경쟁의 경제에서 자본은 항상 가장 높은 기대수익이 예상되는 분야를 끊임없이 찾는다. 그 결과 이익이 가장 높은 회사 주변에는 경쟁사들이 득실댄다. 대다수 회사들의 이익이 시간이 지날수록 '평균으로 회귀'하는 경향이 뚜렷해지는 것은 이런 이유 때문이다. 다시 말해 가장 높은 이익을 거두는 회사는 경쟁사들과 경쟁하면서 갈수록 이익이 줄어들게 된다.

경제적 해자는 비교적 적은 수의 기업들이 오랫동안 평균 이상의 이익을 거두게 해준다. 그리고 이 기업들에 투자하는 것은 매우 훌륭한 장기 투자가 된다. 초과 이익을 달성하는 기간이 길면 길수록 더 뛰어나고 장기적인 투자 성과를 달성할 수 있다.

경제적 해자를 발견하는 것은 대단히 중요한 투자 과정이므로 제3장 전체에서 이를 분석하는 방법을 알려줄 것이다. 여기서는 간단한 개념 파악만 하고 넘어가자. 넓은 경제적 해자를 발견하는 비결은 믿기지 않을 정도로 간단한 질문에 대한 해답을 찾아내는 것이다. 회사가 경쟁사들을 어떻게 물리치고 있으며, 어떻게 계속해서 흡족한 이익을 거두고 있는가? 이 문제에 대한 답을 찾는 것이 경제적 해자를 발견하는 관건이다.

안전마진을 마련한다

위대한 기업을 찾았다면 투자 과정의 절반을 마친 셈이다. 나머지 반은 기업에 대한 가치 평가이다. 무작정 나가서 시장이 부르는 가격을 지불해서는 안 된다. 시장이 지나치게 높은 가격을 부를 수도 있기 때문이다. 높은 가격을 지불할수록 낮은 투자 수익에 실망할 가능성도 높아진다.

투자자의 목표는 실제 가치보다 낮은 가격으로 주식을 구입하는 것이다. 하지만 주식의 가치를 예상할 때에는 지나친 낙관론에 휩싸이기 십상이다. 상황이 순식간에 돌변해서 예상보다 더 나쁜 결과가 나올 수 있는데도 말이다. 이러한 인간 본성을 보완하려면, 우리가 예측한 가치보다 훨씬 낮은 가격에 거래될 때에만 주식을 구입해야 한다. 예측한 가치와 시장 가격과의 차이가 바로 안전마진이다.

코카콜라를 예로 들어보자. 1990년대 코카콜라는 확실한 경쟁우위를 점하고 있었다. 따라서 당신은 지금도 그렇다고 확신할지 모른다.

그러나 50배의 주당순이익을 지불하고 코카콜라 주식을 샀던 사람들은 괜찮은 투자수익률에도 불구하고 한숨을 내쉬어야 했다. 주식을 선택할 때 중요한 부분인 안전마진을 무시한 대가였다. 코카콜라 주식이 비싼 탓도 있었지만, 이 주식이 주당순이익의 50배에 해당하는 가치가 있다고 생각했을지라도 그 가격을 그대로 지불하지는 말아야 했다. 결국 그 투자자들은 지나치게 낙관적인 가정에 사로잡혀서 코카콜라 주식에 그토록 높은 가치가 있다고 생각했던 것이다. 상황이 악화될 때를 대비해서 40배의 주당순이익만을 지불하는 식으로 안전마진을 마련하는 편이 더 나았을 것이다.

우리가 지불하려는 주식의 가격에 안전마진을 항상 포함해야 한다. 그렇다면 나중에 그 회사의 전망을 과대평가했음을 깨달을지라도 우리에게는 투자 손실을 줄여줄 완충 장치가 마련되어 있는 셈이다. 변동이 심하고 미래가 불확실한 기업일수록 안전마진을 크게 잡아야 하고, 합리적으로 예측 가능한 이익을 올리는 착실한 기업이라면 안전마진을 작게 잡아도 된다. 가령 월마트처럼 안정적인 회사에는 20%의 안전마진이 적당하지만, 애버크롬비 앤드 피치Abercrombie & Fitch처럼 변덕스러운 십대들의 패션 감각에 좌우되는 회사에는 훨씬 큰 안전마진을 마련해야 한다.

많은 사람들은 지금 안 사면 떠나간 버스가 될지 모른다고 염려하기 때문에 가치 평가 원칙을 고수하지 못하는 편이다. 물론 떠나간 버스가 될 가능성도 있다. 하지만 기업의 성장이 과속방지턱에 걸려 넘어져서 그 충격으로 주가가 출렁거릴 가능성도 존재한다. 미래는 불확실성의 장이다. 그렇기에 충분히 오래 기다린다면 대부분의 주식이 한두 번 쯤은 적정 가치보다 상당히 낮은 가격에 팔리게 마련이다. 물론 극소수의 주식은 몇 년이 지나도 계속 상승을 거듭한다. 하지만 돈을 '못 버는 것'이 이미 가진 돈을 '잃는 것'보다는 훨씬 덜 고통스럽지 않겠는가. 월마트가 있으면 울워스Woolworth, 1911년 소매 체인점으로 시작한 세계적인 유통업체. 그러나 급속도로 성장하는 월마트에 밀려 1997년에는 다우존스 지수를 산정하는 대상 기업에서도 제외되었으며, 대신 월마트가 다우존스 지수에 편입되었다-옮긴이도 있게 마련이다. 주식 가치 평가에 익숙해지는 한 가지 간단한 방법은 그 회사의 과거 10년 이상 동안의 주가수익비율price-to-earnings ratio, PER을 관찰하는 것이다. 주가수익비율은 우리가 회사의 이익 1달러에 대해 얼마를 지불할 것인지를 나타내는 척도이다(Morningstar.com에 가면 10년 동안의 평가 자료를 무료로 볼 수 있으며, 다른 금융정보 서비스들도 이런 정보를 제공해준다). 현재 주식의 주가수익비율이 30이고 지난 10년 동안의 PER가 15에서 33 사이였다면, 과거 기준으로 따졌을 때 현재의 주가는 상당히 높은 셈이다.

현재의 가격을 정당화하려면 지난 10년보다 현재 시점에서 회사의 전망이 더 밝다고 충분히 확신할 수 있어야 한다. 가끔은 그런 경우도 있지만 기업의 가치가 과거보다 현재 훨씬 높게 평가되어 있다면 관망하는 것이 좋다. 시장이 성장 전망을 너무 높게 잡은 것일 수도 있기 때문이다. 따라서 이 주식을 산다면 앞으로 시장에서 기대 이하의 실적을 거두게 될지도 모른다.

가치 평가valuation에 대해서는 제9장과 제10장에 자세히 나온다. 따라서 벌써부터 주식 평가 방법을 알려고 애쓸 필요는 없다. 일단, 주식에 지불해야 할 가격을 이해하려 할 때 원칙과 보수적 시각을 유지하지 못한다면, 결국에는 후회하게 될 것임을 유념하자. 가치 평가는 투자 과정의 중요한 일부분이다.

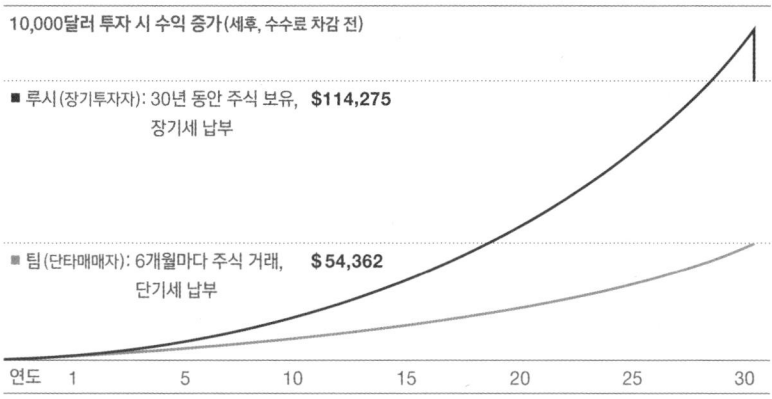

[표 1.1] 팀은 6개월마다 종목을 바꾸기 때문에 35%의 자본이득세를 낸다. 반면 장기보유 전략을 이용하는 루시는 15%의 자본이득세만 낸다. 따라서 루시의 돈에 더 많은 복리 이익이 붙는다. (출처: 모닝스타)

오랫동안 보유한다

주식을 사는 것은 중요한 구매 활동이며, 그에 마땅한 대접을 해줘야 함을 결코 잊지 말아야 한다. 자동차나 냉장고 등을 1년에 50번씩 사고파는 사람은 없다. 투자는 장기적인 노력이 되어야 한다. 단타 매매는 패자의 게임을 의미한다. 하나둘씩 추가되는 비용(세금과 수수료)은 훌륭한 투자 성과를 가로막는 어마어마한 장애이다.

거래를 거듭할수록 수수료를 비롯한 각종 비용은 차곡차곡 늘어난다. 당신이 오늘 지불한 1달러의 수수료를 20년 동안 연리 9%로 투자한다면 5.60달러로 불릴 수 있다. 따라서 오늘 500달러를 지불한다면 20년 뒤에 2,800달러 이상을 포기하는 것과 같다.

그러나 이것은 시작에 불과하다. 거래가 빈번할수록 세금도 기하급수적으로 증가하기 때문이다. 매년 세금으로 내는 액수만큼 당신이 내년에 불릴 수 있는 돈이 줄어드는 셈이다.

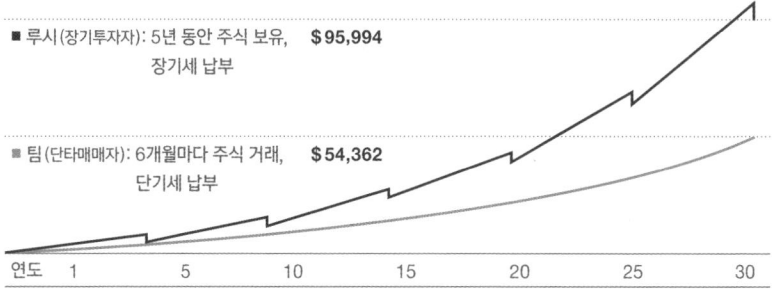

[표 1.2] 루시의 보유 기간이 5년으로 줄었지만, 적은 세금과 오랜 복리기간 덕분에 여전히 팀보다 많은 수익을 올린다.

가령 두 명의 투자자, 루시와 팀을 예로 들어서 수수료와 거래, 세금이 포트폴리오에 미치는 영향을 살펴보자. 장기투자자인 루시는 구세대 사람으로 몇 종류의 주식을 사서 오랫동안 보유하는 방식을 좋아한다. 반면에 단기투자자인 팀은 일종의 건슬링어gunslinger, 단타매매자로서, 돈을 조금 벌자마자 주식을 재빨리 팔아버리는 편이다([표 1.1]).

루시는 1만 달러를 다섯 개의 주식에 투자해서 30년 동안 9%의 수익률을 올리며, 주식을 팔 때 15%의 장기 자본이득세를 낸다. 반면 팀은 같은 액수를 같은 수익률로 투자하지만, 1년에 두 번씩 포트폴리오를 완전히 바꾼다. 그는 35%의 단기 자본이득세를 내고 남은 돈을 재투자한다. 두 사람이 잠시 투자를 멈췄으며 아직 수수료는 제하지 않았다고 가정해보자.

30년 뒤 루시의 돈은 114,000달러에 이른 반면 팀의 돈은 루시의 절반도 안 되는 54,000달러에 불과하다. 매년 나라에 돈을 내는 것과 그 대신 그 돈을 복리로 불리는 것 사이에 큰 차이가 있음을 알 수 있다.

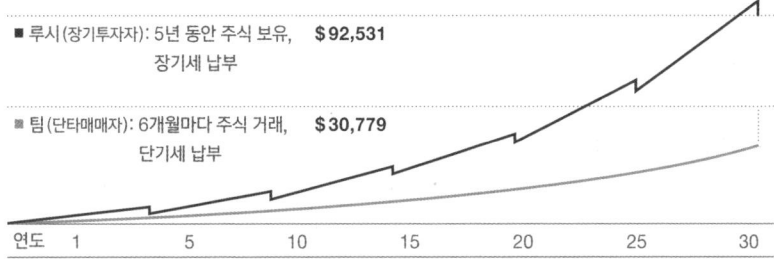

[표 1.3] 수수료를 고려한다면, 팀의 수익이 루시의 수익보다 훨씬 적다.

아직 중개수수료를 감안하지 않았는데도 말이다.

한 종목을 30년 동안 계속 보유하는 것은 비현실적일 수도 있다. 이번에는 루시가 5년마다 포트폴리오를 모두 매도한 뒤 수익금을 모두 재투자한다고 가정해보자. 이 경우 그녀에게 떨어지는 돈은 약 96,000달러이다. 114,000달러보다는 적은 액수지만 팀이 번 54,000달러보다는 훨씬 많다([표 1.2]).

두 사람의 이야기는 빈번한 거래 시 세금이 미치는 영향을 단적으로 보여준다. 수수료를 감안하면 단기거래자들의 수익률은 훨씬 떨어진다. 팀과 루시가 15%의 거래 수수료를 지불한다고 가정하면 30년 뒤 팀의 순수익은 31,000달러에 불과하지만, 루시는 5년마다 주식을 판다고 가정해도 거의 93,000달러나 된다([표 1.3]).

이제 결론을 내려보자. 루시처럼 포트폴리오 가치를 93,000달러로 불리려면 팀은 매년 9%가 아니라 14%의 수익률을 달성해야 한다. 거래비용도 수익에 상당한 영향을 끼치는데, 거의 5%나 된다. 주식을 자주 교체해도 5%의 추가 수익을 매년 달성할 수 있다고 정말로 자신한다면 거래를 계속하라. 그러나 침체장에서 겸손의 미덕을 배운 적이 있다면 인내하라. 참는 자에게 복이 있나니.

팔아야 할 때를 안다

이론적으로는 주식을 영원히 보유하는 것이 좋다. 하지만 현실적으로 몇 십 년 동안 쭉 주식을 투자할 만큼 가치 있는 회사는 거의 없다. 게다가 이런 회사들만을 골라서 살 수 있을 만큼 현명한 투자자도 거의 없다. 주식을 팔아야 할 적절한 시기를 아는 것은 사야 할 시기를 아는 것만큼 중요하다. 하지만 우리는 훌륭한 주식은 너무 빨리 파는 반면, 손해 볼 주식은 너무 오래 끌어안고 있는 편이다.

우리는 우리가 소유한 '주식'이 아니라 '기업'을 계속해서 지켜봐야 한다. 약간의 시간을 들여서 기업 및 그 기업이 속한 산업의 상황을 계속 관찰하는 것이 하루에 20번씩 주가 변동을 살펴보는 것보다 훨씬 유익하다. 언제 주식을 '팔아야 할지'를 논하기 전에 언제 '팔지 말아야 할지'부터 논하고 넘어가자.

주가가 떨어졌을 때

주가 변동은 그 자체로는 아무런 유익한 정보도 되지 못한다. 가장 큰 이유는 주가는 단기적으로 완전히 비논리적인 이유로 수없이 오르락내리락하기 때문이다. 주식의 장기 수익은 대부분 기업의 미래현금흐름future cash flow을 토대로 한다. 지난주나 지난달에 주가가 어떻게 움직였는지는 거의 상관이 없다.

주식을 산 이후 그것이 어떻게 움직였는지는 중요하지 않다는 것을 항상 명심해야 한다. 과거를 바꾸기 위해 할 수 있는 일은 하나도 없다. 또한 시장은 우리가 주식으로 돈을 벌었는지 잃었는지는 전혀 상관하지 않는다. 시장의 다른 참가자들(주가를 정하는 사람들)은 미래를 내다본다. 따라서 우리 역시 그렇게 해서 주식을 팔 시기를 결정해야 한다.

주가가 치솟을 때

다시 한번 말하지만 주식이 과거에 어떻게 움직였는지는 별로 중요하지 않다. 중요한 것은 회사의 미래를 예측하는 방법이다. 주식이 떨어졌다가 '다시 제자리로 돌아간' 것에 대해 경험적인 근거를 댈 수 없듯이, 상승세인 주식이 갑자기 떨어질 것이라는 경험적인 근거를 제시할 수도 없다. 과거의 주식 실적을 보여주는 그래프들을 무시할 수 있다면 우리 대부분은 더 훌륭한 투자자가 될 것이다. 이런 그래프들은 미래에 대한 유용한 정보를 제공하지 못하기 때문이다.

그렇다면 언제 주식을 팔아야 하는가? 주식 매도를 생각할 때마다 다음 다섯 가지 질문을 떠올리자. 그러면 훌륭한 결정을 내릴 수 있을 것이다.

1. 투자 결정에 실수가 있었는가?

처음에 회사를 평가할 때 놓친 점이 있는가? 경영진이 어려운 시기를 잘 이겨낼 수 있을 것이라 생각했지만, 상황이 우리의 (그리고 경영진의) 예상보다 훨씬 힘겨운 것임이 드러났을지도 모른다. 또는 기업의 경쟁력을 과소평가했거나 새로운 성장 기회 발견에 대한 자신의 능력을 과대평가했을지도 모른다. 실수가 무엇이든 주식을 산 근거가 더 이상 타당하지 못하다면 오랫동안 보유하고 있을 가치가 거의 없다. 처음의 분석이 잘못된 것이었다면 손실을 줄이고 다른 곳으로 이동하자.

2. 회사의 펀더멘털이 악화되었는가?

회사가 여러 해 파죽지세로 성장하다가 슬슬 성장률이 둔화되기 시작했다. 현금은 쌓여 있지만 회사는 수익성이 있는 새로운 투자 기회를 찾기가 힘들고, 경쟁으로 인해 이익률도 조금씩 줄어들고 있다. 이때가 회사의 미래 전망을 재평가해야 할 시기이다. 회사의 상황이 과거보다 상당히 악화되었다면 주식을 팔자.

3. 주가가 내재가치를 훨씬 웃돌고 있는가?

명심해야 할 것이 있다. 시장은 가끔 지나치게 좋은 분위기 속에서 우리 주식에 실재 가치보다 훨씬 높은 값을 쳐주기도 한다. 다른 투자자들의 호의를 이용해서 안 될 것이 무에 있겠는가. 시장이 우리가 예상하는 실재 가치보다 얼마나 더 많은 돈을 지불할 것인지, 그리고 나중에 이 예상 가치가 오를 소지가 얼마나 많은지 스스로에게 질문해보자. 가격이 조금 올랐다는 이유만으로 멋진 주식을 팔고 싶지는 않을 것이다. 자본이득에도 손해가 되고 복리수익도 창출하지 못할 것이 뻔하기 때문이다. 그러나 주가가 터무니없이 올랐으면 아무리 위대한 회사라도 파는 것이 좋다.

4. 다른 데서 더 나은 수익을 올릴 수 있는가?

투자자의 최우선 목표는 언제나 위험 대비 수익률이 가장 높은 자산에 돈을 배분하는 것이다. 손해를 볼지라도 다소 저평가된 자산을 팔아서 가능성이 더 높은 주식을 구입할 돈을 마련하는 것은 전혀 잘못된 행동이 아니다.

2003년 초에 나도 이런 행동을 한 적이 있었는데 당시 홈디포Home Depot의 주식이 대단히 쌌기 때문이다. 당시 주가가 거의 3년째 내리막

길을 걷고 있었기에 나는 이 주식이 시가보다 50% 정도는 더 가치가 있다고 판단했다. 수중에 가진 현금이 별로 없었기 때문에 홈디포의 주식을 사려면 다른 주식을 팔아야 했다. 내가 보유한 주식들을 검토한 뒤 나는 시티그룹 주식을 일부 팔았다. 매수 가격보다 15% 낮은 가격에 거래되고 있었음에도 말이다. 왜냐고? 시티그룹의 가치를 처음에 너무 낙관적으로 평가한데다 이 주식이 아주 많이 빠진 것은 아니라고 판단했기 때문이었다. 결국 나는 꽤 가치 있는 주식을 팔아서 대단히 저평가되어 있다고 판단하는 주식을 구입했다.

시티그룹 주식에서 약간의 손해를 본 것은 어떻게 하느냐고? 그건 이미 흘러간 물이고 내가 어떻게 할 수 없는 것이었다. 중요한 것은 기회가 왔을 때 예상 수익이 그저 그런 투자에서 돈을 빼내 예상 수익이 아주 높은 주식에 돈을 투자했다는 사실이다. 그 정도면 주식을 파는 이유로 충분했다.

5. 한 종목에 돈을 너무 많이 집어넣었는가?

이것은 주식을 팔아야 하는 가장 최선의 이유이다. 당신이 옳은 행동을 했고 훌륭한 주식을 선택했음을 알려주기 때문이다. 요점은 탐욕 때문에 훌륭한 포트폴리오 관리를 그르치지 말아야 한다는 것이다. 투자 비중이 10%에서 15%를 넘기는 주식이 있다면, 그 회사의 전망이 얼마나 밝은지에 상관없이 가지치기를 고심해봐야 한다(이 비율은 대략적인 기준선에 불과하다. 당신은 단일 종목에 더 많은 돈을 투자하는 것을 선호할 수도 있고, 보다 분산된 투자를 원하는 성향일 수도 있다). 그러나 한 바구니에 계란을 너무 많이 담는 것은 옳지 못한 행동이다.

투자자의 체크리스트: 성공 투자를 위한 5가지 원칙

주식투자의 성공은 군중이 우리의 선택에 동의하는지에 상관없이 자기 자신만의 원칙에 달려 있다. 그렇기에 탄탄하고 논리적인 투자 철학을 마련해야 한다.

- ☐ 기업의 안팎을 이해하지 못한다면 주식을 사지 말라. 주식을 사기 전에 회사를 철저히 조사하는 것이 가장 큰 실수를 피하는 지름길이다.
- ☐ 경제적 해자가 넓어서 경쟁사들을 물리칠 여력이 충분한 기업에 관심을 집중하라. 그 기업이 어떻게 해서 경쟁사들을 물리치고 평균 이상의 수익을 지속하는지를 이해할 수 있다면, 그 회사의 경제적 해자의 원천을 알아낸 것과 같다.
- ☐ 안전마진이 없는 주식은 사지 말라. 엄격한 평가 원칙을 고수함으로써 실수를 피하고 투자 성과를 높일 수 있다.
- ☐ 빈번한 거래를 오래 하면 투자 성과에 커다란 해를 끼칠 수 있다. 주식 매수를 중요한 상품을 사는 것이라고 생각하라. 그리고 오랫동안 보유하라.
- ☐ 팔아야 할 때를 알라. 가격이 올랐다거나 내렸다는 이유만으로 팔아서는 안 된다. 주식을 사면서 처음에 실수를 했거나, 기업의 펀더멘털이 악화되었거나, 주가가 내재가치를 훨씬 초과했거나, 더 좋은 기회를 찾았거나, 또는 포트폴리오에서 차지하는 비중이 너무 높다고 판단될 때에는 주식 매도를 신중히 고려해봐야 한다.

2
피해야 할 7가지 실수

○○○

　투자는 여러 가지 면에서 테니스와 비슷하다. 테니스를 칠 때 날카로운 서브와 훌륭한 백핸드는 많은 점수를 내게 해준다. 그러나 더블 폴트나 부득이한 실수를 연속적으로 저지르면, 서브나 백핸드의 좋은 기량에서 오는 이점은 금세 사라질 수 있다. 결국 5세트가 끝나면 실수를 가장 적게 한 사람이 승자가 되는 경우가 많다. 상대편이 공을 어떤 식으로 보내든 그 공을 받아쳐 네트 너머로 넘기는 것이 가장 중요하다.

　투자도 이와 흡사하다. 투자에서의 가장 흔한 실수를 피하는 방법을 이해하지 못한다면 우리의 포트폴리오는 신바람 나는 수익을 거두지 못할 것이다. 그리고 훌륭한 주식을 많이 선택해야 이런 두세 가지 큰 실수를 만회할 수 있을 것이다.

　따라서 회사를 분석하기 전에 많은 투자자들이 피할 수 있음에도 불구하고 흔하게 저지르는 일곱 가지 실수를 소개하고자 한다. 이런 유혹을 이겨내는 것이 투자 목표를 달성하기 위한 첫 번째 단계이다.

1. 홈런을 노린다
2. 이번에는 다를 것이라고 믿는다
3. 제품과 사랑에 빠진다
4. 시장이 침체일 때 공포에 빠진다
5. 시장 타이밍을 찾으려 한다
6. 가치 평가를 무시한다
7. 주당순이익에 너무 의존한다

홈런을 노린다

이것은 강력한 경제적 해자를 가진 위대한 기업을 사야 한다는 중요한 사실과 일맥상통한다. 모 아니면 도 같은 위험이 높은 주식으로 포트폴리오를 잔뜩 채워가는 것, 다시 말해 담장을 넘기는 홈런만을 노리며 방망이를 휘두르는 것은 재앙을 불러오는 확실한 지름길이다. 무엇보다 눈에 보이지 않는 투자 수학적 속성을 살펴보면 큰 손실은 메우기가 대단히 어려운 과제임을 알 수 있다. 50% 떨어진 주식은 두 배 올라야 손실을 만회할 수 있다.

다른 한편, 아직 작은 신생기업에 불과한 제2의 마이크로소프트를 찾는 것은 정말로, 정말로 어렵다. 세상을 바꾸는 기업이 아니라 망해버릴 회사에 돈을 들이밀게 될 가능성이 훨씬 높다. 아직 초기 단계에 불과한 회사들을 제대로 파악하기란 극도로 어려운 일이기 때문이다.

사실 소형 성장주는 장기적으로 볼 때 최악의 수익을 내는 주식 종목에 속한다. 왜냐고? 다트머스 대학의 케네스 프렌치Kenneth French 교수에 따르면, 소형 성장주들은 1927년 이후 9.3%의 연평균수익률을 달성했는데, 이것은 같은 기간 동안 S&P 500 주식들이 거둔 10.7%

를 훨씬 밑돈다.[1] 1.4%라는 수익률 차이가 별 것 아닌 듯 보인다면, 그것이 장기적인 자산 수익에 얼마나 막대한 영향을 끼치는지를 다시 짚고 넘어가자. 1,000달러를 9.3%의 수익률로 30년 동안 투자하면 14,000달러를 벌지만, 10.7%의 수익률은 21,000달러를 벌게 해준다.

더욱이 작은 기업들 중에는 잘 버티는 회사도 있지만 그렇지 못한 회사도 많다. 도산하지 않는 회사도 있지만, 실제로는 훨씬 더 많은 회사들이 도산한다. 가령 1997년에서 2002년 사이에 나스닥에서 퇴출된 기업은 매년 8%나 되었다. 그리고 대략 2,200개의 기업들이 나스닥에서 퇴출되기 전에 주주들에게 엄청난 손해를 입혔다.

이번에는 다를 것이라고 믿는다

월가에서 가장 큰 대가를 치르게 하는 말은 "이번에는 다를 것이다"이다. 역사는 되풀이되고, 거품은 터진다. 그리고 시장의 역사를 모르는 것은 커다란 핸디캡으로 작용한다.

예를 들어 2000년 봄에 금융지들은 반도체 주식이 더 이상 경기순환주가 아니라는 기사를 써대기 시작했다. 그러나 당시 반도체 주식은 거의 정점에 도달한 것으로 판명되었다. 1년 뒤, 에너지 주식이 폭등했고, 많은 애널리스트들은 향후 몇 년 동안 이 부문이 20%의 이익을 낼 것이라고 내다봤다. 그러다가 경기가 둔화되었고 전력 소비가 줄어들었다. 새로운 공장들이 이미 가동에 들어갔기 때문에 공급이 폭발했다. 그 결과 미란트Mirant와 캘파인Calpine과 같은 에너지주는 엔론이 몰

---

[1] Kenneth French, http://mba.tuck.dartmouth.edu/pages/faculty/ken.french/data_library.html.

락하기 전에도 이미 50~60%의 주가 하락을 맛봐야 했다.

요점은 간단하다. 미래를 이해하려면 시장의 과거를 공부해야 한다는 것이다. "이번에는 정말로 다를 것이다"라는 말을 들으면 TV를 끄고 산책이나 가도록.

제품과 사랑에 빠진다

투자를 할 때 가장 빠지기 쉬운 함정에 속한다. 몇 년 전 팜파일럿이 세상에 나온 이후 이 제품을 사고 나서 팜이라는 회사를 위대한 투자 대상이라고 생각하지 않은 사람이 누가 있었겠는가? 지극히 당연한 생각이었다. 하지만 위대한 제품이 반드시 커다란 이익으로 귀결되는 것은 아니다. 가령, 팜은 사용이 쉽고 값싼 PDA를 최초로 발명한 회사였다. 하지만 소비자 전자제품을 만드는 회사는 결코 매력적이지 않다. 마진은 적고, 경쟁은 치열하다. 게다가 지속적인 이익을 내기도 결코 쉽지 않다.

기업을 평가할 때, 위대한 제품과 혁신적인 기술도 중요하지만, 이것들이 기업 그 자체만큼 중요한 사항은 아니다. 물론 수백만 명이 팜의 위대한 장비를 구입했고, 심지어 주요 경쟁사 한 곳은 팜에 인수되기도 했다. 그러나 업계의 경기 침체가 결국 이 회사의 발목을 잡았다. 팜은 2001년과 2002년에 수억 달러의 손실을 입었고, 2003년 중반이 되자 이 회사의 주식은 2000년 초 처음 거래가 시작된 이후 98% 이상 폭락했다.

주식을 알아볼 때는 자신에게 이런 질문을 던져야 한다. "이것이 매력적인 회사인가? 나라면 회사 전체를 구입할 것인가?" 노No라는 대답이 나온다면 주식을 사지 말아야 한다. 그 회사의 제품이 아무리 마음에 들지라도.

시장이 침체일 때 공포에 빠진다

주식투자는 수다쟁이들이 조언을 늘어놓을 때가 아니라 아무도 그 주식을 사고 싶어하지 않을 때 더 매력적이다. 투자를 할 때 다른 많은 사람들도 그렇게 한다면서 '타당성'을 부여하고 싶은 것이 사람의 속성이다. 하지만 모든 사람들이 피할 때 자산의 가격이 싸진다는 것은 과거에도 여러 차례 입증된 바 있는 사실이다(해외시장에서 싸게 나온 주식을 체계적으로 알아본 최초의 투자자 중 하나인 존 템플턴 경은 다음과 같이 말했다. "비관주의가 팽배했을 때가 최적의 매수 시기이다").

이에 관한 가장 유명한 예는 「비즈니스위크」의 1979년 커버스토리이다. 주식이 18년 동안의 장기 호황을 맞이하기 얼마 전에 쓰인 이 기사는 "주식의 죽음?"이라는 질문을 던졌다.[2] 그리고 1999년 워런 버핏을 커버기사로 다룬 「배런스」는 "왜 그러십니까, 워런?"이라는 질문을 던지면서 버핏이 기술주를 외면하는 것에 대해 한탄을 늘어놓았다.[3] 그 후 3년 동안 나스닥은 60% 이상 떨어졌지만 버크셔 해서웨이의 주식은 40% 올랐다.

또한 모닝스타가 과거 여러 해 동안 매년 수행해온 연구를 통해서도 이에 대한 경험적인(그리고 일회적이지 않은) 사례를 엿볼 수 있다. 이를 입증한 것은 비인기 펀드 유형들이었다. 돈이 가장 많이 몰리는 펀드 유형과 돈이 가장 많이 빠져나간 펀드 유형을 살펴본 결과 매우 흥미

---

[2] "For better or for worse, then, the U.S. economy probably has to regard the death of equities as near-permanent conditions-reversible some day, but not soon" from "The Death of Equities" *Business Week*, p.54 (August 13, 1979).

[3] Andrew Bary, "What's Wrong? Berkshire's Down for the Year, but Don't Count It Out," *Barron's*, p.16 (December 27, 1999)

진진한 사실이 밝혀졌다. 지난 수십 년 동안 3년 정도의 기간을 제외하면 모두가 기피하는 유형이 모두의 사랑을 받는 유형보다 높은 실적을 거두었던 것이다.

그 차이는 놀라운 결과를 낳을 수도 있다. 가령 2000년 초에 사람들이 기피하는 분야에서 세 개의 비인기 펀드에 가입한 투자자는 그 후 3년 동안 어느 정도 고정적인 투자수익률을 올릴 수 있었다. 이것은 당시 연평균 15%에 달했던 투자 손실에 비해 상당히 높은 수치이며, 같은 기간 동안 연평균 26%씩 하락했던 다른 인기 펀드들은 비교 대상조차 되지 못한다.

열매를 수확하는 데는 용기가 필요하지만 그 용기에는 보상이 따른다. 스스로의 힘으로 생각하고 금융지가 떠들어대는 이 달의 추천 종목이 아니라 다른 사람들의 버림을 받아 시장에 싸게 나온 주식을 발견할 수 있다면, 당신의 투자 성과는 한층 향상될 것이다.

시장 타이밍을 발견하고자 노력한다

시장 타이밍market timing은 투자에 대한 가장 커다란 통념 중 하나이다. 언제 시장에 진입하고, 언제 빠져나와야 할지를 일관성 있게 알려주는 전략은 존재하지 않는다. 그럼에도 어떤 사람들은 적절한 시장타이밍에 관해 조언해 줄 수 있다고 장담한다.

「파이낸셜 애널리스트 저널」 2001년 2월호에 실린 흥미진진한 기사를 살펴보자. 이 기사는 1926년에서 1999년까지의 매수 후 보유하는 장기 투자 전략buy-and-hold strategy과 시장 타이밍 전략 사이의 차이점을 아주 훌륭한 방법으로 보여주었다. 기사는 여러 다양한 변환주기를 이용해서 1926년부터 1999년까지의 모든 가능한 시장 타이밍 변수들

을 설정했다.4

기사는 한 투자자가 특정 달에 단기채권이나 주식에 투자한다고 가정하고, 이 두 가지를 조합했을 때 뽑아낼 수 있는 가능한 수익들을 모두 계산했다(두 자산을 12개월 동안 운용할 경우 가능한 조합은 2^{12}, 다시 말해 4,096가지나 된다). 그런 다음 타이밍 전략을 조합하는 것이 단순히 매수 후 보유하는 장기 투자보다 더 높은 수익을 창출한다는 사실을 보여주기 위해 두 전략의 결과를 비교했다.

결과는 어땠을까? 모든 가능한 시장 타이밍 조합 중 3분의 1이 매수 후 보유하는 장기 투자 전략보다 높은 수익률을 올렸다. 이렇게 생각할 수도 있다. "내가 적절한 타이밍에 진입한다면 시장에서 성공할 가능성이 33%나 되네. 그럼 이 전략을 택해야지!" 그러나 당장 뛰어나가서 시장 타이밍 정보를 제공해주는 잡지를 구독하기 전에 세 가지 문제를 짚고 넘어가야 한다.

1. 앞에 나온 보고서의 결과들은 각 해를 불연속적인 기간으로 바라보면서 시장 타이밍의 효과를 과장하고 있다. 이것은 보고서들이 (시간이 지날수록 일반적으로 시장이 상승한다는 가정에 의한) 복리수익의 효과를 무시함을 말해준다.
2. 주식시장의 수익이 상당히 왜곡되어 있다. 다시 말해 특정 연도의 수익(긍정적이건 부정적이건)은 그 해 며칠 동안의 금액을 측정해서 얻어진 것에 불과하다. 이것은 장기간 동안 부를 축적하려는

4 Richard J. Bauer Jr. and Julie R. Dahlquist, "Market Timing and Roulett Wheels," *Financial Analysts Journal*, 57(1), pp.28-40

투자자에게는 시장에 머무르지 '않는' 위험이 높다는 것을 의미한다.
3. 지난 20년 동안 모닝스타가 추적한 수천 개의 펀드 중 일관된 시장 타이밍을 제공해준 것은 하나도 없었다. 물론 몇몇 펀드는 때로는 상당한 기회를 제공해주었다. 하지만 계량모델에서 나온 신호를 근거로 시장을 빈번하게 들락날락했을 때 뛰어난 실적은 전혀 발생하지 않았다.

이것은 시장 타이밍이 적절한 전략이 아님을 말해주는 뚜렷한 증거이다. 뮤추얼 펀드를 운용한다는 것은 결국 영리 목적의 사업이기 때문인데, 신뢰할 만한 시장 타이밍을 찾을 방법을 알아낸 사람이 있다면, 그 사람은 진작부터 그 방법으로 펀드를 운용하기 시작했을 것이 뻔하지 않겠는가.

가치 평가를 무시한다

이것은 지난 몇 년 동안 많은 사람들을 괴롭힌 문제이다. 물론 방금 30배의 주당순이익으로 매수했는데 주가가 하락하고 있는 기업에 50배의 주당순이익을 지불할 사람이 나타날 가능성도 있다. 하지만 확신은 금물이다. 물론 당신은 인터넷 버블이 있는 동안 CMGI나 야후!로 떼돈을 벌었을지도 모른다. 적기에 빠져 나왔다면 말이다. 그럴 수 있었을 것이라 정직하게 말할 수 있는가?

주식을 산 다음 '놓아두는' 유일한 이유는 파는 것보다는 더 가치가 있을 것이라 생각하기 때문이다. 어떤 멍청이가 나타나서 몇 달째 하락 중인 주식을 비싸게 살 것이라 기대해서가 아니다.

내재가치와 가치 평가에 대해서는 제9장과 제10장에 자세히 나온다. 여기서는 투자 위험을 줄이는 최선의 방법은 가치 평가에 신중한 주의를 기울이는 것임을 유념하고 넘어가자. 시장의 기대가 낮다면 구입한 주식이 기대치를 뛰어넘을 가능성은 더욱 높아진다. '긍정적인 뉴스'나 '강력한 상대강도지수'를 기대하고 주식을 매수하는 것은 화를 자초하는 일이다.

주당순이익에 지나치게 의존한다

결국 중요한 것은 이익이 아니라 현금흐름이다. 여러 이유에서, 회계장부에 나타난 주당순이익은 기업의 경영진이 원하는 바를 나타내는 것에 불과할 수도 있다. 하지만 현금흐름은 장난치기가 훨씬 힘들다. 현금흐름표는 기업의 건전성에 대한 유용한 정보를 많이 드러내줄 수 있다. 또한 이익 대비 현금흐름 운용의 추이를 지켜보는 것만으로도 여러 가지 사건을 사전에 짐작할 수 있다. 수익 증가에도 불구하고 현금흐름이 정체되어 있거나 줄어든다면, 내부의 무언가가 곪았다는 증거다.

현금흐름 분석의 중요성에 대해서는 제5장과 제6장에서 설명할 것이다. 또한 잠재적인 회계 문제를 간파하는 방법에 대해서는 제8장에 나온다.

이런 일반적인 실수를 피할 수 있다면 보통의 투자자들보다 훨씬 앞서 나갈 수 있다. 이제, 하지 말아야 할 사항에서 해야 할 사항으로 내용의 초점을 옮겨보자. 다음 장에서는 경제적 해자를 분석해서 위대한 기업과 평범한 기업을 구분하는 방법을 보여줄 것이다.

투자자의 체크리스트: 피해야 할 7가지 실수

☐ 대박을 노리면서 차세대 마이크로소프트를 찾는 짓은 하지 말라. 대신 주가가 저평가된 탄탄한 기업을 찾는 데 주력하라.

☐ 시장의 역사를 이해하면 똑같은 함정에 빠지는 사태를 피할 수 있다. "이번에는 다를 거야"라고 주장하는 사람들이 있다면 무시하라.

☐ 위대한 제품이 곧 위대한 회사라고 생각하지 말라. 거의 백이면 백 함정이다. 새로운 기술이나 멋진 제품에 넋을 잃고 흥분하기 전에 그 회사의 비즈니스 모델부터 검토해야 한다.

☐ 남들의 두려움을 당신에게 유리하게 사용해도 상관없다. 모든 사람이 특정한 종류의 주식을 기피할 때가 바로 최적의 구입 시기이다.

☐ 시장 타이밍을 노리는 것은 바보짓이다. 시장이 적절한 타이밍을 제공해줄 수 없다는 증거는 무수히 많다.

☐ 투자 위험을 줄이는 최선의 방법은 가치 평가에 관심을 기울이는 것이다. 위대한 기업의 주식을 샀을지라도 다른 투자자들이 더 비싼 값을 지불할 것이라는 헛된 희망을 품지 말아야 한다.

☐ 기업의 재무성과를 나타내주는 진정한 척도는 보고서에 적힌 주당순이익이 아니라 현금흐름이다.

3
경제적 해자

○○○

투자자들은 기업을 판단하기 위해 보통 어떤 회사가 이익을 가장 많이 내는지를 살펴보고 그 추이가 미래에도 계속될지를 가늠한다. 그러나 가끔은 작은 거울로 비춰볼 때는 무척 멋있어 보이는 기업이 아주 끔찍한 실적을 거두기도 한다. 낮이 지나면 밤이 오듯 성공은 으레 경쟁을 끌어들이기 때문이다. 그리고 이익이 클수록 경쟁도 치열해진다. 그것이 (아마도) 자유시장의 기본적인 속성이다. 자본이란 항상 기대수익이 가장 높은 분야를 좇는다. 경쟁사들이 독점의 이익을 조금씩 떼어가기 때문에 수익성이 가장 높은 기업은 시간이 지날수록 이익률이 줄게 마련이다.

이런 현상을 신문 머리기사에서도 매일 볼 수 있다. 왜 제약회사는 변호사들을 무더기로 고용해서 특허권에 틈새가 있는지를 알아보는 것일까? 화이자Pfizer나 머크Merck 같은 대형 제약회사들은 엄청난 수익을 낸다. 솔직히 특허에 대한 이의 제기 하나만 성공해도 손해 보는 장사는 아니다. 왜 벤처 투자자들은 1990년대 말에 네트워킹 분야의 신생회사에 돈을 투자한 것일까? 시스코가 매년 40%로 성장하는데다 25%의 영업이익률을 거두고 있었기 때문이다. 한 회사가 큰 이익을 내면 경쟁이 치열해지는 것이 당연하다.

경제적 해자의 개념은 모닝스타의 주식 분석 과정에서 중요한 역할을 한다. 경제적 해자는 많은 이익을 내는 회사들이 그 상태를 유지하게 해주는 것이기 때문이다.

경쟁 전략과 경제적 해자를 분석하기 위한 여러 중요 원칙들을 처음으로 세운 위대한 투자자인 워런 버핏과 하버드대 교수인 마이클 포터Michael Porter를 연구하면서 우리는 이 주제에 관해 많은 것을 배울 수 있었다.

기업의 경제적 해자를 분석하려면 다음의 4단계를 따라야 한다.

1. 기업의 역사적인 수익성을 평가한다. 그동안 기업의 총자산이익률return on assets, ROA과 주주자본수익률return on shareholder's equity이 탄탄했는가? 이것은 기업이 경제적 해자를 구축했는지 아닌지를 나타내주는 리트머스 시험지이다.
2. 기업이 탄탄한 자본수익률returns on capital을 거둬왔고 수익이 지속적이라면, 기업 이익의 원천을 평가해야 한다. 왜 기업은 경쟁사들을 물리칠 수 있는가? 왜 경쟁사들은 그 이익을 빼앗아가지 못하는 것일까?
3. 기업이 얼마나 오랫동안 경쟁사를 막을 수 있을지를 측정한다. 이것이 바로 회사의 '경쟁우위 기간competitive advantage period'이다. 어떤 회사는 몇 년 동안만 경쟁사를 막을 수 있는 반면 어떤 회사는 수십 년도 가능할 수 있다.
4. 업계의 경쟁 구조를 분석한다. 이 업계의 회사들은 어떤 식으로

경쟁하는가? 이익을 내는 회사들이 많은 매력적인 산업인가, 아니면 경쟁사들이 현상유지를 위해 안간힘을 쓰는 초경쟁적인 산업인가?

경제적 해자를 분석하는 것은 까다로운 작업이다. 경쟁이 치열할지라도 지속적으로 돈을 벌 수 있는 방법은 거의 무한대에 가깝기 때문이다. 하지만 이런 이유 때문에 경제적 해자를 분석하는 것은 흥미진진한 일이 되기도 한다.

수익성 평가하기

우리가 해야 할 첫 번째는 재무 결과를 검토해서 기업이 경제적 해자를 가지고 있는지에 대한 확실한 증거를 찾는 일이다(기업의 경제적 해자가 '미래'에도 이어질지를 확인하기는 훨씬 어렵지만 이 장의 끝에서 그 점에 대해 간단히 설명할 것이다).

자본비용을 초과해서 이익을 창출할 수 있는 회사, 다시 말해 투자한 금액을 훨씬 상회하는 현금을 뽑아낼 수 있는 기업을 찾아야 한다. 이를 위한 손쉬운 방법은 다음과 같은 몇 가지 질문을 해보는 것이다. 이 질문들 중 완벽한 측정 방법을 제공해주는 것은 없지만, 함께 사용할 경우 경제적 해자를 가진 회사와 그렇지 않은 회사를 훌륭하게 식별해준다(이것들은 어떻게 보면 지름길이라 할 수 있다). 재무적 측정 방법이 이해가 안 돼도 걱정하지 말도록. 그것에 대해서는 뒤에서 자세히 설명할 것이다.

잉여현금흐름을 창출하는가? 얼마나 많이 창출하는가?

첫째, 잉여현금흐름을 구하자. 이것은 영업 활동으로 인한 현금흐름cash flow from operations, CFO에서 자본지출capital expenditure을 뺀 금액이다(잉여현금흐름에 대해서는 제5장에 자세히 나온다. 여기서는 기업의 분기보고서나 연차보고서에 나오는 현금흐름표를 살펴본 뒤, '영업활동으로 인한 현금흐름'에서 '자본지출' 항목을 차감하는 것으로 만족하자). 잉여현금흐름을 창출하는 기업은 지속적인 사업 유지에 필요한 재투자를 한 뒤에도 돈이 남는다. 어떤 의미에서 잉여현금흐름은 기업의 주요 활동에 피해를 주지 않으면서도 주주가 기업에서 가져갈 수 있는 돈이라 할 수 있다.

다음으로는 잉여현금흐름을 매출액(또는 수익)으로 나누자. 이렇게 하면 기업이 수익 1달러 중 어느 정도를 초과이익excess profit으로 전환할 수 있는지를 알 수 있다. 기업의 매출액에서 잉여현금흐름이 차지하는 비율이 5%를 넘는다면, 돈 버는 기계를 발견한 셈이다. 2003년 중반 S&P 500 중 절반만이 이 관문을 통과했다. 탄탄한 잉여현금흐름은 경제적 해자가 존재한다는 확실한 증거이다.

기업의 순이익률은 얼마인가?

잉여현금흐름이 초과 수익성을 측정해주듯이, 순이익률net margins은 다른 관점에서 수익성을 측정해준다. 순이익률은 매출액에서 순이익이 차지하는 비율로, 기업이 매출 1달러당 얼마나 많은 이익을 거둬들이는지를 알려준다(기업의 손익계산서에는 매출액과 당기순이익이 적혀있는데 일반적인 재무제표라면 이 둘을 반드시 보고해야 한다). 일반적으로 기업의 순이익률이 15%를 넘으면 적절하다고 볼 수 있다.

자기자본이익률이 얼마인가?

자기자본이익률returns on equity, ROE은 주주자본 중 순이익이 차지하는 비율이며, 주주들이 기업에 투자한 1달러당 이익이 얼마인지를 측정한다. ROE는 몇 가지 결점을 가지고 있지만(이에 대해서는 제6장에 나온다), 기업의 전반적인 수익성을 평가해주는 훌륭한 수단인 것 또한 사실이다. 전반적으로 볼 때 기업의 ROE가 지속적으로 15%를 넘는다면 주주의 돈에 대해 안정적인 수익률을 기록하는 것이며 경제적 해자도 가지고 있음을 의미한다. ROE에 대해서는 제6장에서 자세히 살펴볼 것이다.

총자산이익률이 얼마인가?

총자산이익률 또는 ROA는 기업자산 대비 순이익률로, 기업이 얼마나 효율적으로 자산에서 이익을 뽑아내는지를 측정해주는 수단이다. 6~7%를 대략적인 기준으로 이용할 때, 기업의 ROA가 지속적으로 이 비율을 넘는다면 경쟁사에 비해 어느 정도의 경쟁우위를 가진 것이라고 볼 수 있다.

이 네 가지 측정 수단을 살펴볼 때는 1년 이상의 기록을 봐야 한다. 기업이 1년 이상 안정적인 ROE와 흡족한 잉여현금흐름, 그리고 괜찮은 이익률을 지속적으로 창출했다면, 이 기업은 실적이 들쑥날쑥한 회사보다 훨씬 넓은 경제적 해자를 가지고 있다고 볼 수 있다. 기업을 평가할 때는 일관성consistency이 중요하다. 이것은 단지 1~2년 동안만 이 아니라 좀 더 오랜 기간 동안 경쟁사들을 물리쳐서 기업을 두드러지게 해주는 능력이기 때문이다. 가치 평가에서 5년은 최소한의 기간이며, 가능하다면 10년의 기록을 살펴봐야 한다.

또한 이런 기준들은 일반적인 규칙일 뿐 명확한 커트라인은 아니다. 수익성 기준의 추이를 검토할 때에는 업계 평균과 비교하는 것이 좋다. 수익성 기준이 업계에 따라 높을 수도 있고 낮을 수도 있지 않은가?

기업의 수익성 측정을 위한 더 정교한 방법이 있다. 투하자본수익률return on invested capital, ROIC과 가중평균자본비용weighted average cost of capital, WACC을 계산한 뒤 양쪽의 차이를 살펴보는 것이다. 이에 대해서는 제6장에 자세히 나온다. 하지만 어렵다고 지레 겁먹을 필요 없다. 잉여현금흐름과 ROE, ROA, 순이익률을 적절히 이용함으로써 올바른 방향을 찾을 수 있을 것이다.

경제적 해자 구축하기

다음으로 기업이 오랫동안 높은 이익을 내면서 경쟁사들을 멀찌감치 따돌릴 수 있었던 이유가 무엇인지를 알아내야 한다. 매력적인 산업에 포함돼 있다는 것이 하나의 이유가 될 수도 있지만, 그보다는 기업 차원의 전략이 훨씬 중요하다. 기본적으로 매력적이지 않은 산업에도, 사우스웨스트 항공처럼 훌륭한 기업이 존재한다는 사실은 전략이 중요함을 분명히 말해준다. 학술 연구를 통해서도 기업이 경제적 해자를 구축할 때에는 업종보다 전략이 두 배로 중요하다는 사실이 입증되었다.

경제적 해자의 원천을 검토할 때 중요한 것은 '왜?'라는 질문을 멈추지 말아야 한다는 것이다. 왜 경쟁사들은 이 회사의 고객을 빼앗지 못하는 것일까? 왜 경쟁사는 비슷한 제품이나 서비스에 더 낮은 가격을 매기지 못하는 것일까? 왜 고객은 연례적인 가격 인상을 수용하는 것일까?

가능하다면 고객의 관점에서 상황을 바라보자. 그 제품이나 서비스는 고객에게 어떤 가치를 전달해주는가? 그것이 고객의 생활에 어떤 편리함을 전해주는가? 왜 고객들은 경쟁사가 아닌 이 회사의 제품이나 서비스를 이용하는가? 이 질문에 대한 답을 구했다면 경제적 해자의 원천을 발견할 가능성이 높아진다.

일반적으로 기업이 지속적인 경쟁우위를 구축하는 방법에는 다섯 가지가 있다.

1. 우수한 기술이나 품질을 통해 '실질적인 제품 차별화' 창출
2. 신뢰받는 브랜드나 평판을 통해 '인식 차원의 제품 차별화' 창출
3. '비용 감소' 또는 더 낮은 가격에 비슷한 제품이나 서비스 제공
4. 높은 전환비용으로 '고객을 속박'시킴
5. 높은 진입장벽이나 성공장벽을 만들어서 '경쟁사의 접근을 차단'

실질적인 제품 차별화

이것은 단연코 가장 중요한 경제적 해자이다. 어쨌든 고객이 더 좋은 제품이나 서비스에 더 많은 돈을 지불하는 것은 당연한 일이다. 그러나 더 훌륭한 기술이나 성능은 지속적인 전략이 되지 못한다. 경쟁사들이 더 좋은 기술을 개발해서 따라잡으려 안간힘을 쓰기 때문이다. 게다가 최고의 제품이나 서비스에는 추가적인 비용이 따르게 마련이기에 이 전략을 추구하는 기업의 경우 대체로 잠재적 시장 규모가 한정되어 있다. 많은 고객들은 품질은 약간 떨어지지만 가격이 월등히 낮은 제품에 만족할 것이다.

더 중요한 문제는 기능 추가나 제품 개선만으로는 계속해서 경쟁사를 앞서기가 힘들다는 사실이다. 이 전략을 이용해서 장기적인 초과이익을 달성하는 기업이 거의 없는 것도 이런 이유 때문이다. 기술회사나 소비자 전자제품 분야에 종사하는 회사들의 경우는 더욱 그러하다. 현재 최신의 훌륭한 서버나 스토리지 시스템, DVD 플레이어 제조회

사가 장래에도 시장을 주도할 가능성은 별로 없다. 마지막으로 지속적인 혁신은 연구개발비라는 명목으로 엄청난 자본을 집어삼킨다. 제품 차별화 전략은 정말로 값비싼 전략이 될 수도 있다.

데이터 스토리지 제조회사인 EMC가 좋은 예이다. 1990년대 중반 이 회사는 빠르게 성장하는 분야인 기술 부문에서 IBM을 따라잡았으며, IBM에는 없는 성능을 갖춘 신제품 덕분에 새로운 고객도 확보할 수 있었다. 몇 년 동안 EMC는 기술적으로 우월한 제품을 앞세워 제품 가격을 경쟁사보다 훨씬 비싸게 매겨서 막대한 이익을 거둘 수 있었다(실제로 EMC의 가격이 너무 비싸서 고객들은 이 회사에 '초과 마진 기업excess margin corporation'이라는 별명을 붙일 정도였다).

그러나 IBM과 다른 경쟁사들은 포기하지 않았다. 결국 IBM은 EMC의 성능에 꽤 근접한 제품을 출시했고, 고객을 되찾기 위해 제품 가격을 훨씬 낮게 책정했다. 그 결과 IBM은 시장점유율을 회복하기 시작했고 EMC는 많은 어려움을 겪었다.

교훈은 이렇다. 비록 기업이 기술곡선에서 한 단계 앞섬으로써 엄청난 초과이익(또한 거대한 주식 평가 이익까지)을 거둘 수 있을지라도 이런 이익은 일반적으로 단명하게 마련이다. 업계의 내부 상황에 정통하지 못해서 그 회사의 제품이 언제 더 나은 경쟁 제품에 따라잡힐지 알 수 없다면, 경쟁우위를 지속하기 위해 혁신에만 의존하는 기업에 대해서는 주의의 눈길을 거두지 말아야 한다.

인식 차원의 제품 차별화

그러나 지속적으로 더 훌륭한 제품이나 서비스를 제공하는 기업은 스스로 브랜드를 구축하는 편이며 강력한 브랜드는 매우 넓은 경제적 해자를 만들어줄 수 있다. 브랜드의 놀라운 점은 고객이 한 회사의 제품이나 서비스가 경쟁사보다 더 훌륭하다고 '인식' 하는 한 실질적인 제품 차이는 거의 영향을 끼치지 못한다는 것이다.

티파니는 브랜드 파워를 구축해서 초과수익을 거두는 기업의 전형적인 예이다. 보석 한 점을 그 유명한 작은 파란 상자에 담아준다는 것만으로 티파니는 상당히 높은 제품가격을 매길 수 있다. 금의 무게나 다이아몬드의 명도 등 보석의 품질을 좌우하는 객관적인 기준이 여럿 존재하는 상황에서 티파니의 사례는 아주 흥미진진한 것이다. 소비자들이 실질적으로 똑같은 다이아몬드 반지 하나에도 근처 보석상보다 티파니 상품에 더 많은 돈을 낸다는 사실은 귀중한 브랜드가 무엇인지를 분명하게 정의해준다. 즉 브랜드는 고객의 지불 의사를 높여주는 것이라 할 수 있다.

고객이 어떤 회사의 제품이나 서비스에 기꺼이 더 많은 돈을 지불할 것인지의 관점에서 브랜드와 평판을 생각해본다면, 가치 있는 브랜드와 그렇지 않은 브랜드를 구별할 수 있다. 브랜드의 존재가 아니라, 이 브랜드를 어떻게 이용해서 초과이익을 창출할 것인지가 중요하다. 실제로 어떤 산업에서는 브랜드가 전혀 쓸모가 없다.

소니와 포드를 생각해보자. 두 회사 모두 유명 브랜드를 구축하고 있다. 그러나 양쪽 모두 브랜드로 인한 가격 차별화에 전혀 영향을 받지 않는 제품을 판매하고 있기 때문에, 지난 몇 년 동안 안정적인 자본수익률을 거두기 위해 고군분투해야 했다. 소비자들은 기능이 비슷한데도 파나소닉 스테레오보다 소니 스테레오에 훨씬 많은 돈을 지불하지는 않는다. 또한 포드 상표가 붙었다는 이유만으로 포드 트럭에 더 비싼 값을 지불하지도 않는다.

이와 달리 티셔츠 앞면에 '애버크롬비'라는 상표가 찍혀 있다는 이유만으로 십대들은 기꺼이 25달러를 지불하고 애버크롬비 티셔츠를 구입한다. 이 브랜드가 얼마나 오랫동안 유지될지는 예측하기 힘들다. 하지만 브랜드 파워 덕분에 애버크롬비가 지난 수년 동안 더 높은 제품 가격을 매길 수 있었다는 것은 분명하다. 실제로 브랜드의 수명은 브랜드 위주의 경제적 해자에서 중요한 부분을 차지한다. 가령 코카콜라나 디즈니 같은 브랜드들은 수세대 동안 지속되지만, 어떤 것들은 이보다 수명이 훨씬 짧다.

강력한 브랜드가 경제적 해자를 만들어주는지의 여부를 평가하려면 제품에 대한 고객 신뢰나 브랜드에 대한 강한 유대감이 있는지를 관찰하는 것만으로는 충분치 않다. 브랜드 구축에 들어간 비용을 정당화하려면 정말로 돈벌이가 되어야 한다. 또한 강력한 브랜드 유지에는 일반적으로 많은 광고비가 들어간다. 따라서 브랜드가 고객의 지갑을 열지 못하거나 이 느슨해진 지갑이 확실하고 지속적인 자본수익을 창출해주지 못한다면, 브랜드는 생각만큼 가치 있는 것이 아닐지도 모른다.

비용 감소

더 낮은 원가에 비슷한 제품이나 서비스를 제공하는 것은 매우 강력한 경쟁우위의 원천이 될 수 있다. 사우스웨스트 항공이 승객 한 명을 1마일 실어 나르는 데에는 25센트의 비용이 든다. 이는 가장 저비용의 메이저 항공사보다 적은 금액이다. 그리고 텍사스 소재의 신생회사가 25년 뒤 빅리거로 거듭날 수 있었던 것도 이런 경쟁우위 덕분이었다. 저비용은 델의 이익률을 높여줬고, 이 회사의 PC 시장 점유율은 1997년 6%에서 2002년 말 15% 이상으로 늘어났다. 6년 만에 거둔 쾌거였다.

항공과 PC는 이제 '일상품 산업commodity industry'이라 할 수 있기 때문에 제품 차별화를 이루기가 힘들다. 이런 유형의 시장에서는 저비용 전략이 탁월한 효과를 발휘한다. 비일상품noncommodity 시장에서 지속적인 비용 우위cost advantage를 이룰 수 있다면 커다란 이점이 될 수 있다. 그러나 기업의 이익률을 살펴보고 이러저러한 회사가 경쟁사보다 비용이 더 낮다고 말하는 것만으로는 충분치 않다. 비용 절감의 원인을 찾아내야 하는데, 그것은 여러 가지가 될 수 있다.

일반적으로 기업은 공정을 개선하거나 더 큰 규모를 달성해서 비용 우위를 이룰 수 있다. 델은 공정 개선을 통해 비용 절감을 달성했다. 주문을 받은 뒤 PC를 조립하는 전략은 하룻밤 새 가격이 급락하는 PC 부품을 적절히 활용할 수 있게 해준다. 주문이 들어오기를 기다리는 동안 부품을 창고에 쌓아놓은 채 가치가 떨어지는 것을 보지 않아도 된다. 시간이 흐를수록 델은 계속해서 공급망에 들어가는 비용을 줄여왔다. 그 정도가 대단히 커서 델은 더 이상 기술회사가 아니라 제조회사라는 말을 들을 정도였다.

공정의 우위process advantages는 이보다 더 미묘할 수 있다. 자산운용업을 하는 뱅가드Vanguard가 서비스 가격을 낮출 수 있는 것은 그 규모 덕분이라고 생각할지도 모른다. 하지만 비슷한 규모에 훨씬 높은 수수료를 물리는 회사도 많다. 비결은 뱅가드의 상호적인 조직체계이다. 이 회사는 이익극대화를 추구하는 주주 소유의 기업이 아니라 펀드 투자자가 소유한 회사이다. 이런 체계 덕분에 뱅가드는 초과이익을 비용 절감으로 돌릴 수 있다. 하지만 전통적인 체계의 자산운용사들은 초과이익을 경영자에게 두둑한 보너스로 나눠주거나 대차대조표에 현금 계정으로 남겨둬야 한다. 뱅가드는 높은 이익으로 기업의 비용을 낮출 수 있고, 이로 인해 더 많은 자산을 끌어들여서 더 큰 이익을 낼 수 있다. 이런 식의 선순환이 계속 이어진다. 이러한 독특한 상호 시스템을 구축하지 못한 자산운용사는 뱅가드의 저비용을 따라잡기가 매우 어렵다.

규모의 우위scale advantage는 규모가 커질수록 스스로 확장되는 경향 때문에 경쟁사들이 따라잡기가 힘들다. 규모가 가장 큰 기업은 계속해서 비용과 가격을 줄이기에 작은 기업들은 이를 따라잡기가 점점 어려워진다. 가장 기본적인 형태의 규모 우위는 고정비를 십분 활용하는 것이다. 다시 말해 매출이 클수록 공장 설립 등의 자산 원가가 더 넓게 분산된다. 예를 들어 인텔은 최대 경쟁사인 AMD보다 매해 훨씬 많은 마이크로프로세서를 생산하기 때문에 칩 생산 단가가 훨씬 낮다.

고정비의 예는 공장만이 아니다. 택배서비스 회사인 UPS의 유통망을 구성하는 트럭을 예로 들어보자. 이 트럭들은 경쟁사 대부분보다 더 많은 지역에 더 싼 비용으로 화물을 운송하게 해주는 거대한 고정비를 나타낸다. 대도시 지역에만 운송망을 구축하는 것은 잠재적인 경쟁사들이 따라잡기 힘든 일이 아니지만, 미국 전역에 대한 화물 운송망을 구축하는 것은 완전히 다른 문제일 수 있다. UPS는 원래 트럭이 다니는 배송 경로에 화물 하나를 더 얹어도 추가 비용이 거의 들지 않기 때문에, 이런 추가 화물에서 뽑아내는 이익은 높을 수밖에 없다.

고객을 속박한다

고객을 속박하는는 것lock-in, 다시 말해 높은 전환비용switching cost을 만들어내는 것은 가장 미묘한 형태의 경쟁우위에 속할 것이다. 이를 이해하려면 기업의 영업 방식을 깊이 이해해야 한다. 비용 우위, 브랜드, 더 나은 제품은 외부에서도 관찰하기가 비교적 쉽다. 하지만 고객이 다른 기업으로 옮겨가기 힘들게 만드는 것이 정확히 무엇인지는 이해하기 힘들 수도 있다. 하지만 그것은 매우 강력한 힘을 발휘할 수 있다. 그렇기에 높은 전환비용을 가진 기업은 경제적 해자가 대체로 넓은 편이다.

돈 때문이든 시간 때문이든 고객이 경쟁사로 옮겨가기 힘들도록 만들 수만 있다면, 고객에게 더 높은 가격을 매겨서 더 많은 돈을 벌 수 있다. 이론상으론 간단하다. 하지만 실천은 어렵다

전환비용은 돈으로 따질 필요가 없다. 실제로 그럴 수도 없다. 대부분의 경우 고객이 경쟁사를 택하지 않고 특정 회사 제품이나 서비스에 머무르는 이유는 시간이다. 때때로 제품이나 서비스 사용법을 익히려면 상당한 시간 투자가 필요하다. 그렇기에 경쟁사 제품이 고객을 끌어 들이려면 상당한 이점을 제공해야 한다. 토마토소스처럼 그 맛이 그 맛인 경우 고객은 쉽게 브랜드를 바꿀 수 있다. 하지만 워드프로세싱 프로그램의 경우, 고객에게 그간의 지식을 내던지고 시간을 투자해서 새로운 프로그램을 익히게 하려면, 기존의 프로그램보다 탁월한 성능을 제공해줘야 한다.

스트라이커Stryker와 짐머Zimmer 같은 의료기기 회사는 기업이 어떻게 높은 전환비용을 창출해서 고객을 묶어두는지를 보여주는 완벽한 사례다. 두 회사 모두 골반이나 무릎 등에 부착하는 인공관절을 생산한다. 외과 의사들은 두 회사의 제품을 시술하는 방법을 훈련 받아야 하는데, 스트라이커와 짐머의 시술 방법이 완전히 다르기 때문에 이번 주에는 스트라이커를, 다음 주에는 짐머를 선택하는 식의 행동을 할 수 없다. 훈련에는 상당한 시간이 걸리기 때문에 외과 의사들은 한번 특정 회사의 제품을 선택하면 계속 그 제품을 사용하는 편이다. 그렇기에 스트라이커와 짐머 그리고 다른 경쟁사들은 인공관절 시장에서 비교적 안정적인 점유율을 차지하고 있다. 고객인 외과 의사들을 끌어오려면 신제품 사용에 필요한 재훈련 비용을 상쇄할 수 있을 만큼 뛰

어난 신제품을 제공해야 한다.

높은 전환비용이 존재하는지를 확인하려면 다음과 같은 질문들을 던져보자.

- 고객이 회사의 제품 사용법을 익히는 데 상당한 훈련이 필요한가? 그렇다면 고객들은 다른 제품으로 옮겨가서 재훈련 기간 동안에 생산성 손실이 초래되는 것을 달가워하지 않을 것이다.
- 회사의 제품이나 서비스가 고객의 사업과 밀접하게 연결되어 있는가? 기업들은 꼭 필요한 제품의 구매처를 자주 바꾸지는 않는데, 섣불리 바꿨을 때의 비용이 신제품이나 서비스에서 얻는 이익보다 훨씬 크기 때문이다.
- 회사의 제품이나 서비스가 산업 표준인가? 고객이 자신의 고객들로부터 유명하거나 평판이 좋은 제품이나 서비스를 이용하라는 압력을 계속 받을지도 모른다.
- 전환 시 얻어지는 이익이 전환비용에 비해 작은 편인가? 예를 들어 은행 고객은 수수료가 조금 더 싸다고 쉽사리 은행을 바꾸지는 않는다. 경쟁 은행으로 옮길 때의 혼란에 비하면 약간 더 싼 수수료는 별 가치가 없기 때문이다.
- 기업은 고객과 장기 계약을 체결하는 편인가? 이것은 고객이 판매자를 자주 바꾸고 싶어하지 않는다는 것을 나타내는 신호가 되기도 한다.

경쟁사의 접근 차단

경쟁사의 접근 차단은 지속적인 경쟁우위 창출을 위해 기업이 사용할 수 있는 다섯 번째 전략이다. 잘만 사용하면 이 전략은 몇 년 동안 많은 이익을 내줄 수 있다. '너무' 잘 사용하다가 마이크로소프트처럼 연방정부의 반독점법 위반 심사를 자처할 수도 있지만 말이다.

경쟁사의 접근을 차단하는 가장 확실한 방법은 카지노가 그러하듯 주정부로부터 일종의 규제적 독점regulatory exclusivity을 얻어내는 것이다. 라이선스 등은 경쟁사를 막는 강력한 장벽이다. 정부는 규칙을 만들어주기도 하지만 아무 경고 없이 바꿀 수도 있다. 미국 주정부들은 라이선스를 내준 카지노 시설들이 자리 잡아서 이익을 내기 시작하자 세율을 계속 인상했다. 이 카지노들이 경쟁사들로부터 보호받는 것은 여전했지만, 주정부는 카지노의 초과이익 중 처음 예상보다 훨씬 많은 부분을 세금으로 징수해갈 수 있었다.

특허권은 일정 기간 동안 직접적인 경쟁으로부터 특허 보유자를 보호해준다는 점에서 마찬가지로 규제적 독점에 속한다고 볼 수 있다. 대규모 제약회사들의 예에서도 나왔듯, 특허는 몇 년 동안 대단히 높은 이익률을 달성하게 해준다. 그러나 특허는 경쟁을 막아줄 수도 있지만 소송을 야기해서 특허 보유자의 초과수익 달성에 심각한 악영향을 끼칠 수도 있다.

그 좋은 예가 지구상에서 가장 잘 팔리는 약품 몇 개에 대한 특허권을 소유한 화이자이다. 특허권이 있기에 화이자는 신약을 시장에 출시하고 몇 년이 지난 뒤에도 높은 가격을 매길 수 있다. 특허 기간 동안 대부분은 경쟁이 제한되어 있기에 이익과 현금흐름이 막대하다. 화이자가 지난 10년 동안 30% 이상의 자기자본이익률을 올리고 현재의 순이익률도 25%를 웃도는 이유 중 하나가 이것이다. 참고로 S&P 500 기업의 평균순이익률은 6% 정도이다. 또한 특허권 덕분에 화이자의 주식은 장기적으로 보유할 만한 위대한 주식이었다. 실제로 대부분의 대규모 제약회사들은 업계 고유의 성격인 경제적 해자 덕분에 지난 10년 동안 시장을 초과하는 성과를 달성할 수 있었다.

그러나 특허권과 라이선스가 경쟁사들의 접근 차단과 높은 이익률 유지에 큰 도움을 줄 수 있지만, 그 수명이 얼마 못 갈 수도 있다. 우리가 조사 중인 기업의 경제적 해자가 단 하나의 특허권이나 정부 당국의 승인에만 의존한다면, 이런 유리한 상황이 갑자기 사라질 가능성은 없는지 반드시 알아봐야 한다. 이를 위해서는 기업의 연차보고서에서 소송절차 부분을 자세히 읽어야 할 것이다. 특허가 경쟁을 막아줄 수도 있지만, 반대로 소송을 야기해서 특허 보유자의 초과수익 달성에 심각한 악영향을 끼치는 경우도 가끔 있기 때문이다.

경쟁사의 접근을 차단할 수 있는 훨씬 더 지속적인 전략은 '네트워크 효과'를 이용하는 것이다. 강력한 네트워크는 이용자 증가에 따라 가치가 더욱 올라간다. 이는 전화 네트워크와 흡사하다. 가입자가 10여 명밖에 안 된다면 이 네트워크는 별 가치가 없지만, 이용자 수가 엄청나면 그 가치도 무한대로 늘어난다. 경쟁우위의 지위를 보호해줄 네트워크를 구축한 기업들의 경제적 해자는 매우 넓은 편이다.

일반적으로 시장은 강력한 네트워크 효과를 가지고 있다. 특정 시장에서 거래하는 구매자와 판매자가 늘어날수록 참가자들에 대한 시장의 가치도 증가한다. 이에 대한 가장 좋은 예는 공개 경매 시장인 이베이eBay이다. 이 회사는 훨씬 더 큰 기업들의 공격을 굳건히 버텨냈으며 당분간 다른 경쟁사가 등장할 가능성도 없어 보인다.

이베이가 세계 대부분의 온라인 경매 시장에서 독점에 가까운 위치를 차지하는 이유는 쉽게 알 수 있다. 이베이는 인터넷상에서 경매라는 형태로 구매자와 판매자를 연결시켜준 최초의 회사였기에 구매자와 판매자의 수는 급속히 증가했다. 희귀한 야구 카드나 오래된 포스터가 이베이 경매에 올라왔고 이 물건들의 입찰에 참여하기 위해 사이트에 몰려드는 구매자도 점점 늘어났다. 이렇게 늘어난 입찰자들은 더욱 많은 판매자를 끌어들였다. 판매자가 모인 곳에 구매자가 몰려들었고, 구매자가 모인 곳에 판매자가 몰려들었던 것이다.

야후!나 아마존 같은 경쟁사들이 경매 시장에 뛰어들었을 무렵에는 이미 대세가 결정 난 뒤였다. 이베이에 대단히 많은 입찰자들이 있었기 때문에 판매자들은 새로 생긴 작은 경매 사이트로 옮길 생각이 없었다. 이런 사이트에는 입찰자가 적어서 십중팔구 더 낮은 가격에 상품을 팔아야 할 것이기 때문이었다. 게다가 이베이에 판매 물품이 가장 많기 때문에 입찰자들도 다른 곳으로 옮길 생각이 없었다. 결국 이베이는 임계 규모critical mass를 확보했고, 오늘날 온라인 경매 시장에서 독점에 가까운 위치를 차지하고 있다.

또 다른 예는 퍼스트데이터First Data가 소유한 웨스턴유니언Western Union의 송금환 사업이다. 웨스턴유니언은 전 세계 17만 개 이상의 지점을 개설하고 있기 때문에 당신은 원하는 곳 어디로든 돈을 보낼 수 있다. 지점이 늘어날 때마다 이 회사 네트워크의 가치는 더욱 높아진다. 전형적인 네트워크 효과의 가장 큰 특징은 선순환이다. 많은 이용자가 더 많은 이용자를 부르는 것이다.

얼마나 오래갈까?

다음 단계로 경제적 해자의 수명을 평가해서 기업이 얼마나 오랫동안 경쟁사를 물리칠 수 있는지를 알아내야 한다.

경제적 해자를 두 가지 관점에서 생각해보자. 하나는 기업이 얼마나 많은 돈을 벌 수 있는지 보여주는 '깊이'이고, 다른 하나는 기업의 평균 이상 수익이 얼마나 오래 갈 것인지 보여주는 '너비'이다. 기술회사의 경제적 해자는 대부분 깊지만 좁은 편이기 때문에 이 회사들의 멋진 수익성은 경쟁사가 더 좋은 제품을 내놓을 때까지 비교적 짧은 기간 동안 지속된다. WD-40 같은 틈새 기업은 정반대이다. 가정용 윤활유를 만드는 이 회사는 한 해 동안 엄청난 돈을 벌지는 못한다. 하지만 상당한 독점력을 가지고 있기에 아주 오랫동안 초과수익을 달성할 수 있다.

해자의 수명을 예측하는 것은 어렵다. 하지만 정확한 답을 못 구하더라도 예측은 해봐야 한다. 이때 기업을 2년 이하, 3~5년, 5년 이상, 이렇게 세 부류로 구분하는 것이 도움이 된다.

일반적으로 기술 우수성(실질적인 제품 차별화)을 기본으로 하는 경쟁우위는 수명이 상당히 짧다. 성공한 소프트웨어 기업들은 기계류 등의 고정비에 많은 돈이 들어가지 않고 이익률이 높기 때문에 막대한 초과이익을 달성할 수 있다. 그러나 급격한 기술 변화 속도로 인해 이런 초과수익은 일반적으로 오래가지 못한다. 다시 말해 오늘의 리더가 내일의 패자로 돌변할 수 있다. 진입장벽이 낮은데다 잠재적인 보상이 매우 높기 때문이다.

비용 절감, 브랜드(인식 차원의 제품 차별화), 고객을 속박하는 것, 경쟁사의 접근을 막는 것은 때와 상황에 따라 다양한 경쟁우위를 제공해 준다. 하지만 최우선의 원칙은 존재하지 않는다. 넓은 해자와 좁은 해자를 구분하고, 어떤 기업이 해자가 전혀 없는지를 이해하기 위해 [표 3.1], [표 3.2], [표 3.3]에 유명 대기업 27개를 예로 들었다. 여기에는 각 기업의 해자가 넓은지 좁은지 아니면 전혀 없는지에 대한 설명도 있다. 여러분이 조사 업무를 수행할 때 이 예가 경제적 해자를 분석하는 데 도움이 될 것이다.

델	전형적인 저비용 생산자: 군더더기 없는 영업 구조와 인터넷 직접 판매를 통해 경쟁사보다 몇 배나 비용을 더 줄였다.
이베이	네트워크 효과: 네트워크의 구매자와 판매자가 늘어날수록 잠재 이용자도 계속 늘어나기 때문에 경쟁사들이 따라잡기 힘들다.
펩시	스낵과 소프트드링크 시장점유율 1위. 다각화된 식품회사로 강력한 브랜드와 혁신적인 신제품, 훌륭한 유통망을 착실히 다지고 있다.
컴캐스트	마국 가정용 케이블방송의 3분의 1 점유. 콘텐츠 제공자나 장비 공급자를 다루는 데 있어서 강력한 협상력을 갖추고 있다.
인텔	지배적인 마이크로 칩 제조사로서의 지위가 상당한 규모의 경제를 제공한다. 브랜드와 특허 역시 귀중한 무형자산이다.
H&R 블록	미국 소득세 신고 시장 지배적 사업자. 7명 중 1명이 블록에서 소득세 신고서류를 작성한다.
월마트	세계 최대의 소매 체인점인 동시에 독보적인 저비용 제공자. 공급업자와의 가격 협상에서 힘을 과시하여 줄인 비용을 고객에게 돌려준다.
유나이티드 테크놀로지	집중산업 concentrated industry 부문의 사업자. 엘리베이터나 전동기어, 헬리콥터 구매자들은 브랜드를 자주 바꾸지 않는다.
어도비	높은 전환비용: 그래픽 디자이너들은 입사 초기에 이 회사의 소프트웨어 사용 교육을 받으며, 이 소프트웨어 없이는 작업을 할 수가 없다.
페이첵스	막대한 규모의 판매 네트워크로 새로운 계정에 접근하며, 규모의 경제를 통해 비용 우위 달성. 다양하고 비체계적인 고객층에 대한 가격 결정력을 가지고 있다.

[표 3.1] 경제적 해자가 넓은 기업의 예.(출처: 모닝스타)

페더럴 익스프레스	익일 배송을 창조한 기업. 하지만 이익률이 낮은 항공운송도 겸하고 있다.
노키아	노키아는 강력한 브랜드를 가지고 있지만 휴대전화가 점점 일상품이 되는 경향을 보인다.
크라프트	친숙한 소비자 브랜드를 가지고 있지만 경쟁사와의 간격이 별로 넓지 않다. 이로 인해 가격 결정력을 행사하기가 어려워졌다.
웨이스트 매니지먼트	300곳의 매립지는 쓰레기 처리 사업의 해자를 넓게 해주지만 쓰레기 수거 산업에 대한 브랜드 충성도 결여(고객들은 가격이 가장 싼 곳으로 몰려감)는 회사의 해자를 좁힐 수 있다.
디즈니	세계에서 가장 귀중한 지적 자산의 일부를 소유하고 있지만, 경쟁 증가와 창의성 부족이 브랜드의 매력을 침식하고 있다.
엑손모빌	막대한 규모의 경제를 누리지만, 아직 일상품 산업에서 벗어나지 못하고 있다.
타깃	"싸고 멋지게 cheap chic" 전략이 해자를 만들고 월마트와 차별화하는 데 일조. 하지만 타깃의 전략은 부분적으로는 패션 트렌드에 대한 정확한 예측에 의존하는데, 저비용으로 일상 품목을 제공하는 업체의 전략에 비해 운용하기가 훨씬 어려운 전략이다.
베스트바이	가정용 전자제품과 오락용 소프트웨어 소매 시장을 선점하고 있지만 시장 자체가 경기에 굉장히 민감하다.
AOL 타임워너	아직 거대한 미디어 자산을 소유하고는 있지만, 광대역 전략 broadband strategy의 실패 사례는 AOL의 취약성을 드러내는 결과가 되었다.
SBC 커뮤니케이션즈	과거에는 지역전화 서비스를 독점하다시피 했지만, 현재는 무선통신 회사, 케이블방송사, 장거리 전화회사 등 SBC의 로컬 네트워크에 접근할 수 있는 기업들과 경쟁을 벌이고 있다.

[표 3.2] 경제적 해자가 좁은 기업의 예.(출처: 모닝스타)

제너럴 모터스	상당히 경기순환적인 산업에 속해 있음. 엄청난 고비용과 평균적인 품질로 인해 경쟁사에 비해 경쟁열위competitive disadvantage에 처해 있다.
마이크론	메모리칩은 제품 가격의 가변성과 많은 경쟁을 이끌기 때문에 기본적으로는 일상품 시장에 속한다.
서킷시티	주요 경쟁사인 베스트바이가 더 높은 이익률과 더 우수한 재고회전율, 두 배에 달하는 점포당 매출액을 기록하고 있다.
스테이플스	포화 상태에 이른 산업. 제품 차별화 부족, 극심한 가격 민감도는 경제적 해자를 넓히지 못하게 한다.
메이태그	경쟁이 치열하고 제품 차별화가 힘든 고가 가전 시장에서 저비용의 아시아 생산업체들과 경쟁해야 한다.
델타	저비용 제공업체가 아니며 제품 차별화도 없다. 가격을 위주로 경쟁이 벌어지는 일상품 산업에 속해 있으며, 비즈니스 모델도 지속력이 없다.

[표 3.3] 경제적 해자가 없는 기업의 예.(출처: 모닝스타)

업종 분석

마지막 단계는 기업이 속한 업종을 조사하는 것이다. 어떤 업종은 다른 업종보다 돈 벌기가 훨씬 쉽다(항공사 CEO들에게 물어보라). 업계의 수익성 여부가 전부를 말해주는 것은 아니지만 전체적인 경쟁 구도를 살펴보는 것을 잊지 말아야 한다(어쨌든 사우스웨스트 항공은 주주들에게 많은 돈을 벌어줬다).

첫째, 산업을 대략적으로 이해해서 각각을 구분해야 한다. 산업에 속한 기업들의 매출이 증가 추세인가 아니면 감소 추세인가? 기업들이 지속적인 이익을 내고 있는가 아니면 산업이 주기적인 순환을 겪고 있기에 대부분의 기업들이 손실을 보고 있는가? 소수의 대기업이 산업을 지배하는가 아니면 비슷비슷한 규모의 기업들이 많이 존재하는가? 평균적인 기업 이익은 얼마인가? 영업이익률이 상당히 높은가(25% 이상) 아니면 상당히 낮은가(15% 이하)? (영업이익률은 매출액 대비 영업이익의 비율을 말한다. 여러 재무비율에 대해서는 제6장에 자세히 나온다.)

평균 성장률, 평균 이익률 등 전체적인 통계치를 살펴본 뒤 이 질문들에 대한 답을 구할 수 있다. 그러나 평균이 모든 것을 말해주지는 않는다. 따라서 수많은 개개의 기업들을 검토해봐야 한다. 이를 위한 편리한 방법 하나는 조사 중인 산업의 기업들을 매출액이나 시가총액 등의 기준으로 나열한 뒤, 십여 개의 회사를 조사해서 그 산업을 자세히 파악하는 것이다.

지금 당장 자세한 분석을 내릴 필요는 없다. 그냥 매출액과 이익증가율, 이익률을 훑어보는 수준에 그치자. 가장 중요한 점은 여러 기업의 장기 실적을 살펴보는 것이다. 최소한 5년이고 10년이면 더 좋다.

투자자의 체크리스트: 경제적 해자

☐ 낮이 지나면 밤이 오듯 성공은 경쟁을 끌어들인다. 따라서 수익성이 가장 좋은 기업은 시간이 지날수록 수익성이 낮아지게 마련이다. 이런 이유 때문에 경제적 해자가 중요하다. 경제적 해자는 위대한 기업이 오랫동안 높은 이익을 내게 해준다.

☐ 경제적 해자의 존재 여부를 확인하려면 기업이 지속적으로 높은 이익을 내는지 살펴봐야 한다. 잉여현금흐름, 순이익률, 자기자본이익률, 총자산이익률에 관심을 집중해야 한다.

☐ 위 네 가지 사항을 살펴본 뒤에는 경제적 해자의 원천을 찾아야 한다. 기업들은 일반적으로 제품 차별화(실질적인 것과 인식 차원의 것)나 비용 감소, 높은 전환비용으로 인한 고객 속박, 높은 진입장벽에 의한 경쟁사의 접근 차단으로 지속적인 경쟁우위를 구축한다.

☐ 두 가지 차원에서 경제적 해자를 생각해야 한다. 하나는 깊이(기업이 얼마나 많은 돈을 벌 수 있는가)이고 다른 하나는 너비(기업의 평균 이상의 이익이 얼마나 오래 지속될 것인가)이다. 일반적으로 기술 혁신에 기반을 둔 경제적 해자는 단명할 가능성이 높다.

☐ 한 산업의 수익성이 전체를 말해주지는 않지만, 업계 내의 경쟁 구도를 정확히 파악하는 것을 잊지 말아야 한다. 어떤 업종은 다른 업종에 비해 돈벌기가 훨씬 쉬운 편이다.

4
투자 언어

○○○

앞으로 세 단원의 목표는 재무제표를 취합해서 읽은 뒤 탄탄한 기업을 식별해내는 방법을 알려주는 것이다. 첫째, 주요 재무제표 세 가지를 취합해서 그 내용들을 설명하고, 회사에서 1달러를 어떻게 벌고 쓰는지를 관찰할 것이다. 그런 다음에는 핫도그 노점을 차려서 이 단출한 장사의 영업 결과를 재무제표로 나타내는 방법을 살펴볼 것이다.

제5장에서는 실재하는 기업의 복잡한 장부를 통해 재무제표를 보다 자세히 관찰한다(독자 여러분들은 어느 정도의 회계 지식을 갖춰야 한다는 것을 잊지 말도록 하자. 기본 사항에 대한 검토를 원하지 않는다면 제6장 기업 분석은 건너뛰어도 좋다). 제11장에서는 새로 발견한 회계 지식을 분석 과정에 적용하는 법을 알기 위해 실재하는 두 회사를 살펴볼 것이다.

기본 사항

투자자인 우리의 주 관심사는 대차대조표와 손익계산서, 현금흐름표이다. 이 세 가지 재무제표는 기업의 실적을 엿볼 수 있는 창인 동시에 기업 분석의 시발점 역할을 한다.

이 세 재무제표는 세 가지 중요한 재무보고서인 연차보고서, 연례운영보고서(10-K), 분기별보고서(10-Q)에서 열람할 수 있다. 아마도 연차보고서는 잘 알고 있을 것이다. 기업들이 미소 짓고 있는 임직원의 사진과 함께 이 종합 보고서를 매년 발송하기 때문이다. 하지만 기업을 진정으로 이해하려면 연례운영보고서와 분기별보고서를 이해해야 한다. 이 둘은 기업이 매년(연례운영보고서) 및 매분기(분기별보고서)마다 증권거래위원회SEC에 제출해야 하는 자세하고 총체적인 재무정보를 담고 있다. 이 보고서를 보려면 http://www.sec.gov/edgar.shtml이나 http://www.freedgat.com에 접속하면 된다. 후자가 이용하기 더 쉽다.

세 재무제표를 이런 식으로 생각해보자. 대차대조표는 특정 시점에 기업이 빚진 돈(부채)에 비해 얼마나 많은 재산(자산)을 가지고 있는지를 알려주는 신용보고서와 같다. 이것은 회사의 기본 틀이 어떠하며 기초가 얼마나 튼튼한지 알려준다.

손익계산서는 기업이 한 해 또는 한 분기 동안 얼마나 많은 회계상의 이익이나 손실을 냈는지를 말해준다. 대차대조표가 일정 시점의 기업의 재무적 건강 상태를 알려주는 스냅사진이라면, 손익계산서는 1회계연도 등 일정 기간 동안의 수익과 비용을 알려준다.

마지막으로 현금흐름표는 기업에 들어오고 나가는 모든 현금을 보여준다. 현금흐름표 안에 대차대조표와 손익계산서의 내용이 모두 들어있다고 봐도 좋다.

회사가 그냥 돈을 벌면 버는 것이지, 왜 손익계산서와 현금흐름표가 필요한지 의문이 들 수도 있을 것이다. 이 차이는 '발생주의 회계accrual accounting'라는 혼란스런 개념에서 비롯된다. 발생주의 회계의 작용 방식은 다음과 같다. 기업은 구매자가 돈을 지불하는 시기에 상관없이 재화나 서비스를 판매했을 때 매출액(수익)을 기록한다. 기업은 구매자가 언젠가는 대금을 지불할 것이라고 확신하면서 손익계산서에 이를 매출로 기록한다.

그러나 현금흐름표는 현금을 회수했을 때나 지불했을 때에만 그 내역을 기록한다. 현금흐름표에 대한 자세한 설명은 이 장의 뒷부분에서 하고 여기서는 조금만 훑어보기로 한다.

가령 콜게이트가 2월 15일에 조의 구멍가게에 치약 몇 상자를 1,000달러에 판매했다고 가정해보자. 조는 단골이고 항상 제때에 대금을 치렀기 때문에 콜게이트는 그에게 60일의 기한을 준다. 3월 31일 조에게서 대금을 받지 않은 상태에서 콜게이트는 분기를 마감한다. 콜게이트는 조에게 치약을 선적해주었으므로 손익계산서에 1,000달러 매출을 기록한다. 손익계산서에는 조의 대금 지불과 상관없이 매출이 완료된 것으로 나타난다. 하지만 조가 아직 대금을 지불하지 않았기 때문에 콜게이트는 대차대조표에 조로부터 받을 돈 1,000달러를 기장한다(이것은 외상매출금 항목에 기록되며, 이 계정에 대해서는 뒷부분에서 자세히 나온다).

보다시피 회사는 현금을 한 푼도 안 받고도 매출이 껑충 뛰었음을 보여줄 수 있다. 사실 고객이 치약 대금을 지불하는 것보다 콜게이트의 생산과 판매가 더 빠르게 이뤄진다면 매출액이 엄청나게 증가한 듯 보일 것이다. 실제로는 현금 지출만 계속 이뤄지고 있음에도 말이다. 이 때문에 현금흐름표가 필요하다.

돈은 어떻게 흐르는가

[표 4.1]은 돈이 투자자에게서 기업으로, 기업에서 소비자로, 그리고 다시 기업으로 돌아오는 과정을 보여준다.

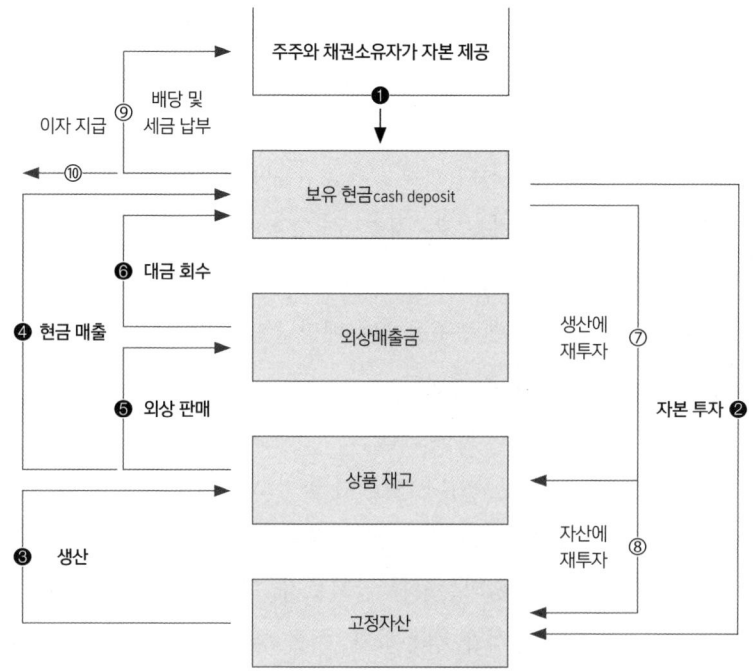

[표 4.1] 회사의 돈은 어떻게 흐르는가 (출처: 모닝스타)

이것은 보기만큼 그렇게 나쁘지는 않다. 기업을 매개로 돈이 흐르는 과정을 좇다 보면 이 책이 말하는 것을 이해할 수 있을 것이다.

❶ 투자자와 채권자는 기업의 주식을 사거나(주주) 채권을 구입해서 (채권소유자) 기업에 자금을 제공한다. ❷ 기업은 돈을 받아서 기계나 건물 같은 고정자산을 구입한다. ❸ 그런 다음 이 자산을 이용해서 생산을 한다. ❹ 생산된 제품 중 일부는 현금으로 판매되고, ❺ 일부는 외상으로 판매된다.

❻ 외상 판매는 고객이 돈을 지불할 때까지 '외상매출금account receivable'으로 기록된다('돈 받을 게 있음'을 근사하게 표현한 말이다). 기업

4장 투자 언어   81

은 현금을 받은 뒤 여러 가지 용도에 그 돈을 지출한다. ⑦ 일부는 생산비로 지출해서, 더 많은 재고자산을 생산하기 위한 원자재 구입에 사용한다. ⑧ 그리고 일부는 투자에 지출해서 기계류를 구입하거나 또 다른 공장을 짓는 데 사용한다(회계 용어로 건물이나 공장 등 유형 장기자산을 구입하는 데 들어간 투자를 '자본지출'이라고 한다).

⑨ 현금의 일부는 세금을 내는 데 사용된다. 그리고 다른 일부는 기업이 배당을 결정했을 때 주주들에게 배당금으로 지급되고, ⑩ 일부는 채권소유자에게 이자로 지급된다.

이상이 현금흐름의 전부이다. 현금이 들어오면 나가는 것도 있게 마련이다. 이제 '마이크의 핫도그 노점'이라는 단출한 회사를 차려서 이런 과정들이 어떻게 진행되는지를 살펴보자. 마이크의 사례에 재무제표의 여러 구체적인 항목을 적용하자. 이를 통해 기업이 핵심 영업을 얼마나 잘하고 있는지 그리고 많은 이익을 내기 위해 주주들의 돈을 어떻게 투자하는지를 이해하게 될 것이다.

재무제표 작성하기

7월 4일 마이크는 퍼레이드 길 옆에 핫도그 노점을 차리면 돈을 벌 수 있을 것이라 생각한다. 그는 100달러의 창업 자금으로 핫도그 장사를 시작한다. 이 돈은 '엄마은행'에서 나온 자금이다.

I. 엄마은행에서 100달러 차입

자산	변동 전	내역	변동 후
현금	0	+100	100
부채			
장기부채	0	+100	100

마이크는 노점 제작을 위한 목재, 못, 페인트, 그리고 핫도그를 그릴에 구울 때 사용할 집게를 구입하는 데 70달러를 지출한다(핫도그를 구울 그릴은 아빠한테서 임대하기로 했다). 그런 다음 핫도그와 빵, 케첩, 겨자, 숯, 그릴 점화용 연료 구입에 20달러를 사용한다. 나머지 10달러는 거스름돈을 위해 남겨두었다.

II. 유형자산 property, plant, and equipment, PP&E 및 재고 구입

자산	변동 전	내역	변동 후
현금	100	-90	10
재고	0	+20	20
유형자산	0	+70	70

마이크는 90달러(노점 70달러, 재료 20달러)를 지출했지만 이 돈은 사라진 것이 아니다. 자산과 재고로 바뀌었을 뿐이다. 도표에서 보다시피 마이크가 핫도그 노점과 집게 구입에 사용한 70달러는 '유형자산'이고, 빵 등 기타 재료 구입에 사용한 20달러는 '재고'에 속한다. 그리고 현금 10달러는 그대로 남아 있다. [표 4.2]의 간단한 대차대조표를 보면 마이크가 연차보고서를 어떻게 작성해야 하는지를 알 수 있다. 뒤에서 자세히 다룰 것이니, 익숙하지 않은 항목이 나와도 겁먹을 필

요 없다.

마이크는 장사를 시작하고, 구경꾼들이 퍼레이드를 보는 동안 개당 1달러씩 30개의 핫도그를 팔았다. 정오 무렵 핫도그는 반이 남았고, 빵과 양념, 석탄은 다 떨어졌다. 마이크의 '매출원가cost of goods sold'는 10달러이며, 이 비용은 재료를 구입하는 데 쓴 20달러의 절반에 해당된다. 손님 중 일곱 명이 현금을 가지고 있지 않아서 마이크는 그들에게 외상으로 판매했다(이 돈은 손님들이 마이크에게 갚아야 할 돈이므로 그의 장부에는 7달러의 외상매출금이 기록된다).

자산	
현금	10
+ 외상매출금	0
+ 재고	20
+ 순유형자산	70
= 총자산	100
부채	
외상매입금	0
장기부채	100
자본	
이익잉여금	0
감가상각비	0
총부채 및 총자본	100

[표 4.2] 마이크의 핫도그 노점의 대차대조표 (출처: 모닝스타)

III. 개당 1달러씩 핫도그 30개 판매(재고 중 10달러 사용)와 7개 외상 판매(현금 미회수)

자산	변동 전	내역	변동 후
현금	10	+23	33
외상매출금	0	+7	7
재고	20	-10	10

반나절이 지나자 마이크는 빵 재고가 다 떨어져서 근처 식료품점에 빵을 사러 가야 한다. 가게에 도착하자 마이크는 돈을 노점에 두고 온 사실을 깨닫고는 핫도그 장사가 뜸해진 월요일에 돈을 지불하겠다고 가게 주인에게 약속한다. 이제 우리는 마이크가 식료품점에 지불해야 할 빵 값 5달러를 외상매입금으로 기장해야 한다(외상매입금은 신용카드 구매와 같다. 셔츠나 스테레오를 신용카드로 구입하면 물건 사용은 바로 가능하지만 카드회사에 나중에 현금으로 돈을 지불해야 한다).

IV. 외상으로 빵 5달러 구입

자산	변동 전	내역	변동 후
현금	33	0	33
재고	10	+5	15
부채			
외상매입금	0	+5	5

장사 이틀째가 지나자 마이크의 집게가 처음보다 기능이 떨어져서 핫도그를 굽는 데 시간이 더 걸린다. 이 마모 및 마손에 대한 회계상의 용어는 '감가상각depreciation'이며, 우리는 마이크의 장비가 처음보다

생산성이 떨어진다는 사실을 장부에 기록해야 한다(현실에서는 마모가 시작되었을 때 감가상각을 기록하지 않는다. 실제로는 자산이 일정 기간 동안 마모된다고 가정해서 비용을 정기적으로 계상한다. 건물의 경우는 40년, 컴퓨터는 3년이다). 감가상각비는 핫도그나 빵 구매처럼 사업을 수행하면서 발생하는 비용이다. 결국 마이크가 장사를 계속하기를 원한다면 언젠가는 새 집게를 사야 하기 때문이다. 회계에서는 모든 비용을 기록해야 하므로(이것이 회계의 재미있는 측면이다) 감가상각비로 1달러를 기록하자.

V. 집게 마모 및 마손에 대한 기록

자산	변동 전	내역	변동 후
순유형자산	70	-1	69

[표 4.3]은 하루 동안 퍼레이드 구경꾼들에게 맛있는 핫도그를 팔고 난 뒤의 마이크의 손익계산서다. 그리고 [표 4.4]는 대차대조표이다.

혜안을 가진 독자라면 마이크의 순이익은 19달러지만, 대차대조표 상의 현금 항목은 23달러 늘어난 것(10에서 33으로 증가)을 알아볼 것이다. 이 차이는 왜 생길까? 손익계산서와 대차대조표 상의 정보를 토대로 현금흐름표를 작성하면 그 원인을 알 수 있다.

마이크의 작은 사업이 얼마나 많은 '현금'을 창출했는지 이해하려면 우선 순이익 19달러를 이해해야 한다. 이것은 그가 핫도그와 빵, 양념 대금으로 지불한 돈과 핫도그 값으로 받은 돈의 차이이다. 현금 이익을 도출하려면 처음에 감가상각비 1달러를 다시 더해야 한다. 마이크의 그릴 집게가 부분적으로 마모된 비용을 따져야 하는 것은 사실이지만(회계는 모든 내역을 전부 기록한다는 것을 명심하자) 실제로 집게 마모

매출액	30
− 매출원가	10
− 감가상각비	1
= 순이익	**19**

[표 4.3] 마이크의 핫도그 회사 손익계산서

자산	처음	최종
현금	10	33
+ 외상매출금	0	7
+ 재고	20	15
+ 순유형자산	70	69
= 총자산	**100**	**124**
부채	처음	최종
외상매입금	0	5
장기부채	100	100
자본	처음	최종
이익잉여금	0	20
감가상각비	0	-1
총부채 및 총자본	**100**	**100**

[표 4.4] 마이크의 핫도그 회사 대차대조표

비용에 1달러가 지불되지는 않았다. 언젠가는 새 집게로 바꿔야 하지만 지금은 아니다. 아직은 약간 마모된 집게를 사용 중이기 때문에 실제로 지불된 돈은 한 푼도 없다.

이것이 회계이익과 현금이익 사이의 결정적인 차이이다. 회계이익은 수익(핫도그 매출)과 비용(마모된 집게)을 최대한 자세하게 대응하지만, 현금이익은 실제로 나가고 들어온 돈만을 측정한다.

다음으로 마이크가 처음의 핫도그와 빵 재고 중 반을 사용했으며 추가로 빵을 구매하는 데 5달러를 지불했다는 사실을 고려해야 한다. 그의 재고는 20달러에서 10달러로 줄었다가 다시 15달러로 늘어났다. 20달러에서 15달러로의 재고 순감소가 현금흐름의 '원인'이다. 다시 말해 마이크는 주초에 자본 중 20달러를 재고에 묶어두었지만 현재 재고에 투자된 자본은 15달러에 불과하다. 그 결과 재고 5달러를 현금 5달러로 전환한 셈이 되었다.

하지만 마이크는 핫도그 손님들한테서 아직 7달러를 받지 못했다. 마이크가 손님들에게 핫도그를 만들어주는 데에는 돈이 들었지만 그들은 아직 값을 지불하지 않았다. 따라서 손님에게 맛있는 간식을 제공하느라 그의 돈이 조금 빠져나갔다. 다시 말해 마이크는 핫도그 생산에 필요한 재료를 현금을 주고 구입했지만 아직 들어온 현금은 없으므로, 그의 외상 판매 결정은 현금 7달러를 쓴 것과 같은 셈이 되었다.

마지막으로 마이크 또한 외상을 지고 있다는 사실을 잊지 말자. 그는 식료품점에 아직 빵 값 5달러를 지불하지 않았다. 마이크는 돈을 지불하지 않고 재료를 샀으므로 그의 현금계정은 5달러 '증가'한다.

마이크의 순이익 19달러에서 현금흐름 23달러를 도출하는 과정을 식으로 표현하면 다음과 같다.

순이익 = $19
  + 감가상각비 $1
  + 재고 $10(판매된 핫도그)
  - 재고 $5(추가로 빵 구입)
  - 외상매출금 $7(마이크가 받아야 할 돈)

+ 외상매입금 $5(마이크가 지불해야 할 돈)

= 영업 활동으로 인한 현금흐름 $23

　여기에서 볼 수 있다시피 마이크가 작은 사업을 운영하면서 행한 여러 선택 때문에 영업 활동으로 인한 현금흐름과 순이익이 23달러와 19달러로 다르게 나타난다. 가령 마이크가 외상 판매를 하지 않고 똑같은 매출액을 달성했다면 그의 현금흐름은 30달러(23+7)가 되었을 것이다. 이와 반대로 마이크가 식료품점에 빵 값을 현금으로 지불했다면 마이크의 현금흐름은 18달러(23-5)가 되었을 것이다. 그러나 어떤 결정을 내리든 마이크의 순이익이 19달러임에는 변함이 없다.

　핵심은 손익계산서와 현금흐름표는 기업에 대해 다른 사실을 말해 준다는 것이다. 이는 두 재무제표 작성의 규칙이 다르기 때문이다. 손익계산서는 수익과 비용을 최대한 가까이 대응하고자 한다. 이런 이유 때문에 마이크의 이익에서 감가상각비 1달러를 차감했으며, 외상판매 7달러를 매출액에 집어넣었던 것이다. 그러나 현금흐름표는 들어오고 나가는 실질적인 현금만을 측정할 뿐, 이런 현금흐름을 창출한 영업 활동의 시기는 상관하지 않는다.

　기업이 얼마나 많은 현금을 창출하는지를 살피지 않은 채 손익계산서만을 관찰한다면 나무만 보고 숲은 보지 못하는 것과 같다. 회계이익과 현금이익의 차이를 파악하는 것이 기업의 영업 방식을 원활히 이해하고 위대한 기업과 나쁜 기업을 구분하는 방법을 알아낼 수 있는 비결이다. 다음 장에서는 핫도그 노점이 아니라 실재하는 기업의 예를 들어서 세 가지 재무제표를 분석하는 방법에 대해 논할 것이다.

투자자의 체크리스트 : 투자 언어

- 대차대조표는 기업이 얼마나 많은 재산(자산)을 가졌으며 얼마나 많은 빚(부채)을 졌는지를 말해주는 회사의 신용보고서이다.
- 손익계산서는 기업이 한 해 또는 한 분기 동안 얼마나 많은 이익이나 손실을 냈는지를 보여준다. 대차대조표가 일정 시점의 기업의 재무 건전성을 보여주는 스냅사진이라면, 손익계산서는 1회계연도 등 일정 기간 동안의 수익과 비용 내역을 보여준다.
- 세 번째로 중요한 재무제표인 현금흐름표는 기업에 들어오고 나가는 모든 현금을 보여준다.
- 발생주의 회계는 재무제표를 이해하기 위한 핵심 사항이다. 손익계산서는 재화나 서비스를 구매자에게 제공했을 때 곧바로 매출액과 비용을 대비하지만, 현금흐름표는 실제로 기업의 들어오고 나가는 현금에만 관련이 있다.
- 기업의 손익계산서와 현금흐름표의 순이익이 다른 이유는 작성 규칙이 다르기 때문이다. 기업을 보다 완전하게 파악하려면 양쪽 모두를 관찰해야 한다.

5
재무제표 분석

○○○

　기업이 돈을 버는 과정과 재무제표에 이익을 기록하는 방법을 이해했으니 이제는 세 가지 재무제표를 자세히 알아보기로 하자. 아쉽지만 모든 기업이 핫도그 노점처럼 단순하지는 않기 때문에 현실 속의 기업을 분석하려면 추가로 알아야 할 사항이 몇 가지 더 있다. 하지만 두려워할 필요는 없다. 실제 기업 두세 곳의 재무제표를 관찰하면 기업이 움직이는 방식을 이해할 수 있게 될 것이다.

　여기서는 델과 휴렛팩커드HP가 SEC에 신고한 연례운영보고서에 실린 재무제표를 참고하기로 한다. 델의 재무제표는 2003년 1월 31일자 보고서에 실린 것이고, HP의 보고서는 2002년 10월 31일자 보고서에 실린 것이다. 대차대조표를 먼저 살펴본 다음 손익계산서를 보고 마지막으로 현금흐름표를 분석할 것이다. 각 부분을 시작하면서 '애크미 주식회사'라는 가상 기업의 재무제표를 통해 각 재무제표가 어떻게 작성되는지가 나온다.

경고 한마디. 제5장은 이해하기 힘든 부분이 많지만 이 책에서 가장 중요한 내용을 담고 있다. 재무제표를 읽는 것은 기업 분석의 기본이기 때문이다. 혼란스런 개념이 나오거나 이해하기 힘들다면 책을 덮고 잠시 쉬어라. 서두를 필요 없다. 책은 언제나 당신을 기다리고 있을 테니까!

대차대조표

대차대조표는 [표 5.1]와 같이 생겼다. 때로는 '재무상태보고서statement of financial position'라고도 하는데, 이것은 기업이 얼마나 많이 소유하고 있는지(자산), 얼마나 많이 빚지고 있는지(부채), 양자의 차이가 얼마인지(자본)를 알려준다. 자본은 주주들이 기업에 투자한 돈의 가치를 나타낸다. 잘 모르겠으면 이 개념을 주택담보, 즉 모기지에 비유하면 된다. 주택에서 당신 소유의 자본은 주택 가격에서 모기지를 뺀 금액이다. 기업에서 자본은 기업의 자산에서 부채를 뺀 값을 의미한다.

에크미 주식회사 대차대조표		(단위: 백만)
	2002	2003
자산		
유동자산:		
현금 및 현금등가물	284	205
외상매출금	842	827
재고자산	644	697
기타유동자산	328	369
유동자산총계	$2,098	$2,099

투자자산	79	92
유형자산	1,874	1,872
영업권	633	337
무형자산	90	79
기타자산	415	390
자산총계	**$5,188**	**$4,869**
부채 및 자본		
유동부채:		
단기부채	412	458
외상매입금	315	251
급여	137	180
소득세	173	199
기타유동부채	449	416
유동부채총계	**$1,486**	**$1,503**
정기부채	713	507
기타부채	913	830
부채총계	**$3,112**	**$2,840**
자본:		
보통주자본금	2	2
주식발행초과금	97	97
이익잉여금	4,249	3,971
자기주식	-1,589	-1,544
기타포괄이익(손실)누계	-683	-497
주주자본총계	**$2,076**	**$2,029**
부채 및 자본 총계	**$5,188**	**$4,869**

[표 5.1] 애크미 주식회사 대차대조표 (출처: 모닝스타)

대차대조표의 기본 등식은 다음과 같다.

$$자산 - 부채 = 자본$$

이 식을 이렇게도 표현할 수 있다.

$$자산 = 부채 + 자본$$

대차대조표에서 가장 중요한 것은 대차의 '균형balance'이며, 대차대조표balanced sheet라는 이름도 여기서 나온 것이다. 채권 발행 등으로 인해 부채가 증가하면, 채권 판매를 통해 현금이 늘어나므로 자산도 증가하고, 이것으로 많은 이익을 창출한다면 자본 역시 증가한다. 즉, 주주들이 기업에 투자한 돈의 가치도 늘어났다는 것이다. 이제부터 대차대조표 구성 항목들을 하나씩 자세히 살펴보자.

자산계정: 유동자산

회계에서의 '유동자산current assets'은 1영업주기 이내 다시 말해 1년 이내에 다 사용되거나 현금으로 전환될 수 있는 자산을 말한다. 유동자산의 가장 중요한 항목은 현금 및 현금등가물, 단기투자증권, 외상매출금, 재고자산이다.

현금 및 현금등가물, 단기투자증권

이 두 항목에는 금고에 쌓아둔 현금뿐 아니라 위험성이 낮고 유동성이 높은 투자자산도 있다. '현금 및 현금등가물'은 일반적으로 신속하게 그리고 최소한의 가격 위험을 감당하면서 유동화가 가능한 MMF

등을 포함한다. '단기투자증권'은 현금과 비슷하지만 일반적으로 만기가 1년 미만이거나 현금보다는 수익률이 높지만 파는 데 약간의 노력이 필요한 채권 같은 것을 가리킨다. 기업이 급히 필요할 때를 대비해서 수중에 얼마의 돈을 들고 있는지 측정할 때에는 현금과 단기투자증권 항목을 살펴보면 된다.

외상매출금

핫도그 노점에서 보았듯이 외상매출금은 기업이 아직 회수하지 못했지만 조만간 회수할 것이라 여겨지는 대금을 의미한다. 기업의 매출액과 이 계정의 변화를 비교해보자. 외상매출금이 매출액 증가 보다 훨씬 빠른 폭으로 증가한다면 기업은 많은 수익을 기록함에도 아직 회수하지 못한 대금이 많다는 것을 의미한다. 이것이 문제가 되기도 하는데, 기업이 매출액 증가를 위해 신용조건을 느슨하게 적용하고 있지만 (제품 선적과 동시에 매출액이 계상된다는 것을 잊지 말도록) 받아야 될

델 컴퓨터 주식회사 부분대차대조표		(단위: 백만)
	2003	2002
자산		
유동자산:		
현금 및 현금등가물	4,232	3,641
단기투자증권	406	273
외상매출금(순)	2,586	2,269
재고자산	306	278
기타	18,394	1,416
유동자산총계	**$8,924**	**$7,877**

[표 5.2] 델의 유동자산 (출처: 델의 SEC 보고서)

현금의 회수 가능성은 줄고 있다는 의미가 될 수도 있기 때문이다.

[표 5.2]를 보면 델은 외상 판매를 잘 관리하고 있음을 알 수 있다. 델의 외상매출금 증가는 14%이고 매출액도 같은 비율로 증가했다. 이에 대한 더 자세한 내용은 뒤에 나오는 델의 손익계산서에서 볼 것이다.

그러나 [표 5.3]에 나타난 HP의 외상매출금은 44억 8,800만 달러에서 84억 5,600만 달러로 90% 증가했지만 매출액 증가는 25%에 불과했다(외상매출금 증가율과 매출액 증가율을 비교하는 것이 기업의 대금 회수 능력을 판단하기 위한 좋은 방법임을 기억하자). 이 기간 동안 발생한 컴팩 인수때문에 HP의 결과가 다소 왜곡된 것은 사실이지만, 상당한 모순인 것은 사실이다. 이 시기에 HP 투자자들은 회사가 고객으로부터 현금을 회수했는지를 확인하기 위해 외상매출금 계정을 눈여겨봤을지도

휴렛팩커드 및 자회사 부분대차대조표		(단위: 백만)
	2002	2001
자산		
유동자산:		
현금 및 현금등가물	11,192	4,197
단기투자증권	237	139
외상매출금 2002년 10월 31일 대손충당금 $495, 2001년 10월 31일 대손충당금 $275를 차감한 금액	8,456	4,488
매출채권 2002년 10월 31일 대손충당금 $184, 2001년 10월 31일 대손충당금 $68 차감한 금액	3,453	2,183
재고자산	5,797	5,204
기타유동자산	6,940	5,094
유동자산총계	$36,075	$21,305

[표 5.3] 휴렛팩커드의 자산 (출처: 휴렛팩커드 SEC 보고서)

모른다.

어떤 경우에는 대차대조표의 외상매출금 바로 아래에 '대손충당금allowance for doubtful accounts'이라는 계정이 나오기도 한다. 이것은 기업이 불량고객으로부터 받아야 할 돈을 측정한 것으로서 회수 가능성이 거의 없는 현금을 의미한다. HP의 대차대조표를 보면 2002년 10월에 고객으로부터 회수가 불가능할 것이라고 여겨지는 금액이 4억 9,500만 달러임을 알 수 있다.

재고자산

재고자산은 여러 종류가 있는데, 아직 제품 생산에 투입이 안 된 원자재, 부분만 생산된 제품, 판매가 되지 않은 완제품 등이 여기에 해당된다. 재고자산은 제조 및 소매 기업을 관찰할 때 빼놓지 말아야 할 내용이며, 대차대조표상 재고자산의 가치를 액면 그대로 믿지는 말아야 한다. 재고자산의 계상 방식으로 볼 때, 이 자산의 유동화 가치는 대차대조표 가치에 훨씬 못 미친다. 이것을 판단할 때는 약간의 상식을 적용해야 한다. 건설회사의 경우 재고자산에 속하는 남아도는 강철 분쇄기를 처분할 때 어느 정도 값을 받을 수 있지만, 지난 가을 팔고 남은 10대용 의류를 처분해야 하는 소매 판매점은 정가보다 훨씬 낮은 가격을 매겨야 한다.

이보다 더 중요한 것은 재고자산은 자본을 흡수해버린다는 점이다. 창고에 쌓인 재고자산에 들어간 현금은 다른 용도로는 사용이 불가능하다. 기업이 재고자산을 회전하는 속도는 수익성에 큰 영향을 미칠 수 있는데, 이 속도가 낮을수록 현금이 재고에 묶여 있는 셈이고 속도가 높을수록 다른 곳에 사용할 현금을 더 많이 뽑아낼 수 있기 때문이다. 이처럼 기업의 매출원가를 재고 수준으로 나눈 값을 '재고자산 회전율inventory turnover'이라고 한다.

델의 2002년 매출원가는 256억 달러였으며([표 5.4]) 재고자산은 2억 7,800만 달러였다([표 5.2]). 이에 대한 회전율을 구하면 92이라는 놀라운 값이 나온다. 이를 바꿔 말하면 델은 한 해 동안 재고자산을 92회 회전시켰다는 뜻이다. 이 값을 HP와 대조해보자. HP의 2002년 매출원가는 345억 달러([표 5.5]), 재고자산은 58억 달러였다([표 5.3]) 재고자산 회전율은 6밖에 안된다. 결국 HP는 델보다 훨씬 오랫동안 재고자산을 창고에 쌓아두고 있는 셈인데, 하이테크 장비의 가치가 급속히 상실된다는 점을 감안할 때 이것은 별로 좋은 수치가 아니다.

델 컴퓨터 부분손익계산서			(단위: 백만 달러)
회계연도말	2003	2002	2001
순수익	35,404	31,168	31,888
원가 cost of revenue	29,055	25,661	25,445

[표 5.4] 델의 수익 및 원가 (출처: 델의 SEC 보고서)

휴렛팩커드 연결 부분손익계산서			(단위: 백만 달러, 천 단위 이하 생략)
	2002	2001	2000
순수익			
제품	45,955	38,005	41,653
원가 및 비용			
제품원가	34,573	28,863	30,343

[표 5.5] 휴렛팩커드의 수익 내역 (출처: 휴렛팩커드 SEC 보고서)

자산계정: 비유동자산

비유동자산noncurrent assets은 회계 보고 기간 내에 현금으로 전환할 수 없거나 소진되지 않는 자산을 의미한다. 비유동자산에서 가장 큰 비중을 차지하는 것은 유형자산Property, Plant, and Equipment, PP&E, 투자자산, 무형자산intangible assets이다.

유형자산

유형자산은 기업의 인프라를 형성하는 장기자산으로, 토지와 건물, 공장, 가구, 집기 등을 의미한다. 2002년 말 델의 유형자산은 8억 2,600만 달러였고, HP는 69억 달러였다,

이 수치를 두 회사의 자산총계와 비교하면([표 5.6]과 [표 5.7]) 기업의 자본집중도capital intensive가 얼마인지를 알 수 있다. 델의 유형자산이 총자산에서 차지하는 비중은 6% 정도이며, HP의 유형자산 비중은 거의 10%이다. 따라서 HP가 델보다 자본집중도가 더 높다.

투자자산

이것은 장기채권이나 다른 회사의 주식에 투자한 돈을 의미하며, 금액이 극히 적을 수도 있고 아주 많을 수도 있다. 투자자산은 현금만큼 유동성이 높지 않으며 대차대조표상의 가치보다 시장가치가 높을 수도 있고 낮을 수도 있다. 재무제표를 볼 때에는 이 계정에 대한 주석도 꼼꼼히 봐야 하며, 가치를 판단할 때도 상당히 보수적인 시각을 가지고 바라봐야 한다. [표 5.6]과 [표 5.7]을 보면 HP는 장기투자자산이 전혀 없지만 델의 투자자산(53억 달러)은 상당히 많다. 델의 자산총계 중 거의 3분의 1을 차지하기 때문에 이에 대한 주석을 반드시 확인해야 한다(델의 투자자산은 주로 채권이었다. 따라서 이에 대해서는 걱정할 필

델 컴퓨터 부분대차대조표		(단위: 백만 달러)
	2003	2002
순유형자산 PP&E	913	826
투자자산	5,267	4,373
기타 비유동자산	366	459
자산 총계	**$15,470**	**$13,535**

[표 5.6] 델의 자산 내역 (출처: 델 SEC 보고서)

휴렛팩커드 부분대차대조표		(단위: 백만 달러)
	2002	2001
순유형자산 2002년 10월 31일과 2001년 10월 31일의 감가상각 누계액 $5,612와 $5,411을 제외한 금액	6,924	4,397
장기 매출채권 및 기타 자산	7,760	6,126
영업권	15,089	667
취득 무형자산	4,862	89
자산총계	**$70,710**	**$32,584**

[표 5.7] 휴렛팩커드의 자산 내역 (출처: 휴렛팩커드 SEC 보고서)

요가 없음이 확인되었다. 만약 주식이나 벤처에 투자한 것이었다면 실제 53억 달러 가치가 맞는 것인지를 확인해야 할 것이다).

무형자산

가장 일반적인 형태의 무형자산은 기업이 다른 기업을 인수할 때 발생하는 영업권goodwill이다. 영업권은 기업이 지불한 인수대금과 피인수 기업의 유형 가치(또는 지분)의 차이다. 영업권은 본질적으로 기업이 다른 회사를 인수했을 때 얻게 되는 여타의 모든 가치를 뜻한다. 가령 코카콜라의 주요 가치는 기업의 건물이나 설비가 아니라 수십 년 동안 이 회사가 쌓아온 강력한 브랜드에 있다. 어떤 기업이 코카콜라를 인수하려 한다면 이 회사는 주식의 장부가치 외에 별도의 대금을 더 지불해야 하는데, 이러한 추가 금액에 영업권이라는 이름을 붙인다.

대부분의 기업이 다른 회사를 인수할 때 지나친 가격을 지불하는 편이기 때문에 보수적인 시각에서 영업권 계정을 바라봐야 한다. 대차대조표상의 영업권 가치가 실제 자산가치보다 훨씬 높게 계상되는 일이 비일비재하기 때문이다(한 예로, 2003년 AOL 타임워너는 펜 놀림 한 번에 영업권 가치를 40%나 줄였고, 이는 결국 두 회사가 합병될 때 AOL에 지나친 값을 지불했음을 시인한 셈이었다. 이 영업권 계정을 기업의 처분 가능한 자산으로 생각하고 있었다면 실망감이 상당했을 것이다).

[표 5.7]을 보면 HP의 2002년 영업권 항목은 150억 달러였다. 710억 달러의 자산 중 거의 20%나 되는 금액이다. 과연 컴팩의 현금, 재고자산, 고정자산, 고객, 특허권 등의 가치가 150억 달러를 넘었던 것일까? 그렇지 않다면 HP는 미래의 어느 시점에 영업권의 가치를 줄여야 할 것이다. 그렇게 되면 당연히 자산가치도 감소하게 될 것이다.

부채계정: 유동부채

지금까지는 기업이 무엇을 가지고 있는지를 살펴보았다. 이제부터는 동전의 뒷면, 즉 무엇을 빚지고 있는지를 알아보자. 유동부채current liabilities는 유동자산의 대조 계정으로 기업이 1년 이내에 갚아야 하는 돈을 의미한다. 중점적으로 봐야 할 항목은 외상매입금accounts payable과 단기차입금short-term borrowings, 지급어음notes payable이다.

휴렛팩커드 및 자회사 부분대차대조표		(단위: 백만 달러)
	2002	2001
부채 및 자본		
유동부채		
지급어음 및 단기차입금	$1,793	$1,722

[표 5.8] 휴렛팩커드의 유동부채 (출처: 휴렛팩커드 SEC 보고서)

외상매입금

이것은 기업이 제3자에게 1년 이내에 지급해야 하는 물품 구입 대금이다. 앞에서 마이크가 빵을 추가로 구입하기 위해 빚진 대금을 예로 들 수 있다. 대기업은 공급업자들에 영향력을 행사해서 물품을 외상으로 구입할 수 있고, 이로 인해 더 오래 현금을 보유해서 현금흐름을 원활히 할 수 있다.

단기차입금

단기차입금은 기업이 단기적인 자금 충당을 위해 1년 미만의 계약으로 차입한 돈이다. 단기차입금의 대부분은 기업이 일시적으로 은행에서 끌어온 돈이지만, 만기가 1년 미만으로 남은 장기채무도 여기에 속한다. 기업이 모든 금액을 빠른 시일 내에 상환해야 한다면 상당한 재무적 압박이 될 수도 있다. HP의 지급어음과 단기차입금([표5.8])은 180억 달러이지만, 기업의 자산에서 차지하는 비율은 낮은 편이다. 그러므로 문제될 것이 없다.

부채계정: 비유동부채

비유동부채noncurrent liabilities는 비유동자산의 대조군이다. 이것은 기업이 1년 이후의 기간에 갚아야 할 돈을 의미한다. 비유동부채에는 여러 항목이 속할 수 있지만 가장 중요한 것은 장기채무long-term debt이다. 장기채무는 기업이 채권 발행이나 은행 융자 등을 통해 차입한 돈을 말하며 앞으로 2년 내지 3년 이내에는 상환 의무가 없는 채무이다.

자본

자본equity은 자산 총계에서 부채 총계를 뺀 값으로서 기업 자산 중 주주가 소유한 부분을 의미한다. 자본 계정에는 실용성이 거의 없는 구시대적인 명칭의 항목들이 즐비하기 때문에 재무제표를 이해할 때 가장 어려운 부분이 될 수도 있다.

자본 계정 중 눈여겨봐야 할 부분은 이익잉여금retained earnings으로, 이것은 기업이 지금까지 벌어들인 돈에서 주주들에게 이미 돌려준 돈인 배당dividends이나 자사주 매입stock buybacks를 뺀 금액이다. 이익잉여금은 누적 계정이다. 따라서 기업이 매해 벌어들인 이익을 전부 배당하지 않는 한 이익잉여금이 증가한다. 이와 마찬가지로 기업이 오랫동안 손실을 내왔다면 이익잉여금이 마이너스로 전환되어서 대차대조표상에 '누적결손금accumulated deficit'으로 기록된다. 결국 이익잉여금 계정은 기업의 장기적인 이익 창출 활동을 집계한 것이라고 생각하면 된다.

손익계산서

기업의 재산이 얼마이고 빚이 얼마인지를 파악한 다음에는 보다 본질적인 내용, 즉 기업이 얼마나 많은 돈을 벌었는지를 (아니면 잃었는지를) 볼 차례다. 연례운영보고서의 손익계산서는 '연결손익계산서'나 '연결이익계산서consolidated statement of earnings'라는 이름으로 올라 있다.

애크미 주식회사 손익계산서			(단위: 백만 달러)
	2002	2001	2000
매출액	5,444	5,351	5,566
매출원가	2,832	2,916	2,929
총이익	**2,612**	**2,435**	**2,637**
판매 및 관리비	1,240	1,345	1,313
연구개발비	357	361	367
기타비용(비용)		29	-62
영업이익	**1,015**	**758**	**1,019**
이자비용	27	41	37
이자 및 기타이익(손실)	13	12	9
세전이익	**1,002**	**729**	**991**
법인세충당금	332	234	342
당기순이익	**680**	**495**	**650**
주당순이익			
기본주당순이익	2.78	2.01	2.63
희석주당순이익	2.75	1.98	2.57
가중평균주식 weighted average shares outstanding			
기본가중평균주식	244.2	246.7	246.7
희석가중평균주식	247.4	249.3	252.5

[표 5.9] 애크미 주식회사 손익계산서 (출처: 모닝스타)

수익

수익revenue은 매출액이라는 이름으로도 사용되며, 기업이 한 분기 또는 한 해 동안 얼마나 많은 돈을 벌었는지를 보여주는 수치이다. 대기업의 경우 손익계산서상에 수익을 게재할 때 사업 부문이나 지리적 영역, 제품, 서비스 등으로 나누기도 한다.

올바른 판단을 내리려면 재무제표 안에 숨어 있는 '수익 인식의 원칙revenue recognition policies'을 확인해야 한다. 기업이 어떤 사업을 하느냐에 따라서 수익을 기록하는 시기가 달라질 수 있기 때문이다. 가령 소프트웨어 기업인 경우 제품을 고객에게 전달한 시점에 수익의 대부분을 기록할 수 있지만, 서비스 제공 기업은 서비스 계약 기간에 걸쳐 수익을 조금씩 나눠서 기록할 수 있다.

매출원가

매출원가cost of sales는 노무비나 원재료비(제조기업), 도매원가(소매기업) 등 기업의 수익 창출 활동과 직접적으로 관련된 비용을 말한다. 제조와 서비스 제공을 겸하는 HP 같은 대기업은 이 비용을 매출원가와 서비스원가cost of services로 나눠서 기록하기도 한다.

총이익

총이익gross profit은 모든 손익계산서에 등장하지는 않으며, 수익(매출)에서 매출원가를 차감한 금액을 의미할 뿐이다. 총이익을 알게 되면 수익에서 총이익이 차지하는 비율인 매출총이익률gross margin을 구할 수 있다. 매출총이익률은 기업이 제품 가격을 얼마로 책정할 수 있는지를 알려준다. [표 5.10]을 보면 델은 일상품 판매회사인 탓에 매출총이익률이 17.9%(총이익 63억 달러/매출액 354억 달러)에 불과하다. 델

델컴퓨터 부분손익계산서		(단위: 백만 달러, 천 단위 이하 생략)	
회계연도말	2003	2002	2001
매출액	35,404	35,404	31,888
매출원가	29,055	25,661	25,445
총이익	**6,349**	**5,507**	**6,443**

[표 5.10] 델의 부분손익계산서(출처: 델 SEC 보고서)

휴렛팩커드 및 자회사 부분손익계산서		(단위: 백만 달러, 천 단위 이하 생략)	
회계연도말(10월31일)	2002	2001	2000
순수익			
제품	45,955	38,005	41,663
서비스	10,178	6,819	6,848
금융소득financing income	455	402	369
순수익총계	**$56,588**	**$45,226**	**$48,870**
원가 및 비용			
제품원가	34,573	28,863	30,343
서비스원가	6,817	4,396	4,470

[표 5.11] 휴렛팩커드의 부분손익계산서(출처: 휴렛팩커드 SEC 보고서)

은 자사의 컴퓨터에 높은 가격을 매기기가 힘들다.

반면 HP의 고가 컴퓨터 제품에 대해서 고객들은 기꺼이 높은 값을 지불한다. [표 5.11]의 매출총이익률을 보면 이런 사실을 알 수 있다. 459억 달러의 제품 수익에서 제품원가 346억 달러를 제외하면 총이익 114억 달러가 나온다. 이 수치를 수익으로 나누면 24.8%의 매출총이익률이 나온다. 제품 차별화가 클수록 기업은 제조원가를 훨씬 상회하는 가격을 정할 수 있다. 또한 HP는 컴퓨터에 자사의 소프트웨어를 묶어서 판매하기 때문에 소프트웨어의 매출총이익률도 매우 높다.

판매 및 일반관리비

판매 및 일반관리비selling, general, and administrative expense, SG&A, 또는 판관비는 영업비용operating expense이라고도 하며 마케팅 비용과 관리 직원들의 월급이 포함된다. 때로는 연구개발비를 포함하기도 한다(연구개발비는 일반적으로는 별도 항목으로 분류되며, 기업이 광고에 많은 지출을 했을 경우에는 마케팅 비용도 별도 기입한다). 판관비와 매출총이익률은 비례 관계에 있다. 제품 가격을 높게 책정할 수 있는 HP 같은 기업은 영업부나 마케팅부 직원들에게 더 많은 비용을 지출해야 한다. 판관비가 수익에서 차지하는 비중을 살펴보면 기업이 얼마나 효율적인지를 이해할 수 있다. 즉 영업비용이 매출에서 차지하는 비중이 낮을수록 일반적으로 더 비용 효과적인 기업임을 의미한다.

가령 [표 5.12]처럼 HP는 565억 달러 수익 중 16%인 90억 달러를 판관비에 지출한 반면, 델은 8.9%밖에 지출하지 않았다.

이런 차이가 생기는 원인의 하나는 델은 고객에게 직접 판매하지만 HP는 대기업에게 비싼 컴퓨터를 판매하는 영업사원에게 별도의 보수

델컴퓨터 부분손익계산서			(단위: 백만 달러)
	2003	2002	2001
판매 및 일반관리비	3,050	2,784	3,193
휴렛패커드 부분손익계산서			
	2002	2001	2000
판매 및 일반관리비	9,033	6,950	6,984

[표 5.12] 델과 휴렛팩커드의 부분손익계산서 (출처: 델과 휴렛팩커드 SEC 보고서)

를 지불하기 때문이다. 그러나 델이 HP보다 더 낮은 마진을 책정하는 것처럼 보이는 것은 사실이다.

그러나 기업이 판관비에 얼마를 지출해야 하는지 정해진 규칙을 세우기는 힘들다. 그나마 가장 좋은 방법은 경쟁사와 비교했을 때 판관비가 많은 편인지 적은 편인지 그리고 장기간에 걸쳐 매출액에서 이 비용이 차지하는 비중이 얼마인지를 관찰하는 것이다(만약 이 비율이 빠르게 증가하고 있다면 조심해야 한다. 매출액이 급증하지 않는 상황에서 기업이 간접비를 너무 많이 지출하고 있다는 증거이기 때문이다).

감가상각비

기업이 장기간 사용할 목적으로 건물이나 기계류 등의 자산을 구입할 경우, 손익계산서에서 일련의 기간 동안 이 자산의 원가를 정해진 금액씩 차감해야 한다(마이크의 그릴용 집게를 생각해보자). 감가상각비depreciation and amortization는 손익계산서상의 별도 항목으로 기재되기도 하지만 일반적으로는 영업비 안에 포함된다. 이 항목은 현금흐름표에도 항상 기재되는데, 이를 통해 감가상각비 같은 비현금성 비용이 기업의 당기순이익에 얼마나 많은 영향을 미치는지를 알 수 있다.

비경상비용/이익

비경상비용/이익nonrecurring charges/gains은 기업의 규칙적이고 지속적인 영업 활동에서 발생하지 않고 1회적으로 발생하는 비용이나 이익을 의미한다. 한 예로 공장 폐쇄에 따른 비용이나 사업부 매각에서 발생하는 이익을 들 수 있다. 이상적으로는 손익계산서에 이 항목을 기재하지 않는 것이 바람직하다.

상당히 보수적인 관점에서 일회성 비용을 바라봐야 한다. 기업들은 본 사업에 속하는 원가를 일회성 비용으로 처리하는 경우가 많았으며, 연달아 비경상비를 계상하는 기업들, 다시 말해 매해 뭔가 특별한 사건이 발생한 것처럼 구는 기업들은 분석하기가 훨씬 힘들다. 이 일회성 비용 안에 제반 비용을 다 끼워넣을 수 있기 때문이다. 재무제표의 주석에 비경상비용에 대한 내역이 자세히 적혀 있으므로, 왜 이 비용이 발생했는지를 이해하려면 이 부분을 반드시 읽어야 한다.

[표 5.13]을 보면 HP의 2002년 구조조정에 18억 달러, '내부프로세스 연구개발비in process research and development'에 7억 9,300만 달러, 컴팩 합병과 관련된 비용으로 7억 달러를 지출했다. 이런 대규모 합병이 매일 발생하지는 않기 때문에 이 점에 대해서는 HP에게 변명의 여지가 있지만, 문제는 이 회사가 2001년에도 구조조정으로 3억 8,400만 달러의 비용을 책정했다는 사실이다. 내가 HP의 주인이라면 이것이 정말로 비경상비에 속하는지를 아주 신중하게 살펴볼 것이다. 연속적인 비경상비 책정은 경영진에 대한 불신의 신호이기 때문이다.

영업이익

영업이익operating income은 수익에서 매출원가와 모든 영업비용을 뺀 금액이다. 이론적으로는 기업이 실질적인 영업 활동에서 벌어들인 이

휴렛팩커드 및 자회사 부분손익계산서		(단위: 백만 달러, 천 단위 이하 생략)	
회계연도말(10월 31일)	2002	2001	2000
구조조정비	1,780	384	102
내부프로세스 연구개발비	793	35	-
인수 관련 비용	701	25	-

[표 5.13] 휴렛팩커드의 부분손익계산서(출처: 휴렛팩커드 SEC 보고서)

익을 의미하며 이자소득, 일회성 이익 등과 대조되는 개념이다. 그러나 실제로 기업들은 영업이익을 계산할 때 대손상각write-offs 등의 비경상비도 포함시킨다. 따라서 재무제표를 분석할 때는 일회성 비용을 더하거나 일회성 이익을 차감해야 한다.

영업이익은 기업을 관찰할 때 가장 많은 관심을 가지게 되는 당기순이익과 밀접한 관련이 있다. 영업이익은 일회성 항목이나 투자 등에서 발생한 영업외이익을 제외한 이익이기 때문에, 이 수치를 가지고 '영업이익률'을 구해서 기업별 또는 업종별 수준을 비교해볼 수 있다.

이자소득/비용

이자소득과 이자비용은 따로 적기도 하고 순이자소득(또는 순이자비용)으로 묶어서 계상하기도 한다. 방법과 상관없이 이 수치는 자사가 발행한 채권에 지불하는 이자나 자사가 소유한 채권이나 현금에서 받게 되는 이자를 의미한다. 세전영업이익earnings before interest and taxes, EBIT을 이자비용과 비교한 비율인 '이자보상비율interest coverage ratio'을 구해서 기업의 재무 상태를 파악할 수 있다. 이 비율은 기업이 이자를 지불할 만한 충분한 이익을 벌어들이고 있는지를 알려준다. 기업의 재무 건전성을 판단하는 것에 대해서는 다음 장에서 자세히 설명하기로 한다.

세금

기업은 나라에 세금을 내야 하며, 세금과 관련된 내역은 당기순이익 직전에 나온다. 불행히도 법인세는 굉장히 복잡한데, 이는 기업이 국세청에 조세 목적으로 내는 재무보고서와 SEC 보고서가 완전히 다르기 때문이다(그 이유는 굉장히 많지만 가장 큰 이유를 꼽는다면 다양한 감가상각 처리방법 때문이다. 그러나 이 점은 상관하지 말자). 일반적으로 미국 기업들의 법인세율은 35% 수준이다. 우리가 조사하는 기업이 이 세율보다 훨씬 낮다면 그 이유는 물론이고, 이런 세제 혜택이 영구적인 것인지 일시적인 것인지도 알아보자. 어떤 기업은 매출의 대부분이 국내에서 발생함에도 불구하고 국외에 위치해 있기 때문에 세금 우대tax breaks를 받기도 한다.

또한 우리는 분석 중인 기업의 세금 비중을 오랫동안 관찰해야 한다. 이 비중이 해마다 널뛰기를 한다면 이 기업은 제품이나 서비스 판매보다는 세금 탈루를 통해 이익을 내는 것일지도 모른다. 세제 혜택은 있으면 좋지만 정치가들은 부적절한 시기에 이런 혜택을 거둬가버리는 못된 버릇이 있으므로 큰 기대는 걸지 말아야 한다.

당기순이익

당기순이익은 (이론적으로는) 모든 비용을 감하고 난 후의 기업의 이익을 뜻하며, 기업들이 분기별 수익을 발표할 때 가장 관심을 가지는 항목이다. 마이크의 핫도그 노점에 나왔듯이 당기순이익은 기업이 창출한 현금을 그대로 보여줄 수도 있고 아닐 수도 있다. 이런 점 때문에 현금흐름표를 봐야 하는 것이다. 기업이 언론을 통해 당기순이익을 자랑스럽게 떠들어대는 경우가 많지만, 이 금액은 일회성 비용이나 투자이익 등을 이용해 심하게 왜곡될 수도 있음을 잊지 말아야 한다.

기본주식수와 희석주식수

이 수치는 기업이 주당순이익을 계산할 때 사용하는 주식 수를 의미하며, 회계보고기간(한 해 또는 한 분기) 동안 유통 중인 평균주식수를 말한다. 기본주식수basic number of share는 실질적인 주식 수만 포함하기 때문에 그렇게까지 중요한 것은 아니다. 재무제표에 기록된 기본주식수는 과거만을 중시하기 때문이다.

그러나 희석주식수diluted number of shares는 스톡옵션이나 전환사채convertible bonds 등 주식으로 전환될 가능성이 있는 유가증권도 포함하고 있다. 과거 여러 해 동안 스톡옵션이 과도하게 사용돼왔다는 사실을 감안할 때 눈여겨봐야 할 것이 바로 이 희석주식수이다. 스톡옵션 보유자들이 스톡옵션을 주식으로 전환할 경우 우리의 지분이 잠재적으로 얼마만큼 줄어들 것인지(즉, 희석될 것인지)를 알아야 하기 때문이다.

[표 5.14]를 보면 HP의 기본주식수와 희석주식수는 똑같지만 델은 희석주식수가 2% 더 많다. 희석주식수는 기본주식수의 최대 5%까지 상회할 수 있으므로, 델의 희석 비율은 걱정할 만한 수치는 아니다.

델 컴퓨터 부분손익계산서			(단위: 백만 달러)
	2003	2002	2001
가중평균주식			
기본가중평균주식	2,584	2,602	2,582
희석가중평균주식	2,644	2,726	2,746
휴렛팩커드 및 자회사 부분손익계산서			
	2002	2001	2000
주당순이익 계산에 사용된 가중평균주식			
기본	2,499	1,936	1,979
희석	2,499	1,974	2,077

[표 5.14] 델과 휴렛팩커드의 부분손익계산서 (출처: 델/휴렛팩커드 SEC 보고서)

기본주당순이익과 희석주당순이익

이 수치는 당기순이익을 주식수로 나눈 값으로, 기업이 분기별이나 연간 실적을 보고할 때 가장 많은 관심을 끄는 항목이다. 그러나 이것이 기업 재무 성과의 모든 것을 나타낸다고 볼 수는 없는데, 현금흐름이나 다른 요소들을 살피지 않는 한 이 수치는 별 의미가 없기 때문이다. 따라서 기업의 보고서를 읽을 때 주당순이익이 늘었든 줄었든 흥분할 필요가 없다. 대신 그 '이유'를 알아봐야 한다.

현금흐름표

현금흐름표는 기업이 해마다 얼마나 많은 현금을 창출하는지를 보여준다는 점에서 기업의 가치 창출 능력을 평가할 진정하는 시금석이라고 볼 수 있다. 결국 중요한 것은 현금이기 때문이다([표 5.15]). 실제로 기업이 얼마나 많은 현금을 버는지를 평가할 때에는 현금흐름표를 제일 먼저 살피고, 다음으로 대차대조표를 분석해서 기업의 재무적 기초를 평가한 다음, 이익률 등을 확인할 필요가 있을 경우에만 손익계산서를 보는 것이 좋다.

현금흐름표는 감가상각비 등 손익계산서상의 비현금성 항목을 모두 제외한 채 기업이 실제로 창출한 현금이 얼마인지만을 보여준다. 현금흐름표의 많은 항목은 손익계산서나 대차대조표에도 나오지만, 창출된 현금에 초점을 맞추고 이것이 보고된 이익과 어떤 연관성을 가지는지를 설명하기 위해 이런 항목들을 재배치해서 보여준다. 현금흐름표는 영업 활동으로 인한 현금흐름, 투자 활동으로 인한 현금흐름, 재무 활동으로 인한 현금흐름이라는 세 부분으로 나뉘어 기재된다.

제일 처음에 오는 '영업 활동으로 인한 현금흐름'은 기업이 사업 활동에서 얼마나 많은 현금을 버는지를 말해 준다. 이 부분이 곧 우리가

애크미 주식회사 현금흐름표			(단위: 백만)
	2002	2001	2000
영업 활동으로 인한 현금흐름			
당기순이익	680	495	650
영업 활동에서 발생한 순현금에 맞춘 당기순이익 조정			
감가상각비	318	363	342
이연법인세충당금	193	0	30
연금납부	-362	-52	-50
자산 및 부채 변화			
외상매출금	-15	115	-57
재고자산	53	65	-87
기타유동자산	41	-32	-23
기타자산	-25	36	-6
외상매입금 및 기타유동부채	97	50	51
기타부채	83	5	-18
영업 활동으로 창출된 순현금	$1,063	$1,044	$831
투자 활동으로 인한 현금흐름			
(자본지출)	-254	-327	-372
(인수합병)	-419	-73	-157
자산매각	28	38	35
기타 투자 활동으로 인한 현금흐름	4	12	36
투자 활동으로 창출된 순현금	$-642	$-350	$-458
재무 활동으로 인한 현금흐름			
단기채권의 발행 및 상황	-45	-7	-79
장기채권의 발행 및 상황	207	43	157
자사주 매입 및 재매각	-140	-287	-130
배당금 지급	-323	-316	-306
기타 재무 활동으로 인한 현금흐름	-26	-6	-20
재무 활동으로 창출된 순현금	$-327	$-572	$-377

환율변화가 현금에 끼친 영향	-14	1	31
현금 및 현금등가물의 증가 및 감소	79	123	27
기초 현금 및 현금 등가물	205	82	55
기말 현금 및 현금 등가물	284	205	82

[표 5.15] 애크미 주식회사 현금흐름표(출처: 모닝스타)

가장 궁금해하는 사업 부문의 현금 창출 능력이기 때문이다. 델의 현금흐름표는 [표 5.16]에 있다.

당기순이익

이것은 손익계산서에 적힌 당기순이익이다. 그 아래 적힌 항목들을 당기순이익에 더하거나 차감해서 '영업 활동으로 창출된 순현금net cash provided by operating activities'을 구한다. 델의 경우는 손익계산서에 적힌 21억 달러의 당기순이익으로 시작하면 된다.

감가상각비

이것은 현금성 비용이 아니다(마이크의 그릴용 집게가 마모되었을 때 실제로 지불된 현금은 한 푼도 없었음을 기억하라). 따라서 이 비용을 당기순이익에 다시 더해야 한다. 델의 경우는 2억 1,100만 달러를 더하면 된다.

우리사주제도를 통한 세금 혜택

직원이 스톡옵션을 행사한다면, 고용주는 스톡옵션을 행사해서 직원이 받게 되는 이익을 기업 이익에서 빼야 한다(직원에게 주는 보상

델 컴퓨터 부분현금흐름표			(단위: 백만 달러)
회계연도말(2003년 1월 31일)	2003	2002	2001
영업 활동으로 인한 현금흐름			
당기순이익	2,122	1,246	2,177
영업 활동에서 발생한 순현금에 맞춘 당기순이익 조정			
감가상각비	211	239	240
직원 스톡옵션으로 인한 세제혜택	260	487	929
특별비용	-	742	105
투자손실(이익)	(67)	17	(307)
환율변화가 외화으로 지정된 현금성 자산 및 부채에 미친 영향	(410)	178	135
부채에 미친 영향			
운전자본의 변화	1,210	826	642
비유동자산 및 부채의 변화	212	62	274
영업 활동으로 창출된 순현금	$3,538	$3,797	$4,195

[표 5.16] 델의 부분현금흐름표(출처: 델 SEC 보고서)

은 일반적으로 세금 공제가 가능하다). 그 결과 내야 될 세금이 적어지므로 기존의 세전 당기순이익에 세금 혜택을 추가해야 한다. 이 항목에 대해선 조심해야 한다. 이 금액이 영업 활동으로 인한 현금흐름에 비해 너무 크고 회사의 주식이 급등한다면 이 현금에 대해서는 미래에 별 기대를 하지 말아야 한다. 주식이 떨어질 때 스톡옵션을 행사할 직원은 거의 없기 때문에 기업은 세금 혜택으로 인한 현금흐름이 적어지게 된다. 델의 경우 스톡옵션 행사로 인한 세금 혜택은 2001년에서 2002년 사이에 절반으로 뚝 떨어졌으며, 2003년에도 다시 떨어졌다. 같은 기간 동안 델의 주식은 그다지 좋은 실적을 거두지 못했다. 이는 결코 우연의 일치가 아니었다.

델 컴퓨터 부분대차대조표		(단위: 백만 달러)
회계연도말(10월 31일)	2003	2002
유동자산		
현금 및 현금등가물	4,232	3,641
단기투자증권	406	273
외상매출금(순)	2,586	2,269
재고자산	306	278
기타자산	1,394	1,416

[표 5.17] 델의 유동자산 (출처: 델 SEC 보고서)

운전자본의 변화

마이크가 몇몇 손님들에게 핫도그를 외상으로 팔고 식료품점에서 빵을 외상으로 구입했던 것을 기억하는가? 이제 이 두 행동이 운전자본에 어떤 영향을 끼쳤는지를 알아보자. 기업이 작년보다 올해 고객에게 더 많이 외상으로 판다면, 외상매출금이 증가하고 현금흐름은 감소한다. 반대로 공급업자에게 외상 구입을 더 많이 했다면 외상매입금이 증가하고 현금흐름은 증가한다. 또한 기업이 팔리지 않는 재고자산을 만드는 데 더 많은 돈을 쏟아 붓고 있다면 현금흐름은 감소한다. 재고자산은 자금을 묶어놓는다는 것을 기억해라.

델의 경우 12억 달러라는 금액이 어떻게 기입된 것인지 알아보기 위해 대차대조표를 다시 살펴봐야 한다. [표 5.17]을 보면 외상매출금은 22억 6,900만 달러에서 25억 8,600만 달러로 증가해서 현금흐름이 3억 1,700만 달러 감소했는데(25억 8,600만-22억 6,900만), 이는 델의 고객들이 2002년 기말보다 2003년 기말에 더 많은 외상을 졌기 때문이었다. 또한 재고자산도 2억 7,800만 달러에서 3억 600만 달러로 증가했고 그만큼 재고에 자금이 묶여있는 탓에 현금이 감소했다.

델 컴퓨터 부분대차대조표		
부채 및 자본	2003	2002
유동부채		
외상매입금	5,989	5,075
기타 미지급비용	2,944	2,444

[표 5.18] 델의 유동부채(출처: 델 SEC 보고서)

다른 한편 외상매입금은 50억 7,500만 달러에서 59억 8,900만 달러로 증가했다. 이는 델이 2002년 기말보다 2003년 기말에 공급업자에게 줘야 할 금액이 9억 1,400만 달러 더 많다는 뜻이다. 델의 수중에 그만큼의 현금이 더 존재한다는 뜻이기도 하다([표 5.18]).

결국 외상매입금 증가로 창출된 현금 9억 1,400만 달러에서 외상매출금 증가분 3억 1,700만 달러와 재고자산의 변화 2,800만 달러를 빼면 5억 6,900만 달러라는 현금흐름이 도출된다. 여기에 '기타 미지급비용accrued and other'의 증가분 5억 달러(이 금액은 주로 제품 보증에 따른 서비스나 직원 보너스로 델이 언젠가는 지불해야 할 돈이다)와 재무보고서에 적힌 기타의 항목을 더해야 한다. 그렇게 하면 델의 현금흐름표에 적힌 '운전자본의 변화changes in operating working capital' 12억 1,000만 달러가 최종 결과로 나온다.

현금흐름표를 볼 때마다 이 과정을 되풀이할 필요는 없다. '영업활동으로 창출된 순현금'은 이 모든 내역들을 총망라하고 있기 때문이다. 그러나 '운전자본의 변화'에 기입된 내용은 당기순이익과 영업현금흐름에 차이가 발생하는 가장 큰 원인이 되기도 하기 때문에, 이 부분에 각별한 관심을 가지고 자세히 분석해야 한다.

휴렛팩커드 및 자회사 부분현금흐름표			
회계연도말(10월 31일)	2002	2001	2000
구조조정비	1,780	384	102
인수 관련 비용 및 내부프로세스 연구개발비	1,494	60	-

[표 5.19] 휴렛팩커드 부분현금흐름표(출처: 휴렛팩커드 SEC 보고서)

일회성 비용

이 항목들을 기억하는가? 델은 일회성 비용이 하나도 없었고 HP는 있었다([표 5.19]). 이 비용들 대부분은 비현금성 비용이기 때문에, 즉 HP는 실제로 구조조정이라는 대상에게 수표를 발생한 적은 없으므로, 이 비용을 다시 현금흐름에 합산해야 한다(비현금성 항목인 감가상각비와 비슷하다).

영업 활동으로 창출된 순현금

이것은 기업의 현금 창출 능력을 알아볼 수 있는 성배와도 같은 것이다. 다른 말로는 '영업현금흐름'이라고 하며, 당기순이익에서 앞의 항목들을 더하거나 뺀 수치를 말한다. 이것이 당기순이익을 대신하지는 못한다. 하지만 양자가 완전히 다른 말을 하는 경우가 많기 때문에 당기순이익과 더불어 이 수치를 살펴보지 않는다면 기업 전체를 파악했다고 할 수 없다.

이제 현금흐름표의 두 번째 부분인 '투자 활동으로 인한 현금흐름cash flows from investing activities'을 볼 차례다. 투자 활동이란 유형자산의 구입 및 처분, 기업 인수, 그리고 투자자산의 매각이나 구입과 관련된 활동을 의미한다.

자본지출

이 수치는 유형자산 등 장기간 동안 유지되며 사업 지속과 현재의 성장률 유지에 필요한 항목에 지출된 돈을 말한다. 영업현금흐름에서 자본지출을 뺀 금액이 사업에 투자한 뒤 창출된 현금인 잉여현금흐름이다.

투자손익

기업은 종종 저축예금보다 더 높은 수익을 얻기 위해 잉여현금을 채권이나 주식에 투자한다. 투자손익investment proceeds은 기업이 이런 투자 활동을 통해 얼마나 돈을 벌었는지(또는 잃었는지)를 알려준다. [표 5.20]을 보면 델은 87억 달러의 현금을 유가증권 매수에 사용했으며, 이전의 투자 상품 만기나 매각 처분(만기 및 매각)으로 77억 달러의 현금을 회수했다.

델 컴퓨터 부분 현금흐름표			(단위: 백만 달러)
회계연도말	2003/1/31	2002/2/1	2001/1/2
투자 활동으로 인한 현금흐름			
투자:			
매입	(8,736)	(5,382)	(2,606)
만기 및 매각	7,660	3,425	2,331
자본지출	(305)	(303)	(482)
투자 활동에 사용된 순현금	$(1,381)	$(2,260)	$(757)

[표 5.20] 델의 부분현금흐름표(출처: 델 SEC 보고서)

현금흐름표의 마지막 부분은 '재무 활동으로 인한 현금흐름cash flows from financing activities'이다. 재무활동은 기업의 대주주나 채권자들과 행한 모든 거래를 의미한다. 이런 활동의 일반적인 유형을 간략히 적으면 다음과 같다.

배당금 지급

다른 항목과 달리 이 부분은 있는 그대로 받아들이면 된다. 가령 HP는 2002년도에 배당금으로 8억 100만 달러를 지불했다([표 5.21]).

보통주 발행 및 재매입

이것은 기업이 자금 조달을 어떻게 하는지를 보여준다는 점에서 눈여겨봐야 할 수치이다. 빠르게 성장하는 기업들은 종종 많은 양의 신주를 발행하는데, 이것은 기존 주식의 가치를 희석시키는 동시에 기업이 제공받은 현금이 많아졌다는 뜻이기도 하다. 직원들에게 스톡옵션을 많이 제공하는 기업의 경우 가치의 희석을 최소화하기 위해 주식을 되사기도 하지만, 주로 느리게 성장하지만 잉여현금흐름을 많이 창출하는 기업이 자사주 매입을 많이 하곤 한다.

가령 [표 5.22]에 나온 델의 재무제표를 보면 이 회사의 자사주 매

휴렛팩커드 및 자회사 부분현금흐름표			(단위: 백만 달러)
회계연도말(10월 31일)	2002	2001	2000
배당금	$(801)	$(621)	$(638)

[표 5.21] 휴렛팩커드의 부분현금흐름표 (출처: 휴렛팩커드 SEC 보고서)

입 내역을 살펴볼 수 있다. '자사주 매입'을 보면 델이 자사주 매입에 23억 달러를 지출했음을 알 수 있다. 또한 손익계산서상에는 희석주식수가 27억 2,600만 주에서 26억 4,400만 주로 3% 감소했다. 자사주 매입은 기본적으로 잉여현금을 주주에게 유리한 쪽으로 사용하는 것이지만(결국 유통 주식수가 적을수록 기업에 대한 주주 각각의 지분은 더 높아지게 된다), 델처럼 스톡옵션을 많이 부여하는 기업이 자사주 매입을 할 때에는 신중한 눈으로 바라봐야 한다. 기업이 직원들에게 스톡옵션을 많이 제공해주고 자사주 매입에 많은 돈을 쓴다면, 이는 직원에게는 주식을 싸게 팔고 주식시장에서 주식을 비싸게 되사온다는 것을 의미하기 때문이다. 최선의 방법으로 자본을 사용한다고는 볼 수 없다.

채권 발행 및 상환

이 금액은 기업이 차입한 돈이 있는지 또는 이전의 차입금을 상환했는지의 여부를 알려준다. [표 5.23]을 보면 HP는 장기채권을 발행해서 채권자로부터 25억 달러의 돈을 차입했으며, 단기채무 상환에 24억 달러를 지불했음을 알 수 있다. 이런 내역은 '장기채권 발행' 과 '지급어음 및 단기차입금'에서 확인할 수 있다.

델 컴퓨터 부분 현금흐름표			(단위: 백만 달러)
회계연도말	2003/1/31	2002/2/1	2001/1/2
재무 활동으로 인한 현금흐름			
자사주 매입	(2,290)	(3,000)	(2,700)
우리사주제도 등에 의한 보통주 발행	265	298	395
재무 활동에 사용된 순현금	$(2,025)	$(2,702)	$(2,305)

[표 5.22] 델의 부분현금흐름표(출처: 델 SEC 보고서)

결론

공부하느라 힘들었겠지만, 매우 귀중한 것을 배웠다. 기업을 신중하게 분석할 수 있을 만큼 재무제표에 대해 충분한 내용을 파악하게 되었다. 재무보고서를 샅샅이 익히는 데 훨씬 많은 시간을 할애해야 하지만, 기업이 어떻게 현금을 창출하는지를 이해하게 되었다. 중요한 것은 그것이다. 그 외의 세부사항들은 지금까지 익힌 기본 개념만큼 중요한 것이 아니다. 제5장의 내용 대부분을 익혔다면 이제 여행을 떠날 준비가 다 된 것이다.

마지막으로 델의 1달러가 어떻게 움직이는지를 따라가보자. 스티븐이라는 고객이 1,000달러를 주고 델 컴퓨터를 구입했다고 가정하자. 델은 그 중 821달러를 제조 직원들과 부품 공급업자들에게 제공한다(매출원가). 이 금액이 어떻게 나왔느냐고? 델의 손익계산서인 [표 5.24]를 보자. 회사는 29,055달러/35,404달러, 다시 말해 82.1%를 지불했다. 이것은 1달러 매출 시 컴퓨터 제조에 들어간 원가이므로 1,000달러의 82.1%는 821달러가 나온다. 컴퓨터 생산에 들어간 원가를 지불한 뒤 델에 남은 돈은 179달러이다.

이제 손익계산서([표5.25])의 다른 곳을 보고 나머지 179달러가 어

휴렛팩커드 및 자회사 부분현금흐름표			(단위: 백만 달러)
회계연도말(10월 31일)	2002	2001	2000
재무 활동으로 인한 현금흐름			
지급어음 및 단기차입금	(2,402)	303	(1,297)
장기채권 발행	2,529	904	1,936
장기채권 상황	(472)	(290)	(474)

[표 5.23] 휴렛팩커드 부분현금흐름표(출처: 휴렛팩커드 SEC 보고서)

델 컴퓨터 부분손익계산서	
	2003
매출액	$35,404
매출원가	$29,055
매출총이익	$6,349

[표 5.24] 델의 수익 내역 (출처: 델 SEC 보고서)

떻게 사용되는지를 보자. 86달러 정도는 TV 광고와 간접비(판매 및 일반관리비)에 들어가고, 13달러 정도는 연구개발비에, 25.50달러는 세금에 사용된다. 델의 엄청난 현금계좌에서 창출된 약간의 투자이익을 다시 더하면 1,000달러 컴퓨터 판매 시 60달러라는 순이익이 나온다. 이 60달러를 사업에 재투자할 수도 있고 자사주 매입에 사용할 수도 있고 좋은 기회가 등장할 때까지 가만히 은행에 놔둘 수도 있다. 이런 수치들은 델의 손익계산서를 통해 직접 계산할 수 있다. 각 항목을 매출총계로 나눈 뒤 거기서 나온 퍼센트를 1,000달러에 곱하기만 하면 된다.

델의 사업에 대해 우리가 알게 된 내용은 무엇일까? 무엇보다 이익률이 매우 낮다는 사실을 알아냈다. 1,000달러 매출 시 순이익이 60달러밖에 되지 않으며, 델의 수익 중 대부분이 컴퓨터를 만든 직원이나 부품 공급업자 또는 기업을 운영하는 직원들에게 곧바로 빠져나간다는 사실을 알게 되었다.

또한 델이 연구개발비나 마케팅에 많은 돈을 쓰지 않는다는 사실도 알아냈다. 그럴 수밖에 없는 것이 이 회사는 일상품 시장의 저가품 제공업체라는 정책을 고수하기 때문이다. 만약 델이 제약회사고 연구개발비에 수익의 1.5%밖에 투자하지 않는다면 심각하게 고민해봐야 한

델 컴퓨터 부분손익계산서	
	2003
영업비용	
판매 및 일반관리비	3,050
연구개발비 및 기술비	455
특별비용	
영업비총계	$3,505
영업이익	$2,844
투자 및 기타이익(손실)(순)	183
법인세 및 회계원칙 변경에 따른 누계 효과 적용 전 이익	3,027
법인세충당금	905
회계원칙 변경의 누계 효과 적용 전 이익	2,122
회계원칙 변경에 따른 누계 효과(순)	-
당기순이익	$2,122

[표 5.25] 델 부분손익계산서 (출처: 델 SEC 보고서)

다. 하지만 연구개발은 델의 주력 분야가 아니므로 우리가 크게 신경 쓸 필요가 없다.

이 밖에도 회사에 대해 알 수 있는 내용은 많지만 그 점은 다음 장에서 살펴보기로 한다. 여기서는 재무제표에 대해 무엇을 알아야 하는지 그리고 기업 상황에 대한 분석적 통찰력을 기르기 위해 이를 어떻게 이용하는지만 알면 된다.

그러나 단순한 테스트의 위력을 간과하지 말자. 만약 고객이 지불한 1달러가 주주들에게 흘러가는 과정을 이해하지 못한다면 아주 중요한 사항을 놓치는 것이다. 기업의 사업모델이 너무 복잡하거나 돈을 투자하기 전에 이 회사에 대해 좀 더 살펴봐야 하거나 둘 중 하나이다.

투자자의 체크리스트 : 재무제표 분석

☐ 주식투자의 성공은 군중이 우리의 선택에 동의하는지에 상관없이 자기 자신만의 원칙에 달려 있다. 그렇기에 탄탄하고 논리적인 투자 철학을 마련해야 한다.

☐ 대차대조표는 기업의 재산과 빚이 얼마인지 그리고 주주가 기업에 투자한 돈의 가치인 둘 사이의 차액을 알려준다. 자본은 자산에서 부채를 뺀 값이다.

☐ 대차대조표는 항상 대차가 일치해야 하므로 자산이나 부채의 변동에는 그에 상응하는 자본의 변화가 따른다. 기업이 자산의 증가로 큰 이익을 냈다면 자본 역시 증가한다.

☐ 매출액 대비 외상매출금의 추이를 눈여겨봐야 한다. 기업이 장부에는 수익으로 기록했지만 아직 상당 부분을 회수하지 못했다면 이는 문제의 징후가 될 수 있다.

☐ 기업의 부채를 평가할 때에는 채무가 고정비임을 기억해야 한다. 기업은 사업의 손익 여부와 상관없이 이자를 지불해야 하기 때문에 장기채무가 많은 것은 기업에 위험할 수도 있다.

☐ 기업이 '비경상' 비용을 보고할 경우 눈여겨봐야 하는데, 이것이 습관적이라면 더욱 조심해야 한다. 온갖 비용이 '일회성'비용에 파묻힐 수 있기 때문이다.

☐ 현금흐름표는 기업이 해마다 얼마의 현금을 창출하는지를 보여준다는 점에서 회사의 가치 창출 능력을 가늠하게 해주는 시금석이다. 제일 먼저 현금흐름표를 살펴봐야 한다.

☐ 기업을 분석할 때에는 1달러가 어떻게 사용되는지를 이해해야 한다. 그렇지 못하면 충분히 확신하고 주식을 살 수 있을 만큼 기업을 이해하지 못할지도 모른다.

6
기업분석 - 기초

○○○

재무제표 분석을 위한 기본 수단을 손에 넣었으므로 이제부터는 기업을 하나하나 분석할 수 있게 되었다. 다음의 다섯 가지 분야로 나눠서 기업 분석을 행하면 그 어려움을 조금은 덜 수 있을 것이다.

1. **성장성**: 기업이 얼마나 빨리 성장해왔으며, 성장의 원천은 무엇이고, 성장이 얼마나 지속될 것인가?
2. **수익성**: 기업은 자본 투자를 통해 어떤 수익을 창출하는가?
3. **재무 건전성**: 기업의 재무 기반은 얼마나 탄탄한가?
4. **투자 위험·부정적인 가능성**: 투자의 위험은 무엇인가? 훌륭해 보이는 기업일지라도 위험이 존재한다. 사업 전반을 다 살펴보고 장점은 물론 단점까지 파악해야 한다.
5. **경영진**: 누가 기업을 경영하는가? 그들은 회사를 운영할 때 주주와 자신 중 누구의 이익을 우선하는가? 이것은 매우 중요한 주제이기 때문에 제7장에서 자세히 살필 것이다.

하나 당부할 것이 있다. 제6장과 제7장에서는 '기업'의 품질을 평가하는 방법만을 다룰 것이다. 그러나 이것은 전체의 절반에 불과하다. 아무리 훌륭한 기업도 너무 비싼 가격에 매수한다면 형편없는 투자로 전락한다. 따라서 제9장과 제10장에서는 '주식' 평가 방법을 통해 회사 주식의 적절한 가격을 계산하는 방법을 보여줄 것이다.

성장성

고속 성장이라는 미끼는 그 어떤 것보다 많은 투자자들을 끌어 모으는 법이다. 높은 성장률은 분별력을 잃게 한다. 한 기업이 5년 동안 15%의 성장을 기록하면서 이익을 두 배씩 올린다면 누가 이 사업을 마다하겠는가? 불행히도 학계의 여러 연구는 큰 폭의 이익 증가가 여러 해 동안 지속되지는 못한다는 사실을 보여준다. 다시 말해 과거의 높은 이익 증가가 미래의 높은 이익 증가로 이어지는 것은 아니다.

왜 그런가? 경제 전체는 매우 빠르게 발전하기 때문에 초고속으로 증가하는 이익은 엄청난 경쟁을 끌어들이게 된다. 빠른 속도로 막대한 이익을 거두던 기업이 어느 순간 다른 회사들과 치열한 자리싸움을 벌이게 되는 것이다(결국 역사적으로 볼 때 기업의 장기적인 이익은 경제 성장보다 약간 느린 폭으로 증가한다).

과거의 성장률만을 가지고 미래를 예측하는 짓은 하지 말아야 한다. 투자가 그렇게 쉽다면 투자 전문가들이 받는 수수료는 훨씬 줄어들 것이고 이 책도 훨씬 짧아질 것이다. 중요한 것은 기업 성장의 원천을 조사해서 성장의 '품질'을 알아내는 것이다. 더 많은 제품 판매와 새로운 시장 진입에 의한 고품질 성장high quality growth이 원가 절감이나 회계 조작에 의한 저품질 성장low quality growth보다 오래 지속된다.

4가지 원천

장기적으로 볼 때 매출 증가는 이익 증가를 이끈다. 기업이 원가 절감이나 재무제표 조작을 잘 해서 한동안 이익증가율이 매출액증가율을 앞설 수도 있지만, 이런 상황은 그다지 오래 지속되지 않는다. 원가 절감에는 한계가 있게 마련이고, 당기순이익을 부풀리기 위해 기업이 써먹을 수 있는 재무적 속임수만 무궁무진하기 때문이다. 일반적으로 매출액 증가의 원인은 다음의 4가지이다.

1. 제품이나 서비스 판매 증가
2. 가격 인상
3. 신제품 및 새로운 서비스
4. 기업 인수

가장 편리한 성장 방법은 무엇을 하든 경쟁사보다 잘 하고 제품을 더 많이 팔아서 시장점유율을 빼앗아 오는 것이다. 가령 휴대전화의 거인인 노키아는 휴대전화 판매를 더 잘한 것만으로 휴대전화 세계시장 점유율을 1990년대 중반 15%에서 오늘날 35%로 높일 수 있었다. 가격 인상도 기업의 매출액을 높일 수 있는 아주 좋은 방법이지만, 이를 오랫동안 유지하려면 강력한 브랜드와 선점시장 captive market, 계열사 등 일종의 자체 소비를 갖춘 시장-옮긴이이 필요하다. 안호이저부시 Anheuser-Busch의 경우 버드와이저와 버드라이트, 미켈롭 등 인기 있는 브랜드를 갖춘 덕분에 해마다 1~3%씩 가격을 인상할 수 있었다.

케이블방송사 역시 매출을 높이기 위해 가격 결정력을 이용한 예에 속하는데, 이는 강력한 브랜드가 아니라 독점력 덕분이었다. 1990년대 대부분의 시장에서는 한 케이블방송사가 다수의 소비자를 상대하고 있었기 때문에 케이블방송사들은 6~7%의 가격 인상을 강행할 수 있었다.

빼앗을 점유율이 별로 없거나 고객이 가격에 민감하다면 월마트처럼 행동해서 전에 팔지 않았던 제품을 판매하는 것으로 시장을 확대할 수 있다. 1980년대 중반 창립자 겸 당시 CEO였던 샘 월튼Sam Walton은 회사 성장이 앞으로 10년 내에 벽에 부딪칠 것이라고 예측하면서 새로운 시장을 조사하기 시작했다. 아프리카에 여행을 가서 유럽 소매점들이 옷에서 완구, 케첩까지 한 장소에서 온갖 물건을 파는 하이퍼마켓을 구축하기 시작한 것을 본 그는 미국에 돌아온 뒤 앞으로 잡화점이 월마트의 차세대 빅 마켓이 될 수 있을 것이라 생각했다. 15년 뒤 월마트는 미국 내에서 가장 큰 잡화점 체인으로 성장했으며, 대형 쇼핑센터들은 식품 판매까지 하면서 매출액 증대에 열을 올리고 있다.

성장성 분석의 목표는 기업 성장의 원인을 알아내는 것임을 명심해야 한다. 안호이저 부시의 경우 궁금한 것은 가격 인상(더 비싼 맥주)으로 얼마나 큰 성장을 이뤄낼지, 맥주 시장 증가(맥주 소비자 증가)에서 얼마나 큰 성장이 이뤄질지, 그리고 시장점유율 증가(버드와이저 고객 증가)로 얼마나 큰 성장이 나타날지에 관한 것이다. 일단 기업 성장률의 구성요소를 세부적으로 쪼갤 수 있다면, 미래에 어느 부분에서 성장이 이뤄질 것인지 그리고 언제 성장의 봇물이 터질지를 더 잘 파악하게 될 것이다.

성장의 네 번째 원천인 기업 인수에는 특별한 관심을 기울여야 한다. 인수형 기업acquisitive firms은 투자금융회사의 주요 소비자이기 때문에 월가로부터 구애의 손길을 받기 쉽다. 그들은 새로운 인수를 추진하거나 대상을 찾기 위해 자본을 끌어 모으는데, 이로 인해 그들의 문 앞에는 항상 거래를 하라고 부추기는 사람들이 들끓게 된다. 따라서 인수에 굶주린 기업을 쫓아다니는 애널리스트들 대부분이 입에 발린 소리를 해대는 것에 놀랄 필요가 전혀 없다.

불행히도 인수에 대한 과거의 기록을 추적해보면 그 결과는 복합적이다. 대부분의 인수는 인수를 행한 기업의 주주들에게 긍정적인 이익을 창출해주지 못한다. 또한 한 연구는 아주 훌륭한 기회라고 생각했던, 사업과 연관이 큰 소규모 인수조차 성공률이 절반에 불과하다는 사실을 보여주었다.

여기에는 무수한 이유가 존재한다. 무엇보다 인수형 기업은 성장률을 현 상태로 유지하기 위해 계속해서 더 큰 기업을 사들여야 한다. 대상 기업이 커질수록 그 회사를 철저히 검토하기가 힘들어지고 결국 충동구매의 위험이 점점 높아진다. 워런 버핏조차 버크셔 해서웨이가 1998년 거대 재보험사인 제너럴 리를 인수할 때 이런 사실을 알게 되었다. 버핏은 그 누구보다 보험업에 대해 잘 알고 있었지만 제너럴 리 인수는 득이 아니라 실이었음이 드러났다. 거래가 끝나고 얼마 후 버핏이 한 말에 따르면, 인수해놓고 보니 이 회사는 자신의 생각보다도 더 상황이 안 좋았던 것이다. 가장 위대한 CEO라 불리는 사람조차도 거대한 인수 대상 기업의 은밀한 비밀을 다 알 수는 없는 법이다.

인수형 기업을 회의적으로 봐야 하는 또 다른 이유는 다른 회사를 매수하려면 시간과 돈이 든다는 것이다. 대상 기업을 철저히 조사해야 하며, 투자은행에 돈을 지불해야 하고, 인수된 기업을 새로운 주인과 통합시켜야 한다. 이 모든 노력들이 핵심 사업에 들어갈 자원을 앗아간다. 경영진들이 기업의 내실이 아니라 몸집을 키우는 데 온 힘을 쏟는다면 어느 순간 바퀴가 마차 밖으로 튕겨져 나가는 사태가 벌어질 것이 분명하다.

그러나 투자자의 관점에서 볼 때 인수에 의한 성장 전략을 기피해야 하는 가장 큰 이유는 훨씬 간단하다. 다름 아니라 기업을 이해하기가 훨씬 힘들어진다는 것이다. 인수형 기업은 일반적으로 합병과 관련된 여러 비용들을 보고하고 때로는 재무 결과를 번복해서 발표한다. 그렇게 되면 인수를 행한 기업의 성과가 합병과 관련된 혼란 속에 파묻힐 수도 있다. 그 결과 두 가지 일이 발생할 수 있다.

1. 비도덕적인 경영진이 일상적인 기업 인수로 만들어진 짙은 안개를 이용해서 결과를 인위적으로 만들어낼 수 있다. 이런 재무 조작은 큰 규모의 인수 시 필연적으로 행해야 할 재무적 수정 속에 완전히 파묻히게 되고, 결국 진실이 드러나는 데 오랜 기간이 걸릴 수도 있다.
2. 핵심 사업의 진정한 성장률을 파악하기가 힘들다. 경영진이 기업의 유기적 성장률에 대한 정보 제공을 기피할 때 이런 문제가 더욱 커진다.

핵심은, 기업이 인수를 하지 않고 얼마나 빨리 성장할 수 있을지를 알지 못한다면 주식을 사지 말라는 것이다. 인수 활동이 언제 멈출지 결코 알 수 없기 때문이다. 성공적인 투자자의 목표는 위대한 주식을 사는 것이지 성공적인 인수 합병 기계를 사는 것이 아니다.

품질 탐구하기

지금까지 내용으로 짐작하겠지만 나는 인수를 저품질의 성장 창출 수단이라고 생각하는 편이다. 불행히도 실제보다 성장을 더 그럴듯하게 보이도록 하는 방법들이 무수히 존재하는데, 그 대표가 '매출액' 증가가 아닌 '이익' 증가에 관심을 가지는 것이다(매출액은 조작하기가 훨

IBM 성장률	1995	1996	1997	1998	1999	2000	2001	2002
수익(%)	12.3	5.6	3.4	4.0	7.2	1.0	-2.9	-5.5
영업이익(%)	51.7	13.2	5.8	0.7	30.2	-2.5	-20.1	-25.9
주당순이익(%)	43.7	41.4	17.6	9.3	25.2	7.8	-2.0	-28.0

[표 6.1] IBM의 연간 성장률

IBM	1995	1996	1997	1998	1999	2000	2001	2002
현금흐름	10.7	10.3	8.9	9.3	10.1	9.3	14.3	13.8

[표 6.2] IBM의 영업 활동으로 인한 연간 현금흐름(단위: 10억 달러)

씬 어렵다). 매출액 증가가 오랫동안 주춤했음에도 이익이 많이 증가한 듯 보이도록 기업이 이용할 수 있는 속임수에는 여러 가지가 있다. 하지만 그 중 유념해서 봐야 할 대표적인 방법들을 몇 가지 꼽는다면 세금 부담의 변화, 주식 수의 변화, 기업연금 이익, 일회성 이익(대부분 사업체 매각을 통한 것이다), 급격한 원가 절감 등이다(이익 조작과 관련된 속임수에 대해선 제8장에서 자세히 다루기로 한다).

일반적으로 이익 증가가 오랫동안(가령 5년 내지 10년 동안) 매출 증가를 웃돈다면 어떻게 해서 매출이 제자리걸음에도 불구하고 더 많은 이익을 뽑아낼 수 있었는지를 유심히 관찰해야 한다. 순이익증가율이 영업이익이나 영업 활동으로 인한 현금흐름과 큰 차이가 나는 것도 뭔가 모순점이 있음을 암시할 수 있다.

IBM은 이른바 '제조된 성장manufactured growth'의 전형적인 예로, 1990년대 동안 당기순이익을 부풀리기 위해 앞에서 말한 방법들 대부분을 사용했다. [표 6.1]에서 보이듯 90년대 초 루 거스너Lou Gerstner의 주도 하에 기업 회생이 시작된 이후 IBM의 주당순이익은 꽤 멋진 모습을 보였다. 거의 매해 두 자릿수의 주당순이익을 기록한 것이다. 이만한 규모의 기업치곤 나쁘지 않은 실적이었다.

그러나 영업이익을 살펴보면 기업의 성장률은 훨씬 낮고 매출 증가는 평균 5%대에 머물고 있었다. 재확인을 위해 영업 활동으로 인한 현금흐름을 잠깐 살펴보자. 불행히도 1995년부터 1990년대 말까지 이것 역시 제자리걸음을 기록하고 있다([표 6.2]).

그렇다면 어떻게 해서 거스너의 IBM이 계속해서 훌륭한 주당순이익을 달성할 수 있었던 것일까? 여러 원인이 있다. 첫째, 이 기업의 세금 부담은 1995년에 45%였지만 90년대 말이 되자 30%까지 떨어졌다. 둘째, 회사의 간접비 지출이 1990년대에 상당히 줄었다. 이 회사의 관료주의적인 속성을 감안할 때 훌륭한 성과가 아닐 수 없다.

마지막으로 IBM은 1990년대 후반기 동안 자사주의 4분의 1을 매입했고(유통 중인 주식의 감소는 주당순이익 증가로 이어졌다), 과도하게 적립된 연기금 역시 이익을 높이는 데 한몫을 했다. 결국 IBM의 주당순이익을 영업이익이나 현금흐름과 비교하기만 해도 여러 가지 적신호가 드러났다. 이런 적신호들은 1990년대 이 회사를 살펴본 투자자들이 이익 증가의 품질을 회의적인 눈길로 바라보기에 충분한 것들이었다(주의: 저품질 성장은 기업이 장부 조작을 한다는 뜻이 아니라 성장률이 오랫동안 지속될 가능성이 없음을 의미할 뿐이다).

또한 일회성 이익이나 손실 역시 과거의 성장률을 왜곡할 수 있기에 눈여겨봐야 한다. 가령 사업부 매각에서 발생한 대규모의 이익으로 인해 실제보다 더 그럴듯하게 보일 수 있다. 대규모의 손실 역시 성장률에 영향을 미칠 수 있다. 3~5년의 분석 기간 중 첫해에 별다른 이익이 없다면, 이 침체된 기간이 계산에 포함되어서 기업의 성장률이 과도하게 평가될 것이다. 따라서 이러한 과거 3~5년 동안의 성장률을 맹신하지 말아야 한다. 항상 숫자 뒤에 숨은 내용을 확인해야 한다.

일반적으로 볼 때 기업 성장률의 원천을 집어내지 못하거나 매출액과 당기순이익 사이의 격차의 원인을 밝혀내지 못한다면, 이런 성장의 품질을 조심스럽게 바라봐야 한다. 세금을 적게 내거나 자사주를 매입하는 것은 분명 주주들에게 득이 되는 일이다. 하지만 이것들은 장기적인 이익 증가가 아니라 단기적인 미봉책에 지나지 않는다.

원가 절감도 눈여겨봐야 한다. 다른 모든 사항이 동일하다면 나는 분명 효율성이 떨어지는 기업보다는 효율성이 높은 기업, 즉 간접비를 적게 들이는 기업을 선택할 것이다. 그러나 원가 절감은 이익 증가의 장기적이고 지속적인 원천이 되지 못한다. 따라서 기업이 급격한 원가 절감을 달성했다면, 미래의 어느 시점에서 더 이상의 원가 절감이 발생하지 않을 것임을 명심하고 있어야 한다. 매출 증가에 속도가 붙지 않는다면 결국 순이익 증가도 멈칫거리게 될 것이다.

원가 절감을 달성한 기업은 어느 시점에 효율성이 최고조에 달하게 되고, 경영진이 수익을 늘리지 못한다면 매출 증가율과 이익증가율 사이의 폭도 좁아지게 될 것이다. 따라서 원가 절감으로 인해 이익 증가를 달성한 기업을 관찰할 때에는 그러한 원가 절감의 지속성을 고민해봐야 한다. 원가 절감은 영원한 것이 아니기 때문이다.

수익성

이제 기업 분석의 두 번째 과정이자 가장 중요한 분야인 수익성을 살펴보자. 기업은 사업에 투자한 금액에 비해 얼마나 많은 이익을 창출하고 있는가? 이것은 위대한 기업과 그저 그런 기업을 구분해주는 진정한 잣대이다. 결국 기업이 할 일은 외부의 투자자에게서 받은 돈을 투자해서 수익을 내는 것이기 때문이다. 수익이 높을수록 기업의 매력은 높아진다.

이익률을 이해하고 이것의 증가를 이끄는 것이 원가 절감인지 가격 상승인지를 이해해야 한다는 사실에 대해서는 앞에서 간단히 설명했다. 영업 활동으로 인한 현금흐름을 보고된 주당순이익과 비교해보는 것도 수익성을 파악할 수 있는 또 다른 좋은 방법이다. 영업 활동으로 인한 현금흐름은 진정한 이익을 말해주기 때문이다.

그러나 순이익률이나 영업 활동으로 인한 현금흐름 양쪽 모두 사업 활동에 묶여 있는 자금에 대해서는 아무런 설명을 해주지 못한다. 이 점을 결코 간과해서는 안 된다. 우리가 알아야 할 것은 기업이 '투하된 1달러의 자본dollar of capital employed'당 얼마나 많은 경제적 이익을 창출할 수 있는가이다. 재투자하고도 초과이익이 발생한다면 덜 효율적인 경쟁사보다 그만큼 유리한 위치를 점할 수 있기 때문이다.

경영진을 뮤추얼 펀드 매니저와 비슷하다고 생각해보자. 뮤추얼 펀드 매니저는 투자자로부터 받은 돈을 주식과 채권에 투자해서 수익을 낸다. 당신이라면 연평균 9%밖에 수익을 내지 못하는 매니저가 아니라 지속적으로 연간 12%의 수익을 내는 펀드매니저에게 돈을 맡기지 않겠는가?

기업도 다르지 않다. 그들은 주주에게서 받은 돈을 사업에 투자해서 부를 창조한다. 기업 경영진이 이런 투자 과정을 통해 얼마의 수익을 냈는지를 측정함으로써 그들이 자본을 이익으로 전환하는 데 얼마나 뛰어난지를 알 수 있게 된다. 뮤추얼 펀드와 마찬가지로 12%의 자본수익률을 달성하는 기업이 9%밖에 내지 못하는 회사보다 일반적으로 더 매력적인 투자 대상이 되는 것은 당연하다.

기업의 수익성을 측정하는 두 가지 도구는 자본수익률과 잉여현금흐름이다. 우선은 제3장에서 경제적 해자를 평가할 때 나왔던 총자산이익률ROA과 자기자본이익률ROE부터 시작하자. 그리고 잉여현금흐름을 ROE와 비교하는 방법을 설명한 뒤, 마지막으로 보다 정교한 수익성 측정 수단인 투하자본수익률ROIC에 대해 간단히 설명할 것이다.

총자산이익률 ROA

ROA의 첫 번째 구성요소는 앞에서 설명한 바와 같이 당기순이익을 매출액으로 나눈 값인 순이익률이다. 이것은 매출액 1달러에서 여러 비용들을 모두 지불한 뒤 남는 이익금이 얼마인지를 알려준다. 두 번째 구성요소는 매출액을 자산으로 나눈 자산회전율asset turnover이다. 이것은 자산 1달러에서 얼마나 효율적으로 수익을 창출하는지를 대략적으로 알려준다. 이 둘을 곱한 값이 총자산이익률이며, 기업이 자산 1달러당 창출해낼 수 있는 이익이 얼마인지를 알려준다.

$$\frac{당기순이익}{매출액} = 순이익률$$

$$\frac{매출액}{자산} = 자산회전율$$

$$순이익률 \times 자산회전율 = 총자산이익율$$

ROA를 효율성 척도라고 생각하자. ROA가 높은 기업은 더 효율적으로 자산을 이익으로 전환한다. 최고의 소매점인 베스트바이Best Buy를 1990년대 후반부터 2000년대 초까지 고전을 겪었던 서킷시티Circuit City와 비교하면 이 사실을 쉽게 이해할 수 있다. 1998년 이후 서킷시티의 총자산이익률은 4~5%에 머무른 반면, 베스트바이는 5%에서 거의 10%까지 상승했다([표 6.3], [표 6.4] 참조).

높은 이익률(베스트바이 3%, 서킷시티 2% 이하)도 한몫을 했지만, 그보다는 높은 자산회전율이 양사의 총자산이익률 차이에 결정적 이유가 되었다. 가령 2002년 서킷시티는 유형자산과 재고(대부분의 소매점에서는 이 둘이 가장 중요한 자산이다)에 1달러를 투자해서 2.50달러의 매출을 거뒀지만, 베스트바이는 3.20달러의 매출을 거뒀다. 베스트바이가 서킷시티보다 더 효율적으로 점포를 운영하고 있었으며 자산을 이익으로 바꾸는 일도 훨씬 잘했던 것이다.

ROA를 보면 훌륭한 영업수익을 올리는 데에는 두 가지 길이 있음을 알 수 있다. 하나는 제품에 높은 가격을 매기는 것(높은 순이익률)이고, 또 하나는 자산을 빨리 회전시키는 것이다. 잡화점이나 할인점 등 이익률을 낮게 매기는 기업들이 ROA를 착실히 다지기 위한 방편으로 높은 자산회전율을 강조하는 것을 종종 볼 수 있다. 제품에 아주 높은 이익을 붙이지 못하는 기업의 경우 재고 관리에 신경을 써야 한다. 재

서킷시티 수익성	1998	1999	2000	2001	2002
순이익률(%)	1.4	1.6	1.9	1.4	2.0
자산회전률(평균)	2.6	3.0	3.2	3.0	2.5
총자산이익률(%)	3.6	4.8	6.1	4.2	5.0

[표 6.3] 서킷시티의 연간 수익성

베스트바이 수익성	1998	1999	2000	2001	2002
순이익률(%)	1.1	2.2	2.8	2.6	2.9
자산회전률(평균)	4.4	4.4	4.5	3.9	3.2
총자산이익률(%)	4.8	9.7	12.6	10.1	9.3

[표 6.4] 베스트바이의 연간 수익성

고 감소는 자산에 묶인 자본의 감소를 의미하고 그로 인해 총자산이익률이 증가하게 된다. 다른 한편 제품에 아주 높은 이익을 붙일 수 있는 기업(고가 보석회사인 티파니를 예로 들 수 있다.)은 더 많은 자본을 자산에 묶어둘 여력이 있다. 높은 이익률이 낮은 자산회전율을 보충해주기 때문이다.

모든 기업들이 자산으로만 이뤄져 있다면 ROA만 이용해도 상관없다. 하지만 대다수 기업들은 빚으로 자금의 일부를 조달하게 마련이다. 그렇기 때문에 그들의 수익률을 따질 때 레버리지 부분을 고려해야만 한다. 이제 자본수익률의 두 번째 측정 수단인 자기자본이익률을 살펴보도록 하자.

자기자본이익률 ROE

자기자본이익률은 기업의 수익성에 대한 총체적인 측정 수단인 동시에 회사가 주주자본을 효율적으로 사용하는지 측정해준다. 다시 말해 ROE는 기업이 주주의 돈에 대해 흡족한 수익을 벌어들이고 있는지를 측정해준다. ROE는 기업이 주주자본 1달러당 벌어들이는 이익을 알려준다.

ROE를 계산하려면 ROA에 기업의 재무레버리지비율financial leverage ratio을 곱하면 된다.

$$재무레버리지 = \frac{자산}{주주자본}$$

$$자기자본이익률 = 총자산이익률 \times 재무레버리지$$

총자산이익률 = 순이익률 × 자산회전율이므로, ROE를 다르게 표현하면 다음과 같다.

순이익률 × 자산회전율 × 재무레버리지

지금 재무레버리지라는 새로운 용어가 나왔다. 이것은 기업이 주주자본에 비해 얼마나 많은 채무를 지고 있는지를 알려주는 도구이다. 높을수록 좋은 순이익률이나 자산회전율과 달리, 재무레버리지를 살펴볼 때는 신중을 기해야 한다. 모든 채무가 그렇듯, 현명한 채무는 수익을 높여줄 수 있지만 지나친 빚은 재앙을 초래하기도 한다.

우선 기업이 사업하는 환경을 살펴봐야 한다. 상당히 안정적인 환경이라면 경기가 좋지 못하거나 채권자들이 이자 지불을 요구할 때 자금 부족 사태에 처할 가능성이 극히 적으므로 회사는 큰 위험 부담 없이도 많은 채무를 떠안을 수 있다. 이와 달리 회사의 사업이 경기를 타거나 변동성이 크다면 높은 재무레버리지비율을 조심해야 한다. 이자는 고정비이다. 따라서 기업은 사업이 잘 되든 안 되든 이자를 꼬박꼬박 지불해야 한다.

이제 ROE에는 순이익률, 자산회전율, 재무레버리지라는 세 가지 구성요소가 작용한다는 사실을 알게 되었다. 가령 한 회사의 이익률은 그다지 높지 않고, 재무레버리지도 원만한 수준이지만 자산 회전이 매우 원활하다고 가정해보자. 월마트처럼 운영이 잘 되는 할인 소매점이 있을 수 있다. 자산회전율이 높은 기업들은 자산에 투자한 1달러에서 더 많은 수익을 창출하는 일을 아주 탁월하게 수행하고 있는 것이다. 또한 어떤 기업은 훌륭한 수단을 발휘해 제품 가격을 더 높게 책정할 수 있다. 이 회사의 자산회전율은 중간 정도이고, 재무레버리지비율은 별로 높지 않지만 이익률이 아주 높을지도 모른다. 코치와 같은 고가품 생산업체가 그렇다. 마지막으로, 어떤 회사는 상당량의 부채를 끌어들여 ROE를 높임으로써 괜찮은 시장 지위를 차지하게 되었다고 가정할 수도 있다. 전기 가스 등 기반시설 분야가 그렇다.

일반화하기는 힘들지만 기업의 ROE에 대한 몇 가지 기준점을 마련할 수는 있다. 일반적으로 '초과 레버리지 없이' 10% 이상의 ROE를 지속적으로 달성할 수 있는 비금융기업 nonfinancial firm이라면 조사해볼 만한 가치가 충분히 있다. 2003년 중반까지 모닝스타의 데이터베이스에 실린 비금융기업 중 10분의 1만이 지난 5년 동안 연 10% 이상의 ROE를 달성할 수 있었다. 따라서 이만큼의 성과를 달성하기가 얼마나 어려운지 짐작할 수 있을 것이다. 그리고 지속적으로 20% 이상의 ROE를 달성할 잠재력을 갖춘 기업을 찾았다면, 놓치지 말아야 할 투자 기회를 발견한 것이다.

ROE를 이용해서 기업을 평가할 때는 두 가지를 조심해야 한다. 첫째, 은행의 재무레버리지비율은 항상 엄청나게 높기 때문에 비금융권에 비해 이 비율이 매우 높아 보여도 지레 겁먹을 필요 없다(은행의 재무 건전성을 평가하는 방법은 제17장에 나온다). 은행의 레버리지가 항상 매우 높다는 점을 감안한다면, 금융회사에 대한 ROE 기준을 높여서 지속적으로 12% 이상을 기록하는 회사를 찾아야 한다.

두 번째 유의점은 ROE가 너무 높아서 믿기 힘든 회사들은 그럴 만한 이유가 있으므로 경계의 눈으로 바라봐야 한다는 것이다. 40% 이상의 ROE는 기업의 재무구조로 인해 왜곡되었을 가능성이 높기 때문에 아무 의미가 없다. 최근에 모회사에서 분사했거나 자사주를 대량으로 매입했거나 많은 부채를 끌어들인 기업은 주식 기반이 낮아진 탓에 ROE가 껑충 오르는 경우가 많았다. ROE가 40%를 넘는 기업을 발견한다면 최근 그 회사에 이런 일들이 있었는지를 확인해야 한다.

잉여현금흐름

앞 장에서 기업이 얼마나 많은 현금을 창출하는지를 알려주는 영업 활동으로 인한 현금흐름CFO을 소개했다. CFO는 유용한 개념이지만 여기에는 기업이 사업을 유지하고 확장하는 데 지출해야 하는 돈이 포함돼 있지는 않다. 이를 위해서는 고정자산 구입에 사용된 돈인 설비 투자 금액을 빼야 한다. 그 결과가 잉여현금흐름이다.

잉여현금 = 영업 활동으로 인한 현금흐름 − 자본지출capital spending

앞에 나왔던 핫도그 노점을 다시 생각해보자. 마이크는 장사가 너무 잘 돼서 그동안 번 돈으로 두 번째 노점을 열기로 결심했다. 이 노점을 세우는 데 드는 비용은 '자본지출'이며 잉여현금흐름에서 차감된다.

왜일까? 우리는 자본의 순사용자인 사업(번 돈보다 더 많은 돈을 지출하는 사업)과 자본의 순생산자인 사업을 구분할 수 있어야 하는데, 이는 주주들에게 실제로 귀속되는 것은 초과 현금밖에 없기 때문이다. 때로는 잉여현금흐름을 '대주주 수입owner earnings'이라고 볼 수도 있다. 이 돈은 대주주가 기업의 지속적인 영업 활동에 해를 끼치지 않고도 회사에서 빼내갈 수 있는 돈을 나타내기 때문이다.

잉여현금흐름을 많이 창출하는 기업은 이 돈으로 무수한 활동을 할 수 있다. 미래 투자 기회를 위해 저축해둘 수도 있고, 인수 합병에 사용할 수도 있고, 자사주 매입에 사용할 수도 있다. 잉여현금흐름이 있으면 기업은 자본시장에 의지하지 않고도 사업을 확장할 수 있기 때문에 재무적 융통성을 높일 수 있다. 마이너스의 잉여현금흐름을 창출한 기업은 사업을 유지하려면 빚을 지거나 추가로 주식을 팔아야 한다. 이럴 경우 중요한 순간에 시장이 불안정해지면 기업이 많은 위험을 떠안을 수도 있다.

ROE와 마찬가지로 잉여현금흐름이 어느 이상이 되어야 하는지에 대한 일반적인 기준을 세우기는 힘들다. 하지만 매출액 대비 잉여현금흐름이 5%를 넘는다면(잉여현금흐름/매출액) 안정적인 수준의 초과 현금을 창출하는 것이라고 생각할 수 있다.

자기자본이익률과 잉여현금흐름 합치기

기업이 벌어들이는 수익률을 판단하는 한 가지 좋은 방법은 잉여현금흐름 대비 ROE를 보여주는 '수익성 행렬profitability matrix'을 이용하는 것이다. [표 6.5]의 한 축은 잉여현금흐름을, 다른 축은 ROE를 나타낸다. 이 행렬을 이용하면 기업 분석 시 많은 것을 알아낼 수 있다.

마이크로소프트, 화이자, 퍼스트데이터 같은 회사들은 아주 높은 ROE를 가지고 있다. 이 회사들이 어떻게 운영되고 사업을 꾸려나가는지에 대한 책이 많기 때문에 ROE가 높은 이유를 찾아내기는 어렵지 않다. 이 회사들 모두 돈 버는 기계인 것이다. 돈을 투자하는 투자자들도 많고, 끊임없이 막대한 이익을 벌어들이고 있다. 이 회사들의 경영진은 주주들의 돈에서 높은 수익을 벌어들이는 일을 아주 훌륭히 완수하고 있다.

이 기업들을 따라가다 보면 높은 ROE 외에 또 다른 공통점도 발견하게 된다. 1990년대 강세장 동안 주식이 아주 높게 평가돼 있었다는 것이다. 그 이유도 찾기 힘들지 않다. 주주의 돈에서 높은 수익을 벌어들이는 기업은 주주들에게 그 이상의 가치를 지니기 때문이다.

또 다른 축을 보면 이 회사들이 잉여현금흐름 창출에서도 탁월한 능

		위험이 낮은 회사
고	퀄컴 야후! 노벨러스 일렉트로닉아츠 MGM 미라지 제넨테크	마이크로소프트 화이자 페이첵스 맥그로힐 퍼스트데이터 홈디포
잉여현금흐름	위험이 높은 회사 제트블루 시에나 풋로커 아마존닷컴 넥스텔	로우스 치즈케이크 팩토리 사우스웨스트 항공 월그린 코스트코 컴캐스트
	저　　　자기자본이익률(ROE)　　　고	

[표 6.5] 수익성 행렬: 높은 ROE와 잉여현금흐름은 돈을 투자할 만한 가치가 있다. (출처: 모닝스타)

력을 발휘함을 알 수 있다. 가령 화이자는 2002년 80억 달러 이상의 잉여현금흐름을 창출했다. 이 80억 달러는 화이자가 사업 투자에 필요한 돈을 제하고 난 '뒤'의 금액이다. 화이자는 이 돈을 주주들에게 되돌려 줄 수도 있었다(주당 1.31달러). 오래되고 안정적인 기업들은 실제로 잉여현금흐름을 이런 용도로 사용한다. 그들의 사업은 성장 속도가 빠르지 않은 탓에 주주들이 잉여현금흐름을 가지고 회사보다도 더 많은 돈을 벌 수 있음을 이해한다. 따라서 그들은 주주들에게 배당의 형태로 수익을 돌려준다(느리게 성장하는 기업이 종종 높은 배당을 나눠주는 것도 이런 이유 때문이다).

다른 한편 화이자는 80억 달러를 투자해서 주주들보다 더 많은 수익을 낼 방법을 찾을 수 있다고 생각한다. 이 회사는 비교적 빠르게 성장하는 분야(의료보건 분야)에 속해 있으며 지금까지 수익성 있는 신약을 계속 개발해왔기 때문에 그렇게 생각하는 것이 당연할지도 모른다. 그러나 마이크로소프트가 과거 여러 해 동안 그래왔듯이 화이자도 대차대조표상에 현금을 쌓아두기 시작한다면, 우리는 이 회사가 초과이익을 재투자해서 수익을 거둘 만한 방법을 별로 가지고 있지 않다고 결론짓게 될 것이다. 이런 경우 우리가 원하는 것은 배당이나 자사주 매입이다. 마이크로소프트는 많지는 않지만 약간의 배당을 하고 있다. 이는 결국 이 회사가 내부의 재투자 기회가 줄어들고 있음을 인정하고 있음을 의미한다.

수익성 행렬의 하단에 위치한 아마존닷컴이나 제트블루 항공, 컴캐스트, 로우스 등은 낮거나 마이너스인 잉여현금흐름을 창출한다. 이 회사들은 벌어들인 현금을 모두(또는 일부를) 사업 확장에 재투자하는 탓에 잉여현금흐름을 많이 창출하지 못한다. 그들이 막대한 투자를 행하는 이유는 사업 확장이 미래의 흡족한 이익 창출로 이어질 것이라 기대하기 때문이다. 가령 아마존닷컴은 브랜드 구축과 웹사이트 확장에 많은 돈을 지출하고 있으며, 제트블루는 새로운 도시로의 노선을 확장하기 위해 비행기 구입에 많은 돈을 투자하고 있다.

제트블루와 아마존은 모두 젊은 사업가와 같다. 그들은 채무를 끌어들이고 신용한도를 최대로 늘려서 가진 돈 모두를 사업을 구축하고 확장하는 데 쏟아 붓는다. 그들은 지금 당장은 많은 이익을 벌어들이지 못하고 있지만, 사람들은 미래에 그들이 많은 수익을 내서 보상해줄 것이라 희망하면서 돈을 투자한다. 이에 비하면 화이자는 성공한 중년의 비즈니스맨과 같다. 그는 이미 자신이 주주들의 돈으로 많은 이익을 거둬들일 수 있음을 입증했다. 따라서 사람들은 그의 새로운 사업에 투자할 특권을 얻고자 그의 집 밖에서 줄서서 기다린다.

신참내기 사업가가 몇 배 더 많은 보상을 제공해줄지도 모르는 것은 사실이지만 위험 부담은 중년의 비즈니스맨에게 투자하는 것이 훨씬 적다. 제프 베조스Jeff Bezos나 스티브 잡스Steve Jobs도 있는 한편, 투자자에게 단 한 푼도 되돌려주지 못한 젊은 기업가들도 수백 명에 달한다는 사실을 기억해야 한다.

자신이 무엇을 하고 있는지 잘 알고 있는 한, 세상의 신참내기 사업가들에게 투자해도 잘못될 것은 없다. 수익성 행렬을 이용하면 모험적인 투자와 핵심적인 보유 종목을 구분할 수 있다.

수익성 행렬을 이런 식으로 생각해보자. 화이자가 위치한 오른쪽 상단은 가장 군침이 도는 곳이다. 초과 현금도 풍부하고 높은 수익을 올려줄 능력도 충분하다. 이 네모칸 안의 기업들은 이른바 노른자위이며 사업 위험도 낮은 수준이다(그러나 그들이 고평가된 상태로 거래된다면 이들의 주식도 매우 '위험해'질 수 있다).

로우스가 있는 오른쪽 하단으로 내려가보자. 이 회사들은 현금을 사업 확장에 모두 재투자하고 있지만 여전히 주주의 돈에서 높은 수익을 거둬들일 수 있다. 이 회사들이 아직도 수익성 높은 재투자 기회를 가지고 있다면, 당연히 벌어들인 현금 모두를 확장에 쏟아 부어야 한다.

가령 스타벅스와 홈디포의 경우 1990년대 동안 ROE는 높았지만 잉여현금흐름은 마이너스를 기록했는데, 이는 벌어들인 돈을 모두 긁어모아서 새 점포를 개설하는 데 투자했기 때문이다.

왼쪽 하단은 잡초처럼 자라는 젊은 기업들이다. 하지만 이들은 아직 흡족한 ROE를 거둘 수 있음을 입증하지 못했다. 그들은 엄청난 돈을 쏟아 붓고 있지만 아직 투자금액에 상응하는 이익을 벌어들이지는 못하고 있다. 이곳은 가장 모험적인 기업들이 자리 잡고 있는 장소다. 이 회사들은 대체적으로 모험적인 투자에 속한다. 그 막대한 투자가 과연 매력적인 결과를 창출해줄 것인지 아직은 미지수이기 때문이다.

투하자본수익률

투하자본수익률ROIC은 ROE와 ROA의 몇 가지 특성을 조정해서 자본수익률을 분석하는 다소 복잡한 방법이다. 직접 머리를 싸매고 ROIC를 계산할 필요는 없지만(식이 아주 복잡하다), ROA나 ROE보다 수익성을 더 잘 측정해주는 편이기 때문에 ROIC를 이해하는 방법을 알아두면 좋다.

기본적으로 ROIC는 ROA나 ROE보다 개선된 방법인데, 이는 동일한 토대 위에서 부채와 자본을 모두 고려하기 때문이다. 따라서 레버리지 비율이 높은 기업을 ROE를 이용해 분석할 때에는 수익성이 높아 보인다는 단점이 있지만, ROIC에는 이런 결점이 없다. 또한 ROE와 ROA는 당기순이익을 이용하지만, ROIC는 세금은 '차감'되고 이자비용은 '차감되지 않은' 영업이익을 이용한다. 이러는 이유는 기업의 자금 차입결정(부채와 자본 중 어느 쪽을 이용한 것인가)이 미치는 영향을 제거해서 핵심 사업의 수익성을 최대한 자세하게 관찰하기 위해서이다.

누군가가 ROIC에 대해 말한다면 그 의미는 무엇일까? 그냥 ROA와 ROE를 해석하듯이 ROIC를 이해하면 된다. ROIC 역시 낮은 것보다는 높은 것이 더 좋다.

투하자본수익률 ROIC

경고: 여기에 담긴 내용은 상당히 전문적인 재무 분야에 속한다. 너무 전문적이어서 따분하다는 생각이 든다면, 이 박스를 무시하고 ROIC와 가중평균자본비용 WACC의 내용에 대한 근심을 접어라.

기업의 진정한 영업 성과를 가장 잘 측정해주는 수단은 투하자본수익률이다. 이것은 자본의 원천과 상관없이 기업에 투자된 모든 자본의 수익을 측정해주기 때문이다. ROIC 공식은 믿을 수 없을 정도로 간단하다.

$$ROIC = \frac{\text{세후 순영업이익 Net operating profit after taxes, NOPAT}}{\text{투하자본}}$$

이 등식의 분자는 간단하다. 세금 차감 후, 그리고 이자비용 차감 전의 영업이익을 구하면 된다. 분모는 다소 복잡한데, 이를 계산하는 방법은 여러 가지가 있지만 다음의 방법을 이용하는 것이 좋다.

투하자본 = 자산총계
- 이자를 지불하지 않는 유동부채
  (일반적으로 외상매입금과 유동자산을 의미)
- 초과 현금
  (일상의 사업 활동에 소요되지 않는 현금)

영업권이 자산에서 많은 비중을 차지할 경우 이 금액도 차감하는 것이 좋다.

다음과 같은 예를 들어보자. 2002년 말 월마트의 자산 총계는 947억 달러였다. 여기에서 외상매입금, 미지급부채, 미지급법인세를 빼면 677억 달러가 남는다. 이 금액이 월마트의 투하자본이다. 이 회사의 2002년 말 손익계산서상의 영업이익은 136억 달러였다. 이 금액에 이 회사의 법인세율인 36%를 곱하면 이자소득이나 이자비용 차감 전 법인세가 얼마인지를 대략적으로 알 수 있다(기업의 이자는 세금 공제 항목임을 기억해라). 따라서 NOPAT=136억 달러-(136억 달러×0.36)=87억 달러이다.

다음으로 NOPAT를 투하자본으로 나누면 87억 달러÷677억 달러=12.9%(ROIC)이다. 월마트처럼 오래된 대기업치고는 상당히 훌륭한 수익률이다.

재무건전성

기업이 얼마나 빨리 (그리고 왜) 성장하는지 그리고 얼마나 수익을 내는지를 이해한 다음에는 기업의 재무건전성을 검토해야 한다. 가장 아름다운 집을 지으려면 토대가 튼튼해야 하지 않겠는가.

재무건전성에서 가장 중요한 점은 기업의 부채가 증가하면 총비용 중 고정비의 비중이 늘어난다는 것이다. 경기가 좋을 때는 고정비가 높은 기업도 많은 수익을 낼 수 있다. 일단 고정비를 충당하고 난 뒤의 매출은 모두 당기순이익으로 직결되기 때문이다. 그러나 경기가 나쁠 때는 부채로 인한 고정비가 이익을 훨씬 줄이는 요인이 된다.

부채가 이익의 변동에 어떻게 작용하는지를 [표 6.6]의 가상 기업인 애크미를 통해 알아보자. 부채의 변동에 따라 애크미의 이익도 변한다. 호경기일 때는 이익이 늘어나지만 불경기일 때는 감소한다.

레버리지를 측정하는 일반적인 방법은 ROE 계산에서 사용했던, 자산을 자본으로 나눈 재무레버리지비율이다. 재무레버리지를 담보처럼 생각하자. 10만 달러의 집에 대해 2만 달러를 자기 돈으로 내놓는다면 이 구매자의 재무레버리지비율은 5이다. 구매자는 자본 1달러에 대해 5달러의 자산을 가지고 있는 셈이다.

똑같은 개념을 기업에도 적용할 수 있다. 2002년 주택 개보수 소매업체인 로우스의 재무레버리지비율은 2.1이었다. 즉 자본 1달러 대비

애크미: 적은 부채, 보수적 자금 조달	2002	2003년 가상 시나리오 호경기(매출 20% 증가)	불경기(매출 20% 감소)
매출	5,000	6,000	4,000
이익총계	1,000	1,200	800
차감: 이자비용	**200**	**200**	**200**
법인세 차감 전 이익	800	1,000	600
차감: 법인세(세율 35%)	280	350	210
당기순이익	520	650	390
		이익 25% 증가	이익 25% 감소

애크미: 많은 부채, 공격적 자금 조달	2002	2003년 가상 시나리오 호경기(매출 20% 증가)	불경기(매출 20% 감소)
매출	5,000	6,000	4,000
이익총계	1,000	1,200	800
차감: 이자비용	**600**	**600**	**600**
법인세 차감 전 이익	400	600	200
차감: 법인세(세율 35%)	140	210	70
당기순이익	260	390	130
		이익 50% 증가	이익 50% 감소

[표 6.6] 재무레버리지의 영향(출처: 모닝스타)

총자산이 2.10달러였다는 뜻이다(나머지 1.10달러는 부채이다). 재무레 버리지 2.1은 상당히 보수적인 비율이며, 빠르게 성장하는 소매점에서는 더욱 그러하다. 일반적으로는 재무레버리지가 4 내지 5를 넘을 경우 위험해지기 시작하는 신호라고 보면 된다.

재무레버리지 외에 기업의 재무건전성을 측정하기 위한 다른 방법들도 있다.

부채비율

부채비율debt to equity은 장기부채를 주주자본으로 나눈 비율이다. 재무레버리지와 비슷한 개념이지만, 자본 1달러당 기업이 가지고 있는 장기부채에 초점을 맞춘다는 점이 다르다.

이자보상비율

이자보상비율times interest earned은 계산이 다소 복잡하지만 해볼 만한 가치가 있다. 세전이익을 구한 뒤 여기에 이자비용을 더하면 이자 및 법인세 차감 전 이익earnings before interest and taxes, EBIT이 나온다. EBIT를 이자비용으로 나누면 (이 이름에서도 알 수 있듯이) 기업이 부채에 대한 이자비용을 몇 번이나 지불할 수 있는지를 구할 수 있다. 기업이 이자를 지불할 수 있는 횟수가 많으면 많을수록 이익이 갑자기 떨어져도 곤경에 처할 가능성이 줄어든다.

주택 개보수 소매업체인 로우스의 경우 1억 8,200만 달러의 이자비용을 23억 6,000만 달러의 세전이익에 더하면 25억 4,000만 달러의 EBIT가 나온다. 이 금액을 이자비용 1억 8,200만 달러로 나누면 이자보상비율 14가 구해진다. 결국 로우스는 2003년 이자를 14번 지불할 수 있을 만큼 충분한 돈을 벌었고 이 정도면 꽤 안전하다([표 6.7]).

로우스 주식회사 부분손익계산서	
회계연도 말(1월 31일)	2003
매출액	26,491
매출원가	18,465
총이익	8,026
비용:	
판매 및 일반관리비	4,730
점포 개설비	129
감가상각비	626
이자	182
비용총계	5,667
세전이익	2,359
법인세 충당금	888
순이익	$1,471

[표 6.7] 로우스의 손익계산서(출처: 로우스 SEC 보고서)

이 비율이 얼마 이하일 때 조심해야 하는지는 정확히 말할 수 없다. 하지만 분명한 것은 높을수록 좋다는 것이다. 변동성이 큰 사업일지라도 이자보상비율이 높은 기업이 안정적인 사업에 종사하는 기업보다 낫다고 생각할 수 있다. 또한 장기간 동안의 이자보상비율의 추이를 살펴보는 것도 잊지 말아야 한다. 과거 5년 동안의 비율을 검토하면 회사가 위험해질 소지가 있는지, 다시 말해 이자보상비율이 떨어질 것인지 아닌지 또는 재무 건전성이 더 좋아질 것인지 아닌지를 판가름할 수 있을 것이다.

유동비율 및 당좌비율

유동비율current ratio은 유동자산을 유동부채로 나눈 비율로 기업의 유동성이 얼마인지를 알려준다. 다시 말해 회사가 부채를 단번에 갚아야 하는 경우 얼마나 많은 현금을 끌어모을 수 있는지를 알려주는 비율이다. 유동비율이 낮다는 것은 상환기일이 임박한 부채를 상환할 충분한 현금을 끌어모을 능력이 부족하기 때문에 부채 상환을 위해 외부에서 자금을 차입하거나 영업이익을 사용해야 된다는 것을 의미한다. 일반적으로 볼 때 유동비율이 1.5를 넘으면 회사는 별 어려움 없이 부채를 상환할 수 있다는 것을 의미한다.

그러나 일부 유동자산(예: 재고자산)은 대차대조표상의 가치보다 실제 가치가 적을 수 있다(오래된 PC나 철 지난 옷을 팔아서 현금을 마련한다고 생각해보자. 아마도 원래의 정가대로 팔기는 힘들 것이다). 따라서 기업의 유동성을 훨씬 보수적으로 측정하려면 당좌비율quick ratio을 이용해야 한다. 이것은 유동자산에서 재고자산을 뺀 금액을 유동부채로 나눈 비율이다. 이 비율은 제조업이나 소매업 등 재고자산에 현금이 많이 묶여 있는 기업을 측정할 때 사용하면 좋다. 일반적으로 당좌비율이 1.0을 넘으면 기업이 재무적으로 건강하다고 볼 수 있다. 하지만 항상 동업종 경쟁사들의 비율도 확인하는 것을 잊지 말아야 한다.

부정적인 가능성

성장과 수익성, 재무 건전성을 평가한 다음에 할 일은 분석 중인 주식의 부정적인 측면을 살펴보는 것이다. 우선 가장 확실한 것부터 가장 가능성이 낮은 것까지 부정적인 가능성을 모두 열거해야 한다. 투자 계획이 잘못될 수 있는 가능성은 무엇일까? 왜 어떤 사람들은 이 주식을 사지 않고 파는 것일까? 설득력 있는 부정적 가능성을 마련하는 것은 일시적인 과속방지턱에 부딪힌 고품질 기업을 사려는 사람들에게는 아주 중요한 일이다. 과속방지턱으로 보이는 것이 자세히 살펴보면 바리케이드임이 드러날 수도 있기 때문이다.

또한 주식을 사기로 결정했을지라도 부정적인 가능성이 많은 도움이 될 수 있다. 어떤 사안이 눈여겨봐야 할 문제를 나타내는 것인지 미리 알 수 있기 때문에 미래에 나쁜 소식이 닥쳤을 때 더 훌륭한 결정을 내릴 수 있게 된다. 부정적인 가능성을 미리 조사했으므로 일시적으로 어려운 시기 동안 자신감을 갖고 주식을 보유하고 있을 뿐 아니라 언제 이 어려움이 더 심각한 국면으로 전환될 것인지 알 수 있는 혜안도 갖출 수 있게 된다.

나 역시 경험을 통해 주식을 사기 전에 부정적인 가능성을 미리 상정하는 일의 중요성을 뼈저리게 깨달았다. 1990년대 중반에 나는 오마하의 밸런틴Ballantyne이라는 작은 회사의 주식을 구입했다. 이 회사는 당시 세계 최대의 극장용 영사기 제조업체 중 하나였다. 회사는 만족할 만한 속도로 성장하고 있었으며 경쟁사도 적었고 경영진도 정직한 듯 보였다. 주식 역시 꽤 합리적인 가격에 거래되고 있었다.

불행히도 당시 영화산업(밸런틴의 주요 고객)은 엄청난 부채를 끌어들여서 극장을 짓는 데 여념이 없었다. 1990년대 교외에 우후죽순으로 생겨난 스크린 10개짜리 혹은 20개짜리 극장들을 기억하는가? 그 덕분에 밸런틴의 매출이 급증하던 것이었지만 이런 확장은 지속적인 것이 아니었다. 대형 극장 체인 중 여러 곳이 유동성 위기에 봉착했고 심지어 몇 군데는 도산하고 말았다. 말할 필요 없이 이런 상황은 극장용 영사기 사업에 악재였고, 밸런틴의 재무 성과(그리고 주가)는 빠르게 급감하기 시작했다.

교훈은? 밸런틴 주식을 사기 전에 설득력 있는 부정적인 가능성을 상정했어야 했다는 것이다. 밸런틴 고객들의 재무 건전성을 좀 더 자세히 관찰했다면 멀티플렉스 붐이 수그러들 경우 무슨 일이 생길지 미리 생각해 볼 수 있었을 것이다. 하지만 나는 그러지 않았고 그 결과 피할 수도 있었던 형편없는 투자를 하고 말았다.

결론

지금까지 기업의 재무 실적을 조사했다. 그들의 경쟁력을 평가하기 위해 경제적 해자를 조사했으며, 재무제표들을 분석했다. 제7장에서는 경영의 품질을 평가하는 방법을 논할 것이다. 제8장에서는 공격적인 회계를 간파해내는 방법을 살펴본 뒤 모든 투자자가 가장 어려운 문제라고 생각하는 부분인 주식의 적정 가격을 정하는 방법을 설명할 것이다. 어떻게 해야 훌륭한 기업을 너무 비싸지 않게 매수할 것인가? 생각만큼 싸지 않아서 훌륭한 기회를 놓쳐버리는 사태를 어떻게 막을 것인가? 제9장과 제10장에서 주식을 평가하는 방법을 설명할 것이다.

투자자의 체크리스트: 기업 분석 - 기초

☐ 기업의 성장률을 평가할 때에는 과거의 성장에 성급하게 휘말리지 말아야 한다. 성장이 어디서 오는지 그리고 그것이 얼마나 오랫동안 지속될 것인지를 이해해야 한다.

☐ 성장을 높이기 위해 인수에 의존해온 기업들을 조심해야 한다. 대부분의 인수는 인수 기업의 주주들에게 긍정적인 수익을 창출해주지 못한다. 또한 회사의

진정한 성장률을 평가하는 것도 힘들게 한다.
- 이익 증가율이 매출 증가율을 오랫동안 앞지른다면 '제조된 성장'일 가능성이 높다. 그 수치들을 자세히 파고들어서 기업이 어떻게 해서 매출 정체에도 불구하고 더 많은 이익을 내는 것인지 알아내야 한다.
- 총자산이익률ROA는 기업이 자산 1달러당 창출할 수 있는 이익을 측정해준다. ROA가 높은 기업은 자산을 이익을 바꾸는 일을 훌륭하게 해낸다.
- 자기자본이익률ROE은 기업이 주주의 돈에서 어떻게 수익을 내는지를 측정해주기 때문에 훌륭한 수익성 측정 수단이 된다. 그러나 회사가 더 많은 부채를 끌어들여서 ROE를 높인 것일 수도 있으므로 이 수치를 맹신하지는 말아야 한다. 비금융권의 경우 초과적인 레버리지 없이 최소 10%의 ROE를 달성하는 기업을 찾아야 한다.
- 잉여현금흐름은 기업이 사업 확장을 위해 자본시장에서 자금을 조달하지 않아도 되므로 회사에 재무적인 융통성을 제공해준다. 기업의 잉여현금흐름이 마이너스이면 사업을 확장하기 위해 자금을 차입하거나 추가로 주식을 발행해야 한다. 그럴 경우 결정적인 순간에 시장이 불안정해질 경우 기업에 많은 위험 부담이 생길 수 있다.
- 재무레버리지가 너무 높은 기업을 조심해야 한다. 부채는 고정비이기 때문에 재무레버리지는 이익의 변동성을 높여서 더 많은 위험을 야기한다.
- 주식을 사기 전에는 부정적인 가능성들을 미리 생각해봐야 한다. 그렇게 하면 나쁜 소식이 갑자기 닥쳤을 경우에도 보다 훌륭한 결정을 내릴 수 있다.

7
기업분석 - 경영진

○○○

훌륭한 경영자는 그저 그런 기업과 뛰어난 기업 간의 차이를 만들 수 있지만, 서투른 경영자는 위대한 기업조차도 땅바닥에 곤두박질치게 만들 수 있다. 우리의 목표는 주주처럼 생각하는 경영진, 다시 말해 직원의 입장이 아니라 기업의 일부를 소유했다고 생각하면서 회사를 이끄는 경영진을 찾는 것이다. 불행히도 이렇게 생각하는 경영자는 생각보다 훨씬 드물다.

    사람들은 경영자가 누구인지를 고려하지 않고 주식을 구입한다. 그들이 가장 자주 하는 변명은 직접 만나보지 않고는 경영진을 파악하기가 힘들다는 것이다. 말도 안 된다. CEO를 눈으로 확인하지 않아도 회사를 경영하는 사람들에 대해 알 수 있는 방법은 무궁무진하다. 객관적인 증거를 전혀 남기지 않고 공개 기업을 경영할 수 있는 사람은 아무도 없다. 경영진을 분석할 때에는 보수와 인격, 운영의 세 부분으로 나누는 것이 좋다.

보수

보수compensation는 세 부분 중 가장 평가하기 쉬운 영역인데, '위임장 설명서proxy statement'라는 문서 안에 이에 대한 내역이 전부 포함되어 있기 때문이다. 기업이 연차총회에 즈음해 주주들에게 발송하는 서류인 위임장 설명서는 경영진이 받는 보수와 스톡옵션에 대한 내용을 자세히 알려준다(www.sec.gov나 www.freeedgar.com에 들어가서 DEF14A 양식을 찾으면 된다).

기업의 보수 계획을 볼 때는 다음의 사항을 유의해야 한다. 가장 중요한 질문. 경영진은 스스로에게 얼마나 많은 보수를 주는가?(이것은 '보수 요약표summary compensation table'에 자세히 나온다) 일반적으로 나는 기본급이 아니라 보너스를 많이 주는 쪽을 선호하며, 관대한 스톡옵션 제도보다는 양도 제한 조건부 주식restricted stock grant을 더 선호하는 편이다. 보너스는 이론상으로라도 보수의 상당 부분을 받지 못할 수도 있다는 것을 의미하며, 양도 제한 조건부 주식은 주가가 떨어질 경우 경영자도 돈을 잃는다는 것을 의미한다. 하지만 이것은 빙산의 일각에 불과하다.

첫째, 현금 보수가 합리적인 수준인지를 살펴봐야 한다. 여기에 반드시 엄격한 제한선이 정해져 있는 것은 아니지만, 회사의 실적이 아무리 좋을지라도 800만 달러의 현금 보너스는 말도 되지 않는다. 덧붙이자면, 미국 대기업 CEO들은 일반적으로 평사원의 500배에 달하는 보수를 받는다. 20년 전만 해도 이 비율은 40배에 불과했다.

어떤 경우에는 자신만의 판단 기준을 이용해야 한다. 경영진이 받는 보수에 당신이 움찔거릴 정도라면, 이 보수가 실제로도 너무 과한 것일 수 있다. 경쟁사의 CEO들이 받는 보수를 알아보면 지금 조사 중인 회사의 CEO가 받아야 할 금액이 얼마인지를 알아낼 수 있다. 일반적으로 대기업이고 재무 성과가 좋은 편일수록 경영진은 더 많은 보수를 받아야 한다. 하지만 어떤 경영자들은 대기업을 경영한다는 이유만으로 엄청난 돈을 받아낼 권리가 있다고 생각한다. 자신의 경영 성과가 형편없든 말든 상관하지 않는다. 이런 이유 때문에 경영진의 보수가 기업의 영업 성과와 관련된 것인지 아닌지를 알아낼 필요가 있는 것이다(한 가지 사례: 버라이즌Verizon의 회장 겸 공동 CEO에서 은퇴한 뒤 찰스 리Charles Lee는 이른바 '기업 컨설팅'이라는 명목으로 매달 25만 달러나 되는 엄청난 수수료를 챙겼다. 내가 볼 때 이 금액은 몸을 얼어붙게 만드는 퇴직 보상금이 아닐 수 없다).

성과에 걸맞은 보수

더욱 중요한 것은 경영진의 보수가 실제로 기업의 성과와 연관된 것인지의 여부이다. 대부분의 기업에서는 이사회에 소속된 부속위원회가 이른바 '성과 목표'를 세우는데, CEO의 성과가 흡족치 않을 경우 이들은 규칙을 다시 정하기도 한다. 한 예로 2001년 코카콜라 이사회는 5년 동안 15%의 이익 증가라는 더글러스 대프트Douglas Daft의 목표를 11%로 수정했다. 이런 식의 목표치 수정이 납득이 안 가는 것은 아니다. 성과 목표가 성취 불가능한 수준이라면 CEO에게 동기를 부여하기 힘들기 때문이다. 하지만 처음부터 현실적인 목표를 세우지 않은 이사회를 질책할 수도 있다. 어떤 면에서 목표만 수정하고 잠재적인 보상은 변경하지 않는다면 부정적인 신호라고 볼 수도 있다. 이는 이사회가 CEO에 맞서서 실적이 떨어졌을 때 보너스를 줄일 용기가 없다는 의미가 될 수도 있기 때문이다.

그래도 최소한 디즈니의 주주들은 목표가 무엇인지 알고 있었다. 2001년 위임장에 따르면 디즈니의 보너스 정책 담당자들은 이런 식으로 결론을 내렸다.

보너스는 당기순이익(또는 조정된 당기순이익), 자기자본이익률(또는 조정된 자기자본이익률), 총자산이익률(또는 조정된 총자산이익률), (희석)주당순이익(또는 조정된 [희석]주당순이익) 등의 사업 기준 중 한 가지 이상에 근거하거나 이를 결합하거나 통합해서 마련할 수 있다.

다시 말하면 디즈니의 CEO는 상황에 상관없이 보너스를 받게 된다는 의미였다. 상처에 소금을 뿌리듯 디즈니 집단은 이렇게 적었다. "[우리 생각에 따르면] 구체적인 목표는 사업적인 기밀사항에 속하며 이것이 드러날 경우 회사에 불리하게 작용할 수도 있다". 실제로는 이사회가 게임 중간에 목표치를 수정할 수 없기 때문에 디즈니 경영진에게 악영향을 끼쳤을지도 모르는 일이었다. 이런 식으로 보상 계획 은폐는 훌륭한 경영자를 찾을 때 안 좋은 신호가 된다.

잘못된 보상 절차를 보여주는 또 다른 신호는 회사의 내실이 아니라 몸집을 키우는 것에 대해 경영진에게 보상하는 것이다. 예를 들어 2001년 디즈니는 위임장 설명서에 이렇게 적었다.

보상 계획이 허락하는 범위에 따라 피터 머피, 토머스 스태그스, 루이스 메이싱어에게 계획에 없던 특별 보너스를 지급했다. 메이싱어의 경우 실적 목표와 상관없이 회사에 특별한 공로를 세운 것이 인정되었으며, 머피와 스태그스의 경우 폭스 패밀리 월드와이드Fox Family Worldwide 인수와 관련해 공을 세운 것이 인정되어 상여금을 지급했다.

인수를 완료했다고 경영진에게 보상을 제공하는 것은 정말로 터무니없는 발상이다. 거래 타결에 막대한 보너스를 지불하는 것은 경영진에게 밖에 나가 더 많은 거래를 찾아보라고 종용하는 것이나 다름없다. 몇 년 정도 기다려본 뒤 인수로 인해 적절한(그리고 예상했던) 투자 수익이 발생했을 경우에만 보너스를 지불하는 것이 더 좋다. 실제로 그렇게 하는 것을 본 적은 한 번도 없지만 말이다.

결국 요점은, 경영진의 보수 인상이나 삭감은 회사의 실적에 따라야 한다는 것이다. 따라서 회사의 과거 재무제표들을 검토해 보고 지난 몇 년 동안의 위임장을 읽으면서 보상 계획이 현실에 맞았는지 아니면 이사회의 아첨꾼들이 불경기에도 불구하고 막대한 보너스를 정당화하는 쪽으로 조작한 것에 불과한지를 파악해야 한다. 훌륭한 기업지배구조 기준을 마련한 기업은 주저 없이 불경기에는 경영자의 보수를 줄이고 호경기에는 인상한다. 그리고 이것이 바로 주주인 당신이 원하는 보상 계획이다.

기타 적신호들

경영자의 보수가 정말로 기업의 실적과 관련되어 있는지, 라는 기본적 질문 외에도 경영진의 보수를 평가할 때에는 다음의 사항들에 유념해야 한다.

경영자가 받았던 '대출'이 계속해서 탕감되는가?

실제로 2002년 사베인스 옥슬리 법Sarbanes-Oxley Act, 기업에 대해 아주 엄격한 회계 책임을 지우고 최고경영자와 재무책임자들이 정확하고 완전무결한 정보시스템을 운영하도록 규정하는 법-옮긴이이 제정되기 전까지 이것은 흔하게 자행되는 위장적인 관행이었다. 기업들은 고위 경영진에게 시장금리보다 싼 이자로 대출을 해주고는 몇 년 뒤 대출이 없었던 일인 듯 덮어버리곤 했다. 내가 볼 때 상환되지 않은 대출은 보너스이며 이런 식으로 경영자의 보수를 위장하는 기업은 주주를 존경하지 않는 것이다. 경영자는 대출이 필요하면 회사가 아니라 은행에 신청해야 마땅하다. 우리가 조사하는 기업에 이런 관행이 있다면 용납하지 말아야 한다. 이것이 지금은 더 이상 합법적인 행동이 아니지만, 과거에 대출을 행했던 기업도 회의적인 태도로 바라봐야 한다. 불법이라고 해서 그들이 정말로 이런 행동을 중단했겠는가?(이런 식의 대출은 주석의 경영자 보수란에 '기타 보수' 항목으로 나타난다)

회사가 경영진이 내야 할 비용을 대신 지급해주는 혜택을 베풀고 있는가?

경영진이 주주들에게 돌아갈 수익으로 컨트리클럽 회원권이나 기타 특전을 받는다면 회사가 돈을 남용하고 있다는 분명한 증거이다. 경영진에게 해마다 수십만 달러를 준다면 주주들에게 돌아가는 돈은 처량할 정도로 적을 것이 뻔하지 않겠는가. 더 중요한 것은, 최고경영진의 이런 행동은 기업 전체에 모범이 되지 못한다는 사실이다. 무분별한 특전을 받는 경영자는 주주의 돈을 관리하는 신중한 관리인이 아니라 왕족인 듯 행동한다. 이와 반대로 검소한 CEO는 귀감이 된다. 자신의 주차료를 직접 내고 호화 특전을 마다하는 경영자는 조직 전체에 귀중한 모범을 보여주는 셈이다.

특정 해에 제공된 스톡옵션을 경영진이 독차지하는가 아니면 평사원들도 부를 나눠 가지는가?

대체적으로 보다 공평한 분배 계획을 실행하는 기업이 오랫동안 더 좋은 실적을 발휘한다. 대부분의 기업들은 위임장 설명서에 명시된 스톡옵션의 비율을 어기고 경영자에게 더 많은 주식을 제공한다.

경영진이 스톡옵션을 과도하게 이용하는가?

평직원도 스톡옵션을 나눠 받느냐에 상관없이, 경영진에게 스톡옵션을 너무 많이 제공하는 것은 기존 주주의 지분을 희석하는 결과를 가져온다. 기업이 매해 유통 주식의 1~2%가 넘는 스톡옵션을 제공한다면, 주주 자본이 해마다 상당 부분 줄어들게 된다. 반대로 기업이 스톡옵션이 아니라 양도제한 조건부 주식을 제공한다면 좋은 신호이다. 양도 제한 조건부 주식은 손익계산서상에 비용으로 처리되며(스톡옵션은 그렇지 않다), 주식이 하락할 경우에는 이 주식을 받은 사람도 그 타격을 같이 받게 된다.

창립자나 대주주가 아직 경영에 참가하고 있다면, 그가 매해 많은 스톡옵션을 제공받는가?

상당히 불쾌한 일이 아닐 수 없다. 가령 오라클의 CEO 래리 엘리슨Larry Ellison은 이미 25%의 주식을 소유한 상태에서 추가로 옵션을 받아야 동기부여가 되는 것인지 참으로 납득하기 힘들다.

경영진이 겉으로만 게임에 참가하고 있는가?

다시 말해 경영진은 주식의 상당 부분을 보유하고 있는가 아니면 옵션을 행사한 다음 곧바로 팔아버리는 편인가? 주주 입장에서는 경영진이 주식의 상당 부분을 보유하는 편이 바람직하다. 결국 '자산 다각화diversification'라는 명목으로 주식을 파는 것은 기업이 어려울 때 동참하지 않겠다는 행동이다. 나는 경영자들이 스톡옵션을 행사한 후 주식을 계속 보유하는 기업을 더 선호한다. 대량의 행사되지 않은 옵션은 전혀 달가운 일이 아니기 때문이다. 이러한 내역은 위임장 설명서의 주석 부분에서 찾을 수 있다. 회사는 옵션을 '포함해' 경영진의 지분이 얼마인지를 '특정 수혜 소유자의 주식 소유security ownership of certain beneficial owners'에 명기하고 있는데, 주석에서는 '실제로' 소유한 주식이 얼마인지를 알려준다. 가령 2003년 피플소프트PeopleSoft의 위임장에는 CEO 크레이그 콘웨이Craig Conway가 회사 주식의 1.2%인 380만 주를 소유하고 있다고 적혀 있었다. 그러나 주석을 자세히 살펴보면 그의 주식은 62만 6,000주에 불과하며 그 중 62만 5,000주는 아직 행사조차 안 됐음을 알 수 있다.

인격

보수 자체가 인격을 알려주는 훌륭한 리트머스 시험지가 되기도 한다. 한 예로 많은 돈을 바라는 경영진과 주주를 푸대접하는 경영진 사이에는 꽤 강력한 인과관계가 성립한다. 하지만 경영진이 신뢰할 만한 인물인지를 알아보려면 그 외에도 몇 가지 중요한 질문들을 던져보아야 한다.

경영진이 직위를 남용해서 친구와 친척들을 부자로 만들어주는가?

연례운영보고서의 '특수관계인 거래related party transactions'를 살펴봐야 한다. 경영자의 친구나 친척이 회사와 상당한 거래를 하고 있다면 자세히 읽어봐야 한다. 이러한 거래에 잘못된 점이 없는 경우도 많다. 전직 경영자나 이사가 컨설팅 대가로 매해 명목상의 금액을 받기도 하기 때문이다. 기업이 수십만 달러의 돈을 지불하는 것이 아니라면 이런 특수관계인 거래에 신경 쓸 필요는 전혀 없다.

그러나 CEO의 아내가 운영하는 인테리어 회사나 사위가 파트너로 있는 법률회사에 상당한 금액을 지불하고 있다면 눈을 크게 뜨고 자세히 봐야 한다. 첫째, 사업비용 중 상당액이 특수관계인에게 지불되고 있는 것은 아닌지, 둘째, 터무니없을 정도로 직권 남용이 행해지고 있는 것은 아닌지를 꼭 살펴봐야 한다. 한두 번 정도의 특수관계인 거래는 대수롭지 않을 수도 있지만 내게는 눈살이 찌푸려지는 일이다. 왜냐하면 더 심각한 문제를 나타내는 신호가 될 수도 있기 때문이다. 또한 사실상 경영자의 가족들 모두가 회사 일로 이득을 본 것이 사실이라면, 그 회사는 심각한 인격적 문제를 지니고 있는 것이다.

이사회의 구성원들이 경영자의 가족이거나 전직 경영자들인가?

위임장 설명서에 나오는 이사회 구성원의 약력을 잘 살펴봐야 한다. 상당수가 최고경영진과 밀접한 관계가 있는 사람들이거나 전직 경영자라면, 이사회가 경영진의 일을 제대로 감시하지 못할 것은 불을 보듯 뻔하다. 이사회는 경영진의 만행을 막기 위한 주주들의 최후의 방어선이다. 따라서 이런 상황은 결코 좋은 것이라 할 수 없다.

경영진이 실수를 솔직히 인정하는가?

가장 현명한 경영자라도 틀릴 때가 있게 마련이다. 따라서 경영진은 잘못된 결정을 솔직히 인정하고 그 원인을 찾을 수 있어야 한다. 실수를 은폐하는 CEO는 다른 일들도 은폐하기 쉽다. 연차보고서나 분기별 총회 때 CEO가 이런 솔직함을 보이는지를 살펴봐야 한다. 가장 좋은 것은 연차보고서에 실린, 주주들에게 보내는 편지를 보는 것이다. 그 편지가 지난 한 해 동안의 성패 여부나 실수들을 솔직하게 평가하고 있는가?

경영진이 자기 이익을 추구하는가?

주가를 올리는 것이 CEO의 일이긴 하지만, 도를 지나쳐서 주가를 올리는 데 맹목적으로 헌신하는지를 살펴봐야 한다. 이런 행동은 적신호가 되는데, 경영자의 최우선 임무는 기업 경영이기 때문이다. 경영자가 올바르게 행동한다면 주가는 시간이 지나면서 저절로 오르게 마련이다. 경영자가 회사의 주식이 많이 저평가돼 있다고 불평하면서 그것이 얼마까지 올라야 한다고 말한다면, 이 경영자는 탄탄하고 장기적인 의사결정이 아니라 자신의 스톡옵션에 관심을 가지고 있는 것이다. 또한 이런 경영자는 장기적으로 주주들에게 최선의 이익을 안겨줄 의사결정을 내릴 가능성이 거의 없다. CEO를 현대판 구세주로 치장하며 열렬한 찬사를 보내는 기사가 많이 보인다면 그 기업을 조심해야 한다. CEO를 영웅시하는 것은 위험천만하기 짝이 없는 행동이다.

CEO는 높은 수준의 재능을 유지할 수 있는가?

이것은 미묘하긴 하지만 분석 중인 기업에 대해 많은 것을 알려주는 질문이다. 어떤 기업은 부하들의 이직률로 경영자의 자질을 판단하는데, 이직률은 근무 환경이나 기업 잠재력에 대한 직원들의 견해를 나타내주는 궁극적인 잣대로 여겨지기 때문이다. 이런 견해를 경영진에게 확장하면 이런 질문이 나올 수 있다. 경영자가 얼마나 자주 회사를 바꾸는가? 핵심 경영자들의 근무 기간은 얼마인가? 현재 고용된 경영자가 외부에서 데려온 사람인가? (몇 년 동안의 위임장 설명서를 검토하면 이에 대한 답을 모두 얻을 수 있다.) 근무 기간이 길다는 것은 기업 내부의 동기부여와 자신감을 보여주는 좋은 신호이다. 하지만 계속해서 부하 직원을 그만두게 만드는 CEO는 내부의 권력 싸움에 치중하면서 사업 운영에는 소홀할 가능성이 높다.

경영진이 실적에는 해가 되지만 보다 정직하게 기업을 보여주는 의사결정을 하는가?

보고하는 숫자에 해가 된다 하더라도 경영진이 과감하고 정직하게 의사결정을 한다면 당신은 행운아다. 스톡옵션 대신 양도 제한 조건부 주식을 이용하거나(전자는 비용으로 처리되지 않지만 후자는 비용으로 처리된다) 또는 연구개발비나 소프트웨어 비용을 자본화하지 않고 비용으로 처리하는 경영자는 숫자 놀이가 아닌 사업 운영에 더 많은 관심을 가지고 있는 사람들이다. 또한 이런 사람들이 경영하는 회사야말로 당신이 소유할 만한 가치가 있는 기업이다.

사업 운영

경영자는 합리적인 보수를 받고 정직해야 함은 물론이고 사업도 훌륭하게 운영할 수 있어야 한다.

실적

첫 번째로 현 경영진의 재무 성과 달성이 어떠한지를 살펴봐야 한다. ROA와 ROE가 높고 계속 증가하는지를 봐야 한다. 하지만 ROE 상승이 수익성이나 자산 효율성에 의한 것인지 아니면 레버리지 증가에 의한 것인지를 검토하는 것도 잊지 말아야 한다. 수익이 갑자기 껑충 뛰었는가? 그렇다면 아마 인수 거래가 있었을 것이다. 그럴 경우 경영진이 합리적인 가격을 지불했는지 그리고 인수된 기업이 주주 가치를 올려주었는지의 여부를 검토해야 한다. 대부분의 인수는 제값을 하지 못한다. 따라서 과거의 인수 합병M&A 활동을 자세히 조사해봐야 한다.

마지막으로, 장기간에 걸친 주식 수의 변동을 살펴봐야 한다. 적극적인 스톡옵션이나 빈번한 주식 발행으로 인해 유통 중인 주식 수가 많이 늘어났다면, 이 회사는 우리에게 물어보지도 않고 우리의 몫을 남에게 주고 있는 셈이 된다. 이것은 장기적인 주식 보유에는 별로 득이 되지 못한다.

후속 조치

경영진이 문제를 파악하고 해결을 약속한 뒤 실제로 계획을 이행하는가 아니면 당신이 잊어주기를 바라는가? '새로운 전략'을 발표한 경우에도 마찬가지다. 회사가 새로운 계획을 발표한 뒤 실행에 옮기는가 아니면 매번 실천하지도 못할 위대한 전략을 발표하기만 하는가? 이를 면밀히 조사할 수 있는 한 가지 방법은 지난해 연차보고서를 검토한 뒤 이 새로운 전략들이 3년 내지 7년 전에도 발표되었던 것이었는지를 알아보는 것이다. 성공하지 못한 것은 그렇다 치자. 지금은 어떻게 되고 있는가? 경영진은 상황을 계속해서 주주들에게 알려주는가 아니면 은근슬쩍 레이더망에서 사라지게 만들고 있는가? 만약 후자의 경우라면 경영진은 컨설턴트를 고용해서 어차피 무산되고 말 위대한 계획을 세우는 데 많은 시간을 보내고 있는 것인지도 모른다.

정직성

회사가 사업 내용을 적절하게 분석할 수 있을 만큼 정보를 충분히 제공하는가 아니면 특정 주제에 대해서는 함구하는 편인가? 일반적으로 경영진은 온 힘을 다해 추구하는 사업에 대해서는 시시콜콜한 부분까지 다 말해주는 편이지만, 곤란하다고 여기는 질문에 대해서는 답변을 회피하거나 '그런 사항은 밝힐 수 없다'라고 말하는 경우도 있다.

가령 2001년 머크는 약품 매출에 대한 보고 방식을 바꿨지만 과거와 비교해볼 수 있는 자료는 제시하지 않았다. 이로 인해 상황을 정확히 파악하기가 힘들어졌다. 루슨트Lucent 역시 고성장과 저성장 제품라인을 묶어서 부문 데이터를 발표함으로써 정확한 실적 파악을 힘들게 했다. 특정 문제에 대해 발표하지 않는 것이 전혀 잘못된 일은 아니지만, 잘못된 부분에 대해 일관성 없이 입을 다무는 것은 결코 좋은 행동이 아니다.

자신감

나는 일반적으로 경쟁사와 전혀 다르게 행동하거나 관습적인 견해를 아랑곳하지 않는 기업에 찬사를 보내는 편이다. 골프 동료들이 컨설팅에 대한 칭송을 늘어놓을 때 이를 무시하거나 산업이 침체 국면에 있을 때 기진맥진한 경쟁사를 인수하기는 힘든 일이다. 하지만 솔직히 말해 두 행동 모두 그만한 가치가 있다. 경기가 침체되었을 때 연구개발비를 유지하는 것 역시 자신감을 보여주는 또 다른 예가 된다. 이것은 경영진이 분기별 이익 달성이 아니라 장기적으로 경쟁사를 물리치는 데 더 많은 관심을 쏟고 있음을 말해준다.

유연성

경영진이 내린 결정이 기업의 유연성에 도움이 될 것인가? 이런 의사결정의 예로는 과도한 부채를 지지 않거나 고정비를 통제하는(호경기일 때조차) 등의 단순한 결정 외에도 주가가 높을 때 신주를 발행하는 것과 같은 전략적인 결정도 포함된다. 주식매입선택권call options을 부채에 귀속시키고, 기회가 왔을 때 고금리 채무를 상환하고, 주가가 떨어졌을 때에만 자사주를 매입하는 행동 역시 경영자가 훌륭한 수완을 발휘해서 자본 배치 의사결정을 하고 있음을 보여주는 좋은 예가 된다.

투자자의 체크리스트: 기업 분석 - 경영진

☐ 경영진에 대한 평가는 주식을 분석할 때 빠져서는 안 되는 사항이다. 고용된 직원이 아니라 주주처럼 행동하는 경영진을 찾아야 한다.

☐ 위임장 설명서에 나온 보수 내용을 살펴보자. 경영진의 보수가 얼마인지 그리고 실적에 맞게 보수를 받는지의 여부를 확인하자. 보수를 보고 놀라움의 탄성이 나온다면 금액이 너무 높은 것이라 볼 수 있다.

☐ 경영자에게 대출을 해주거나, 특수관계인 거래가 많거나, 스톡옵션을 과도하게 제공하는 회사는 피한다. 경영자가 적절한 주식을 보유하고 있는 회사를 찾자.

☐ 기업이 회사 분석에 필요한 정보를 충분히 제공하는지를 확인한다. '그런 사항은 밝힐 수 없다'라는 표현은 대개 '너무 나쁜 소식이어서 말하지 않는 편이 낫다'를 의미한다.

8
회계 조작 피하기

○○○

지금까지 살펴봤듯이 위대한 주식을 고르는 것은 흑백을 가리는 문제가 아니다. 불행히도 회계도 마찬가지이다. 실제로는 모든 것이 숫자놀음임에도 불구하고, 관찰자가 보기에 회사가 정말로 영업 실적이 향상되었다고 믿게 만들 수 있는 완벽하게 합법적이고 정당한 회계 방법들이 무수히 존재한다. 이러한 '공격적 회계aggressive accounting'를 식별하는 방법을 알아야 이를 사용하는 기업을 피할 수 있다.

물론 공격적 회계보다 훨씬 나쁜 것은 명백한 조작이다. 세상의 수많은 사람들이 주식시장에 몰려드는 이유는 그곳이 타인의 탐욕과 부주의를 이용해 이익을 취할 수 있는 완벽한 장소이기 때문이다. 잠재적인 사기의 징후를 알아챈다면 끔찍한 금전상의 손해를 피할 수 있을 것이다.

이것은 그리 어렵지 않다. 공격적이거나 기만적인 회사가 결과를 어떻게 과장하는지를 정확히 알고 싶다면 CPA 자격증이 필요하겠지만, 회계 조작을 알려주는 경고 신호를 알아보기 위해 전문가가 될 필요는 없다. 적신호를 휘날리는 기업을 피할 수 있다면, 당신이 소유한 기업이 금융당국의 조사를 받는 사태는 벌어지지 않을 것이다.

6가지 적신호

기업을 다시 한 번 돌아볼 때 6가지 중요한 적신호가 나타나지 않는지를 살펴봐야 한다. 이런 문제들 중 몇 가지는 엉뚱한 곳에서 발견될 수도 있으므로 기업에 건강증명서를 발급해주기 전에, 즉 돈을 투자하기 전에 이러한 내용들을 철저히 검토해야 한다.

현금흐름의 감소

어려운 회계용어 때문에 머리가 핑핑 돌지라도 쉽게 할 수 있는 것이 하나 있다. 바로 현금흐름을 관찰하는 것이다. 영업 활동으로 인한 현금흐름의 증가는 어느 정도 당기순이익의 증가와 이어지게 마련이다. 당기순이익이 계속 상승하는데도 영업 활동으로 인한 현금흐름이 감소한다면 또는 영업 활동으로 인한 현금흐름의 증가 폭이 당기순이익 증가 폭보다 훨씬 느리다면 조심해야 한다. 이것은 일반적으로 기업의 매출이 반드시 대금 회수로 이어지는 것은 아님을 의미한다. 이것은 기업파산으로 향하는 지름길이나 다름없다.

그 좋은 사례로 고공비행을 하던 루슨트를 들 수 있다. 1997년에서 1999년 사이 루슨트의 당기순이익은 4억 4,900만 달러에서 10억 달러로 그리고 35억 달러로 껑충 뛰었다. 이 정도 규모의 대기업치곤 아주 놀라운 증가율이었다. 그러나 같은 시기 영업 활동으로 인한 현금흐름은 1997년에 21억 달러, 1998년 19억 달러, 1999년에는 마이너스 2억 7,600만 달러로 급감했다. 왜일까? 수많은 이유를 댈 수 있지만 가장 큰 이유 세 가지는 다음과 같았다.

1. 루슨트는 서명할 줄 아는 사람 누구에게나 신용 판매를 남발했고, 이로 인해 장부상 매출 중 상당수의 대금이 회수되지 않고 있었다(제4장에 나온 핫도그 노점을 생각해보자. 기업은 제품을 전달하고 대금 회수를 확신할 수 있다면 이를 매출로 기록할 수 있다). 1997년에서 1999년 동안 외상매출금은 20%에서 27%로 뛰어올랐다. 이것은 기업이 대금 회수에 어려움을 겪고 있다는 분명한 신호였다.
2. 선적할 수 있는 양 이상의 제품을 생산하고 있었고, 이로 인해 재고자산이 늘었다(제품을 제조한 뒤 창고에 쌓아두는 데에는 현금이 든다는 것을 기억하자). 그 결과는 현금흐름표상의 '재고 자산 증가'로 나타났다.
3. 루슨트 기업연금pension plan의 비현금성 이익noncash gains으로 인해 당기순이익이 증가했다.

다른 것은 못해도 현금흐름만은 빈틈없이 주시해야 한다.

빈번한 일회성 비용

일회성 비용이나 대손상각을 빈번하게 보고하는 회사를 조심해야 한다. 모든 비용은 나름대로 원인이 존재하고 여러 다양한 요소들이 다양한 계정에 영향을 미치기 때문에, 이런 식의 회계처리는 과거의 재무결과를 불분명하게 만들어버린다. 결국 연간 재무 성과를 검토하려면 직접 모든 계정들을 조정하는 수고를 감행해야 한다.

더욱 중요한 것은 빈번한 일회성 비용 처리는 회계 조작을 공공연히 불러들인다는 사실이다. 불건전한 의사결정이 단 한 번의 구조조정 비용에 파묻힐 수 있기 때문이다. 일반적으로 일회성 비용의 근거가 터무니없이 빈약하다면 이는 경영진이 무언가 큰 실수를 저질렀음을 의미한다.

기업이 대대적인 구조조정 비용을 보고하게 되면 미래의 비용이 현재 비용으로 계상되고 이로 인해 미래의 실적이 증가되는 결과가 발생한다. 다시 말해 미래에 대가를 치러야 할 잘못된 의사결정(가령 단종시켜야 할 실패한 제품이나 비대한 부서의 남아도는 직원들을 정리해고할 때 줘야 할 위로금 등)이 당 분기의 일회성 비용으로 모두 계상되어서 다음 분기의 실적이 증가하게 되는 것이다.

구조조정 비용을 빈번하게 보고하는 기업을 보게 되면 이 비용을 빼고 난 뒤의 이익이 아무리 엄청날지라도 눈여겨보지 말자. 어쨌든 기업의 실수가 너무 커서 분기마다 일회성 비용을 계상해서 이를 메워야 한다면, 이것은 일회성 비용이 아니라 사업 개선을 위한 일반 비용에 속한다고 볼 수 있다.

계속되는 기업 인수

앞부분에서도 언급했듯이 밥 먹듯 인수를 행하는 기업은 문제가 많을지도 모른다. 재무 수치가 거듭해서 수정되고 변경되기 때문에 내용을 제대로 파악하기가 힘들어진다. 재무 수치가 불분명해지는 것은 차치하더라도, 인수를 많이 하는 기업은 미래에 기절초풍할 사건을 보고할 위험도 높아진다. 경쟁사를 물리치기 위해 거듭해서 인수를 행하는 회사는 인수 대상 기업을 충분히 검토해보지 않을 가능성이 많기 때문이다.

최고재무담당자나 감사가 회사를 떠나는가?

라틴어로 'Quis custodiet ipsos custodes?'라는 말이 있다. '누가 야경꾼을 감시하는가?'라는 뜻이다. 재무 보고에서 야경꾼은 최고재무담당자CFO와 기업 감사를 말한다. CFO가 전혀 납득이 안 되는 이유로 (또는 이유를 밝히지 않고) 회사를 떠난다면 조심해야 한다. 다른 최고담당자와 마찬가지로 CFO가 회사를 옮기는 것은 충분히 일어날 수 있는 일이다.

하지만 회계 조작의 의심을 받고 있는 기업의 CFO가 그만둔다면, 눈에 보이는 것 이상의 뭔가가 있는지를 심각하게 고민해봐야 한다. 감사의 경우도 마찬가지다. 회사가 감사를 자주 바꾸거나 큰 문제가 될 만한 회계 사건이 밝혀진 직후 감사를 해고한다면 조심하자. 물론 대수롭지 않은 일일 수도 있다. 하지만 이미 몇 가지 경고 신호를 보인 회사라면 분명 뭔가 커다란 문제가 있는 것이 틀림없다.

대금이 회수되지 않고 있는가?

월가 사람들이 성장보다 더 좋아하는 것은 별로 없기에 기업들은 최대한 빠른 속도로 매출액을 늘리고자 온갖 노력을 다한다. 기업이 성장률을 끌어올리기 위해 사용하는 가장 교활한 방법은 고객의 신용 조건을 느슨하게 적용해서 그들이 제품이나 서비스를 더 많이 구매하게 하는 것이다(이보다 덜 흔한 방법으로는 채널 스터핑channel stuffing이 있는데, 이는 고객의 요청보다 더 많은 제품을 선적하는 밀어내기 판매를 말한다).

이때의 함정은 회사는 매출을 기록하지만(따라서 수익이 증가하지만) 고객은 아직 제품 값을 지불하지 않았다는 사실이다. 고객이 돈을 지불하지 않으면(신용 조건이 느슨해졌기 때문에 자금 사정이 불안정한 고객들이 많아졌을 것이다) 매출 증가는 결국 대손상각 등의 형태로 기업 이익을 줄일 것이 뻔하다.

외상매출금 증가 속도를 매출 증가 속도와 비교해봐야 한다. 두 가지가 어느 정도 평행선을 그려야 한다. 가령 매출액이 15% 증가했는데 외상매출금이 25% 증가했다면 실제로는 장부상의 매출만 증가했을 뿐 고객으로부터 회수하지 못한 대금이 많다는 것을 의미한다(외상매출금은 판매된 대금을 의미하지 회수된 대금을 의미하지는 않는다). 전체적으로 볼 때 외상매출금이 오랫동안 매출액보다 더 빨리 증가한다면 심각한 문제가 발생할 수 있다. 결국 회사는 (대금 회수를 통해) 들어오는 돈보다 (완제품에 대해) 지불해야 될 돈이 더 많아지게 된다.

외상결제의 경우, '대손충당금'이 얼마인지를 살펴봐야 한다. 대손충당금은 대금 회수가 불가능하다고 판단한 불량 고객들로부터 받아야 할 돈을 추산한 금액이다. 이 금액이 외상매출금과 평행하게 증가하지 않는다면, 회사는 이익을 인위적으로 끌어올리기 위해 새로운 고객 중 상당수가 대금을 잘 갚을 것이라 지나치게 낙관하고 있다고 볼 수 있다.

신용 조건과 외상매출금의 변화

마지막으로 분기별보고서에 고객에 대한 신용 조건의 변화 및 외상매출금 증가에 대한 경영진의 설명이 있는지를 확인해야 한다(후자에 대해서는 경영진의 설명 및 분석란을 살펴보고, 전자에 대해서는 회계 주석을 살펴본다).

그 밖에 주의해야 할 7가지 함정

앞에 나온 6가지 적신호를 주의해서 보기만 해도 회계와 관련된 도산 가능성을 3분의 2 정도는 줄일 수 있다. 그러나 불행히도 기업은 그 외에 다른 방법들을 사용해서도 재무 결과를 부풀릴 수 있다. 연례 운영보고서나 연차보고서를 읽을 때에는 다음의 함정들도 조심해야 한다.

투자로 인한 이익

대기업들은 대부분 (특히 기술 부문의 기업인 경우) 다른 회사에도 약간의 투자를 한다. 때로는 이 투자가 상당히 잘 돼서 대주주는 주식의 일부를 팔아 그 차익을 자본이득으로 기록한다. 이것은 우리가 매년 세금을 신고할 때 소득을 자본이득으로 보고하는 것과 전혀 다르지 않으며 완벽하게 합법적이고 정당한 방법이다.

정직한 기업은 이러한 매도를 보고할 때 손익계산서의 '영업이익' 밑에 보고한다. 그러나 문제는 회사가 영업 실적을 부풀리기 위해 다시 말해 핵심 사업의 실적을 끌어올리기 위해 투자이익을 재무제표의 다른 항목에 끼워 넣는 경우이다.

영업 실적을 부풀리기 위해 투자이익을 이용하는 가장 노골적인 방법은 이것이 일상적인 이익이 아님에도 불구하고 수익의 일부에 포함시키는 것이다. 투자이익이 '영업이익 위에' 기록되면 영업이익의 일부로 계산되고 이로 인해 영업이익률이 올라간다. 그러나 그렇게 해서는 안 된다. 회계 규칙은 일회성 이익과 정상적인 영업 활동으로 인한 이익을 구분할 것을 엄격히 요구하기 때문이다. 또는 기업들은 영업비용을 줄여서 보고하기 위해 투자이익을 영업비용에 파묻는데, 이렇게 하면 실제보다 훨씬 효율적인 회사로 여겨질 수 있기 때문이다.

당신이 분석 중인 회사가 투자이익이나 자산 매각을 이용해서 영업이익을 부풀리거나 비용을 줄인다면, 이 회사가 다른 부분에서도 정직하지 못하게 행동할 수 있음을 명심해야 한다.

연금의 함정

퇴직자가 많은 기업에 연금은 족쇄가 될 수 있다. 기업연금의 자산이 충분히 빠르게 증가하지 못하면 기업은 이익의 일부를 연금을 대는 데 사용해야 하기 때문이다. 미래의 퇴직자들에게 지불할 연금을 마련하기 위해 회사들은 기업연금의 재정을 주식이나 채권, 부동산 등에 투자한다. 기업의 연금 자산이 연금 부채보다 느리게 늘어난다면 이 연금 기금은 '자금이 부족한 연금underfunded plan'이 되고, 퇴직자들에게 지불해야 하는 금액 이상으로 연금 자산이 늘어난다면 '자금이 넘치는 연금overfunded plan'이 된다(자금이 넘치는 연금에 대해서는 다음 부분에서 좀더 자세히 나온다).

회사의 기업연금이 자금이 넘쳐나는지 부족한지를 알아보려면 연례 운영보고서의 주석 부분과 '연금 및 기타 퇴직급여pension and other postretirements benefits' '직원퇴직급여employee retirement benefits' 등의 주석 부분을 살펴봐야 한다. 그런 다음 '퇴직급여예상액projected benefit obligation' 부분을 검토해야 한다. 이 부분이 가장 중요하다. 여기에는 은퇴한 직원들에게 회사가 지불하게 될 예상액이 적혀 있는데, 이것은 퇴직자의 예상 수명, 시간 경과에 따른 급여 인상 속도, 미래 지급액을 현재가치로 할인할 때 기업이 사용하는 이자율 등에 대한 가정을 토대로 계산된 금액이다. 이 금액을 '기말 연금자산의 적정 가치fair value of plan assets at end of year'란과 비교하는 것이 두 번째 중요한 사항이다.

연금 지불액이 연금 자산을 초과하면 부실 연금이 되어서 회사는 미래에 연금 재정에 더 많은 돈을 쏟아 부어야 한다. 즉 이익이 줄게 된다. 퇴직자가 많은 대기업일 경우 이 금액이 상당할 수 있다. 가령 제너럴 모터스의 2002년 말 연금 지불 예상액은 800억 달러였던 반면, 연금자산은 610억 달러에 불과했다. 어떻게 해서든 GM은 모자라는 190억 달러를 보충해야 한다(2000년까지만 해도 GM의 기업연금은 170억 달러 흑자였다. 월가가 추락하자 기업연금도 추락했지만, 퇴직자들은 계속 급여를 받아야 하므로 연금 지급 예상액은 계속 늘어만 갔다).

GM은 어떻게 했을까? 2002년 회사는 49억 달러라는 엄청난 돈을 기업연금에 쏟아 부었다(이 내용을 '고용주 연금 납입employer contribution' 아래 연금 주석 부분에서 확인할 수 있다.) 현명하지 못한 주주들의 거의 50억 달러에 달하는 이 현금이 기업의 가치를 올려줄 것이라 예상했을 것이다. 하지만 실제로 이 돈은GM 퇴직자들의 주머니로 들어갔다.

따라서 연금에 대한 주석을 항상 확인해야 한다. 이 부분은 머리가 핑 돌 정도로 어려운 회계용어들이 많다. 하지만 주의 깊은 분석을 통해 퇴직자에게 지불할 돈이 실제 보유한 자금을 초과하는 사태가 벌어질 것인지 아닌지의 여부를 판별할 수 있을 것이다.

연금 재정의 확충

연금은 짐이 될 수도 있고 득이 될 수도 있다. 1990년대처럼 주식시장이나 채권시장이 호황이면 기업연금도 크게 늘어난다. 또한 연간 수익이 연간 지급액을 초과할 경우 이 초과액을 이익으로 계상할 수 있다. 자금이 넘쳐나는 기업연금에서 나오는 이득을 손익계산서에 이익으로 기재하는 것은 완벽하게 합법적인 회계 관행이다. 그 덕분에 제너럴 일렉트릭의 이익이 여러 해 동안 껑충 뛰었고, 1990년대 동안 여러 방위산업체의 이익도 30~40% 증가할 수 있다.

그러나 연금과 관련된 이익은 일반적인 이익과는 성격이 다르다. 이것은 주주들에게 돌아가는 이익이 아니라 기업연금에 속한 이익이다. 따라서 이 초과액을 가져다 쓸 수 있는 유일한 방법은 기업연금을 종료하는 것인데, 당연히 말도 안 되는 짓이다. 하지만 초과액은 주주들에게도 득이 된다. 회사는 기업연금에 더 적은 금액을 납입하고도 지불 능력을 그대로 유지할 수 있기 때문이다. 주주로서는 자금이 부족한 연금보다는 자금이 넘치는 연금을 더 선호하겠지만, 연금 이익은 전적으로 주식시장에 의해 좌우된다. 따라서 별로 신뢰할 만한 성질의 이익은 아니다. 기업의 실제 수익성이 얼마인지를 판단하려면 당기순이익에서 연금으로 인한 이익을 차감해야 한다.

연금 비용이나 이득으로 인해 얼마나 많은 이익이 감소하거나 증가했는지를 알려면 연금 주석 부분에서 '순연금/퇴직비용net pension/postretirement expense' '연금순이익/손실net pension credit/loss' '당기연금비용net periodic pension cost' 등을 확인해야 한다. 기업들은 일반적으로 과거 3년 동안 연금 비용이 이익에 끼친 영향을 보고한다. 따라서 연금의 이익이나 손실 뿐 아니라 그 추이도 파악할 수 있다. 이러한 금액을 손익계산서로는 파악할 수 없을 것이다. 다른 내용들이 뒤범벅돼 있기 때문이다.

사라지는 현금흐름

현금흐름을 가장 신뢰할 수 있는 것은 사실이지만 한 가지 조심해야 할 것이 있다. 직원들의 스톡옵션 행사로 인한 현금흐름을 믿지 말아야 한다는 것이다. 이 점에 대해서는 제5장에 나온 현금흐름표상의 '직원 스톡옵션으로 인한 세제 혜택'이나 '스톡옵션 행사로 인한 세제 혜택tax benefit of stock option exercised'에서 잠시 언급했다. 이제 왜 이 현금흐름을 믿지 말아야 하는지를 설명하겠다.

직원들이 스톡옵션을 행사할 때 고용주가 내야 하는 세금이 감소한다. 가령 사장이 당신에게 행사가격 10달러에 주식 100주를 준다고 가정해보자. 몇 년 뒤 주가가 30달러여서 스톡옵션을 행사하기로 결심한다. 당신은 차액 2,000달러(시가 30달러 - 행사가격 10달러)에 대해 세금을 내고, 고용주는 과세 가능한 직원 보상에 대해 세금을 공제받을 수 있기 때문에 법인세에서 2,000달러만큼 세금 공제를 받는다. 다시 말해 당신의 사장은 당신이 100주의 옵션을 행사한 덕분에 700달러(세율을 35%로 가정할 때)만큼 세금을 덜 낸다.

주가가 계속 오르고 스톡옵션도 계속 제공된다면 이 과정이 되풀이된다. 옵션이 많이 행사될수록 세금 공제가 많아지고 기업은 적어진 세금만큼 현금을 절약할 수 있게 된다. 하지만 주가가 곤두박질친다면? 스톡옵션을 행사해봤자 쓸모가 없으므로(행사가격이 시장가격보다 높기 때문에) 옵션을 행사하는 사람이 적어질 것이다. 행사되는 옵션이 적어지면 회사는 세금 공제를 적게 받아서 전보다 더 많은 세금을 내야 한다. 이는 현금흐름의 감소를 의미한다.

따라서 주가가 떨어질 때 회사가 창출하는 현금은 주가가 높을 때보다 적어지게 된다. 예를 들어 썬 마이크로시스템즈Sun Microsystems가 2001 회계연도에 보고한 영업 활동으로 인한 현금흐름은 21억 달러였는데 이중 8억 1,600만 달러는 세금 공제 덕분에 생긴 것이었다. 다시 말해 2001년도에 직원들이 옵션을 대량으로 행사하지 않았다면 썬의 현금흐름은 40%나 줄었을 것이다. 그러나 다음 해 썬의 주가가 5달러 이하로 떨어지자 옵션 행사가 급격히 줄었고 이로 인한 현금흐름 창출도 빠르게 줄어들었다. 2002년도에 썬이 스톡옵션 행사와 관련해 받은 세금 공제는 전년도보다 90% 줄어든 9,800만 달러에 불과했다. 주식시장을 예측할 수 없다면 이런 세금 공제로 인한 현금흐름에는 의지하지 말아야 한다.

넘쳐나는 창고

재고가 매출보다 빠르게 증가하면 문제가 생길 것이 분명하다. 어떤 경우 재고 증가는 신제품 출시를 준비하기 위한 일시적인 현상일수도 있지만, 이는 일반적으로 특수 상황일 뿐이다. 판매량보다 생산량이 더 많다면 이는 수요가 고갈되었거나 회사가 수요를 지나치게 낙관적으로 예측했거나 둘 중 하나가 원인이다. 어쨌든 판매되지 않은 제품은 팔든지(아마도 할인된 가격으로) 아니면 대손비용으로 처리해야 한다. 둘 다 이익이 크게 줄어드는 것은 마찬가지다.

2000년 후반 통신 관련 장비를 판매하는 거의 모든 회사에 이런 일이 발생했다. 통신사업자들의 수요 증가가 둔화되기 시작하면서 재고가 눈덩이처럼 불기 시작했다. 당시 많은 분석가들은(솔직히 나도 포함된다) 장비 생산업체가 일시적으로 수요를 과다하게 예상한 것에 불과하며 통신사업자들이 이미 주문한 장비를 모두 사용하고 나면 상황이 저절로 좋아질 것이라고 생각했다. 하지만 수요는 잠시 주춤한 것이 아니라 곤두박질치고 있었던 것이었다. 따라서 매출이 늘지 않는 탓에 재고는 쌓여만 갔고, 시스코와 같은 회사들은 팔리지 않은 제품에 대해 수십억 달러를 대손으로 처리해야 했다.

변화는 나쁜 것

기업이 이익을 부풀리기 위해 써먹는 또 다른 방법은 재무제표에 사용되는 여러 가정 중 하나를 변경하는 것이다. 일반적으로 말해, 보고 이익을 부풀릴 만한 임의적인 변경은 모두 회의적인 눈으로 바라보아야 한다. 간혹 정책 당국이 회계 변경을 의무화하는 경우도 있다. 하지만 회사들이 이타적인 이유 때문에 회계 가정을 변경하는 경우는 거의 없다.

기업이 임의적으로 변경할 수 있는 부분은 감가상각비에 대한 것이다. 회사가 건물이나 공장 등의 자산이 10년 뒤 마모될 것이라고 가정할 경우 매해 해당 자산가치의 10분의 1에 해당하는 금액을 이익에서 차감(상각)할 수 있다. 짐작하다시피 감가상각 기간이 길수록 매년 이익에서 차감되는 비용이 줄어든다. 따라서 회사가 갑자기 자산 사용 연수useful life를 늘려서 감가상각 기간을 더 길게 잡는다면, 이것은 현재의 이익을 부풀리기 위해 비용을 미래로 이전하는 것이라고 볼 수 있다.

회사는 '대손충당금'에 대한 가정도 변경할 수 있다. 대손충당금의 증가 속도가 외상매출금의 증가 속도와 같지 않다면 회사가 새로운 고객들이 과거 고객들보다 신용이 높다고 가정한다는 뜻이다. 그럴 가능성이 얼마나 될까. 외상매출금은 증가하는데도 대손충당금이 감소한다면 회사가 진실을 훨씬 왜곡하고 있는 것이다. 어떤 경우든, 회사의 예측보다 많은 고객들이 대금을 지불하지 않는다면 미래의 어느 시점에는 이 금액만큼 이익이 줄어들 수밖에 없다. 다시 말해 현재의 실적이 과대 계상되었다는 뜻이다.

기업은 비용 기록 방법이나 수익 인식 시기(이것은 회계의 회색지대 중 하나이다)에 대한 규칙도 변경할 수 있다. 이에 대한 정보는 연례운영보고서의 '중요 회계 정책에 대한 요약summary of significant accounting policy'에서 찾아볼 수 있다. 또한 회사의 규칙 변경이 비용을 줄이거나 수익을 늘이는 효과를 일으킨다면 조심해야 한다. 회계 정책 당국이 변경을 요구한 것이 아니라면 회사가 악화된 실적을 가리려고 하는 것일 가능성이 높다.

비용으로 처리할 것인가 아닌가

기업들은 비용을 자본화하는 식으로 숫자놀이를 하기도 한다. 제4장에서 말한 바와 같이 발생주의 회계는 손익계산서 상에서 효익benefit과 비용의 대응을 기본 원칙으로 삼고 있다. 사무장비, 임대료 등의 영업비는 단기적인 효익을 제공하므로 비용으로 처리된다(임대료는 달마다 또는 해마다 지불해야 하고, 추가로 지불하지 않는 한 그 효익은 1개월 또는 1년만 지속된다). 이와 달리 새로운 기계 등을 구입하는 비용은 장기적인 효익을 제공하므로 '자본화capitalized'된다. 다시 말해 자산으로 기록되어서 장기간에 걸쳐 가치가 서서히 감소된다(오늘 구입한 기계는 3년 뒤 마손으로 인해 효율성이 약간 떨어졌을 뿐 여전히 제품을 생산하고 있을 것이다).

문제는 마케팅이나 소프트웨어 개발 등 특정 부문에 들어간 비용은 어느 쪽으로도 처리가 가능하다는 것이다. 기업은 마케팅에 들어간 100달러를 당기의 비용으로 처리하는 대신 자본화해서 몇 년에 걸쳐 그 금액을 상각하는 식으로 손쉽게 이익을 부풀릴 수 있다. 실제로 이 방법은 1990년대 중반에 AOL이 사용했던 것이다. 회사는 새로운 가입자들이 장기적인 효익을 제공할 것이므로 마케팅 비용을 자본화할 수 있어야 한다고 주장했다. SEC는 여기에 찬성하지 않았고 AOL은 회계처리를 번복해야 했다.

이런 정보들을 알아내려면 연례운영보고서의 주석 부분을 꼼꼼히 파고들어야 하지만 그만한 가치가 있는 일이다. 비용이 자본화된 것을 본다면 그 '자산'이 얼마나 오랫동안 경제적 효익을 창출해줄 것인지를 엄밀하게 따져봐야 한다. '사용연수' 가정을 알아보는 것도 도움이 되는데, 건물의 사용연수는 일반적으로 40년이지만 소프트웨어나 사무장비의 사용연수는 별로 길지 않다.

투자자의 체크리스트: 회계 조작 피하기

☐ 공격적 회계를 간파하는 가장 간단한 방법은 당기순이익의 추이와 영업활동으로 인한 현금흐름의 추이를 비교하는 것이다. 현금흐름이 그대로거나 감소하는데 당기순이익이 빠르게 증가한다면 문제가 도사리고 있을 가능성이 크다.

☐ 인수를 많이 하거나 일회성 비용을 여러 번 계상하는 기업은 공격적 회계를 하고 있을 가능성이 높다. 최고재무임원CFO이나 감사가 그만두거나 해고 당한다면 조심해야 한다.

☐ 외상매출금의 추이를 매출액 추이와 비교해야 한다. 외상매출금이 매출액보다 훨씬 빠른 속도로 증가한다면 이 회사는 대금 회수에 어려움을 겪고 있는 것일지도 모른다.

☐ 연금 이익과 투자로 인한 이득은 재무제표상의 당기순이익을 높여준다. 하지만 이것을 핵심 영업 활동에서 발생한 이익과 혼동하지 말아야 한다.

9
가치평가 - 기초

○○○

지금까지는 기업 분석에 대해 살펴봤다. 주주를 위하는 경영진과 넓은 경제적 해자를 가진 위대한 기업을 식별하는 것이 투자 과정의 전부라면 더 이상 알아야 할 것이 없을 테고 투자도 훨씬 쉬워질 것이다. 하지만 아무리 훌륭한 기업이라도 너무 높은 값에 구입한다면 형편없는 투자가 되고 만다. 성공적인 투자란 위대한 기업을 적당한 가격에 구입하는 것을 의미한다.

이런 생각은 1990년대 강세장 동안 별로 지지를 얻지 못했으며 기술주가 부상하던 시기에는 완전히 무시당했다. 투자자들이 계속해서 더 높은 가격을 매기고 있었으므로 가치 평가valuation의 중요성은 점점 줄어들었다. 실제로 한 명망 높은 투자자문사는 사업의 성격이 가치 평가보다 100배는 더 중요하다고 호언장담했다.

이런 전략, 다시 말해 더 대단한 멍청이가 당신의 자산에 더 높은 가격을 부를 것이라 믿는 전략은 잠시나마 도움이 되었고 많은 사람들을 서류상으로라도 부자로 만들어주었다. 그러나 안타깝게도 축제가 끝날 것임을 알아챈 사람은 아무도 없었다. 축제가 끝나자 비싸게 산 자산을 더 뻥튀기해서 팔기를 바랐던 투자자들은 나락으로 떨어졌다.

이것이 투자자와 투기꾼의 차이다. 투자자는 자신이 예상한 가치보다 낮은 가격에 자산을 구입해서 그것의 재무 성과에 어느 정도 비례하는 수익을 거둔다. 이와 달리 투기꾼이 주식을 구입하는 이유는 그것이 실제로 더 높은 가치를 지니고 있다고 생각해서가 아니라 다른 투자자가 더 높은 가격을 부를 것이라 기대하기 때문이다. 투자자의 수익은 대부분 정확한 분석 여부에 따라 달라지지만, 투기꾼의 수익은 다른 사람들의 어리석음에 의존한다.

주식시장의 장기적인 수익을 결정짓는 핵심 요소는 투자 수익investment return과 투기 수익speculative return이다. 뱅가드 사의 창립자인 존 보글John Bogle의 지적에 따르면, 투자 수익은 배당수익과 연이은 이익 증가에 의한 주식의 가치 상승인 반면 투기 수익은 주가수익비율price-to-earnings ratio, PER의 변화에 의해 발생한다. 보글의 발견에 의하면 20세기 내내 미국 주식들의 연평균 수익률은 10.4%였고, 이를 세분하면 배당으로 인한 수익률이 5%, 이익 증가로 인한 수익률이 4.8%이고 PER 변화로 인한 수익률은 0.6%에 불과했다. 다시 말해 장기간 보유할 경우 투자 수익이 투기 수익보다 훨씬 높은 비중을 차지한다.

그러나 단기로 볼 경우 상황은 많이 달라진다. 1980년에서 2000년까지의 연평균 수익률 16%를 분석해보면 배당수익률이 4%, 이익 증가로 인한 수익률이 6%를 차지한 반면 PER 상승으로 인한 수익률은 7%나 차지했다.

1970년대, 생각만 해도 끔찍한 약세장 동안에도 시장의 '투자' 수익률은 13.4%의 안정적인 수준을 기록했지만, 니프티 피프티 장세Nifty

Fifty: 1969~72년 동안 미국 증시에서 우량(nifty) 종목 50개(fifty)만 지속적으로 오르고 나머지는 철저히 소외되었던 차별화 장세-옮긴이의 여파로 시장의 PER는 16배에서 7배로 떨어지면서 '투기' 수익률은 매년 -7.5%라는 처참한 수준으로 떨어졌다. 1970년대 시장의 연평균 수익률은 5.9%에 불과했는데, 이는 이익이나 배당이 뒷받침해주지 못했기 때문이 아니라 투자자들이 1970년대보다 1980년대에 평균적으로 더 적은 가격을 주식에 지불했기 때문이었다.

오른다고 능사는 아니다

이런 사항들이 안정적인 주식을 선택하는 것과 무슨 관련이 있을까? 당신이 사려고 하는 주식의 가격을 면밀히 관찰하면 투기 위험을 최소화하는 동시에 총수익의 극대화를 꾀할 수 있다. 10년은 고사하고 내년에 주식의 투기 수익이 얼마일지 짐작할 수 있는 사람은 아무도 없다. 하지만 투자 수익에 대해서는 상당히 체계적인 예측을 할 수 있다. 위대한 회사를 발견해서 주의 깊게 가치를 평가하고 합리적인 평가치 보다 낮은 가격에 주식을 산다면 시장 분위기의 변화에 대처하는 견고한 방어막을 마련할 수 있을 것이다.

주당 가격이 30달러, 주당순이익이 1.50달러, 연 배당금이 1.00달러인 주식을 예로 들어보자. 이익과 배당은 연 6%로 증가하며, 구입 당시의 PER 20은 변하지 않는다고 가정하자.

5년 뒤 주당순이익이 2.01달러라면 이론상으로 이 주식은 $2.01 × 20 = $40.20에 거래될 것이다. 지금까지의 배당금이 6.59달러였으므로, 구입 후 5년 뒤 우리가 가진 재산은 46.79달러이다. 이것을 연평균 수익률로 환산하면 9.3%가 되고 이것이 투자 수익이다. PER는 20을 유지했으므로 투기 수익은 전혀 발생하지 않았다.

하지만 이익과 배당은 같은 속도로 증가하지만 PER가 20에서 15로 줄어든다면 수익도 상당히 달라진다. 5년 뒤의 주당순이익이 2.01달러라고 해도 주식의 가치는 $2.01 × 15 = $30.15에 불과하다. 여기에 6.79달러의 배당금을 합하면 연평균 수익률은 4.1%로 떨어진다. 투자 수익률이 9.3%가 되지 못하는 이유는 투기 수익률 -5.2%가 차감되었기 때문이다. 이와 반대로 PER가 20에서 25로 늘어나면 투자 수익에 투기 수익이 더해지기 때문에 연평균 13.6%라는 상당히 흡족한 수익률이 달성된다.

따라서 시장 분위기의 변화는 안정적인 9.3%의 수익률을 4.1%로 떨어뜨릴 수도 있고 13.6%로 끌어올릴 수도 있다. 확실하게 이익을 내고 배당을 지급해주는 훌륭한 주식을 사는 방법도 있겠지만, 주식 평가 가치의 급락에서 오는 부정적 영향은 가장 탄탄한 투자 수익마저 무위로 만들 수 있다. 게다가 20에서 15로의 PER의 하락도 최악의 시나리오라고는 말할 수 없다. 실제로 평가가치의 하락은 이익증가율의 둔화나 이에 준하는 문제 등 기업의 여러 안 좋은 상황과 병행하는 경우가 많다. 이런 일이 발생하면 투자자는 평가가치 하락으로 인한 투기 수익의 급락에 한 번의 충격을 받고, 이익증가율 둔화로 인한 투자 수익의 하락에 또 한 번의 충격을 받게 된다.

가치 평가에 대한 주의 깊은 관찰은 전혀 몰랐던 사항(다른 투자자가 미래에 지불해줄 자산 가격)이 포트폴리오 수익을 감소시킬 위험을 줄여준다. 투자자들은 열심히 노력해서 멋진 기업을 찾을 수는 있다. 하지만 다른 시장 참가자들이 주식에 얼마의 가치를 매길지는 예측할 수 없기에 노력해봤자 소용없는 짓이다.

까다로운 가치 평가는 재미와는 거리가 멀다. 많은 기회를 그냥 보내버리고 자신의 엄격한 가치 평가 기준에 맞지 않는 주식이 오르는 것을 지켜봐야 하는 적도 많다. 하지만 적절하고 체계적인 가치 평가는 당신의 타율(당신이 고른 주식 중 실적이 좋은 것과 나쁜 것의 비율)을 껑충 올려주며, 심각한 손해를 입을 가능성도 줄여준다.

주가승수 price multiples의 현명한 사용

주식을 평가하는 방법을 배우기 위한 첫 관문은 주가매출액비율 price-to-sales ratio, PSR이나 PER와 같은 전통적인 측정방법이다. 이 방법들은 계산이나 사용이 쉽다는 장점이 있지만 몇 가지 심각한 함정이 있어서 신중하지 못한 투자자가 혼란스런 결론을 내리게 될 수도 있다.

주가매출액비율

모든 비율 중 가장 기본적인 것은 현재 주가를 주당 매출액으로 나눈 주가매출액비율 또는 PSR이다. PSR의 좋은 점은 매출액이 보고된 이익보다 일반적으로 더 투명하다는 것이다. 기업들의 회계 조작은 대부분 이익을 끌어올리는 데 집중되기 때문이다(회계 조작으로 매출액을 끌어올리는 경우도 있지만 이는 빈도도 훨씬 낮은 데다 발견되기도 쉽다). 게다가 매출액은 이익만큼 가변적이지 않다. 일회성 비용으로 이익이 잠시 낮아질 수도 있고, 경기순환을 겪는 회사의 경우 연간 당기순이익이 상당히 차이날 수 있다.

매출액의 이런 상대적인 안정성은 이익이 심하게 오르락내리락하는 회사를 신속하게 평가할 때 PSR의 유용성을 높여준다. 방법은 당기의 PSR과 과거의 PSR을 비교하는 것이다. 가령 모토롤라는 특별비를 너무 자주 계상해서 더 이상 특별비의 명분이 없어졌고, 그 결과 1998년에서 2002년 사이의 5년 중 3년 동안 마이너스의 이익을 기록했다. 이

모토롤라	1998	1999	2000	2001	2002
주가수익비율PER	NA	119.7	34.9	NA	NA
주가매출액비율PSR	1.3	3.2	1.2	1.1	0.7

NA: 이익이 마이너스이므로 PER를 계산할 수 없다.

[표 9.1] 이익이 마이너스일 때는 PSR가 유용한 수단이 될 수 있다.

처럼 이익이 불규칙하면 PER는 별 도움이 되지 못한다. 하지만 같은 기간의 매출액은 그렇게 많이 널뛰기를 하지 않았기 때문에 PSR를 사용하는 것이 도움이 된다. 2003년 중반 모토롤라의 PSR는 과거 5년 동안의 최저치에 가까운 1.0을 기록했다. 이것이 과거에 비해 주식이 상대적으로 비싸지 않게 보이는 요인으로 작용했다([표 9.1]).

그러나 PSR에는 한 가지 큰 결점이 있는데, 매출액은 회사의 수익성에 따라 그 중요성이 달라질 수 있다는 것이다. 회사가 매출액은 수십억 달러인데 별 이익을 거두지 못하고 있다면, 이 회사가 앞으로 얼마의 이익을 창출할지 전혀 알 수 없기 때문에 적절한 PSR를 정하기가 힘들어진다. 매출액을 가치의 지표로 사용할 때의 문제점을 우리는 매일 시장에서 볼 수 있지 않은가.

소매점은 일반적으로 매우 낮은 순이익률을 보인다. 다시 말해 매출 1달러 중 이익이 차지하는 비중이 상대적으로 적다. 그렇기에 PSR도 매우 낮은 편이다. 예를 들어 2003년 중반 잡화소매점들의 평균 PSR는 0.4인 반면, 의료장비 기업의 평균 PSR는 4.3이었다. 이렇게 큰 차이가 나는 이유는 잡화점의 주식이 너무 싸서가 아니라, 잡화점의 평균 순이익률이 2.5%인데 반해 의료장비 회사의 평균 순이익률은 11%이기 때문이었다. 잡화점의 PSR가 1.0만 되도 상당히 과대평가되어 있는 듯 보일 수 있지만, 의료장비 회사의 PSR가 같은 수치라면 거의 공짜에 가깝다고 볼 수도 있다.

따라서 이익이 상당히 가변적인 회사를 판단할 때에는 PSR가 도움이 될 수 있지만(현재의 PSR와 과거의 PSR를 비교할 수 있기 때문이다) 여기에 그다지 많은 기대를 해서는 안 된다. 특히 두 산업의 수익성 수준이 아주 유사한 것이 아니라면, 주가매출액비율을 기준으로 타 산업의 회사들을 비교해서는 안 된다.

주가순자산비율

또 다른 일반적인 가치 평가 수단은 주식의 시장가치를 가장 최근의 장부가치(주주자본이나 순자산이라고도 한다)와 비교하는 주가순자산비율price-to-book ratio, PBR이다. 이 방법은 미래의 이익이나 현금흐름은 순간적인 것이므로 믿을 수 있는 것은 현재의 기업 유형자산의 순가치밖에 없다고 가정한다. 워런 버핏의 정신적 스승이자 전설적인 가치투자자인 벤저민 그레이엄은 주식 평가 시 장부가치와 PBR의 중요성을 크게 옹호한 사람이었다.

PBR는 오늘날에도 쓸모 있는 것은 사실이지만 지금은 그레이엄의 시대와 많이 다르다. 공장이나 토지, 철도, 재고, 다시 말해 객관적인 유형적 가치를 소유한 자본집약적인 기업이 지배하던 시장에서는 회계적인 장부가치에 근거해 기업을 평가하는 것이 이치에 맞았다. 어쨌든 이런 유형자산들은 유동화 가치를 가지고 있을 뿐 아니라 기업 현금흐름의 큰 원천이 되기도 했기 때문이다. 하지만 오늘날은 많은 기업들이 프로세스나 브랜드 네임, 데이터베이스처럼 장부가치에 직접적으로 포함되지 않는 무형자산을 토대로 부를 창조하고 있다.

특히 서비스 회사의 경우 PBR의 중요성은 더욱 떨어진다. 가령 PBR을 이용해서 이베이를 평가한다면 이 회사의 시장지배력의 가치는 전혀 측정되지 못할 것이다. 시장지배력이 이 회사를 성공으로 이끈 단 하나의 커다란 요인이었음에도 말이다. 주가순자산비율은 3M과 같은 제조회사에 대해서도 잘못된 판단을 야기할 수 있다. 이 회사의 가치 중 상당 부분은 대규모 공장이나 재고량이 아니라 브랜드 네임과 혁신적인 제품에서 비롯되는 것이기 때문이다.

또 한 가지 PBR를 이용해서 주식을 평가할 때 주의할 항목은 영업권이다. 이것은 가장 비싼 기업조차 가치가 있는 듯 보이게 장부가치를 끌어올릴 수 있기 때문이다. '영업권'은 한 회사가 다른 회사를 인수할 때 지불하는 인수가격과 대상 기업의 유형적인 장부가치의 차액이다. 또한 그 회사가 지닌 유능한 직원이나 강력한 고객 관계, 효율적인 내부 공정 등 이 회사의 인수 가치를 높여주는 모든 무형자산의 가치를 대변해 나타내주는 금액이다.

안타깝게도 영업권은 대상 회사를 다른 누구보다 빨리 사려는 인수기업의 필사적인 노력 외에는 아무 가치를 지니지 못하기도 한다. 인수기업이 인수 대상 회사에 과도한 금액을 지불하는 일이 많기 때문이다. 영업권이 장부가치에서 상당 부분을 차지하는 경우 보수적인 관점을 견지해야 한다. PBR가 낮을 수도 있겠지만, 회사가 영업권이 '회복 불능'이라고 판단하면 다시 말해 영업권 값을 너무 많이 지불했다고 선언해서 가치를 상각하기로 결정한다면 'B(장부가치)' 중 상당 부분이 사라져버릴 수도 있다.

주가매출액비율이 순이익률(당기순이익을 매출액으로 나눈 비율)과 깊은 연관성이 있듯, 주가순자산비율은 자기자본이익률(당기순이익을 장부가치로 나눈 값)과 연관성이 높다. 두 회사가 다른 조건은 모두 동일하되 한 쪽의 ROE가 더 높아서 PBR도 더 높다고 가정해보자. 가령 지난 5년 동안 노키아의 PBR는 평균 14였지만 경쟁사인 모토롤라의 PBR는 3.1이었다. 이러한 차이의 한 가지 주요 원인은 같은 기간 모토롤라의 평균 ROE는 3%였던 반면 노키아의 평균 ROE는 29%나 되었기 때문이다. 그 이유는 분명하다. 장부상의 순자산을 높은 비율로 올릴수록 장부가치가 더 빠른 속도로 증가하기 때문에 회사의 가치가 더 높아지는 것이다.

따라서 PBR를 ROE와 연계해서 관찰해야 한다. 경쟁사나 시장에 비해 PBR가 낮고 ROE가 높은 기업은 비교적 싼 것이라고 볼 수도 있다. 하지만 PBR에만 근거해서 괜찮은 주식이라고 판단을 내리기 전에 몇 가지를 더 유심히 살펴봐야 한다.

주의 사항: PBR는 서비스 기업에는 그다지 유용하지 않지만 금융회사를 평가할 때는 아주 유용한 도구가 될 수 있다. 대부분 금융회사의 대차대조표에는 유동성 자산liquid asset이 상당히 많이 있기 때문이다. 금융회사들은 장부가치에 포함된 자산 중 상당수를 시장가치로 계산한다. 다시 말해 시장에서의 자산 변동을 분기별로 재평가하기 때문에 장부가치가 합리적으로 계상되어 있다(이와 달리 대차대조표에 적힌 토지나 공장의 가치는 구입 시점의 가치이기 때문에 현재의 가치를 별로 반영하지 못한다).

금융회사의 장부에 악성 채무가 대규모로 존재하지 않는 것이 분명하다면(은행 및 악성 채무에 대해서는 제17장에 나온다) PBR는 저평가된 금융회사를 가려내주는 확실한 방법이 될 수 있다. 다만, 장부가치 이하로 거래되는 금융회사(PBR 1.0 이하)들은 몇 가지 문제를 가진 경우가 많으므로 투자하기 전에 장부가치가 얼마나 확실한 것인지 짚고 넘어가야 한다는 사실을 유념해야 한다.

주가수익비율의 장점

지금까지 익힌 가장 일반적인 가치 평가 비율들의 한계를 명심하는 한 어느 정도 훌륭한 분석을 내릴 수 있다. 주가수익비율PER의 장점은 회계 이익이 매출액보다 현금흐름을 훨씬 잘 대변해주며 장부가치보다 시세를 잘 반영해준다는 것이다. 더욱이 주당순이익 결과나 예측을 여러 종류의 재무 자료를 통해 쉽게 얻을 수 있기에 PER를 계산하기가 쉽다는 장점도 있다.

PER를 가장 손쉽게 사용하는 방법은 이것을 벤치마크와 비교해보는 것이다. 즉 동종업계의 경쟁사나 시장 전체, 또는 해당 회사의 과거 비율과 현재의 비율을 비교한다. 어떤 방법을 쓰든 한계점을 명심하기만 한다면 상당한 도움을 얻을 수 있다. 경쟁사보다 낮은 PER에 거래되는 회사는 좋은 가치를 지니고 있을 수도 있다. 하지만 같은 업종의 회사들도 자본구조나 리스크 수준, 성장률 등 PER에 영향을 미치는 요소들이 천차만별일 수 있다는 사실을 기억해야 한다. 다른 조건이 동일할 경우 성장 속도가 빠르고 부채가 적으며, 자본 재투자를 더 적게 필요로 하는 기업에 더 높은 PER를 매기는 것이 합당하다.

주식의 PER를 시장 전체의 평균 PER와 비교해볼 수도 있다. 하지만 업종 비교에 한계가 있듯이 여기에도 한계가 있다. 우리가 조사 중인 주식이 평균 주식보다 더 빠르거나 느리게 오를 수도 있고 리스크가 더 높거나 낮을 수도 있다. 일반적으로는 한 회사의 PER를 경쟁사나 시장과 비교하는 것이 좋지만, 이 방법을 믿고 주식을 사야 할지 말아야 할지 최종 결정을 내려서는 안 된다.

하지만 주식의 현재 PER를 과거의 PER와 비교해보는 것은 도움이 된다. 특히 사업적으로 큰 변동을 겪지 않는 안정적인 기업의 경우 그 유용성은 더욱 높아진다. 과거와 거의 동일한 사업 전망에 성장 속도도 어느 정도 일정하지만 장기 평균에 비해 낮은 PER로 거래되는 기업을 발견한다면 관심을 가져야 한다. 회사의 리스크 수준이나 사업 전망이 변해서 PER가 낮아진 것일 수도 있지만, 시장에서 주식이 비합리적으로 낮은 수준에 거래되는 것일 가능성도 있다.

PER는 일반적으로 사업 전망이 불확실한 신생기업보다는 보다 안정적이고 기반이 확실한 기업에 적용할 때 더 유용하다. 빠르게 성장하는 기업은 해마다 변동 사항이 많기 때문에 현재의 PER를 과거의 PER와 비교하는 것은 별 의미가 없다.

주가수익비율의 단점

상대적인 PER는 한 가지 커다란 결점이 있는데, 가령 PER 12는 그 자체로는 좋은 비율도 나쁜 비율도 아니라는 것이다. PER를 비교해서 분석을 행할 때는 어떤 것을 기준점으로 삼느냐에 따라 그 의미가 달라질 수 있다.

그렇다면 절대적인 수준의 PER를 살펴보자. 어떤 요소가 기업의 PER를 올리는 것일까? 위험과 성장, 자본 필요도는 모두 주식의 PER를 결정짓는 기본 변수들이다. 고성장 기업일수록 PER가 '높고', 위험이 클수록 PER가 '낮으며', 자본 필요도가 높을수록 기업의 PER는 '낮아'진다.

굳이 방정식을 사용하지 않아도 가치 평가의 기본에 대해 생각해보면 왜 그런지를 직관적으로 알 수 있다. 주식의 가치에 영향을 미치는 세 가지 중요한 요인은 미래현금흐름의 액수, 시기, 위험 수준amount, timing and riskness이다.

회사가 이익을 창출하기 위해 많은 자본을 쏟아 부어야 한다면 부채를 통해서든(회사의 위험 수준이 높아진다.) 신주 발생을 통해서든(이것은 기존 주주들이 가진 지분 가치를 희석시킬 수 있다.) 추가적으로 자금이 유입되어야 하는데 그러면 위험이 증대되는 것이 불가피하다. 어떤 수단을 이용하든 자본 재투자가 많이 필요한 기업의 가격을 낮게 매기는 것이 이치에 맞다. 이런 회사들은 이익 1달러를 창출하는 데 더 많은 주주자본이 필요하기 때문이다.

또한 고성장이 예상되는 회사는 저성장 기업에 비해 미래현금흐름이 더 많을 것이므로 그 외의 조건이 동일할 경우 주식 가격을 더 높게 매겨야 한다(결국 PER가 높아진다). 이와 반대로 위험이 큰 회사, 다시 말해 채무가 많거나 경기순환에 민감하거나 아직 첫 상품을 개발 중인 회사들은 처음 예상보다 미래현금흐름이 낮아질 가능성이 크다. 따라서 주가를 낮게 책정해야 한다.

회사의 잉여현금흐름이 풍부할수록 재투자 필요액이 낮아지게 된다. 따라서 그렇지 않은 회사에 비해 PER가 다소 높아지는 것이 당연하다. 고성장 기업의 경우도 성장에 따르는 리스크가 너무 높지 않다면 이 회사의 PER는 올라간다.

이 외에도 PER를 왜곡할 수 있는 요소가 몇 가지 존재한다. PER를 살펴볼 때에는 다음의 질문을 항상 유념해야 이 비율을 잘못 사용하는 일이 없을 것이다.

기업이 최근에 사업이나 자산을 매각한 일이 있는가?

PER를 관찰할 때에는 'E(이익)'를 제대로 확인해야 한다. 회사가 최근에 사업을 매각했다면 E가 인위적으로 올라가고 PER는 자동적으로 낮아지게 된다. 이런 일회성 비용을 기준으로 기업의 가치를 평가하고 싶지 않다면 PER를 계산하기 전에 매각으로 인한 이익을 차감해야 한다. 2000년 말 한 해 동안의 이익을 기준으로 오라클의 PER를 측정하자 믿을 수 없을 정도로 낮은 비율이 나왔다. 이 수치를 자세히 분석하자 회사가 오라클 재팬Oracle Japan의 사업권 일부를 매각해서 70억 달러의 이익을 보았음을 알게 되었다. 영업이익을 기준으로 평가한 결과 이 회사의 주식은 별로 싼 편이 아니었다.

회사가 최근에 큰 금액의 일회성 비용을 계상했는가?
회사가 구조조정을 하거나 공장을 폐쇄하면, 이익이 인위적으로 줄어들어서 PER가 올라간다. 가치 평가를 행할 때에는 이 일회성 비용을 다시 영업이익에 추가해서 기업의 정상적인 PER를 구해야 한다.

회사가 경기순환에 민감한가?
호경기와 불경기에 민감한 기업(반도체 회사와 자동차 회사가 좋은 예이다)에는 보다 세심한 주의를 기울여야 한다. 회사의 과거 PER가 매우 낮다고 여겨질지라도 함부로 주식을 사지는 말아야 한다. 경기순환에 민감한 기업이 최근 아주 큰 이익을 기록했다면 조만간 이익이 급락할 가능성이 높기 때문이다. 순환주cyclical stock를 살펴볼 때에는 최근의 호경기를 보고 다음 호경기가 지난번보다 실적이 높을지 아닐지를 판단해야 한다. 그런 뒤 다음 호경기 때의 주당순이익 예상액과 현재의 주가를 비교해서 PER를 계산해야 한다.

회사가 현금 창출 자산을 자본화했는가
아니면 비용으로 처리했는가?
공장을 짓고 제품을 제조해서 돈을 버는 기업은 공장의 가치를 여러 해 동안 조금씩 상각하는 방식으로 구입비용을 미래로 분산시킨다. 이와 달리 신제품에 투자해서(제약 회사를 예로 들 수 있다) 돈을 버는 기업은 매해 연구개발비에 들어간 돈을 모두 비용으로 처리해야 한다. 물론 이 연구개발비는 주주를 위한 가치 창출에 들어간 돈인 것은 분명하다. 따라서 자산을 비용으로 처리하는 회사는 자본화한 회사보다 이익은 더 낮아지고 PER는 더 높아진다.

'E'는 실제 수치인가 예상 수치인가?

PER에는 두 종류가 있다. 하나는 지난 4분기 동안의 이익을 이용해서 계산한 '과거 실적에 대한 PERtrailing PER'이고, 다른 하나는 분석가들이 바라본 내년도 예상 이익을 이용해서 계산한 '예측 PERforward PER'이다. 대부분의 기업들은 해마다 이익이 증가하므로 거의 항상 과거 실적에 대한 PER보다는 예측 PER가 더 높다. 그러나 월가 분석가들의 '의견 일치'를 통해 발표되는 예상 이익은 대부분 너무 낙관적인 것이 탈이다. 따라서 예측 PER가 낮기 때문에 주식을 사는 것은 예상 이익이 그대로 실현될 것이라고 믿는 것이나 다름없다. 실제로 그런 경우는 거의 없는데도 말이다.

주가수익성장률

PER에서 발전된 주가수익성장률price-to-earnings growth, PEG은 PER를 기업의 성장률로 나눈 비율이다. 몇몇 투자자들은 PEG를 상당히 애용하는데, PER를 가장 중요한 정보인 기업의 성장률과 비교해주기 때문이다. 이 비율이 합리적이라고 여겨지는 이유는 다른 모든 조건이 동일할 때 더 빨리 성장하는 기업일수록 미래의 가치가 높아지기 때문이다.

문제는 위험과 성장은 종종 불가분의 관계라는 것이다. 고속으로 성장하는 기업일수록 타사에 비해 위험이 더 큰 편이다. PEG가 그토록 자주 잘못 사용되는 이유도 위험과 성장이 병행하기 때문이다. PEG는 자본과 위험이 동일할 경우 여기에서 창출되는 성장도 동일하다고 가정한다.

하지만 더 적은 자본과 더 작은 위험으로 동일한 성장을 이루는 기업에 더 높은 가치를 매겨야 한다. PER가 15이며 예상성장률이 15%인 회사의 주식과 예상성장률은 동일하지만 PER가 25인 주식이 있다고 가정해보자. PEG가 낮은 주식에 덥석 돈을 투자하지는 말아야 한다. 예상성장률을 달성하는 데 투자해야 할 자본이 얼마인지 그리고 이런 예상성장률이 정말로 실현될 가능성이 어느 정도인지를 검토해야 한다. 그러면 처음과는 상당히 다른 결론이 나올 수도 있다.

수익률을 따르자

주가승수 위주의 방법 외에 수익률 위주의 측정 방법을 이용해서 주식을 평가할 수도 있다. 가령 PER를 역으로 뒤집어서 주당순이익을 주가로 나누면 주식수익률earnings yield을 얻을 수 있다. 주가가 20달러고 이익이 1달러라면 이것의 PER는 20(20/1)이고 수익률은 5%(1/20)이다. PER와 달리 주식수익률은 주식을 채권 등의 대체 투자와 비교해서 각각의 투자에서 거둘 수 있는 수익이 얼마인지를 알려준다(이익은 시간에 따라 변하지만 채권 이자는 고정적인 것이 양쪽의 다른 점이다).

가령 2003년 말 나는 미 재무성이 발행한 10년 만기에 4.5% 이자의 무위험 수익을 제공하는 채권을 구입했다. 따라서 주식이 재무성채권보다 위험이 크므로 주식의 수익률은 당연히 이보다 높아야 했다. PER 20에 수익률 5%를 제공하는 주식은 채권보다는 높은 수익을 제공하지만 위험을 감안할 때 별로 좋은 투자 대상은 아니었다. 하지만 PER 12에 수익률 8.3%(1/12)의 주식은 보잘 것 없는 채권 수익에 비해 훨씬 훌륭한 투자 대상이었다. 따라서 나는 추가적인 위험을 감행하기로 결정했다.

잘 알려지지는 않았지만 수익률 위주의 가치 평가 수단 중 가장 좋은 것은 '현금수익률cash return'이라는 방법이다. 이것은 PER보다 여러 면에서 훨씬 유용하다. 현금수익률을 구하려면 잉여현금흐름을 기업가치enterprise value로 나눠야 한다(기업가치는 주식의 시가총액과 장기부채의 합에서 현금 및 현금성 유가증권을 뺀 금액이다). 현금수익률의 목표는 사업이 자본을, 다시 말해 부채와 주주자본을 얼마나 효율적으로 사용해서 잉여현금흐름을 창출하는지 알아내는 것이다.

기본적으로 현금수익률은 투자자가 부채를 포함해 회사 전체를 사는데 필요한 금액 중 회사가 창출하는 잉여현금흐름이 차지하는 비중이 얼마인지를 알려준다. 투자자가 회사를 통째로 산다면 모든 주식을 시가로 구입하는 것은 물론이고 회사의 모든 부채도 함께 떠안아야 한다.

현금수익률을 이용해서 투자 대상을 합리적으로 평가하는 방법을 알아보기 위해 가정용품 대기업인 클로락스Clorox를 예로 들어보자.

2003년 말 클로락스의 시가총액은 약 98억 달러, 장기부채는 4억 9,500만 달러, 대차대조표상 보유현금은 1억 7,200만 달러였다. 따라서 98억+4억 9,500만-1억 7,200만=101억 달러의 기업가치가 나온다.

이제 잉여현금흐름을 구해보자. [표 9.2]는 클로락스의 지난 10년 동안의 잉여현금흐름을 보여준다. 2003년의 잉여현금흐름은 6억 달러였다. 따라서 클로락스의 현금수익률은 6억/101억=5.9%다.

2003년 말 10년 만기 재무성채권의 수익률은 4.5%였으며, 회사채의 수익률은 이보다 약간 높은 4.9%였다. 따라서 클로락스의 수익률 5.9%는 상당히 훌륭한 비율이다. 클로락스의 잉여현금흐름은 늘어날

잉여현금흐름	94	95	96	97	98	99	00	01	02	03
현금운용	266.8	290.9	406.7	362.1	312.7	588.0	658.0	747.0	876.0	803.0
설비투자	-56.6	-62.9	-84.8	-96.2	-99.0	-176.0	-158.0	-192.0	-177.0	-205.0
잉여현금흐름	210.2	228.0	321.9	266.9	213.7	412.0	500.0	555.0	699.0	598.0

[표 9.2] 클로락스의 연간 현금흐름(단위: 백만 달러)

가능성이 높지만 채권의 이자율은 고정돼 있다. 결국 클로락스는 상당히 안정적인 가치를 지니기 시작한 것으로 볼 수 있다.

현금수익률은 합리적인 가격에 거래되는 캐시카우cash cows, 지속적으로 현금흐름을 창출하는 사업-옮긴이를 찾기 위한 첫 단계지만, 금융회사나 해외의 주식에는 사용하지 말아야 한다. 제17장에 나오겠지만 현금흐름은 은행이나 대차대조표를 통해 돈을 버는 회사에는 별다른 의미를 지니지 못한다. 또한 현금흐름에 대한 정의는 나라마다 매우 다를 수 있기 때문에 해외의 주식을 현금수익률로 판단했을 때는 싸 보일지라도 실제로는 현금흐름을 임의대로 정의한 것일 수도 있다.

투자자의 체크리스트: 가치 평가-기초

- ☐ 까다롭게 가치 평가를 하자. 오랫동안 보유할 주식을 사려면 이익 잠재력에 비해 저평가된 주식을 찾아야 한다.
- ☐ 하나의 가치 평가 수단에 너무 의존하지 말자. 각각의 비율은 숲을 보여주지 못한다. 주식을 평가할 때는 여러 가지 가치 평가 방법을 사용하자.

- 기업이 경기순환에 민감하거나 과거의 이익이 변동이 심하다면 주가매출액비율을 이용하자. 과거의 평균에 비해 PER가 낮은 기업은 때로는 아주 싼 값에 거래되기도 한다.
- 주가순자산비율은 금융회사나 유형자산이 많은 기업을 평가할 때는 아주 유용하지만 서비스 회사를 평가할 때는 적당하지 않다. 또한 ROE가 높은 기업은 일반적으로 PBR이 더 높게 나온다.
- 회사의 PER를 시장이나 동종 회사, 또는 이 회사의 과거 PER와 비교해볼 수 있다. 어떤 경우는 기준점에 비해 PER가 낮은 기업을 찾아야 한다. 하지만 평가 중인 회사와 기준 PER 사이의 리스크 및 성장률의 차이를 명심해야 한다. 회사가 과거에 비해 많이 변하지 않았다고 가정하면서 과거 PER를 벤치마크로 삼는 것이 가장 믿을 만한 방법이다.
- PEG를 이용할 때는 신중해야 한다. 고성장 기업은 대부분 위험이 더 높기 때문이다. 실현 가능성이 불투명한 예상 성장률에 너무 많은 가격을 지불하지 말아야 한다.
- PER가 낮다고 항상 좋은 것은 아니다. 고성장에 리스크가 낮고 자본 재투자 필요가 적은 기업은 PER가 높게 나온다. 경기순환에 민감하고 자본 집약도가 높은 회사에 낮은 가격을 지불하는 것보다는 리스크가 낮고 많은 현금을 창출하는 회사에 높은 가격을 지불하는 것이 장기적으로는 더 이득이다.
- 수익률과 현금수익률을 확인한 뒤 이 수치를 채권 이자율과 비교하자. 수익률과 현금수익률이 현재의 채권 금리를 웃돈다면 저평가된 주식일 가능성이 높다.

10
가치평가 - 내재가치

○○○

앞 장에서 논한 여러 비율들은 주가를 위주로 한다는 큰 결함을 가지고 있다. 이 비율들은 투자자가 현재 한 주식에 지불할 가격을 다른 주식에 지불할 가격과 비교한다. 그러나 이것들은 진정한 주가를 말해주는 '가치'에 대해서는 아무것도 알려주지 않는다.

진정한 주가를 알지 못한다면 얼마를 지불해야 할지 어떻게 알 수 있겠는가? 모닝스타는 주식을 매수하는 이유는 그 주식이 동종 회사보다 비싸거나 싸게 거래되어서가 아니라 내재가치보다 싸게 거래되기 때문이라고 확신한다. 회사별로 또는 시간대별로 비율을 분석하는 것은 가치 평가 추정이 목표에 맞는지 아닌지를 이해하도록 도와준다. 하지만 기업의 내재가치를 추정하면 더 좋은 투자 대상을 찾을 수 있다.

내재가치 추정은 주가가 아닌 사업 가치에 초점을 맞추게 해준다. 우리에게 필요한 것이 바로 이런 시각이다. 투자자가 원하는 것은 사업의 일부를 사는 것이기 때문이다. 또한 내재가치를 평가하려면 사업이 창출하는 현재의 현금흐름과 미래의 현금흐름뿐 아니라, 회사가 벌어들이는 자본수익률도 고려해야 한다. 그러기 위해선 이런 질문을 던져야 한다. '내가 회사 전체를 산다면 얼마를 지불해야 할 것인가?'

둘째, 내재가치를 알게 되면 보다 확실한 기준에서 투자 결정을 내릴 수 있다. 현금흐름이나 자본수익률 등 가치를 결정짓는 진정한 변수를 모른다면 PER 15나 20이 낮은지 높은지 아니면 목표에 맞는 것인지 알 방도가 없다. PER가 20인 회사가 PER가 15인 회사에 비해 필요 자본이나 위험이 훨씬 낮을 수 있고 실제로도 그 회사가 더 좋은 투자 대상일 수 있는 것이다.

제10장에서는 모닝스타에서 내재가치를 추정하는 방법을 간단하게 보여줄 것이다. 투자를 고려하고 있는 주식 모두의 내재가치를 직접 계측하는 일은 하지 않더라도(그럴 필요도 없다), 기본 원칙을 알고 있으면 보다 나은 투자 결정을 내리는 데 도움이 될 것이다.

경고: 다소 어려울 수도 있지만 혼란스럽더라도 주눅 들지 마라. 연습하다 보면 쉬워질 것이다. 장담한다!

현금흐름, 현재가치, 할인율

첫 번째로 '주가란 무엇인가?'라는 기본적인 질문에 답해야 한다. 다행히 어빙 피셔Irving Fisher나 존 버 윌리엄스John Burr Williams와 같은 경제계의 거목들이 60여 년 전 이 질문에 대한 답을 구해주었으니 걱정할 필요 없다. 주식의 가치는 미래현금흐름의 현재가치다. 그 이상도 그 이하도 아니다.

이 부분은 적절한 주식 평가에 반드시 필요한 개념이므로 다시 자세히 살펴보자. 기업은 자본을 투자하고 수익을 벌어들여서 경제적 가치를 창출한다. 수익 중 영업비에 사용되거나 재투자액을 제하고 남은 금액이 잉여현금흐름이다.

잉여현금흐름에 주의를 기울이자. 이것은 영업 활동에 지장을 미치지 않는 범위에서 매해 사업에서 빼낼 수 있는 금액을 말하기 때문이다. 회사는 잉여현금흐름을 여러 방법으로 주주에게 돌려줄 수 있다.

배당을 지불한다면 투자자가 받아야 할 이자의 일부를 현금으로 바꿔주는 것이라고 볼 수 있다. 자사주 매입은 유통 중인 주식의 수를 줄여서 주주의 소유지분을 늘려주는 것이라고 볼 수 있다. 또는 잉여현금흐름을 그대로 보유해서 사업에 재투자할 수도 있다.

잉여현금흐름은 기업의 투자가치를 높여준다. '현재가치present value' 계산은 미래에 받게 될 돈이 현재에 받는 돈보다 적다는 개념을 반영해서 미래현금흐름을 조정하는 과정이다.

왜 미래현금흐름이 현재의 현금흐름보다 적은 것일까? 첫째, 오늘 돈을 받게 되면 이를 다른 데 투자해서 수익을 창출할 수 있지만, 미래현금흐름은 실제로 돈을 받아야만 투자가 가능하다. 이것이 '돈의 시간가치time value of money'이다. 둘째, 약속된 미래현금흐름을 다 받지 못할 가능성도 존재하기 때문에 이런 리스크를 보상해줄 '위험 프리미엄'을 마련해야 한다.

돈의 시간가치는 미래에 받을 돈의 기회비용과 현재 받을 돈의 차이이다. 보통은 국채 금리를 이런 기회비용으로 본다. 정부는 몇 년 뒤에도 이자를 꼬박꼬박 지불할 것임을 확신할 수 있기 때문이다.

물론 국채만큼 확실한 현금흐름은 별로 없다. 따라서 약속된 돈을 받지 못할 위험을 보완하려면 별도의 프리미엄을 더해야 한다. 국채 금리에 위험 프리미엄을 더한 것이 바로 '할인율discount rate'이다.

할인율이라는 용어가 생소하게 들린다면 이런 식으로 생각해보자. 어느 정도의 수익률을 거둬야 지금 당장 받는 돈과 미래에 받을 돈의 차이를 없앨 수 있을까? 손 안의 새 한 마리가 숲 속에 있는 새 두 마리보다 낫다는 속담을 다른 식으로 재해석할 수도 있다. 지금 당장 새 한 마리를 얻을 수 있다. 따라서 숲에서는 새 두 마리를 잡을 수 있어야 양자택일의 차이를 없앨 수 있지 않겠는가. 이와 마찬가지로 미래에 받을 돈은 현재의 돈보다 가치가 떨어질 수밖에 없다. 미래의 돈은 회수 여부가 불투명하지만 현재의 돈은 수익 활동에 투자할 수 있기 때문이다.

가령 1주 동안 휴가를 갈 예정인데 상관이 마지막 순간에 휴가를 1년 연기하라고 말한다고 가정해보자. 이런 연기를 보충하기 위해 상관에게 1년 뒤 휴가를 하루 더 달라고 요청할 수도 있다. 다시 말해 내년의 6일 휴가는 현재의 5일 휴가와 같은 가치를 지닌다. 지금 당장 휴가를 떠나는 것이 나을 수도 있고 내년에 다른 일이 생겨서 휴가를 또 미뤄야 할 수도 있기 때문이다.

따라서 휴가 기간에 대한 정신적 할인율은 20%이다. 이 비율을 토대로 현재의 5일이 1년 뒤의 6일과 같아진 것이다([6일-5일]/5일). 상관이 해고될 수도 있다면(이렇게 되면 그녀가 약속한 휴가 연장이 불확실해진다) 이틀을 연장해달라고 요청할 수도 있다. 이런 경우 정신적 할인율은 40%가 된다. 그리고 이런 할인율을 적용했기에 5일이 7일로 늘어난 것이다([7일-5일]/5일).

안정적이고 예측 가능성이 높은 이익을 거두는 주식이 왜 더 높은 가치 평가를 받는지, 다시 말해 왜 투자자들이 이런 주식의 미래현금흐름에 더 낮은 할인율을 적용하는지 조금은 이해되었을 것이다. 이런 주식은 미래현금흐름이 실현될 가능성이 높고 이에 대한 위험이 낮다고 판단하기 때문이다. 이와 반대로 미래가 극도로 불확실한 회사는 미래현금흐름이 실현되지 못할 위험이 상당히 높기 때문에 가치 평가가 낮아질 수밖에 없다.

합리적인 투자자들이 미래 불확실한 시점의 수익을 약속하는 기업보다 현재 수익을 내는 회사에 더 높은 값을 매기는 이유를 알았을 것이다. 전자는 위험이 더 높을 뿐 아니라(따라서 할인율도 높아진다) 약속된 현금흐름도 몇 년 뒤에야 실현될 것이므로 이 돈의 가치도 훨씬 줄어들게 된다.

이 개념이 분명히 이해되지 않는다면 실제 수치를 살펴보면 도움이 될 것이다. [표 10.1]은 할인율 변화와 현금흐름의 시기가 현재가치에 미치는 영향을 보여준다. 안정회사, 경기순환회사, 위험회사 모두 '할인 전undiscounted' 현금흐름은 3만 2,000달러이다.

연도	안정회사 잉여현금흐름	할인율 9%	경기순환회사 잉여현금흐름	할인율 12%	위험회사 잉여현금흐름	할인율 15%
2003	2,000	2,000	2,000	2,000	0	0
2004	2,200	2,018	2,200	1,964	0	0
2005	2,420	2,037	1,980	1,578	0	0
2006	2,662	2,056	2,376	1,691	2,000	1,315
2007	2,928	2,074	2,851	1,812	2,540	1,452
2008	3,221	2,093	3,421	1,941	3,226	1,604
2009	3,543	2,113	3,207	1,625	4,097	1,771
2010	3,953	2,162	3,900	1,764	5,203	1,956
2011	4,327	2,172	4,681	1,891	6,608	2,160
2012	4,746	2,185	5,383	1,941	8,325	2,366
총계	32,000	20,190	31,999	18,207	31,999	12,624

[표 10.1] 타이밍과 불확실성은 현재가치에 큰 영향을 미친다. 일정한 현금흐름이 창출되는 데 더 오랜 시간이 걸리고 돈을 받게 될 가능성이 줄어든다면, 그 돈의 현재가치는 그만큼 적어진다. (출처: 모닝스타)

그러나 '할인된discounted' 현금흐름의 가치는 세 회사가 상당히 다르다. 현재가치로 조정했을 때 경기순환회사의 현금흐름의 가치는 안정회사보다 2,700달러 적다. 안정회사의 예측 가능성이 높아서 투자자들이 낮은 할인율을 적용하기 때문이다. 순환회사의 현금흐름은 어떤 해에는 20% 증가했다가 어떤 해에는 줄어든다. 따라서 투자자들은 위험이 더 크다고 판단하고 더 높은 할인율을 적용해서 주식을 평가한다. 그 결과 '할인된' 현금흐름의 '현재가치'가 더 작다.

현금흐름의 현재가치의 차이는 위험회사의 경우 훨씬 극명해지는데, 이 회사의 현재가치는 안정회사보다 거의 8,300달러나 적어진다. 위험회사의 현금흐름은 실현 시기가 훨씬 미래일 뿐 아니라 실제로 실현될지의 여부도 불투명하기 때문에 상당히 높은 할인율이 적용된 것이다.

이제 할인된 현금흐름 모델의 기본 원칙을 이해했을 것이다. 가치를 결정짓는 것은 미래현금흐름의 금액과 시기, 위험 수준이므로 항상 이 세 가지 개념을 염두에 두고 주식의 가격을 매겨야 한다. 그것이 가장 중요하다.

현재가치 계산

내재가치 계산의 이론을 배웠으니 이제부터는 실제에 적용하는 방법을 익혀보자. 미래현금흐름 100달러의 현재가치를 구하려면 이 미래현금흐름을 1.0에 할인율을 더한 값으로 나눠야 한다. 10%의 할인율을 적용할 경우 2년 뒤 현금흐름 100달러의 현재가치는 $100/(1.10)^2 = \$82.64$이다. 다시 말해 10%의 이자율로 82.64달러를 투자하면 1년 뒤에는 90.91달러, 2년 뒤에는 100달러가 나온다. 할인율은 현재에서 미래로 가는 것이 아니라 미래에서 현재로 이르는 이자율을 나타낼 뿐이다.

앞의 공식을 일반화해보자. 할인율이 R이라면 N년 뒤 미래현금흐름의 현재가치는 $CF_n/(1+R)^n$이다. 가령 2년 뒤 500달러의 현금흐름이 예상되고 할인율이 7%라면 이 현금흐름의 현재가치는 다음과 같다.

$$\frac{\$500}{(1.07)^2} = \frac{\$500}{1.449} = \$436.72$$

3년 뒤 현금흐름의 현재가치는 408.16달러이다.

$$\frac{\$500}{(1.07)^3} = \frac{\$500}{1.225} = \$408.16$$

할인율을 10%로 바꾼 뒤 3년 뒤 미래현금흐름의 현재가치를 구하면 375.66달러가 나온다.

$$\frac{\$500}{(1.10)^3}$$

(엑셀 등의 스프레드시트에 이 공식을 대입하고 싶다면 누승지수를 대입할 때 [^] 상징을 이용하면 된다. 가령 엑셀에 1.10⁴를 집어넣을 경우 1.10^4라고 적으면 된다).

할인율 분석하기

할인율 공식을 구한 다음에는 어떤 요소가 할인율에 영향을 주는지를 이해해야 한다. 어떻게 해서 7%나 10%의 할인율을 얻게 된 것일까? 앞의 휴가 연장 예에서 보았듯이 할인율의 한 가지 요소는 기회비용(또는 시간가치)이고 또 다른 중요한 요소는 위험이다. 불행히도 할인된 현금흐름DCF 모델에서 정확한 할인율을 계산해주는 방법은 존재하지 않는다. 또한 학술잡지를 보면 올바른 할인율 예측 방법에 대한 토론이 난무할 뿐이다. 하지만 결단코 이런 토론에 휘말릴 필요는 없다.

실질적인 차원에서 알아야 할 사항은, 이자율이 올라가면 할인율도 올라간다는 것이다. 또한 기업의 위험 수준이 높아져도 할인율이 올라간다. 두 가지 개념을 합쳐보자. 이자율은 재무성 장기채권의 금리를 합리적인 기준으로 삼을 수 있다(재무성채권의 금리를 이용해서 기회비용을 나타냈다는 점을 기억하자. 이는 정부가 약속된 이자를 정확히 지불할 것이라고 확신할 수 있기 때문이다). 2003년 중반 지난 10년 동안 10년 만기 채권의 평균 이자율은 5.5%였으니 이를 기준으로 삼자. 이것은 정해진 수치는 아니므로 때에 따라서는 5%나 6%가 될 수도 있다.

이 위험을 살펴보자. 이것은 정확히 측정하기가 훨씬 어렵다. 재무이론가들의 기준에 따르면 위험은 가변성volatility과 같으며, 회사의 위험 수준을 예측하려면 그 주식의 변화를 시장의 변화와 비교해야 한다. 따라서 회사 주식이 갑자기 30달러에서 20달러로 떨어졌다면, 재무이론의 원칙에 따라 이 주식의 위험도 그만큼 높아진다.

모닝스타는 위험에 대한 이런 식의 정의를 신봉하지 않는다. 싼 주식은 일반적으로 비싼 주식보다 위험이 적다고 생각하기 때문이다(이것은 사업의 기본에는 어떤 극적인 변화도 발생하지 않았으며 주가 하락에 항상 이런 상태가 동반하는 것은 아니라는 가정을 전제로 한다). 주식을 보는 것이 아니라 기업을 관찰해서 위험을 평가하는 것이 옳다. 또한 회사의 위험 수준은 그 회사가 우리가 예상한 현금흐름을 창출할 수 있을지의 여부에 따라 달라진다.

그 이유는 무엇일까? 과거의 주가는 회사가 미래에 창출할 현금흐름과 거의 상관이 없을 수 있기 때문이다. 위험을 자본이 영구히 감소될 가능성, 다시 말해 주식을 파는 시점에서 현재보다 그 가치가 떨어질 가능성이라고 정의하는 쪽이 더 합당하다. 할인율을 예측할 때에는 다음과 같은 몇 가지 요소들을 고려해야 한다.

규모

규모가 작은 기업은 큰 기업보다 위험한데, 불리한 상황이 벌어지면 더 큰 타격을 받을 수 있기 때문이다. 또한 이런 회사들은 대체적으로 제품 라인이나 고객층이 다양하지 못한 편이다.

재무레버리지

부채가 많은 기업은 다른 비용에 비해 고정비(채무 상환) 비중이 크기 때문에 부채가 적은 기업보다 위험이 높은 편이다. 호경기에는 이익을 내겠지만, 불경기에는 이익이 줄어들어서 재무적 곤경 financial distress에 처할 위험이 커진다(재무적 곤경은 채무 상환이 어려워지는 것을 뜻한다). 기업의 부채비율, 이자보상비율 및 재무레버리지 상의 위험을 결정짓는 다른 요소들을 살펴봐야 한다.

경기순환성

회사가 경기순환 산업(가전제품이나 반도체 회사)에 속하는가 아니면 안정적인 산업(시리얼이나 맥주 회사)에 속하는가? 경기순환 기업cyclical firm은 안정적인 회사보다 현금흐름 예측이 훨씬 힘들기 때문에 위험도 커진다.

경영 및 기업지배구조

이를 위해서는 이런 질문을 던져야 한다. 회사를 운영하는 사람들을 얼마나 믿을 수 있는가? 흑백으로 구분하기는 힘들지만 회사의 경영자들이 자기 이익을 추구하거나 터무니없이 많은 보수를 받거나 또는 제7장에서 나온 여러 가지 적신호를 보여준다면 그렇지 않은 경영자들이 존재하는 회사보다 위험을 훨씬 크게 평가해야 한다.

경제적 해자

회사의 경제적 해자가 넓은가 좁은가, 아니면 아예 없는가? 기업이 강력한 경쟁우위를 가지고 있다면 다시 말해 넓은 해자를 가지고 있다면 경쟁사들의 접근을 차단하고 지속적인 현금흐름을 창출할 수 있는 가능성도 높아진다.

복합성 할인율

위험의 기본은 불확실성이다. 따라서 눈에 보이지 않는 것은 평가하기도 힘들다. 대단히 복잡한 사업구조나 재무구조를 지닌 회사는 단순하고 이해하기 쉬운 회사보다 위험이 크다. 못 보고 지나친 주석 속에 불쾌한 진실이 숨어 있을 가능성이 크기 때문이다. 경영진이 매우 정직하고 회사의 영업 실적이 훌륭하다고 여겨질지라도, 700페이지에 이르는 연례운영보고서를 달달 외울 자신이 없다면 리스크 평가 시 머릿속으로 '복합성 할인율complexity discount'을 고려해야 한다.

이런 위험을 어떻게 할인율에 더해야 할까? 앞에서도 말했지만 '정답'은 없다. 모닝스타에서는 앞에서 말한 요소들을 토대로 기준 할인율을 10.5%로 정한 뒤 위험의 크기에 따른 할인율 분포도를 작성한다.

가령 2003년 중반 존슨 앤드 존슨, 콜게이트, 월마트와 같은 회사에는 9%의 가장 낮은 할인율을 적용했으며, 마이크론 테크놀로지, 제트블루 항공, 이트레이드 증권처럼 위험이 큰 회사에는 13~15%의 할인율을 적용했다.

안심할 수 있는 할인율을 택하는 것이 비결이다. 꼭 맞게 계산해야 한다는 생각은 버리자. 현재 평가 중인 회사가 업계 평균보다 위험이 큰지 작은지, 그리고 이 회사 자체의 위험이 어느 수준인지를 고려하기만 하면 된다. 또한 할인율 적용은 비정확성의 과학임을 명심하자. 기업에 '꼭 맞는' 할인율은 존재하지 않는다.

영구가치 계산

지금까지 현금흐름 추정과 할인율을 공부했다. 이제 '영구가치perpetuity value'를 구해서 세 가지를 결합하면 된다. 영구가치가 필요한 이유는 기업의 미래현금흐름을 무한대로 추정하는 것은 불가능하지만 기업의 존속연수는 이론적으로는 영구적이기 때문이다.

영구가치를 계산하는 가장 일반적인 방법은 최종 현금흐름CF에 장기적인 현금흐름 예상 증가율g을 더한 다음, 이것을 할인율R에서 장기 현금흐름 예상 증가율을 뺀 값으로 나누는 것이다. 공식으로 표현하면 다음과 같다.

$$\frac{CF_n(1+g)}{(R-g)}$$

    이 계산으로 도출된 값을 앞에서 나온 방법으로 할인해서 현재가치를 구해야 한다. 정확한 이해를 위해 한 가지 예를 들어 보자. 가령 어떤 회사의 할인율을 11%로 잡고 10년 동안의 할인된 현금흐름DCF 모델을 사용한다고 가정해보자. 10년 뒤 이 회사의 현금흐름은 10억 달러라고 예상되며, 현금흐름은 해마다 3%씩 꾸준히 증가한다(3%는 장기적인 현금흐름 증가율로 상당히 합리적인 수치인데, 미국 국내총생산GDP의 평균 성장률이 그 정도이기 때문이다. 쇠락하는 업종에 속한 기업을 평가할 경우에는 2%를 적용해도 무방하다).

    첫째, 10억 달러에 1.03을 곱하면 11년 뒤의 예상 현금흐름은 10억 3,000만 달러이다.

$$10억\ 달러 \times 1.03 = 10억\ 3,000만\ 달러$$

    10억 3,000만 달러를 8%(할인율 11% - 장기적인 현금흐름 증가율 3%)로 나누면 11년 뒤의 예상 현금흐름은 120억 8,800만 달러이다.

$$\frac{1억\ 3천만\ 달러}{(0.11-0.03)} = 120억\ 8,800만\ 달러$$

    이 예상 현금흐름에 대한 현재가치를 구하려면 앞에 나온 할인율 공식 $CFn/(1=R)n$을 적용해야 한다. 이때 n은 미래의 연수를, CFn은 n년 뒤의 현금흐름을, R은 할인율을 의미한다. 숫자를 대입하면 다음과 같다.

$$N = 11$$
$$CF_n = 120억\ 8{,}800만\ 달러$$
$$R = 0.11$$
$$\frac{\$12.88}{(1.11)^{10}} = \frac{\$1288}{2.839} = 45억\ 3{,}600만\ 달러$$

마지막으로 이 할인된 영구가치를 10년 동안의 예상 현금흐름의 할인된 현재가치에 더한 뒤 주식 수로 나눠야 한다([표 10.2]).

1단계	차후 10년 동안의 잉여현금흐름 FCF 예측한다.
2단계	FCF를 할인해서 현재가치 계산: ▶ 할인된 FCF = 해당연도의 FCF ÷ (1 + R)^N (R = 할인율, N = 할인 연수)
3단계	영구가치를 계산해서 이것을 현재로 할인: ▶ 영구가치 = FCF10 × (1 + g) ÷ (R − g) ▶ 할인된 영구가치 = 영구가치 ÷ (1 + R)^{10}
4단계	할인된 영구가치를 10년 동안 할인된 현금흐름(2단계)의 합에 더해서 총 주식가치 total equity value를 계산한다. ▶ 총 주식가치 = 할인된 영구가치 + 10년 동안의 할인된 현금흐름
5단계	총 주식가치를 주식 수로 나눠서 1주당 가치를 계산한다. ▶ 1주당 가치 = 총 주식가치 ÷ 유통 중인 주식 수

[표 10.2] 주식가치를 구하기 위한 단계별 할인된 현금흐름모델

다음 장에서 좀 더 자세한 내용을 다루겠지만 이 과정을 간단히 요약하면 다음과 같다. 이를 위해 다시 클로락스의 예를 들어보자. 다음의 과정을 [표 10.3]에 적용하면 이해가 쉬울 것이다.

클로락스에 대한 가정	
현재 주가	$45.00
유통 중인 주식 수(단위: 백만)	221.0
내년도 잉여현금흐름(단위: 백만)	$630.00
영구가치 증가율(g)	3.0%
할인율(R)	9.0%

클로락스에 대한 10개년 가치 평가 모델											
1단계	차후 10년 동안의 잉여현금흐름 FCF 예측										
	(지속적으로 5%씩 증가한다고 가정. 단위는 백만 달러)										
연수		1	2	3	4	5	6	7	8	9	10
잉여현금흐름		630.0	661.5	694.6	729.3	765.8	804.1	844.3	886.5	930.8	977.3
2단계	잉여현금흐름을 현재가치로 할인										
	(할인승수=$(1+R)^N$ (R=할인율, N=할인 연수))										
연수		1	2	3	4	5	6	7	8	9	10
잉여현금흐름		630.0	661.5	694.6	729.3	765.8	804.1	844.3	886.5	930.8	977.3
÷할인승수		1.09^1	1.09^2	1.09^3	1.09^4	1.09^5	1.09^6	1.09^7	1.09^8	1.09^9	1.09^{10}
=할인된 FCF		577.9	556.8	536.3	516.7	497.7	479.4	461.8	444.9	428.6	412.8
3단계	영구가치를 계산하고 이것을 현재가치로 할인										
	(영구가치=10년 뒤 FCF×(1+g)÷(R-g) (g=영구가치 증가율, R=할인율))										
	영구가치 ▶ (412.8 × 1.03) ÷ (0.09 - 0.03) = $16,777.61										
	할인 ▶ $16,777.61 ÷ 1.0910 = $7,087.05										
4단계	총 주식가치 계산										
	(할인된 영구가치를 10년 동안 할인된 현금흐름의 합에 더한다(2단계).)										
	총주식가치 ▶ $7,087.05 + $4,913.01 = $12,000.06										
5단계	1주당 주식가치 계산										
	(총 주식가치를 주식 수로 나눈다.)										
	1주당 가치 ▶ $12,000.06 ÷ 221.00 = $54.30										

[표 10.3] 할인된 현금흐름을 이용한 클로락스 평가 (출처: 모닝스타)

1. 다음 4분기 동안의 잉여현금흐름을 예측한다. 이 금액은 기업의 성장률, 경쟁사에 대한 우위, 자본 필요 등 여러 요인에 따라 달라진다(현금흐름 추정에 대해서는 다음 장의 극명한 대조를 보이는 두 회사를 분석하고 평가하는 과정을 예로 들면서 자세히 설명할 것이다). 첫 단계로 과거 10년 동안 클로락스의 잉여현금흐름 증가율을 살펴봐야 한다. 계산 결과 9%가 나왔다. 2003년 클로락스의 잉여현금흐름 창출액은 9% 증가한 6억 달러이지만, 미래에도 이처럼 빠른 증가세가 이어질 것이라고 가정할 수는 없다. 월마트와 같은 대형 소매점이 부상하면서(클로락스 매출의 거의 4분의 1을 차지한다), 소비자제품 기업들의 협상력이 줄어들었다. 따라서 보수적인 관점에서 현금흐름이 마지막 해보다(2003년) 줄어든 5% 증가에 그칠 것이라고 가정하자. 그렇게 되면 6억 3,000만 달러의 현금흐름이 예상된다.

2. 앞으로 5년 내지 10년 동안 잉여현금흐름의 증가율을 추정한다. 강력한 경쟁우위를 가지고 있고 자본 필요도가 적은 회사만이 오랫동안 평균 이상의 성장률을 지속할 수 있다는 사실을 유념하자. 경기순환에 민감한 회사들은 불경기에 많은 돈을 쏟아 부어야 한다는 것도 잊지 말자. 표백제나 글래드 백Glad bags은 아주 안정적인 사업이므로 클로락스는 경기순환 회사에 속하지 않는다. 그러나 '월마트 요인'을 고려해 성장률에 대해 보수적인 관점을 유지해야 한다. 따라서 앞으로 10년 동안 잉여현금흐름은 연평균 5% 증가할 것이라고 가정한다.

3. 할인율을 예측한다. 클로락스는 재무적으로 탄탄한 회사다. 부채도 거의 없고, 잉여현금흐름을 많이 창출하며, 경기순환 산업에 속하지도 않는다. 따라서 앞에서 말한 평균 할인율인 10.5%보다

훨씬 낮은 9%를 적용하자. 클로락스는 예측 가능성이 꽤 높은 기업이기 때문이다.
4. 장기적인 현금흐름 증가율을 예측한다. 미래에도 표백제나 쓰레기 봉투에 대한 수요는 줄지 않을 것이므로 클로락스의 시장점유율이 유지될 것이라고 장담할 수 있다. 따라서 3%의 GDP 장기성장률을 적용할 수 있다.
5. 이제 계산만 하면 된다! 첫 10년 동안의 현금흐름을 할인한 뒤 이것을 영구가치의 현재가치에 더한 다음, 주식 수로 나누면 된다.

이것은 아주 단순한 DCF 모델이다. 모닝스타에서 사용하는 DCF 모델에는 십여 개 정도의 엑셀 표가 들어 있으며, 연금이나 영업리스 등 복잡한 항목도 들어 있다. 또한 경쟁우위나 다른 여러 요소들에 대한 내용도 들어 있다. 하지만 DCF의 흐름을 이해하거나 명확한 판단을 내리는 데 반드시 아주 복잡한 모델이 필요한 것은 아니다. 가령 클로락스에 대한 가치 평가(2003년 말의 주가보다 예상 가치를 15% 더 높게 잡았다)를 보면 이 회사는 지금부터 10년 동안 연간 8억 달러 정도의 잉여현금흐름을 창출할 것이라고 여겨진다.

이것이 현실적인 수준일까? 2003년 말 모닝스타의 데이터베이스에 실린 6,500개 이상의 기업 중 125개 회사만이 이 정도 수준을 달성할 수 있었다. 따라서 8억 달러 이상의 잉여현금흐름이 얼마나 어려운 수치인지 충분히 짐작할 수 있다. 그러나 클로락스의 여러 강력한 브랜드와 우수한 제품 혁신 능력을 감안할 때 이것은 결코 비현실적인 수치가 아니다. 게다가 잉여현금흐름 예상 증가율을 과거 증가율보다 상당히 낮춰서 5%로 잡았기 때문에 DCF 모델도 다소 보수적으로 예측된다. 어쨌든 클로락스는 그 자체가 하나의 시조가 된 표백제와 핀

솔Pinsol, 포뮬러 409Formula 409 등 강력한 브랜드를 많이 가지고 있기 때문에 월마트와 같은 대형 소매점과 가격 협상을 벌일 때 유리한 위치를 점할 수 있다.

이런 내용들을 충분히 검토하는 마음가짐을 가지게 되었다는 점이 중요하다. 클로락스의 주식 차트를 한번 쳐다본 뒤 '이익의 16배면 합리적인 것 같다'라고 결론지었다면 이런 마음가짐을 가지지 못했을 것이다. 사업을 이해함으로써 자신감을 가지고 보다 훌륭한 가치 평가를 내리게 된 것이다.

안전마진

방금 기업에 대한 분석과 평가를 마쳤다. 이제 남은 것은 언제 매수하느냐이다. 정말로 성공적인 투자를 원한다면 예측된 내재가치보다 싼 가격에 매수할 수 있는 주식을 찾아야 한다. 가치 평가나 분석은 실수를 저지르기 쉽기 때문에 추정된 내재가치보다 상당히 할인된 값에 주식을 사야만 이런 실수가 미치는 영향을 최소화할 수 있다. 투자계의 거목인 벤저민 그레이엄은 이렇게 할인된 부분에 '안전마진'이라는 용어를 붙였다.

안전마진이 어떻게 작용하는지를 알아보자. 클로락스의 가치가 54달러, 현재 주가는 45달러라고 가정해보자. 지금 주식을 사고 우리의 분석이 정확하다면 수익률은 45달러와 54달러의 차이(20%) 더하기 할인율 9%이다(이런 이유 때문에 주식에 대한 할인율을 '요구수익률required return'이라고 한다). 다른 모든 것을 고려해봐도 29%의 수익률은 대단히 우수한 수치이다.

하지만 우리의 분석이 틀렸다면? 클로락스의 성장률이 예상보다 훨씬 느리거나(경쟁사가 시장점유율을 빼앗아갈지도 모른다) 회사의 가격 결정력pricing power이 생각보다 훨씬 빨리 무너진다면? 그럴 경우 클로락스의 적정 가치는 실제로 40달러일지도 모른다. 45달러라는 지나치게 비싼 값을 주고 주식을 샀다는 결론이 나온다.

안전마진은 지나치게 비싼 값을 치르는 것을 막아주는 보험 역할을 한다. 이것은 지나치게 낙관적인 예측으로 인한 손실을 덜어준다. 가령 클로락스 주식을 사기 전에 20%의 안전마진을 정했다면, 이것이 43달러로 떨어진 후에야 주식을 샀을 것이다. 그럴 경우 최초의 분석이 틀렸고 실질적인 적정 가치가 40달러였을지라도, 투자 손실은 별로 크지 않았을 것이다.

모든 주식은 저마다 성격이 다르므로 각 주식의 안전마진도 달라져야 한다. 가령 차후 5년 동안의 안호이저 부시의 현금흐름을 예측하는 것이 보잉의 현금흐름을 예측하는 것보다 훨씬 쉽다. 전자는 막강한 가격 결정력과 지배적인 시장점유율, 비교적 안정적인 수요를 가지고 있지만, 후자는 낮은 가격 결정력에 평균적인 시장점유율, 대단히 경기순환적인 수요를 가지고 있다. 보잉 사의 경우 자신 있는 추정이 힘든 관계로 주식을 사기 전에 안전마진을 더 크게 잡아야 한다. 분석이 틀렸거나 지나치게 낙관적으로 예측했을 가능성이 훨씬 높기 때문이다.

더 좋은 사업에 더 많은 가격을 지불하는 것이 당연하다. 주식에 지불할 가격은 기업의 품질과 밀접한 관련을 가지기 때문에 위대한 사업일수록 적정 가치에서 적게 할인된 가격에 구입할 만한 가치가 있다. 왜냐고? 고품질 기업, 다시 말해 경제적 해자가 넓은 회사는 시간이 지날수록 가치가 올라갈 가능성이 높은데다, 적당한 기업에 높은 가격을 지불하는 것보다 위대한 기업에 적당한 가격을 지불하는 것이 더 낫기 때문이다.

안전마진의 규모는 어느 정도로 잡아야 할까? 모닝스타에서는 경제적 해자가 넓어서 안정성이 높은 회사에는 20%를, 경쟁우위가 전혀 없어서 리스크가 매우 높은 주식에는 60%의 안전마진을 매긴다. 일반적으로는 대부분의 기업에 30~40%의 안전마진을 정한다.

인간인 이상 누구나 실수를 저지른다. 따라서 체계적인 투자자가 되려면 안전마진을 숙지해야 한다. 주식시장에 투자하려면 미래에 대해 어느 정도 낙관론을 가질 수밖에 없다. 주식매수자들이 지나치게 비관적인 경우보다 지나치게 낙관적인 경우가 훨씬 많은 이유도 여기에서 비롯된다. 이런 사실을 유념하면 주식을 살 때 항상 안전마진을 정해서 이런 결점을 바로잡을 수 있다.

결론

결점이 없는 주식투자 방법은 없다. 체계적으로 가치 평가를 한다는 것은 위대한 기회를 놓치지 않는다는 것을 의미할 수도 있다. 어떤 기업은 대부분의 사람들이 예상한 것보다 더 오래 훌륭한 실적을 거두기 때문이다. 마이크로소프트나 스타벅스 같은 회사들은 절정일 때 주식이 너무 비싼 듯 보였다. 하지만 가치 평가에 매우 엄격한 투자자들 중 두 회사가 초창기일 때 주식을 산 사람은 거의 없을 것이다. 왜일까? 두 회사 모두 아주 오랜 기간에 걸쳐 경쟁사를 물리쳤기 때문이다. 보수적인 추정이 내놓은 결과보다 훨씬 오랫동안 말이다.

체계적으로 가치 평가를 한다는 것은 이런 기회를 놓치는 것을 의미할 수도 있다. 하지만 투자자를 대단히 크게 실망시킬 것이 뻔하겠지만 차세대 마이크로소프트인 듯 가격이 매겨진 여러 투자를 피하게 해 줄 수도 있다. 지난 10년 동안 얼마나 많은 소프트웨어 회사들이 중도 하차 했는지, 또는 1990년대 초 차세대 맥도널드라도 되는 듯 비싼 가격이 매겨졌던 베이글 주bagel stocks들은 어떠했는지 생각해보자. 높은 잠재력을 가진 몇몇 기업은 많은 신뢰와 높은 가치 평가를 받을 자격이 있다. 하지만 일반적으로는 너무 비싼 주식을 사서 뒤늦게 후회하는 것보다는 처음에 가치 평가를 엄격히 적용해서 안정적인 투자를 놓치는 것이 더 낫다.

결국 돈을 잃어서 진짜 '비용'이 드는 것이 이익을 놓쳐서 '기회' 비용이 발생하는 것보다 훨씬 나쁘다. 그렇기 때문에 어떤 회사를 살 것인지가 중요하듯 얼마의 가격을 지불할 것인지도 중요하다.

투자자의 체크리스트: 가치 평가 – 내재가치

- ☐ 내재가치 추정은 주가가 아니라 사업의 가치에 초점을 맞추게 해준다.
- ☐ 주식은 미래현금흐름의 현재가치이며, 현재가치를 결정짓는 것은 미래현금흐름의 금액과 시기, 위험 수준이다.
- ☐ 할인율은 돈의 시간가치에 위험 프리미엄을 더한 값이다.
- ☐ 위험 프리미엄은 기업의 규모 및 재무 건전성, 경기순환성, 경쟁 위치 등의 요소와 밀접한 관련을 가진다.
- ☐ 내재가치를 계산하려면 다섯 가지 단계를 따라야 한다. 다음 해의 현금흐름을 예측하고, 현금흐름 증가율을 예측하며, 할인율을 예측한 다음, 장기적인 현금흐름 증가율을 예측한 뒤, 할인된 현금흐름을 영구가치에 더해야 한다.

11
적용하기

○○○

이제 즐길 시간이다. 투자 철학을 마련했고 경제적 해자가 무엇인지 알았고 재무제표를 읽는 법과 기업을 평가하는 방법을 익혔다. 이런 사항들을 실재하는 기업에 적용해보자. 하나는 마이크로프로세서 제조사인 어드밴스트 마이크로 디바이시즈Advanced Micro Devices, AMD고 하나는 의료장비 회사인 바이오멧Biomet이다.

(제11장에 나온 모든 재무 자료들은 똑같은 형식으로 Morningstar.com에서 찾아볼 수 있다.)

AMD

AMD는 처음에는 매력적인 투자 대상으로 보일지도 모른다. 이 회사는 PC나 서버의 두뇌 격인 마이크로프로세서를 생산하는 두 개밖에 없는 회사 중 하나이고, 컴퓨터는 꽤나 보편화된 장비이다. 또한 AMD는 플래시 메모리칩을 생산하는데, 이것은 휴대전화나 네트워크 라우터 같이 장기적인 수요가 확실한 여러 장비의 주요 부품이다. 마이크로프로세서 시장에서 AMD는 과거 여러 해 동안 최대 라이벌인 인텔의 기술을 따라잡았고, 1990년대 말 잠깐이긴 하지만 이 회사의 칩은 인텔의 것보다 더 빠르고 우수하다는 평가를 받았다. 게다가 AMD는 인텔의 모든 칩보다 더 우수한 강력한 차세대 칩을 개발하기 위해 노력을 기울이고 있었다.

이런 내용들은 최신 뉴스를 접해봤거나 AMD의 웹사이트에 들어가서 최근 연차보고서를 살펴보기만 해도 충분히 알 수 있는 내용들이다. 하지만, 이런 정보만 가지고는 합리적인 투자 결정을 내리는 데 무리가 있다. 따라서 AMD 투자가 실제로 얼마나 안정적인지를 알아보기 위해 이 회사를 체계적으로 파헤쳐보자.

경제적 해자

첫째, 경제적 해자가 존재하는지를 알아내야 한다. 제3장에서 논했듯이 AMD가 과거에 얼마나 수익을 냈는지를 검토해야 하며, 잉여현금흐름과 마진, ROE, ROA를 살펴보면 된다([표 11.1] 참조).

AMD가 그동안 창출해온 잉여현금흐름은 상당히 변동이 심했다. 1990년대 초 몇 년 동안의 호경기가 지난 뒤 회사가 자본 지출을 과도하게 늘린 탓에 잉여현금흐름이 마이너스로 돌아섰고, 2000년 기술

잉여현금흐름	93	94	95	96	97	98	99	00	01	02
현금운용	456.2	573.2	611.9	73.2	398.8	144.4	259.9	1,205.6	167.7	-88.9
자본지출	-323.7	-547.8	-620.8	-485.0	-685.1	-966.2	-619.8	-805.5	-678.9	-705.2
잉여현금흐름	132.5	24.5	-8.9	-411.8	-286.3	-851.8	-359.9	400.1	-511.2	-794.1
FCF/매출액(%)	8.0	1.1	-0.4	-21.1	-12.2	-33.5	-12.6	8.6	-13.1	-29.4

[표 11.1] AMD의 잉여현금흐름 (단위: 백만 달러)

AMD 수익성	93	94	95	96	97	98	99	00	01	02
영업이익률(%)	18.5	24.0	14.3	-13.0	-3.8	-6.4	-11.2	19.1	-1.5	-45.4
순이익률(%)	13.3	13.8	12.4	-3.5	-0.9	-4.1	-3.1	21.2	-1.6	-48.3
자산회전율(평균)	1.0	1.0	0.9	0.6	0.7	0.7	0.7	0.9	0.7	0.5
ROA(%)	13.3	13.8	11.2	-2.1	-0.6	-2.9	-2.9	19.1	-1.1	-24.2
재무레버리지(평균)	1.4	1.4	1.4	1.5	1.6	1.9	1.9	2.0	1.7	1.9
ROE	18.6	19.3	15.7	-3.2	-1.0	-5.5	-5.5	38.2	-1.9	-46.0

[표 11.2] AMD의 수익성

붐이 일어난 후에야 AMD는 정(+)의 잉여현금흐름을 창출할 수 있었다. 이것은 회사의 경제적 해자가 넓지 않음을 알려주는 신호다. 하지만 일부 고성장 기업들은 자본 지출에 가진 돈 전부를 쏟아 붓기도 한다. 이런 경우는 경제적 해자를 계속 구축하고 있기 때문에 잉여현금흐름이 마이너스가 된다.(1990년대 스타벅스의 경우가 가장 좋은 예이다.) 하지만 이런 기업들도 이익은 안정적인 수준이다. AMD의 마진과 자본수익률을 살펴보자([표 11.2]).

AMD의 영업이익률과 순이익률을 보면 잉여현금흐름보다는 실적이 나은 편이지만 그래도 10년 중 6년 동안 이 회사가 손실을 입었음을 알 수 있다. 하지만 이러한 추이는 경기순환과는 아무 상관이 없다. 미국 경제가 최고 호황을 향해 치닫던 1996년부터 1999년까지 이 회사는 내리 돈을 잃었기 때문이다.

ROE와 ROA도 비슷한 사실을 말해준다. 1990년대 초 몇 년의 전성기가 지나자(10%를 웃도는 ROE는 상당히 좋은 수치다) 2000년 기술 붐이 일기 전까지 AMD의 실적은 상당히 저조했다. 또한 자산회전율 하락에서 AMD의 효율성이 떨어졌음을, 재무레버리지의 점진적인 증가에서 이 회사가 더 많은 채무를 떠안았음을 알 수 있다.

AMD는 최근 한 해 상당히 좋은 실적을 보였다. 2000년의 ROE와 잉여현금흐름, 마진 모두 상당히 좋았다. 이것이 일시적인 현상인지 아니면 호전되는 기미인지를 알아내야 한다. 최근의 몇 가지 연차보고서를 읽어본 뒤 2000년에 AMD는 전형적인 방식으로 돈을 벌었음을 알 수 있었다. 인텔보다 더 빠르고 값싼 칩을 내놓았던 것이다. 그 덕분에 AMD는 2001년 PC시장이 둔화되고 인텔이 경쟁적인 칩을 내놓기 전까지 상당한 수익을 냈다.

결국 AMD가 최근에 거둔 한 번의 대성공은 뛰어난 기술의 제품 덕분이었다. 그러나 제3장에도 나왔듯이 이것은 경제적 해자의 원천 중 지속성이 가장 낮은 분야이다. 따라서 인텔이 재빨리 자사의 우월한 규모와 현금력을 동원해 경쟁 제품을 출시해서 잠시 AMD에게 빼앗겼던 시장점유율을 회복했다는 것에 전혀 놀랄 필요가 없다.

전체적으로 볼 때 AMD의 과거 재무 성과를 보면 지속적인 경제적 해자의 원천이 넓지 않다는 것을 알 수 있다. 그 이유를 알아내기는 어렵지 않다. 인텔이 마이크로프로세서 시장을 지배하고 있으며 AMD의 시장점유율은 과거 여러 해 동안 15% 선을 유지하고 있었던 것이다. 인텔는 막강한 규모를 발판으로 AMD의 네 배나 되는 연구비를 투자한다. 급변하는 반도체 산업에 대한 투자를 고려해볼 때 이것은 무시 못할 장점이다. 또한 인텔의 규모는 더 큰 규모의 경제를 달성할 수 있게 해주는데, 더 많은 칩 생산을 통해 제조시설에 들어가는 고정비를 더 넓게 분산시킬 수 있기 때문이다.

AMD는 경제적 해자가 부족하기 때문에 이 주식을 사려면 안전마진을 더 크게 잡아야 한다. 하지만 경제적 해자가 전혀 없는 회사일지

AMD 수익증가률	93	94	95	96	97	98	99	00	01	02
연간(%)	8.8	29.5	13.8	-19.6	20.7	7.9	12.4	62.5	-16.2	-30.7
3년 평균(%)	-	-	17.1	5.8	3.3	1.5	13.5	25.4	15.3	-1.9
10년 평균(%)	-	-	-	-	-	-	-	-	-	5.9

[표 11.3] AMD의 수익증가율

라도 펀더멘털에 큰 변동이 없고 주식이 충분히 싸다면 괜찮은 투자 대상이 될 수도 있다. 따라서 보충 분석을 위해 제6장에서 나온 성장성, 수익성, 재무 건전성, 리스크, 경영진이라는 다섯 가지 분야를 관찰한 뒤 주식에 대한 대략적인 가치 평가를 내려보자.

성장성

[표 11.3]은 10년 동안 AMD의 수익증가율이 변동이 심했음을 알 수 있다. 사실 그렇게 나쁜 수준은 아니지만, 지난 10년 동안 PC 수요가 상당히 컸다는 사실을 감안할 때 6%의 연평균 증가율은 대단한 것이 되지 못한다.

이익 증가도 별로 대단한 것이 되지 못하는데, AMD는 1990년대에 돈을 잃은 해가 너무 많았기 때문이다. 그나마 좋은 점은 수익성이 가장 좋았던 해(2000년)에 벌어들인 돈이 1990년대 가장 많은 수익을 냈을 때(1995년) 벌었던 돈보다 훨씬 많다는 것이다. 하지만 2002년에는 다시 사상 최악의 적자를 기록했다. 아무리 좋게 봐도 과거 실적이 너무 변동이 심하다([표 11.4]).

수익성

AMD가 경제적 해자를 가지고 있는지를 알아보기 위해 잉여현금

연도	93	94	95	96	97	98	99	00	01	02
당기순이익	218.4	294.9	300.5	-69.0	-21.1	-104.0	88.9	983.0	-60.6	-1,303.0

[표 11.4] AMD의 당기순이익 (단위: 백만 달러)

AMD	93	94	95	96	97	98	99	00	01	02
수익(%)	100.0	100.0	100.0	100.0	100.0	100.0	100.0	100.0	100.0	100.0
매출원가(%)	47.9	46.0	53.5	73.8	67.0	67.6	68.7	54.1	66.5	78.1
매출총이익률(%)	52.1	54.0	46.5	26.2	33.0	32.4	31.3	45.9	33.5	21.9
판관비(%)	17.6	16.8	15.8	18.7	17.0	16.5	18.9	12.9	15.9	24.8
R&D(%)	15.9	13.1	16.4	20.5	19.9	22.3	22.2	13.8	16.7	30.3
기타(%)	0.0	0.0	0.0	0.0	0.0	0.0	1.3	0.0	2.3	12.3
영업이익률	18.5	24.0	14.3	-13.0	-3.8	-6.4	-11.2	19.1	-1.5	-45.4

[표 11.5] 각 항목을 매출액과 대비해서 보여주는 AMD의 공통형 손익계산서

흐름과 자본수익률을 살펴보았지만 상당히 부정적인 결과가 나왔다. AMD가 어떻게 돈을 벌거나 잃는지를 이해하기 위해 [표 11.5]의 '공통형common size' 손익계산서를 보자. 공통형 손익계산서는 각 항목을 매출액과 대비시켜주기 때문에 기업을 평가할 때 많은 도움이 된다.

공통형 손익계산서의 숫자들은 상당히 혼란스런 추이를 보여준다. 1990년대 초에 매출총이익률은 50% 대였지만, 2001년과 2002년에는 20~30%로 계속 떨어졌다. 간접비 지출(판관비)은 매출액의 16~19%로 상당히 안정적이었지만 R&D 지출은 극적으로 증가했다. R&D 지출의 대폭 상승은 칩 회사들이 경쟁력을 유지하려면 R&D에 막대한 돈을 쏟아 부어야 한다는 사실을 다시금 상기시킨다. 또한 이것은 현금흐름표상의 자본 지출의 대폭 상승과도 깊은 관련이 있다. AMD는 제조설비 확장에 엄청난 돈을 쏟아 붓고 있었던 것이다.

결론적으로 말해 이 회사는 칩을 만들 때마다 손해를 보고 있고, 간접비 면에서도 효율성이 떨어지고 있으며 연구개발에 많은 돈을 투자해야 된다. 이런 추이를 변동이 심한 매출액과 결부시키면([표 11.3]의 수익증가율 참조) AMD는 꽤 실망스런 수익 구조를 보여준다.

재무 건전성

불행히도 AMD의 재무 건전성을 검토해도 더 나을 것이 전혀 없다.

2002년 말 이 회사의 부채는 19억 달러, 주주자본은 25억 달러였다. 0.7의 부채비율은 시장에 비해 별로 나쁜 수준이 아니지만, AMD처럼 이익 창출에 많은 문제가 있는 회사에는 좋은 수준도 아니다. AMD의 유동비율(유동자산을 유동부채로 나눈 비율)은 1.5 정도였다. 이것 역시 나쁘지 않지만 AMD가 업계 2위이며 과거 수익성이 들쑥날쑥하다는 점을 감안할 때 별로 위로가 되지 않는다.

마지막으로 AMD의 연례운영보고서를 검토한 결과 독일 은행들에 많은 채무를 지고 있는 것이 들어났다. 채무의 이유는 회사가 독일에 대규모 제조공장을 짓고 있기 때문이었다. 이런 채무를 다른 채무계약contractional obligation과 합하면 AMD가 2004년에서 2006년 동안 여러 채권자들에게 9억 5,000만 달러 이상의 채무를 상환해야 한다는 것을 알 수 있다. 1993년 이후 영업순이익net operating income이 2억 5,000만 달러에 불과하고 같은 기간 마이너스 27억 달러의 잉여현금흐름을 창출한 회사에는 상당히 부담이 되는 금액이다(앞의 표에 나온 수치들을 더하면 위의 영업순이익과 잉여현금 누계액을 구할 수 있다). AMD의 재무구조는 그다지 건전하지 못한 편이라고 볼 수 있다.

부정적 가능성

일반적으로 기업을 분석할 때는 강력한 부정적 가능성을 상정하는 것이 좋지만 이미 AMD는 긍정적인 내용보다는 부정적인 내용들이 더 많이 드러났다. 어쨌든 계속 살펴보자.

경영진

AMD의 위임장 설명서를 검토하면 경영진을 파악할 수 있다. 첫째, 이들은 상당히 많은 보수를 받는다. 전임 CEO인 제리 샌더스Jerry Sanders는 1997년에서 2002년 동안 매년 100만 달러의 연봉과 연간 40만 달러의 '이연퇴직금deferred retirement compensation'을 받았다. 또한 보너스는 0에서 510만 달러 사이였다. 또한 그는 회사 자동차나 전용기 등 상당액에 달하는 '현물'보수를 추가로 받았다. 가령 2002년 그가 회사에서 받은 차량 서비스는 값비싼 자동차와 기사에게 지급하는 두둑한 보수를 포함해 18만 4,000달러에 달했다.

다른 경영자들도 2002년에 높은 보수를 받았는데, 상위 5명은 각각 45만 달러에서 90만 달러 정도의 연봉을 받았으며 이 중 셋은 그해 회사가 12억 달러의 손해를 봤음에도 두둑한 보너스를 챙겨갔다. 현재의 CEO인 헥터 루이즈Hector Ruiz는 현금 보너스는 받지 않았지만 측은하게 생각할 필요가 전혀 없다. 대신 120만 주의 스톡옵션(그 해 제공된 총 스톡옵션의 10%이다)을 받았기 때문이다. 여러 가정을 사용해보면 루이즈가 받은 옵션 가치는 차후 10년 동안 1,200만에서 3,000만 달러가 될 것이다.

이 회사의 스톡옵션 제도를 보고 있으면 직원들에게 회사를 조금씩 건네주면서 주주 가치를 희석시키고 있다는 느낌을 지울 수 없다. 2000년에서 2003년 동안 AMD는 임직원들에게 4,600만 주의 스톡옵션을 제공했고 이로 인해 유통 주식은 15% 가량 증가했다(이 기간 동안의 위임장 설명서를 보면 매년 제공된 옵션 수를 확인할 수 있다). 따라서 2000년에 AMD 주식을 사서 2003년까지 보유한 사람의 지분은 3년 만에 15% 줄어든 셈이 되었다. 이유는 단 하나, 회사가 직원들에게 스톡옵션을 과도하게 제공했기 때문이다. 이런 식의 과분한 옵션 제공은 경영진이 외부 주주들의 이익에는 거의 관심을 가지고 있지 않음을 알려 준다.

결국 AMD의 경영진은 지나치게 많은 보수를 받고 있으며, 믿고 돈을 맡길 수 있는 사람들이 아니라는 결론이 나온다.

가치 평가

AMD가 지난 2년 동안 손해를 보고 있었기 때문에 가치 평가를 하기가 힘들다. PSR의 기준에서 볼 때 2003년 9월 AMD의 거래가는 매출액의 1.5배였으므로 업계 평균인 7배에 비해 대단히 싼 값이었다. 또한 지난 5년 동안 AMD의 거래가가 매출액의 1.6배였다는 점에서도 별로 나쁜 비율이 아니다.

PER를 이용할 수는 없는데 2004년 AMD가 주당 0.30달러의 손실을 입을 것으로 예상되기 때문이다. 여하튼 AMD처럼 변동이 심한 회사에 대해서는 자신 있게 이익을 예측하기가 힘들다. 가령 2003년 9월에 바라본 2004년 AMD의 예상 주당순이익은 0.85달러에서 0.20달러까지 그 폭이 컸다. 다시 말해 AMD가 가까운 미래에 얼마의 돈을 벌지(아니면 잃을지) 전혀 확신할 수 없기 때문에 이 회사의 가치 평가에 큰 폭의 안전마진을 정해놓아야 한다.

AMD는 고순환 산업에 속하기 때문에 다음 순환의 정점일 때의 이익을 예측해서 PER 결과를 기본으로 회사를 평가해볼 수 있다. [표

AMD 당기순이익	93	94	95	96	97	98	99	00	01	02
당기순이익(백만달러)	214.8	294.9	300.5	-69.0	-21.1	-104.0	-88.9	983.0	-60.6	-1,303.0
기본 EPS(달러)	1.15	1.51	1.42	-0.25	-0.08	-0.36	-0.30	3.18	-0.18	-3.81
총 주식 수	190.2	195	211.2	271.4	280.9	287.3	294.1	309.3	332.4	342.3

[표 11.6] AMD의 당기순이익과 주식 수

11.6]은 2000년 정점일 때의 주당순이익이 거의 3달러에 달했음을 보여준다. 그러나 이를 그대로 받아들이지 않는 것이 좋다. 기술 붐의 시기와 운 좋게도 인텔과의 격차를 줍힐 수 있었던 시기가 맞물렸을 때 벌어들인 이익이기 때문에 반복될 가능성이 거의 없다. 하지만 AMD의 다음 순환의 정점일 때의 주당순이익을 1달러로 예상한다 해도 별로 비싸 보이지 않는다. 2003년 9월 거래가 정점일 때 주당순이익의 12배였기 때문이다.

문제는 AMD의 다음 번 경기순환의 정점이 언제일지 전혀 모른다는 점이다. 이 회사는 경쟁 위치가 약한데다 대차대조표에도 문제가 많다. 따라서 정점일 때의 이익을 기준으로 이 회사를 평가하는 것은 별로 합리적이라고 생각하지 않는다.

마지막으로 현금흐름을 예측해서 DCF 모델을 사용하는 방법을 적용해볼 수 있다. 하지만 AMD는 지난 10년 중 3년 동안만 정(+)의 잉여현금흐름을 창출했기 때문에 이 방법도 쉽지 않다. 하지만 어쨌든 시도는 해보자.

보수적으로 예상해서 AMD의 잉여현금흐름이 플러스로 돌아서서 2005년 한 해 동안 2억 달러를 창출하고 이후 10년 동안 연 5%씩 잉여현금흐름이 증가한다고 가정한다면, 이 회사는 앞으로 10년 동안 22억 달러의 잉여현금흐름을 창출할 것이다. 이 돈에 14%의 할인율

AMD에 대한 가정	
현재 주가	$7.00
유통 중인 주식 수(단위: 백만)	342.0
내년도 잉여현금흐름(단위: 백만)	-
영구가치 증가율(g)	3.0%
할인율(R)	14.0%

AMD에 대한 10개년 가치 평가 모델											
1단계	차후 10년 동안의 잉여현금흐름FCF 예측 (지속적으로 5%씩 증가한다고 가정. 단위는 백만 달러)										
연수		1	2	3	4	5	6	7	8	9	10
잉여현금흐름		-	200.0	210.0	220.5	231.5	243.1	255.3	268.0	281.4	295.5
2단계	잉여현금흐름을 현재가치로 할인 (할인승수=$(1+R)^N$ (R=할인율, N=할인 연수))										
연수		1	2	3	4	5	6	7	8	9	10
잉여현금흐름		-	200.0	210.0	220.5	231.0	243.1	255.3	268.0	281.4	295.5
÷할인승수		-	1.14^2	1.14^3	1.14^4	1.14^5	1.14^6	1.14^7	1.14^8	1.14^9	1.14^{10}
=할인된 FCF		-	153.9	141.7	130.6	120.3	110.8	102.0	94.0	86.5	79.7
3단계	영구가치를 계산하고 이것을 현재가치로 할인 (영구가치=10년 뒤 FCF×(1+g)÷(R-g) (g=영구가치 증가율, R=할인율)) 영구가치 ▶ (295.5×1.03)÷(0.14-0.03)=$2,766.86 할인 ▶ $2,766.86÷1.1410=$746.34										
4단계	총 주식가치 계산 (할인된 영구가치를 10년 동안 할인된 현금흐름의 합에 더한다(2단계).) 총주식가치 ▶ $1,019.40+$746.34=$1,765.74										
5단계	1주당 주식가치 계산 (총 주식가치를 주식 수로 나눈다.) 1주당 가치 ▶ $1,765.74÷342=$5.16										

[표 11.7] 할인된 현금흐름을 이용한 AMD 평가 (출처: 모닝스타)

을 적용해서 현재가치로 할인하면 10억 달러가 된다(14%를 적용한 이유는 이 회사의 과거 수익성이 좋지 않고 대차대조표상의 위험도 상당히 큰데다, 경기순환 산업에서 열악한 경쟁 위치를 차지하고 있기 때문이다). 여기에 7억 5,000만 달러 정도의 영구가치를 더하면 주식 총가치는 18억 달러, 1주당 가치는 5달러가 나온다([표 11.7]).

가치 평가 시점의 주가가 12달러였으니 투자 대상이 되지 못한다. AMD는 상당히 불확실한 미래를 가지고 있으므로 보수적인 내재가치 추정보다 훨씬 싸게 나왔을 경우에만 이 주식을 사야 된다. 그런 시기가 온다고 해도 이 회사의 여러 문제점을 감안할 때 정말로 주식을 사야 할지는 미지수다. AMD가 가까운 미래에 잉여현금흐름을 창출하지 못하거나 유동성 문제에 부딪힌다면 내재가치가 훨씬 낮아질 수 있다.

그 반대로 AMD가 인텔에 대해 어느 정도의 경쟁우위를 확보한다면 내재가치가 훨씬 높아질 수 있다. 특히 AMD가 내놓은 '해머Hammer' 패밀리 칩이 이 회사에 막대한 돈을 벌어줄 수도 있다. 하지만 지금까지 인텔과의 경쟁이 좋은 성적을 내지 못했다는 점을 감안하면 그럴 것이라 장담할 수 없다. 시장이 AMD의 전망(꽤나 변동이 큰)에 열광한다면 주식의 가치가 더 올라갈지도 모른다. 하지만 장기적인 투자 대상으로는 좋은 선택이 아니다.

바이오멧

의료장비 회사인 바이오멧은 AMD보다 전망이 꽤 밝다. 이 회사는 골반과 무릎을 위주로 한 인공관절을 비롯해 골절 접합에 사용되는 핀이나 나사 등 정형외과에서 사용되는 여러 제품을 생산한다. 창립한 지 25년 정도 된 이 회사는 아직도 창립자 중 한 명이 회사를 경영하고 있으며 경쟁사의 수도 비교적 적은 편이다(바이오멧의 주력 시장에서는 상위 5개 회사가 매출의 85%를 점하고 있다).

정형외과 장비 산업은 꽤 매력적인 분야다. 선진국의 평균 연령이 점점 높아지고 있는데다 더 나은 의료 서비스로 인해 사람들의 활동 기간이 증가한다. 이런 점들이 인공관절에 대한 수요를 높여준다. 게다가 인공관절은 불과 1980년대와 1990년대 사이에 이르러서야 대량판매제품mass market products이 만들어졌다. 인공관절의 평균 수명이 10년에서 12년이기 때문에, 노후된 인공관절을 교체하거나 수리하기 위한 재수술이 이제 막 증가하기 시작했다. 이런 재수술 수요를 처음 수술하는 수요와 합치면 시장 성장률이 7~10%가 된다. 또한 연 3~4%의 가격 인상도 정형외과 산업에서는 꽤 일반적인 현상이기 때문에 정형외과 장비 회사들은 평균적으로 연간 10~14%의 매출 증가가 가능하다. 회사가 시장점유율을 점진적으로 늘려가거나 고가 제품 부문에서 경쟁한다면 훨씬 더 빠른 성장률도 가능하다.

산업 특성상 진입장벽이 높고 전환비용도 높기 때문에 마진이 큰 편이다. 외과 의사들은 오랜 임상 실험을 거친 제품을 선호하기 때문에 신생회사가 시장점유율을 빨리 따라잡기가 상당히 힘들다. 또한 연구개발에 치중하는 사업이기 때문에 수십 년 간의 제품 개발 경력과 노하우를 가진 기존 회사들은 새로운 참가자들보다 계속해서 한 발 앞서 나갈 수 있다. 마지막으로, 회사들마다 제품이 조금씩 다르기 때문에 정형외과 의사들은 일단 제품에 대한 선호가 굳어지고 난 다음에는 경쟁사의 제품이 아주 탁월한 이점을 제공한다면 모를까 굳이 시간을 들여 그 제품에 대한 사용법을 익히려고 하지 않는다. 인공관절의 혁신은 점진적으로 이뤄진다. 혁명적인 혁신이 발생할 가능성은 거의 없다. 그렇기 때문에 업계에서의 시장점유율도 상당히 안정적으로 유지된다.

이런 내용들은 바이오멧이나 몇 안 되는 경쟁사들의 연례운영보고서를 읽거나 산업 동향을 알려주는 웹사이트를 서핑하면 금세 확인이 가능하다. 이제 재무제표를 분석하면서 이 회사가 정말로 매력적인 회사인지를 알아보자.

경제적 해자

첫째, 소문난 잔치에 실속이 없을 수도 있으므로 바이오멧이 경제적 해자를 가지고 있는지를 확인해보자. 앞의 AMD와 마찬가지로 바이오멧의 잉여현금흐름, 마진, ROE, ROA의 추이를 검토해서 경제적 해자의 실재 여부를 알아낼 수 있다(표 [11.8]).

이 회사는 진지한 투자자들이 꿈꾸는 우수하고 일관된 재무 성과를 보여준다. 잉여현금흐름이 지속적으로 증가하고, 매출액 대비 잉여현금흐름free cash-to-sales ratio, FCF/매출액이 5%를 훨씬 상회하며(전체적으로는 10%를 넘는다), 영업이익률이나 순이익률도 꾸준하다. 여기에는 의심할 것이 별로 없다. 10년 동안 매출액의 10% 이상을 잉여현금흐름으로 전환할 수 있는 회사는 일을 제대로 하고 있는 것이다.

ROA와 ROE 추이 역시 나무랄 데 없다. 높은 마진에 훌륭한 자산회전율, 높지 않은 재무레버리지를 보여준다(표 [11.9]). 자산 효율성

잉여현금흐름	93	94	95	96	97	98	99	00	01	02
현금운용	43.8	65.7	52.6	68.5	123.0	121.8	148.5	131.6	190.5	184.2
자본지출	-14.9	-6.6	-28.9	-14.1	-21.4	-44.1	-51.1	-43.1	-35.3	-62.3
잉여현금흐름	28.9	59.1	23.7	54.4	101.6	77.7	97.4	88.5	155.2	121.9
FCF/매출액(%)	8.6	15.9	5.2	10.2	17.5	11.9	12.9	9.6	15.1	10.9

[표 11.8] 바이오멧의 과거 잉여현금흐름 내역 (단위: 백만 달러)

수익성	93	94	95	96	97	98	99	00	01	02
영업이익률(%)	27.0	27.3	26.3	25.7	26.3	27.6	22.7	28.6	28.2	31.1
순이익률(%)	19.1	18.7	17.5	17.6	18.3	19.1	15.4	18.9	19.2	20.1
자산회전율(평균)	1.1	1.0	1.0	0.9	1.0	0.9	0.8	0.8	0.8	0.8
ROA(%)	21.0	18.7	17.5	15.8	18.0	17.2	12.3	15.1	15.4	16.1
재무레버리지(평균)	1.2	1.2	1.2	1.2	1.1	1.3	1.3	1.3	1.3	1.3
ROE(%)	25.2	22.4	21.0	19.0	20.1	22.4	16.0	19.6	20.0	20.9

[표 11.9] 바이오멧의 수익성

영업비용	93	94	95	96	97	98	99	00	01	02
판관비	122.2	136.2	169.3	199.5	211.5	232.9	265.6	326.6	374.8	437.7
R&D	18.0	20.5	21.8	24.1	23.2	36.1	35.5	40.2	43.0	50.8
기타	0.0	0.0	0.0	0.0	0.0	0.0	55.0	11.7	26.1	0.0
영업이익	90.5	101.8	119.0	137.3	159.8	180.1	171.7	263.7	290.7	370.7

[표 11.10] 바이오멧의 과거 영업비용(단위: 백만 달러)

이 1990년대 초 이후 약간 감소했지만 놀랄 정도는 아니다. 유일한 흠은 1999년뿐인데 그 해 순이익률이 갑자기 19%에서 15%로 급락했다. 다음 해 즉시 회복하긴 했지만 이 부분을 자세히 조사해볼 필요가 있다.

[표 11.10]의 재무 결과를 훑어보면 회사가 1999년에 '기타' 비용으로 5,500만 달러를 계상한 것이 마진이 낮아진 주요 원인임을 알 수 있다. 1999년 연례운영보고서의 주석을 자세히 검토한 후 5,500만 달러는 경쟁사와의 법적 분쟁에 들어간 비용임을 알게 되었다. 경쟁사가 바이오멧이 불공정 경쟁을 벌였다고 소송을 제기했던 것이다. 별로 좋은 상황은 아니지만, 의료장비 산업은 법적 소송이 많이 발생하기에 가끔씩 예상치 못한 법률 비용이 드는 것이 현실이다. 지난 여러 해 동

안 큰 문제는 이것 하나밖에 없었으므로(2002년 바이오멧의 연례운영보고서에 실린 법적 분쟁 중 심각한 것은 하나도 없어 보인다.) 그다지 걱정할 필요가 없다. 하지만 바이오멧이 더 이상의 법적 비용을 감당할 여력이 있는지를 확인하려면 이 회사의 대차대조표에 각별한 관심을 기울여야 한다.

결국 바이오멧은 상당히 큰 경제적 해자를 가지고 있는 것으로 보인다. 자본수익률과 경제적 해자가 일관되게 높은 수치를 보이며, 연간 변동폭도 크지 않다. 바이오멧의 탄탄한 재무 성과가 미래에도 지속될지 확인하려면 이 회사의 경쟁 여건을 자세히 살펴봐야 하지만, 지금까지의 결과를 볼 때 바이오멧은 안정적인 투자를 보증해주는 재무적인 보증수표이다.

성장성

[표 11.11]은 매출 증가가 8~20%로 약간 가변적이었음을 보여준다. 하지만 1990년대 중반 동안 매출 증가율은 평균을 유지한 편이다. 이것은 꽤 좋은 수치이며, 앞에서 검토한 산업 성장률과도 어느 정도 일치한다. 이것은 바이오멧이 자체의 시장점유율을 유지할 가능성이 높다는 뜻이기도 하다.

이제 이익 증가율도 이처럼 탄탄한지를 살펴보자([표 11.12]). 앞에

매출 증가율	93	94	95	96	97	98	99	00	01	02
연간(%)	22.0	11.3	21.2	18.3	8.4	12.2	16.3	21.5	12.0	15.6
3년 평균(%)	-	21.2	18.1	16.9	15.9	12.9	12.3	16.6	16.5	16.3
10년 평균(%)	-	-	-	-	-	-	-	-	17.3	15.8

[표 11.11] 바이오멧의 과거 매출 증가율

매출 증가율	93	94	95	96	97	98	99	00	01	02
연간(%)	21.7	8.9	13.1	18.9	14.6	18.1	-7.2	42.7	11.7	20.6
3년 평균(%)	-	20.4	14.5	13.6	15.5	17.2	7.9	16.1	14.0	24.3
10년 평균(%)	-	-	-	-	-	-	-	-	16.7	15.7

[표 11.12] 바이오멧의 과거 EPS 증가율

서 나왔듯이 5,500만 달러의 법적 비용이 들었던 1999년을 빼면 이익 증가도 훌륭한 편이었다. 10년 동안 당기순이익을 매년 15%씩 높이는 것은 상당히 어려운 일이다. 하지만 바이오멧은 이를 달성했다. 게다가 장기적인 이익 증가율 15.7%는 장기적인 매출 증가율 15.8%와도 일치한다. 이는 바이오멧이 우수한 실적을 내보이기 위해 숫자놀이를 하지 않았음을 암시한다. 이 회사는 여느 위대한 기업들이 하는 방식으로 이익을 올렸다. 해마다 더 많은 제품을 팔았던 것이다.

수익성

바이오멧은 이미 탄탄한 잉여현금흐름과 높은 자본수익률로 상당히 높은 점수를 받았다. 하지만 AMD에서와 마찬가지로 이 회사의 수익성을 이끄는 견인차 역할을 한 것이 무엇인지를 자세히 조사해보자. 여기서도 공통형 손익계산서를 사용할 것이다([표 11.13]).

공통형 손익계산서는 매우 우수하고 안정적인 결과를 보여준다. 매출총이익률은 70%로 높게 나타나며 아주 조금씩 상승해왔음을 알 수 있다. 이는 회사가 제품에 대한 가격 결정력을 유지할 수 있으며 제품 생산에 들어가는 재료 원가도 통제하고 있음을 보여준다. 간접비(판관비)가 매출액에서 차지하는 비중이 안정적인 수준을 유지했다는 것에서 이 회사의 효율성 증가 속도가 성장 속도에 못 미친다는 것을 알 수

바이오멧	93	94	95	96	97	98	99	00	01	02
매출(%)	100.0	100.0	100.0	100.0	100.0	100.0	100.0	100.0	100.0	100.0
매출원가(%)	31.2	30.8	31.4	32.6	32.0	31.0	30.3	30.2	28.7	27.9
매출총이익률(%)	68.8	69.2	68.6	67.4	68.0	69.0	69.7	69.8	71.3	72.1
판관비(%)	36.4	36.5	37.4	37.3	36.5	35.8	35.1	35.5	36.4	36.7
R&D(%)	5.4	5.5	4.8	4.5	4.0	5.5	4.7	4.4	4.2	4.3
기타(%)	0.0	0.0	0.0	0.0	0.0	0.0	7.3	1.3	2.5	0.0
영업이익률(%)	27.0	27.3	26.3	25.7	27.5	27.6	22.7	28.6	28.2	31.1

[표 11.13] 수익에서 각 항목이 차지하는 비중을 보여주는 바이오멧의 공통형 손익계산서

있다. 하지만 문제가 되지는 않는데, 바이오멧의 판관비 중 상당 부분은 영업사원들에게 지불되기 때문이다. 영업사원이 판매 실적을 높이면 더 많은 돈을 받는 것은 당연하다.

마지막으로 매출액에서 연구개발비의 비중이 감소 추세를 보이고 있다. 이는 매출 증가로 R&D 비용이 더 넓게 분산되어서 영업이익률이 올라가기 때문에 긍정적인 신호로 볼 수도 있다. 하지만 바이오멧이 연구개발에 너무 소홀한 것은 아닌지 확인할 필요는 있다. 혁신은 바이오멧 같은 회사에는 생명줄이나 마찬가지기 때문에 이 회사가 준비 중인 신제품이 많은지 자세히 살펴봐야 한다. 이를 위해서는 회사의 최근 언론 발표나 연차보고서를 검토하거나, 바이오멧의 연구비 지출을 경쟁사의 연구비 지출과 비교해야 한다.

하지만 결론적으로 말해 여기에도 미심쩍은 부분은 거의 없다. 바이오멧은 훌륭한 점수로 수익성 테스트를 무사히 통과했으며 재무 결과도 유리만큼 투명하고 일회성 비용도 거의 없다. 가장 중요한 점은 회사가 지출한 일회성 비용은 예기치 못한 법률 분쟁으로 인해 발생한

것이므로 실제로도 비반복적인 것이라는 사실이다.

재무 건전성

바이오멧은 장기부채가 없으므로 이에 대해선 걱정할 필요가 전혀 없다. 유동비율은 대략 4 정도로 채무 걱정이 전혀 없는 기업치고 높은 편이며, 총자산 중 현금의 비율은 일관적으로 15% 선을 유지해왔다.

바이오멧처럼 수익성이 높은 기업을 볼 때는 회사가 대차대조표상에 너무 많은 현금을 쌓아두고 있지는 않는지를 주의해서 봐야 한다. 회사가 몇 년 내에 대규모 투자를 예상할 경우에는 일시적으로 자금을 마련하는 것이 좋다. 하지만 너무 오랫동안 현금을 가만 놔두는 것은 자산을 효율적으로 사용하지 못한다는 뜻이다. 이미 재무적으로 건강한 기업에서 총자산 중 현금의 비율이 해마다 증가하고 있다면, 왜 경영진이 자사주 매입이나 배당금 지불, 사업 재투자 등에 현금을 사용하지 않고 있는지를 알아봐야 한다. 남아도는 현금을 사용할 때는 이 방법들이 가장 좋다.

부정적 가능성

바이오멧처럼 모든 부문에서 좋은 점수를 받은 회사를 평가할 때는 확실한 부정적 가능성을 살펴보는 것이 필수적이다. 너무 좋아서 사실이라고 믿을 수 없는 회사들이 실제로 자격 미달로 판정되는 경우도 있는데다 단점 없는 회사는 없기 때문이다.

우선 소송에서 오는 위험을 고려해야 한다. 앞에서 언급한 5,500만 달러는 법적 분쟁을 해결하느라 들어간 비용이었고, 앞으로도 가끔씩 또 다른 분쟁에 휘말릴 가능성이 있다. 따라서 회사가 보험을 충분히 마련하고 있는지 그리고 관련된 법적 소송들의 진척 상황을 충분히 밝히고 있는지를 확인해야 한다(연례운영보고서의 '계약 및 우발사건commitments and contingencies' 부분이 도움이 될 것이다). 법적 리스크는 대단히 예측 불가능하므로 바이오멧의 잠재 리스크 목록에서 제일 윗자리를 차지해야 한다.

또한 바이오멧의 해외 영업이 국내 영업만큼 훌륭하지 못하다는 사실도 주의 깊게 살펴봐야 한다. 바이오멧의 2002년 연례운영보고서의 '부문별 자료section data'를 보면 이 회사의 해외 매출은 총매출의 25%를 차지하지만 해외 영업이익은 총영업이익의 12%에 불과하다. 해외 부문은 전체 매출에서 큰 비중을 차지하지만 수익성은 그 절반에도 미치지 못하기 때문에(또한 성장률도 빠르지 않다) 바이오멧의 해외영업 전략이 무엇인지 확인해야 한다. 왜 수익성이 떨어지고 성장률도 느린 것일까? 이를 고칠 바이오멧의 방안은 무엇인가? 해외 영업이 정상 궤도로 돌아올 가능성이 없다면, 바이오멧은 해외 시장에서 완전히 물러날 계획인가? 아니면 해외 시장에 계속 참가해야 할 더 큰 전략적 이유가 존재하는가? 바이오멧의 해외 영업이 앞으로 얼마나 큰 리스크가 될 것인지 알아내려면 이런 질문에 대한 답을 반드시 찾아내야 한다.

바이오멧의 규모 역시 문제다. 정형외과 의료장비 산업을 자세히 분석하면 이 회사가 경쟁사에 비해 별로 큰 규모가 아니라는 사실을 알 수 있다. 바이오멧은 세계 정형외과 장비 시장의 7%를 차지하고 있는 반면 경쟁사인 스트라이커Stryker는 15%를, 존슨 앤드 존슨의 드퓨이DePuy는 14%의 점유율을 보인다. 시장점유율이 크면 제품의 가격 인하가 쉬워져서 규모의 경제를 통한 이익을 더 많이 누릴 수 있다. 또한 더 다양한 제품을 선보임으로써 작은 경쟁사들을 힘으로 제압할 수 있는 법이다. 바이오멧은 지금까지 꽤 훌륭한 성장세를 지속해왔고 마진상의 압박도 전혀 없기 때문에, 규모가 큰 경쟁사와의 싸움도 굳건히 버텨낼 것으로 보인다. 하지만 규모가 더 큰 경쟁사들이 바이오멧의 숨통을 조여올 가능성도 있음을 유념해야 한다.

마지막으로, 산업 전체의 리스크를 살펴봐야 한다. 바이오멧의 높은 매출총이익률은 제품에 높은 가격을 매길 수 있었음을 보여준다. 하지만 수익성이 높은 의료산업 분야는 대규모 제약회사들과 마찬가지로 때로는 정치적인 압력을 끌어들일 수 있다. 의료비 변제Medicare reimbursements 규정이나 몇몇 불가해한 규제상의 변화가 정형외과 의료장비 산업 전체에 큰 영향을 미칠 수 있다. 법적 리스크와 마찬가지로 규제 변화도 예측이 힘들다. 따라서 미래에 불쾌한 충격을 받을 마음의 준비를 하고 있어야 한다.

경영진

AMD와 마찬가지로 바이오멧의 경영진을 평가하려면 보상 정책이 자세히 적혀 있는 위임장 설명서부터 살펴봐야 한다. 그들은 상당히 합리적인 보수를 받는다. 사장 겸 CEO인 데인 밀러Dane Miller는 연봉과 보너스를 '합쳐서' 50만 달러 이하의 보수를 받았으며 다른 경영자들도 비슷한 수준이다. 한 부사장은 2002년에 밀러보다 더 높은 기본급을 받기도 했다. 보수와 보너스는 지난 몇 년 동안 꾸준히 올랐지만, 바이오멧의 이익도 마찬가지로 올랐다. 마지막으로 그들은 다른 회사의 경영자들이 다반사로 챙겨가는 '기타 보상'도 전혀 받지 않았다. 대출은 물론이고 회사 차량, 종신보험, 왕의 몸값에 버금가는 특별 퇴직이 연금 등이 전혀 없었다. 경영진은 합리적인 현금 보수 외에 약간의 스톡옵션을 받았다. 그것이 전부다.

스톡옵션을 살펴보자. 밀러나 이사회 의장인 닐스 노블리트Niles Noblitt는 과거 3년 동안 단 한 주의 스톡옵션도 받지 않았으며, 위임장 설명서를 더 자세히 관찰한 결과 밀러가 회사에서 받은 스톡옵션은 전혀 없었음이 밝혀졌다. 밀러는 이미 유통 주식의 3%를, 노블리트는 1.8%를 소유하고 있기 때문에 이것은 매우 적절한 처사다. 두 사람 모두 주주 이익을 위하는 데 필요한 소유 지분을 충분히 확보하고 있기에 더 이상의 지분이 필요치 않다고 여긴다(이런 행동은 오라클의 래리 엘리슨이나 애플의 스티브 잡스의 행동과 대조되는데, 두 사람 모두 이미 많은 지분을 가졌음에도 불구하고 최근에 상당량의 스톡옵션을 받았다).

다른 경영자들도 합리적인 수준의 스톡옵션을 받았다. 한 해에 제공된 스톡옵션의 1% 이상을 제공받은 경영자는 지난 몇 년 동안 단 한 명도 없었다. 이는 스톡옵션이 직원 전체에 골고루 배분되었음을 의미한다. 더욱이 한 해 제공되는 스톡옵션이 유통 중인 총 주식 수의 1%를 넘는 경우도 거의 없었으며, 지난 10년 동안 바이오멧의 총 주식 수도 거의 변하지 않았다. 이것은 바이오멧이 주주 가치를 희석하지 않는 범위 내에서 옵션을 적절히 사용해서 임직원들에게 동기를 부여하고 있음을 보여준다. 투자자의 입장에서 이보다 더 훌륭한 경영진은 찾기 힘들다.

가치 평가

바이오멧처럼 고품질 성장을 이루는 기업에서는 가치 평가가 오히려 투자 분석 과정의 아킬레스건이 될 수도 있다. 이렇게 좋은 회사의 주가는 대부분 높은 편이므로 신중한 가치 평가 과정을 거쳐서 바이오멧의 적절한 가치가 얼마인지를 가늠해야 한다. 높은 성장률과 탄탄한 수익성을 보이는 회사에 높은 가격을 지불하는 것은 당연한 일이다. 하지만 너무 비싼 값을 지불한다면 적절한 투자 수익을 거두지 못할 것이 뻔하다.

제일 먼저 기본적인 가치 평가 승수들을 활용해보자. 지난해 가치평가를 행한 시점의 바이오멧 주가는 주당순이익의 28배였다. 너무 비싸다. 지난해 시장의 주가수익비율인 20보다 훨씬 높다. 하지만 지난 5년 동안 바이오멧의 평균 PER인 35보다는 훨씬 낮다. 주가현금흐름비율price-to-cash flow, PCF도 마찬가지다. 현재의 PCF는 35로 시장의 PCF 14보다 훨씬 높지만 바이오멧의 과거 평균 PCF인 45보다는 낮다.

마지막으로 바이오멧의 이익률과 현금수익률은 각각 3.0%와 2.1%로 '저평가' 상태와는 거리가 멀었다. 무위험 채권의 수익률이 더 높은 데다 바이오멧이 재무성채권보다는 리스크가 높다는 점을 감안하면, 이 주식의 이익률과 현금수익률은 더 높아져야 한다.

하지만 채권 금리는 고정돼 있지만 바이오멧의 이익이나 현금흐름은 지속적으로 상당히 증가할 것이 분명하다. 더욱이 바이오멧의 사업은 과거 여러 해 동안 꾸준하게 성장세를 유지해왔기 때문에 AMD 같은 회사들보다는 더 자신 있는 미래 예측이 가능하다. 바이오멧 같은 회사들은 할인된 현금흐름을 분석할 만한 더할 나위 없는 후보다.

바이오멧의 잉여현금흐름은 여러 해 동안 꾸준히 증가했으므로 2004년의 예상 잉여현금흐름을 1억 8,000만 달러로 잡아보자(바이오멧의 과거 잉여현금흐름은 [표 11.8]에 나온다).

앞으로 5년 동안 잉여현금흐름이 15%씩 증가하며, 5년 뒤부터는 시장점유율이 줄어서 성장 속도가 둔화될 것이라고 보수적으로 예측한다면, 바이오멧이 앞으로 벌어들일 잉여현금흐름의 현재가치는 약 20억 달러가 된다(시장 평균은 10.5%지만 바이오멧은 재무적으로 안정된 회사여서 9%의 비교적 낮은 할인율을 적용했다). 여기에 영구가치 35억 달러를 더하면 바이오멧의 총주식가치는 55억 달러, 1주당 가치는 21달

바이오멧에 대한 가정	
현재 주가	$29.00
유통 중인 주식 수(단위: 백만)	258.0
내년도 잉여현금흐름(단위: 백만)	$180.00
영구가치 증가율(g)	3.0%
할인율(R)	9.0%

바이오멧에 대한 10개년 가치 평가 모델

1단계 차후 10년 동안의 잉여현금흐름 FCF 예측
(잉여현금흐름이 1~5년 동안은 연간 15%, 6~10년 동안은 연 10%씩 증가한다고 가정)

연수	1	2	3	4	5	6	7	8	9	10
잉여현금흐름	180.0	207.0	238.1	273.8	314.8	362.0	398.3	438.1	460.0	483.0

2단계 잉여현금흐름을 현재가치로 할인
(할인승수=$(1+R)^N$ (R=할인율, N=할인 연수))

연수	1	2	3	4	5	6	7	8	9	10
잉여현금흐름	180.0	207.0	238.1	273.8	314.8	362.0	398.3	438.1	460.0	483.0
÷할인승수	1.09	1.09^2	1.09^3	1.09^4	1.09^5	1.09^6	1.09^7	1.09^8	1.09^9	1.09^{10}
=할인된 FCF	165.1	174.2	174.2	193.9	204.6	215.9	217.9	217.9	211.8	204.0

3단계 영구가치를 계산하고 이것을 현재가치로 할인
(영구가치=10년 뒤 FCF×(1+g)÷(R−g)(g=영구가치 증가율, R=할인율))

영구가치 ▶ (483.0×1.03)÷(0.09−0.03)=$8,291.16
할인 ▶ $8,291.16÷1.0910=$3,502.27

4단계 총 주식가치 계산
(할인된 영구가치를 10년 동안 할인된 현금흐름의 합에 더한다(2단계).)

총주식가치 ▶ $1,991.13+$3,502.27=$5,493.40

5단계 1주당 주식가치 계산
(총 주식가치를 주식 수로 나눈다.)

1주당 가치 ▶ $5,493.40÷258=$21.19

[표 11.14] 할인된 현금흐름을 이용한 바이오멧 평가(출처: 모닝스타)

바이오멧	6년	7년	8년	9년	10년	11년	12년	13년	14년	15년
잉여현금흐름(백만 달러)	362	406	454	509	570	638	702	772	849	934
성장률(%)	12	12	12	12	12	10	10	10	10	10
현재가치(백만 달러)	216	222	228	234	241	247	250	252	254	257

[표 11.15] 바이오멧의 6년 후부터의 잉여현금흐름

러다(계산 방법은 [표 11.14] 참조).

가치 평가 시점의 주가는 28달러였다. 이때의 바이오멧은 그다지 훌륭한 투자 대상이 아니다. 하지만 경쟁사가 5년 뒤부터 바이오멧의 점유율을 빼앗을 것이라는 예상이 '너무' 보수적인 것일 수도 있다. 또한 정형외과 장비처럼 젊고 유망한 산업에 속한 회사의 10년 뒤 성장률이 3%에 불과할 것이라는 것도 비합리적일 수 있다. 이 낮은 성장률은 경제 전체를 고려한 수치일 뿐이다. 바이오멧이 차후 10년 동안 평균을 훨씬 웃도는 속도로 성장할 가능성도 충분하다.

따라서 다른 시나리오를 생각해보자. 바이오멧이 6년 동안 빠르게 성장한다고 가정하고 전체적인 전망 기간을 15년으로 늘려보자. 그리고 15년이 지나서야 성장률이 감소해서 3%의 안정적인 상태가 유지된다고 가정한다([표 11.15]).

이때의 예측된 주당 내재가치는 30달러이며 가치 평가 시점의 주가보다 약간 높다. 이 시나리오가 합리적이라고 가정한다면 주가가 24달러대로 떨어졌을 때 구입해야 한다. 내재가치에서 20% 할인된 부분은 안전마진을 나타낸다. 안전마진을 높지 않게 잡은 이유는 바이오멧의 탄탄한 대차대조표, 밝은 산업 전망, 탄탄한 수익성이 위의 가정이 아주 많이 빗나갔을 가능성을 최소한도로 줄여주기 때문이다.

하지만 위의 분석 과정에서 아주 중요한 사실을 배울 수 있다. 이 회

사의 내재가치가 20달러가 아니라 30달러라고 믿으려면 바이오멧의 경쟁 위치가 계속 유지되고 평균 이상의 성장률이 오랫동안 지속될 것이라고 확신할 수 있어야 한다. 어쨌든 두 번째 시나리오의 가정처럼 아주 오랫동안 연간 12%씩 잉여현금흐름을 늘릴 수 있는 기업은 덤불 속에서 바늘 찾기보다 더 힘든 법이다.

이것이 할인된 현금흐름 모델을 이용한 가치 평가 방법이다. 바이오멧에 대한 두 가지 가능 시나리오에서도 알 수 있듯이, 어떤 가정을 내리느냐에 따라 내재가치 예측이 20달러냐 30달러냐가 결정된다. 이런 지식으로 중무장하면 보다 훌륭한 투자 결정을 내릴 수 있다. 현재의 PER와 과거의 PER를 비교하는 수준에서 그친다면, 주식 가치가 합리적이라고 확인하는 데 어떤 가정이 필요한지 잘 모를 수도 있다. 가령 경쟁사들에 대한 바이오멧의 경쟁상 지위는 물론이고 장기적인 전망에서 정형외과 장비에 대한 수요가 둔화될 가능성은 없는지도 면밀히 관찰해야 한다. 이 두 가지 요인에 따라 내재가치 추정이 20달러가 될 수도 있고 30달러가 될 수도 있기 때문이다.

결론

필요한 것은 다 배웠다. 모닝스타에서는 이런 기본적인 분석 도구를 매일 실제 기업에 적용한다. 이것은 꽤 까다로운 작업이기 때문에 조사 중인 회사 전부를 이렇게 자세히 분석하는 것은 현실에 맞지 않는다. 현실 세계의 시간은 한정돼 있다. 전문가들조차 자세히 분석해볼 가치가 있는 회사와 투자 전망이 별로 밝지 않은 회사를 구분하기 위해 지름길을 이용한다. 다음 장에서는 투자 후보 목록 중 자세히 조사할 만한 가치가 있는 것을 추려내고자 할 때 어떻게 낟알과 쭉정이를 구분하는지를 알려줄 것이다.

12
10분 테스트

○○○

투자 후보에 오를 만한 회사들은 실제로 수천 개에 이른다. 그렇기에 자세히 검토해볼 만한 회사와 그렇지 않은 회사를 구분하는 것이 투자자에게는 가장 어려운 문제이다. 심층적이고 기본적인 분석 도구가 마련되었으니 이제부터는 범위를 좁히는 방법을 알아보자. 다음의 테스트를 가치 있는 투자라고 여겨지는 주식에 대입하라. 그러면 그것이 시간을 들일 만한 가치가 있는지 없는지를 결정할 수 있을 것이다.

실제로 제12장에 나오는 질문을 확인하면 고려하고 있는 주식들이 최소한 반으로 줄어들 것이다. 테스트 초기에 전망이 나쁜 주식을 추려내고 나면 위대한 투자라고 여겨지는 주식을 조사하고 평가할 시간을 더 많이 마련할 수 있을 것이다.

시작하기 전에 두 가지 주의사항이 있다. 첫째, 이 어림짐작의 테스트는 시작점일 뿐 그 이상도 그 이하도 아니다. 이 장에 나오는 모든 지침에는 예외가 존재한다. 여기에 있는 지름길들이 가능한 상황 모두를 포함하지는 않는다. 하지만 이 방법들을 적용함으로써 잘못된 투자 대부분은 제거할 수 있을 것이다.

둘째, 질문 목록에 답하는 것이 처음에는 버거울 수 있지만 Morningstar.com에서 제공하는 심층적인 10년 재무 데이터를 활용하면 답을 구할 수 있을 것이다.

회사가 최소한의 품질을 만족시키는가?

10분 테스트의 첫 단계는 투자 시장을 더럽히는 쓰레기들을 피하는 것이다. 시가총액이 아주 적거나 핑크 시트pink sheet, 거래소와 나스닥, 장외 이외에서 거래되는 종목을 수록한 일간시세표로, 증권 감독기관에 회사 감사내용을 보고할 의무조차 없는 아주 위험한 주식 종목들이 올라 있다-옮긴이에 올라 있는 회사들이 첫 번째 제외 대상이다. SEC에 정기적으로 재무제표를 보고하지 않는 외국 기업도 피해야 한다. 심지어 외국계 대기업 중에는 분기별로 간단한 언론 발표만을 하고 완전한 재무제표를 1년에 한 번만 제출하는 곳도 있다.

마지막으로, 최근에 기업공개(IPO)를 한 회사에도 시간을 쏟지 말아야 한다. 기업들은 주가가 최고로 올랐다고 판단될 때에만 주식을 공개하기 때문에 IPO가 싼 경우는 거의 없다. 게다가 최근에 IPO를 한 기업은 짧은 역사만을 가진 젊고 미숙한 회사들이 대부분이다. 예외가 있다면 대기업인 모회사에서 분사한 회사들이다. 분사된 회사들은 대부분 탄탄하고 오랜 역사를 가지고 있으며 더 이상 모기업의 관리가 필요 없는 회사들이다. 또한 주식 가치 역시 상당히 매력적인 수준에서 정해지는 경우가 많다.

회사가 영업이익을 벌어들이고 있는가?

이 테스트는 간단한 동시에 많은 골칫거리를 덜어준다. 아직 손실 단계인 회사들이 가장 멋진 투자 대상처럼 보일 수 있다. 희귀병에 대한 신약을 개발 중이기에, 또는 세상이 깜짝 놀랄 획기적인 신제품이나 서비스를 출시할 예정이기에 이익을 벌어들이지 못하는 것일 수도 있다.

하지만 이런 주식들은 투자 수익에 득보다는 실이 되는 경우가 많다. 이런 회사들은 대부분 단일 제품이나 서비스만을 갖추고 있기 때문에, 이 제품이나 서비스의 최종적인 수익성에 따라 회사는 떼돈을 벌 수도 있고 파산할 수도 있다(신생기업들의 도산에 대한 통계수치를 살펴보면 떼돈을 벌기보다는 망하는 경우가 더 많다). 복권 비슷한 주식을 찾는 것이 아니라면 아직 수익성이 입증되지 않은 회사는 지나치는 것이 좋다.

회사는 영업 활동으로 인한 현금흐름을 지속적으로 창출하는가?

빠르게 성장하는 기업들은 때로 현금을 창출하기 전에 이익부터 보고한다. 하지만 회사는 결국 현금을 창출할 수 있어야 한다. 영업 활동으로 인한 현금흐름이 마이너스인 회사는 추가적인 자금 확보를 위해 채권을 팔거나 신주를 발행할 수밖에 없다. 채권 판매는 기업의 위험 수준을 높이는 결과를 가져오고, 신주 발행은 주주의 지분 가치를 희석시키는 결과를 가져온다.

합리적인 재무레버리지 수준 안에서 자기자본이익률이 일관되게 10%를 상회하는가?

ROE 최소 기준을 10%로 삼아야 한다. 비금융권 회사의 ROE가 지난 5년 중 4년 동안 10%를 넘기지 못했다면, 시간을 투자하지 않는 편이 좋다. 금융회사인 경우에는 ROE 기준을 12%로 상향해야 한다. 또한 회사의 ROE를 업계 평균과 비교하는 것도 잊지 말아야 한다. 한 회사가 최소한의 레버리지 하에서 15%의 ROE를 창출한다면 레버리지 비율이 높은 기업보다 훨씬 고품질의 실적을 거둔다고 볼 수 있다.

한 가지 예외는 경기순환 산업에 속한 기업이다. 이 회사들은 경제 전체보다 실적 변동이 상당히 심하기 때문에 해마다 실적이 크게 달라질 수 있다. 하지만 가장 좋은 회사는 불경기에도 이익을 내고 괜찮은 ROE 수준을 유지하는 기업이다.

이익 증가율이 일관적인가 탄력적인가?

가장 좋은 회사는 합리적이고 일관된 성장률을 보이는 회사다. 기업의 이익이 들쑥날쑥하다면, 이 회사는 극도로 변동이 심한 산업에 속하거나 경쟁사에 자주 점유율을 뺏기거나, 둘 중 하나다. 전자의 경우는 장기적인 산업 전망이 밝고 주가가 싸다면 큰 문제가 되지 않겠지만, 후자는 잠재적으로 큰 문제가 될 수 있다.

대차대조표가 얼마나 깨끗한가?

부채가 많은 기업은 자본구조가 상당히 복잡할 수 있기 때문에 별도의 관심을 기울여야 한다. 비금융권 회사의 재무레버리지가 4를 넘는다면(또는 부채비율이 1.0을 넘는다면) 다음과 같은 질문을 던져야 한다.

- 회사의 사업이 안정적인가? 소비재나 식품 산업에 종사하는 회사는 이익 변동이 심하고 경기순환에 민감한 회사보다 더 높은 레버리지를 감당할 수 있다.
- 총자산 대비 부채 비중이 감소했는가 증가했는가? 이미 레버리지가 높은 기업이 더 많은 부채를 감당하는 것은 바람직하지 않다.
- 부채 내역을 이해할 수 있는가? 연례운영보고서에서 의심스러운

부채가 있거나 도무지 이해가 되지 않는 준차입금quasidebt을 발견한다면, 그냥 지나치자. 이 회사 말고도 단순한 재무구조를 가진 훌륭한 기업은 얼마든지 있다.

회사가 잉여현금흐름을 창출하는가?

알다시피 잉여현금흐름은 성배와 같다. 설비투자를 하고난 뒤에 남은 현금은 기업의 가치를 높여주는 진정한 보물이다. 잉여현금을 창출하지 못하는 회사보다는 창출하는 쪽을, 그리고 적게 창출하는 회사보다는 많이 창출하는 쪽을 선호하는 것이 당연하다. 제6장에서 살펴보았듯이 잉여현금흐름을 매출액으로 나눴을 때 5%가 나오는 것을 벤치마크로 삼아라.

한 가지 커다란 예외 사항이 있다. 회사가 미래에 더 높은 이익을 줄 것이 확실한 사업에 현금을 현명하게 투자하고 있다면 잉여현금흐름이 마이너스여도 상관없다는 것이다. 가령 스타벅스나 홈디포는 2001년이 되어서야 많은 잉여현금흐름을 창출하기 시작했다. 하지만 2001년 전까지 여러 해 동안 두 회사가 많은 경제적 가치를 (그리고 주주 가치를) 창출했다는 데에는 이견이 없다. 이는 현금을 쏟아 부을 만한 고수익 투자 기회가 여전히 많다고 판단한 경영진이 벌어들인 이익을 모두 사업에 재투자했기 때문이다.

따라서 ROE가 탄탄하고 앞의 테스트를 모두 통과했다면 이 회사의 잉여현금흐름이 마이너스라고 무조건 무시하지 말아야 한다. 회사가 현금을 현명하게 재투자하고 있는지를 확인해야 한다.

'기타' 항목이 얼마나 많은가?

기업들은 일회성 비용에다 여러 가지 잘못된 의사결정을 숨길 수 있다. 따라서 앞에 나온 질문들에서도 미심쩍은 부분이 발견되고 일회성 비용까지 크게 계상했다면, 넘어가자. 일회성 비용은 기업의 재무구조를 복잡하게 만들어서 분석하기가 더욱 힘들어진다. 또한 여러 일회성 비용들은 경영진이 빈약한 실적을 인위적으로 부풀리기 위해 사용한 은폐물일지도 모른다.

과거 여러 해 동안 유통 중인 주식 수가 크게 늘어났는가?

그렇다면 이 회사는 다른 회사를 사기 위해 신주를 발행했거나 임직원들에게 과도한 옵션을 제공했다는 뜻이 된다. 전자는 대부분의 인수가 실패한다는 점에서 적신호가 되고, 후자는 직원들이 옵션을 행사할 때마다 주주의 지분이 줄어든다는 점에서 바람직하지 못하다. 대규모 인수가 없었는데도 유통 주식이 해마다 2% 이상씩 꾸준히 늘어났다면 투자하기 전에 아주 심각하게 고민해 봐야 할 것이다.

하지만 주식 수가 실제로 '감소'한다면 이 회사는 별 다섯 개를 받을 자격이 있다. 회사가 많은 주식을 되사는 방법으로 주주에게 초과 현금을 돌려주고 있다면, 경영진이 책임을 다하고 있음을 의미한다. 다만 주가가 계속 급등하는데도 회사가 자사주 매입에 열중하고 있지는 않은지 눈여겨봐야 한다. 자사주 매입은 주가가 합리적인 수준에서 거래될 때에만 사용해야 하기 때문이다. 회사가 고평가된 자사주를 매입하는 것은 당신이 직접 고평가된 주식에 투자하는 것보다 더 좋지 못한 일이다.

10분을 넘겨서라도

회사가 위의 시험에 통과해서 자세히 검토할 만한 자격을 얻었다면 이제 분석 방법을 적용해야 한다. 이 조사 과정은 10분을 훨씬 초과한다. 하지만 최초의 장벽을 넘은 투자 대상에는 그만한 노력을 쏟을 가치가 있다.

- Morningstar.com이나 다른 웹사이트에서 과거 10년 분량이 요약된 대차대조표, 손익계산서, 현금흐름표를 살펴보자. 추이를 분석하고 미심쩍은 부분이 있는지, 더 조사해야 될 사항은 없는지 확인하라. 이 과정은 조사를 위한 최초의 로드맵이 되어준다.
- 가장 최근의 연례운영보고서를 꼼꼼히 읽자. 회사나 산업 동향을 설명하는 부분이나, 리스크와 경쟁, 법적 문제에 대한 사항('계약 및 우발사건'), '경영진의 의견 및 분석(MD&A, management's discussion and analysis)'이 설명된 부분에는 각별한 관심을 기울여야 한다. '경영진의 의견 및 분석'은 최근 연도의 재무 실적이 나온 이유를 있는 그대로 설명해준다. 이해가 안 되거나 더 자세한 조사가 필요한 부분을 표시하라. 연례운영보고서의 전부를 자세히 읽어야 할 필요는 없다(어떤 경우는 리스에 관한 내용만 수십 페이지에 달하기 때문이다). 하지만 알아야 할 내용을 못 보고 지나치는 일이 없도록 모든 페이지를 간략히 훑어보기는 해야 된다. 대출이나 보증, 채무 계약에 대한 부분에는 주의를 기울여야 한다. 회사가 몇 년 동안 많은 돈을 차입할 것 같다면 왜 그런지를 알아야 한다.
- 가장 최근 두 해 동안의 위임장 설명서를 읽자. 기업의 재무 성과에 맞는 합리적인 보상 수준이 얼마인지와 적당한 옵션 제공이 어느 정도인지를 확인하라. 이사회의 일원이 경영진의 친인척이 아닌지를 반드시 확인하라.
- 기업을 이해하려면 지난 두 해 동안의 연차보고서와 가장 최근의 연차보고서를 읽는 것이 좋다. 주주들에게 보내는 편지가 정직하

게 쓰였는가? 경영진이 전문적인 말로 문제점을 얼버무리려 하지는 않는가? 문제를 무시한다고 해서 그 문제가 사라지는 것은 아니다. 또한, 회사가 제대로 된 가치 평가에 필요한 산업 정보를 충분히 제공하고 있는가? 회사가 돈을 너무 낭비하고 있지는 않은가?

- 가장 최근의 분기별보고서 두 개를 읽은 뒤 큰 변동은 없었는지 확인하자. 사업이 호전되고 있는지 악화되고 있는지 그리고 지난번 분기별보고서 이후 커다란 변화는 없었는지를 확인하라. 그리고 가능하다면 가장 최근의 분기 컨퍼런스 콜의 내용을 들어보라(대부분의 회사들은 분기가 끝나고 일정 시간이 지나면 실적 발표를 자사 웹사이트에 게재한다). 경영진이 분석가들의 까다로운 질문에 방어적이거나 회피하는 태도를 보이는가 아니면 직접적인 대답을 제시하는가?

- 주식에 대한 가치 평가를 시작하자. 주식의 가치 평가 승수들을 시장 및 산업, 그 주식의 과거 가치 평가와 비교해보라. 기업이 재투자에 필요한 돈이 적고 리스크가 낮으며 자본수익률이 높고 성장률이 높다면 PER가 높게 나올 것임을 각오하자. 어느 정도 합당한 할인율을 적용해서 현금흐름을 현재가치로 할인하라. 다시 말해, 회사가 내년에 얼마나 많은 잉여현금흐름을 창출할 것인지, 증가 속도가 어느 정도일지를 고려한 다음 이 현금흐름의 할인된 가치를 영구가치에 더하라. 예측된 내재가치가 시가와 많이 차이나면 사용된 가정이 너무 낙관적이거나 비관적이지는 않은지 확인하라. 가정을 재검토했는데도 주식이 여전히 저평가된 듯 여겨지고 승수를 토대로 한 분석 수치가 '팔라'는 신호를 보내지 않는다면, 훌륭한 투자 기회를 발견한 것일지도 모른다.

13
시장 견학

ooo

앞장에서는 시간을 들일 만한 회사에 흠인하는 쉬운 방법을 설명했다. 이제부터는 여러 다양한 시장을 이해하는 데 도움이 되는 방법들을 알아보자.

제3장에서 살펴보았듯이 특정 산업에 종사하는 회사들이 다른 업종의 회사들보다 더 쉽게 돈을 번다. 더욱이 어떤 산업은 다른 산업보다 경제적 해자를 더 많이 가지고 있다. 따라서 이런 산업을 이해하는 데 대부분의 시간을 투자해야 한다. 더 나은 투자 성과를 올려줄 것이라 예상되는 시장 분야들을 선택한 뒤 높은 점수를 받은 산업에 집중적으로 투자하는 '톱다운 투자 전략'을 권장하지는 않지만, 어떤 산업의 경제적 특성이 다른 산업보다 더 우수한 것은 사실이다. 따라서 보다 매력적인 산업을 익히는 데 더 많은 시간을 투자해야 한다.

산업마다 고유의 움직임과 전문용어들을 가지고 있다. 가령 금융서비스 회사들의 재무제표는 제5장에 나오는 재무제표와는 상당히 다른 모습을 띠고 있다. 이 책에는 모닝스타의 주식 애널리스트 30명이 한

장에 한 산업씩 모든 산업 부문을 요약한 내용이 정리되어 있다. 이를 통해 각 산업의 다양한 경제적 특성 및 해당 업종에 속한 회사들이 어떻게 경제적 해자를 창출하는지를 조금이나마 이해할 수 있을 것이다. 또한 효과적인 전략을 추구하는 기업을 식별하는 방법을 이해할 수 있을 것이다.

어디를 살펴봐야 하는가

전문적으로 스스로의 투자를 관리하는 펀드매니저들과 마찬가지로 당신 역시 시간에 쫓기는 사람이다. 따라서 다음의 간략한 설명들은 시간을 쏟을 만한 시장을 인식하는 데 약간의 도움이 될 것이다.

은행 및 금융서비스

대부분의 금융서비스 회사들은 돈의 중개상으로서 아주 훌륭한 경제적 지위를 누리는 편이다. 특히 은행은 모두가 부러워해 마지않는 위치를 향유하고 있다. 그들은 예금자의 돈에는 아주 적은 이자만을 지불한다(예금통장에 붙는 쥐꼬리만 한 이자와 이 예금이자에 필히 달라붙는 수수료를 생각해보라). 하지만 대출자에게는 예금이자보다 훨씬 높은 금리를 받고 돈을 빌려준다.

어떤 은행들은 수수료 부과나 금융상품의 교차판매에 아주 능하기 때문에 사실상 예금주들이 이자를 받는 것이 아니라 오히려 은행이 돈을 보관해주는 사용료를 예금주에게 받고 있는 것이나 다름없다. 더욱이 은행들의 재무제표는 다소 혼란스럽기 때문에 많은 투자자들은 은행에 관심을 기울이지 않거나 초대형의 가장 잘 알려진 은행에만 관심을 가진다.

은행과 기타 금융서비스 회사들의 운영 방식을 이해하면 다른 투자자들보다 한 발 앞서는 것이다. 이 분야는 비교적 적게 선택되는 종목이기 때문에 확실한 투자 기회를 발견할 가능성도 그만큼 높아진다(금융서비스 시장은 굉장히 넓기 때문에 두 분야로 나눠서 제17장에서는 은행을, 제18장에서는 자산운용사와 보험사에 대한 내용을 살펴볼 것이다).

비즈니스 서비스

이 분야는 온갖 시장 분야가 다 관련돼 있기 때문에 대부분의 투자자들은 비즈니스 서비스 분야에는 관심을 기울이지 않는다. 안 될 말이다. 여기에도 상당히 매력적인 회사들이 몇몇 존재한다. 비즈니스 서비스에는 데이터 프로세싱 같은 보다 큰 규모의 산업(산업 자체는 지루하지만 수익성은 그렇지 않다) 외에도 경제의 한 모퉁이를 지배하는 틈새 기업들이 대거 포진해 있다.

가령 신타스Cintas는 자신들에게 회사 유니폼을 맡기면 더 훌륭한 디자인과 유지 관리를 책임질 수 있다는 확신을 심어줌으로써 상당한 주주 가치를 창출해낼 수 있다. 유니폼 대여 사업이 그렇게 수익성이 좋으리라고 누가 예상했겠는가? 신용평가 회사 무디스와 신용등급 데이터베이스를 유지 관리하는 회사 이퀴팩스Equifax도 수익성 높은 기업의 예이다. 하지만 틈새 산업에서 강력한 시장 지위를 가진 무명의 회사들도 많이 존재한다.

비즈니스 서비스 회사들은 월가 애널리스트들의 산업지향적인 분석표에 딱 들어맞지 않기 때문에 시장의 레이더망을 피해 비행하는 경우가 많다. 하나의 틈새 산업에는 대개 몇 개의 공개기업만이 존재하기 때문에 월가의 산업전문가들은 그 기업들을 무시하고 지나치는 편이다. 그렇기에 기관투자자들은 이 회사들의 주식을 대단치 않게 여긴다(월가가 이 분야에 덜 주목하는 또 다른 이유는 이 회사들이 자금을 자체적으로 조달하는 편이어서 투자금융서비스를 이용할 필요가 없기 때문이다). 월가의 관심에서 밀려난다는 것은 현명한 투자자에게는 더 많은 기회를 의미한다. 따라서 비즈니스 서비스를 무시하지 말자.

의료산업

이 분야는 장기적인 수요 전망이 강하고 기업들의 수익성이 높다는 점에서 금융서비스 분야와 흡사하다. 제11장의 바이오멧 분석에서도 보았듯, 작은 회사들도 지속적인 경제적 해자를 구축할 수 있다. 하지만 바이오테크 기업이나 일부 관리의료managed care, 어떤 집단의 의료를 의사 집단에게 도급 주는 건강 관리 방식-옮긴이기업에 대해서는 신중을 기해야 한다. 대부분의 바이오테크 회사는 단일 제품의 복권 성격이강하며, 관리의료 회사는 규제의 영향을 많이 받는다. 의료보험 분야의 약간의 변화도 관리의료 회사에 많은 영향을 끼칠 수 있다.

미디어

마지막으로 미디어 산업을 이해하는 데 약간의 시간을 할애해야 한다. 많은 미디어 회사들은 독점이나 과점을 통해 경제적 해자를 구축한다. 가령 한 도시에 일간지가 두세 개 이상인 경우는 거의 없다는 것을 생각해보라. 더욱이 미디어는 상품을 전달하기 전에 대금을 지급받을 수 있는 몇 안 되는 사업 중 하나다. 대부분의 미디어는 정기구독으로 상품을 판매하기 때문이다. 어떤 산업이 다가올 한 해의 판매대금을 1월 1일에 모두 지급 받을 수 있겠는가? 이것이 미디어가 돈을 버는 방법이다.

결론

투자할 만한 가치가 있는 시장이 이 네 개만 존재하는 것은 아니다.

이 네 개에 초점을 맞춘 이유는 경제적 해자가 매우 넓기 때문이다. 주식시장에서 가장 가능성이 낮아 보이는 분야에도 위대한 기업들은 존재한다. 앞으로 나오는 13개의 장을 통독해도 좋고, 특정한 시장에 속하는 기업을 분석하기 위한 안내 지침으로 활용해도 좋다. 이 내용들을 어떻게 사용하든 상관없다. 다음과 같은 몇 가지 기본적인 질문에 대한 답을 구하는 데 도움이 되는 방향으로 이용하기만 하면 된다. 이 산업에 속한 회사들은 어떻게 돈을 버는가? 그들은 어떻게 경제적 해자를 만드는가? 투자자가 유념해야 할 산업적인 특징은 무엇인가? 각 산업의 성공적인 기업과 그렇지 못한 기업을 구분할 수 있는 방법은 무엇인가? 투자자가 조심해야 할 함정은 무엇인가?

장기적으로 볼 때, 산업과 회사에 대한 데이터베이스를 머릿속에 구축해서 필요할 때마다 꺼내 쓰는 것이 성공 투자의 큰 관건이다. 앞으로 나오는 내용들은 이런 두뇌 속 데이터베이스를 종합해서 더 훌륭한 투자자로 거듭나기 위한 발판을 제공해줄 것이다.

14
의료산업

질 키어스키, 데비 왕, 데이먼 피클린, 팻 도시

ooo

대부분의 사람들은 고급 커피나 DVD 플레이어가 없어도 살 수 있다. 하지만 의료산업은 인간의 생존과 직결된 몇 개 안 되는 경제 분야 중 하나다. 의학 혁명은 환자의 병을 상당히 호전시키거나 생명을 연장해 줄 수 있다. 의료 분야의 절대적 중요성은 이 분야에 평균 이상의 재무 수익에 대한 잠재성을 약속해준다(게다가 미국에서는 규제도 비교적 없는 편이다). 의료산업의 여러 부문은 가격 경쟁이 필요 없는 몇몇 대기업들이 지배한다. 그 결과 의료산업에 속한 회사들은 매우 높은 수익성을 보이며, 탄탄한 잉여현금흐름과 자본수익률을 누리는 편이다.

　강력한 성장 추이 역시 의료산업의 장점을 크게 한다. 1980년에서 2002년 사이에 미국 경제의 총 의료비 지출은 9%에서 거의 15%까지 증가했다. 이런 성장률을 느리다고 볼 수도 있지만, 의료 통계치를 수집하는 미 정부산하 기관인 건강보험 서비스 센터the Centers for Medicare and Medicaid는 앞으로 10년 동안 미국 경제의 성장률이 3%인데 반해 의료비 지출은 연평균 5%씩 증가할 것이라고 예측한다. 이런 예측이 맞는다면 앞으로 10년 뒤 의료산업 분야는 미국 경제의 18%를 차지할 것이라는 결론이 나온다.

지속적인 수요 역시 의료산업의 회사들을 도와주고 있다. 불경기일 때도 아픈 사람들은 의사와 병원을 찾을 수밖에 없다. 그렇기에 의료산업 부문은 전통적으로 방어가 견고한 요새였다. 의료산업에는 제약회사, 바이오테크, 의료장비 회사, 진료기관이 포함된다. 이 중에서 제약회사와 의료장비 회사가 경제적 해자가 가장 넓은 편이기 때문에 전망도 가장 밝다고 생각된다. 하지만 투자자들은 기업의 빠른 성장률에 정신을 잃은 나머지 가치 평가를 소홀히 하기도 한다.

의료산업의 경제적 해자

의료산업의 회사들은 높은 진입장벽, 특허권 보호, 현격한 제품 차별화, 규모의 경제 등으로 경제적 해자의 혜택을 누리기도 한다. 이로 인해 새로운 기업들이 시장에 진입하기가 매우 힘들다. 특히 제약회사의 경우는 특허권 보호로 인해, 관리의료기관은 대규모 공급자 네트워크로 인해 새로운 기업의 시장 진입이 더 힘들다. 이런 특징은 물론 높은 수익성으로 이어진다. 지난 과거 5년 동안 경제 전반의 침체에도 불구하고 미국 의료산업 분야의 시장가중평균 자기자본이익률market weighted return on equity은 23%에 달했다.

예를 들어 대규모 제약회사들은 특허 보호가 직접적인 경쟁을 막아주기 때문에 처방 의약품에 대해 최대한 높은 가격을 정할 수 있다. 또한 대부분의 의료비용을 보험회사가 지불해주기 때문에 최종 소비자들은 가격 상승에 별로 민감하지 않다. 이런 높은 가격은 규모의 경제와 함께 매출총이익률을 75%에서 85%까지 끌어올려주었다.

규모도 새로운 제약회사들의 진입을 막는 장벽 역할을 한다. 하나의

약품을 개발하는 데는 연구개발 기간, 규제상의 절차를 통틀어 15에서 20년의 시간은 물론이고 수억 달러의 비용이 소모된다. 그만한 자본을 구할 수 있는 과학자나 신생기업은 많지 않다. 그들이 시간과 자본의 장벽을 뛰어넘는다 해도, 화이자나 머크 등 대형 제약회사들과 경쟁하면서 의사들에게 약품을 판매하려면 많은 영업사원과 엄청난 광고비가 필요하다. 창업비용이 낮고 새로운 시장참가자가 자주 진입하는 소프트웨어 산업이나 레스토랑과 달리, 지난 몇 십 년 동안 의료산업에서는 합병이 주류를 이뤘다. 이때에도 기존의 참가자들이 우위를 점하는 편이다. 중소기업들은 경쟁 상대가 되지 못하는 것이다.

의료산업의 막대한 규모의 빠른 성장을 보면 여기에 투자하는 것이 식은 죽 먹기라고 생각할 수도 있다. 하지만 이 분야에는 복잡한 관계와 극심한 법적 논쟁은 물론이고, 누가 무엇을 받고 누가 그 값을 지불하는가를 규제하는 정치적 압력이 존재한다. 의류나 컴퓨터, 컨설팅 서비스와 달리, 의료산업에서 제품이나 서비스 이용료를 지불하는 사람은 최종 소비자가 아닌 경우가 대부분이다. 심지어 대부분의 경우 최종 소비자가 직접적인 구매 결정을 내리지도 않는다.

월마트의 이용객들은 어떤 브랜드의 종이행주가 가장 싸고 얼룩을 가장 잘 닦아주는지 쉽게 알 수 있다. 하지만 의료산업의 소비자들은 가격에 둔감하게 반응하며, 약품의 구매 결정을 도와주는 의사들도 가격에 상관하지 않는다. 따라서 이들은 비용을 낮추기 위해 가장 값싼 제품을 찾아다닐 필요를 느끼지 않는다(회사가 직원들의 의료비 부담을 늘리자 이런 경향에도 약간의 변화가 발생했다. 하지만 진료를 받는 환자나 약을 처방해주는 의사에게 가격은 1차적인 고려 요인이 되지 못하는 편이다).

이제부터 주요 의료산업 부문들의 역학구조와 추이를 살펴보자. 모든 분야들을 다 살펴보지는 못할 것이다. 의료산업은 너무 광범위하고 다양하기 때문에 십여 페이지 안에 이에 대한 내용을 다 담을 수는 없다. 따라서 의료산업에서 가장 중요한 분야들만을 검토할 것이다.

제약산업

대규모 제약회사들은 경제적 해자가 넓으며 가장 매력적인 재무적 특성을 가진 산업에 속한다. 저수익의 비즈니스 모델을 가진 복제 의약품 회사와 반대로 유명 상표의 약품을 갖춘 제약회사들은 일반적으로 최고의 수익률을 자랑한다. 다국적 제약회사들의 투하자본수익률ROICs은 대부분 20% 중반이다. 화이자 같은 일류 제약회사들은 30%를 넘기도 한다. 제약회사들의 이익률 역시 군침 도는 부분인데, 매출총이익률이 거의 80%에 달하고 영업이익률은 25~35% 사이이기 때문이다. 더욱이 제약회사들은 풍부한 잉여현금흐름을 가지고 있는데다 사실상 장기채무가 없는 대차대조표를 보여준다.

그러나 혁신에는 많은 돈이 든다. 이익을 내려면 돈이 필요하고, 약품을 발견하고 이를 시장에 내놓는 데는 8억 달러의 평균 비용이 필요하다. 이 약품들 중에서도 3분의 1만이 개발비 이상의 수익을 뽑아줄 뿐이다. 또한 약품 개발에는 수년의 시간이 걸린다. 임상 실험 단계(특히 인간을 대상으로 한 임상 실험)만도 10년의 세월이 필요할 수 있다. 이 모든 일을 진행하는 동안 회사는 수익 보장이 전혀 없는 연구 과정에 엄청난 돈을 쏟아 부어야 하는 것이다.

또한 미국에서는 의료비를 줄여야 한다는 예산상의 압력도 있는데, 처방 의약품에 지출되는 의료비에 대한 압력이 더욱 심한 편이다. 1980년 이후 처방 의약품의 비용은 다른 의료 분야의 비용보다 훨씬 빠르게 증가해서, 총 의료비에서 차지하는 비중이 4.9%에서 9.4%로 거의 두 배 가까이 상승했다. 하지만 의료보장제도가 처방 의약품에 대한 규정을 강화하는 식으로 의료비 감소에 대한 정치적 압력이 발생하면, 대형 제약회사들의 마진이 하락할 수도 있다.

약품 개발 과정에 대한 이해

약품 발견의 경로는 다양하다. 어떤 경우에는 비아그라처럼 실수로 발견된다(화이자의 과학자들은 혈압 약의 '부작용'을 알아차렸다). 어떤 경우에는 배양 접시와 실험용 쥐에 수천 가지 화합물을 시험해본 뒤에야 발견된다. 이처럼 가능한 대상을 식별해서 개발 단계에 들어갈 것이냐를 결정하는 데 5년 이상의 시간과 수억 달러의 비용이 들 수 있다.

새로운 기술과 슈퍼컴퓨터 덕분에 과학자들은 여러 유전자에 대해 분자들을 '가상으로' 테스트한 뒤 실제 동물 실험에 들어갈 화합물의 수를 줄이는 방법을 발견해내고 있다. 그러나 아직까지는 수년 동안의 초기 연구를 거쳐야 인간은 물론이고 쥐에 대한 테스트를 시작할 수 있다.

약품은 보통 [그림 14.1]에 나온 연구개발 단계를 거친 뒤에야 시중에 판매될 수 있다.전임상 실험: 동물 실험 단계를 전임상 실험preclinical testing이라고 한다. 이 단계의 1차적 목표는 화합물의 잠재적 독성 작용에 대한 평가이다. 의약품을 인간 및 영장류에 적용하기 전에 과학자들은 그것이 미칠 피해를 분명히 알아내야 한다. 개발 가능한 의약품을 발견하는 데 평균 2, 3년이 걸리며, 임상 시험에 적합한지를 알아내는 데에도 1년이 더 걸린다. 이 단계를 통과하는 약품은 몇 퍼센트에 불과하며, 식품의약청FDA에 의약품임상 실험계획investigational new drug, IND에 대한 신청서를 제출하게 된다. IND 신청서를 낸 의약품의 80%가 1단계로 올라간다.

인간 대상의 임상 실험(1단계): 1단계는 세 단계로 이뤄진 임상 실험의 첫 단계다. 1단계의 목표는 100명 미만의 신체 건강한 자원자에게 의약품을 시험해본 뒤 약품의 안전성 및 효능에 대한 초기 데이터를 수집하는 것이다. 다시 말해 약품이 바라던 효과를 거둘 수 있는지를 실험해보는 것이다. 최우선 고려 사항은 안전이지만, 과학자와 의사들은 이 단계에서 약품에 대한 인체 반응도 평가한다. 1단계의 약품이 시험을 통과할 가능성은 20%에 불과하다. 하지만 개발 및 임상 실험, FDA와의 지속적인 의사소통 등 1단계를 수행하는 데는 수백만 달러가 들 수 있다.

인간 대상의 임상 실험(2단계): 2단계에서는 해당 병을 앓고 있는 환자 집단(일반적으로 300에서 500명 사이)에게 약품을 실험해본 뒤 약의 효능에 대한 보다 종합적인 정보를 수집한다. 임상 실험 관리자들은 실험 결과를 토대로 안전성과 부작용에 대한 추가적인 정보를 수집한다. 의사나 과학자들은 이 단계에서 약의 복용량 및 복용 횟수를 시험한다. 소요되는 비용은 대부분 500만 달러 이상이며, 2단계를 통과해 3단계로 올라가는 의약품의 수는 절반에도 미치지 못한다.

인간 대상의 임상 실험(3단계): 마지막으로 3단계를 거쳐야 한다. 3단계에서는 다수의 환자들에게 비교적 장기간 의약품을 실험하게 된다. 여기서도 안전이 중요한데, 3단계는 장기 복용이나 사용 시 환자의 안전에 초점을 맞추는 첫 번째 단계기도 하다. 하지만 더 중요한 것은 약의 효능이다. 대상 환자 집단이 다수이고(대부분 5,000명 이상) 관리를 철저히 해야 함은 물론, 많은 시간과 자원이 들기 때문에 3단계는 굉장히 많은 비용이 지출된다. 3단계를 진행시키는 데 평균적으로 8억 달러의 비용이 소요되며, 3단계를 통과하는 약품은 대략 60%이다.

미국 식품의약청의 역할

약품은 전임상 실험 단계에 2년 내지 3년, 임상 실험 단계에 8년 내지 12년이 걸린다. 하지만 이 과정을 마쳐도 실제 돈벌이가 되지는 않는다. 가장 힘든 관문이 아직 남아 있다. 의약품이 3단계 실험을 통과하면, 회사는 미국의 FDA나 다른 나라의 관련 기관에서 신약 신청에 대한 승인을 얻어야 약품을 시장에 출시해서 실제로 돈을 벌 수 있다. FDA 신청서는 준비만도 몇 달이 걸리는데다 그 분량도 자동차 한 대를 거뜬히 넘을 수 있다. 미국제약협회PhRMA에 의하면 FDA가 신청서를 검토하는 데는 17개월이 걸리며 검토 중인 의약품이 승인을 얻을 확률은 70%에 불과하다.

각 신청서가 얻어내는 승인은 일반적으로 단일의 (그리고 매우 구체적인) 징후에 대한 것이다. 예를 들어 리툭산Rituxan은 다른 치료 방법에 더 이상 효과를 보지 못하는 특정 종류의 림프종을 앓는 환자들에 대한 치료약품으로서 FDA의 승인을 얻었다. 리툭산을 만든 회사는 FDA 승인 후에 이 특정 징후에 대해서만 마케팅 활동을 벌일 수 있었다(하지만 의사들은 이 약품을 다른 징후에 처방할 수도 있는데 이를 '인가되지 않은 약품의 사용off-label usage'이라고 한다).

FDA 산하 자문위원회는 1년에 여러 차례 회의를 열어 신청 내용을 논의한다. FDA는 자문위원회가 제출한 의견서를 토대로 약품의 운명을 결정한다. FDA는 신약 신청에 대해 신약 판매 승인(회사가 특정적인 징후에 대해 약품을 시판할 수 있음을 의미한다)이나 추가 자료 또는 추가 시험 요청, 신약 승인 거부 등 상황에 따라 다른 판단을 내릴 수 있다.

신약승인거부는 신청서를 제출한 회사에는 최악의 상황이다. '승인 불가 서한not-approvable letter'를 받는다는 것은 신청서 내용이 약품의 우수성을 FDA에 확신시키지 못했다는 것을 의미한다. 하지만 이것이 항상 이 화합물의 죽음을 의미하지는 않는다. 신청서를 다시 제출할 수 있기 때문이다. 하지만 FDA가 재신청서를 검토한 뒤 다시 승인을 거부한다면, 회사에는 뒷받침할 정보가 더 이상 없을 것이다. 이렇게 되면 처음부터 다시 시작해야 한다. 신청서를 준비하는 데 몇 년이 걸릴 것이고 약품 연구에도 추가로 수백만 달러를 쏟아 부어야 한다. 아니면 개발 프로젝트를 백지화하고 다른 연구에 매달릴 수도 있다. 어느 쪽을 택하든 고통스러운 일이다.

특허, 지적재산권, 시장 독점

의약품이 FDA 승인을 얻으면 마케팅 활동이 시작된다. 브랜드를 소유한 약품은 회사가 특허 신청을 완료한 날로부터 20년 동안(또는 특허 발행일로부터 17년 동안) 특허를 보호 받는다. 하지만 일반적으로는 시장에 출시된 날이 아니라 약품을 식별한 순간에 특허 승인을 신청하기 때문에 의약품의 독점이 20년 동안 지속되는 경우는 거의 없다. 특허 기간의 상당 부분이 임상 실험과 FDA 승인 단계로 허비되는 것이다. 대부분의 의약품은 시장에 출시되고 8년 내지 10년 동안만 특허를 보호 받는다. 이 기간 동안 다른 회사는 똑같은 화합물로 된 의약품을 출시할 수 없다. 하지만 동일 징후를 치료해줄 다른 화합물을 개발하는 것은 상관없다.

제약회사의 특허권을 알아내려면 연례운영보고서에서 '특허 및 지적재산권Patents and Intellectual Property Rights'부분을 읽어봐야 한다. 이것을 통해 회사의 특허권 내용이나 특허 만료일에 대한 내용을 알아낼 수 있지만, 제약회사들은 특허를 연장하기 위해 법적인 싸움을 벌이는 경우가 많기 때문에 회사의 웹사이트에 들어가서 완전한 내용을 파악해야 한다. 연례운영보고서에 적힌 계류 중인 소송사건들도 모두 읽어봐야 한다. 문제가 될 소지가 다분하기 때문이다.

복제 의약품 경쟁

의약품이 특허를 상실하거나 시장 독점력을 잃게 되면 그 때부터 복제 의약품과의 경쟁이 본격적으로 시작된다. 복제 의약품은 특허를 얻었던 의약품과 화학 성분은 똑같지만 원가는 이보다 훨씬 적은 40~60%의 수준이다. 복제 의약품 제조사들은 8억 달러라는 연구개발비를 약품 단가에 포함시킬 이유가 전혀 없기 때문에 훨씬 싼 가격을 매길 수 있다. 대부분의 경우 근소한 제조비용(매출액의 20~25%)만이 들기 때문에 가격 역시 그만큼 싸게 내놓을 수 있다.

미국에서 복제 의약품과의 경쟁은 브랜드 네임을 가진 회사에는 엄청난 피해를 야기할 수 있다. 특허가 사라지고 첫 6개월 동안 매출액의 최대 80%가 줄어들 수 있다. 엘리 릴리 사의 유명한 항울제인 프로작이 좋은 예이다. 2001년 프로작의 특허권이 소멸되었을 때 2사분기에 5억 7,500만 달러이던 이 약품의 매출액은 2분기가 지난 뒤 9,600만 달러로 줄어들었다. 따라서 특정 약품이 매출의 상당 부분을 차지하는 제약회사의 주식을 살 생각이라면 특허가 만료된 뒤에 돈을 쏟아 붓는 짓은 하지 말아야 한다.

제약회사 성공의 보증수표

브랜드를 소유한 제약회사들은 역사적으로 높은 이익률과 제로에 가까운 부채, 풍부한 현금흐름을 보여왔다. 계속해서 뛰어난 실적을 제공하는 회사들은 다음과 같은 특성을 가지고 있다.

- 블록버스터 의약품(평균적으로 10억 달러 이상의 매출을 올리는 의약품): 블록버스터 의약품을 소유한 회사들은 고정비를 제품에 분산

시켜서 생산의 효율성을 제고할 수 있다. 약을 비싸게 팔면 제약회사의 수익성이 올라가고 더 많은 돈을 벌 수 있게 된다.

여기에 딱 맞는 예가 화이자다. 1997년 화이자에서 10억 달러 이상의 매출을 거둔 약품은 두 가지밖에 없었지만, 2002년이 되자 여덟 개 상품이 10억 달러 고지를 넘어섰으며 이 중 네 개는 20억 달러 이상의 매출을 달성했다. 이에 힘입어 화이자의 영업이익률은 1997년 20%에서 2002년 38%로 상승했다.

- 특허권 보호: 모든 의약품은 언젠가는 특허권이 소멸된다. 하지만 회사가 특허 소멸을 효율적으로 관리한다면 투자자들에게 보다 안정적인 현금흐름을 제공해줄 수 있다.

브리스톨-마이어스 스큅Bristol-Myers Squibb은 기간 만료를 기다리는 대체 의약품이 없는 경우 특허 소멸 시 어떤 일이 벌어질 수 있는지를 보여주었다. 2000년 2사분기에서 2002년 1사분기 사이에 브리스톨은 세 개의 블록버스터 의약품에 대한 특허권이 만료되었고, 2년 내 총수익의 거의 20%가 줄어들었다. 다른 한 편 2001년 아스트라제네카AstraZenaca의 프릴로섹Prilosec도 특허 만료를 앞두고 있었지만 이 회사는 환자들을 1세대 약품에서 특허 보호를 받는 2세대 약품으로 이미 이동시키고 있었다. 복제 의약품 경쟁사들이 시장에 진입했지만, 아스트라제네카의 신약은 확실하게 시장을 다지면서 1세대 의약품 수익의 35%를 끌어들이고 있었다.

- 임상 실험 단계에 있는 의약품이 많은가(암이나 관절염처럼 다수의 인구를 대상으로 하는 약품일수록 더 좋다): 이 전략의 예로는 머크를 들 수 있다. 이 회사는 연구 개발 중인 상품을 풍부하게 갖추고 있으며 의료상의 필요를 충족시키지 못하는 수백만의 환자들을 위

한 연구에 많은 노력을 기울이고 있다. 머크의 판매 상위 5개의 제품은 1억 3,800만 미국인이라는 잠재적 시장을 가지고 있다.
- **강력한 영업 및 마케팅 능력**: 의사들은 제약회사 영업사원들에게서 신약에 대한 정보를 익힌다. 따라서 영업사원이 자사의 핵심 치료약과 관련된 의사들의 세계에 성공적으로 침투했다면 그는 의사의 귀, 때로는 신뢰까지도 손에 넣은 것이라고 볼 수 있다. 화이저와 심장 전문의들과의 관계, 와이어스Wyeth와 산부인과 의사들의 관계, 그리고 엘리 릴리와 정신과 의사들 사이의 밀접한 관계를 무시하지 말아야 한다. 생명공학회사들이 이익의 상당 부분을 넘겨주면서까지 대규모 제약회사들과 제휴 관계를 맺는 이유는 제약회사들의 우수한 마케팅 자원을 십분 활용하기 위해서이다.
- **큰 시장 잠재력**: 많은 사람들이 앓고 있는 질병(발기부전, 고콜레스테롤, 우울증, 고혈압 등) 치료를 목적으로 하는 의약품은 일반적으로 틈새 약품에 비해 시장 잠재력이 더 높다. 따라서 회사는 만성 질환에 대한 치료약을 가지고 있어야 하는데, 환자들은 이 약을 계속 복용해야 건강을 유지할 수 있기 때문이다.

위 내용들은 모두 연례운영보고서에서 찾을 수 있다. 전국신장재단이나 cancer.gov 같은 특정 질환과 관련된 웹사이트에 들어가도 임상실험 중이거나 질병 치료에 사용 가능한 의약품 목록, 그리고 해당 질병을 앓고 있는 환자들의 수를 파악할 수 있다. 출시되거나 개발 중인 의약품의 폭과 깊이를 분석할 수 있다면 제약회사나 생명공학회사 주식에 대한 평가를 반은 마친 셈이다. 그러니 연례운영보고서를 파고들어 회사가 소유한 의약품들의 장점을 자세히 관찰하자.

복제 의약품 회사

　복제 의약품 회사는 브랜드 제약회사의 엄청난 마진을 따라잡지는 못한다. 하지만 복제 의약품의 인기가 높아짐에 따라서 이런 회사들의 성장도 훨씬 빨라지고 있다. 복제 의약품 회사들의 매출총이익률은 40~50%, 영업이익률은 15~20% 수준이다. 투하자본수익률ROIC은 회사가 브랜드 의약품에 얼마나 노출되어 있느냐에 따라 천차만별로 달라진다(대부분의 일반 제약회사들은 블록버스터가 아닌 의약품도 함께 판매한다). 거의 100% 복제 의약품 회사라고 볼 수 있는 테바Teva Pharmaceuticals의 ROIC는 약 10% 수준이지만, 수익의 절반 이상을 브랜드 의약품에서 거두는 왓슨Waston Pharmaceuticals의 ROIC는 10%대 초반에서 중반 수준이다.

　아이러니컬하게도 복제 의약품 회사 역시 경쟁 장벽의 도움을 받을 수 있다. 브랜드 의약품에 합법적인 도전장을 처음 던진 회사는 180일 동안 시장 독점을 누리면서 다른 경쟁사들이 합류하기 전에 많은 현금을 벌어들일 수 있다. 이 뜻밖의 횡재는 회사의 수익성을 단기간에 끌어올려주는데, 영업이익률의 10% 상승도 전혀 이상한 일이 아니다. 여러 경쟁사들이 경쟁 대열에 합류하기 시작하면 선두에 선 회사만이 저비용 생산을 유지할 수 있다. 생산 규모가 대단히 중요하기 때문에, 이 회사는 복제 의약품 시장에서 확실한 위치를 점할 수 있게 된다.

　몇 가지 장기적인 경향 역시 복제 의약품 회사에 도움을 준다. 1980년대 중반 처방 의약품 중 복제 의약품의 비중은 20% 정도에 불과했지만, 2003년 중반에는 50%로 껑충 뛰어 올랐다. 해마다 무수한 약품들의 특허가 만료되는데다 처방 의약품의 가격 상승에 대한 규제 압박이 심하기 때문에 이런 경향은 앞으로도 계속될 것이다. 복제 의약품들은 낮은 원가구조 덕분에 마진을 적게 해도 수익을 낼 수 있다.

마지막으로 정치적인 압력 역시 복제 의약품 회사에 유리하게 작용한다. 정부와 국민 모두 의료비를 낮출 방법을 찾고 있기 때문이다.

빠지기 쉬운 투자 함정: 블록버스터가 하나뿐일 때의 리스크

블록버스터 의약품을 부정적인 요소로 본다면 이상할 수도 있다. 하지만 이것은 재앙이 될 수도 있다. 단일 의약품의 수익이 총매출액에서 큰 부분을 차지한다면 이 약품의 향방에 따라 회사의 운명이 갈릴 수 있기 때문이다. 이 약품은 언젠가는 특허가 만료될 것이 분명하기에, 현명한 투자자라면 단일 상품이라는 리스크를 포함해서 안전마진을 좀 더 높게 잡아야 한다.

화이자의 리피토 Lipitor는 2002년 80억 달러라는 놀라운 매출액을 기록했다. 2011년 특허 만료 전까지 미국 내에서의 리피토 매출액은 100억 달러를 족히 넘어설 것으로 보인다. 복제 의약품과의 경쟁이 시작되면 화이자는 이 엄청난 매출액을 도저히 달성할 수 없을 것이다. 또한 5개 의약품이 화이자 매출액의 절반 이상을 차지한다. 리피토 같은 특급 블록버스터는 총수익에서 상당 부분을 차지하며 마진에서도 결정적인 역할을 한다. 특허가 만료되면 회사의 수익이 크게 줄고 이로 인해 수익성도 떨어진다.

생명공학

최고의 생명공학회사들은 풍성한 잉여현금흐름을 창출하지만(생명공학의 거인인 암젠 Amgen은 2002년 15억 달러 이상의 잉여현금흐름을 창출했다) 아주 공격적인 투자자들을 제외한 대부분의 투자자들에게 이 분야는 투기적인 성격이 짙다. 성공 기업을 선택하려면 어느 정도의 요령과 과학 지식, 그리고 아주 많은 행운이 필요하다.

생명공학회사들은 종종 제약회사들보다 더 젊고 더 혁신적이며 더 빠르게 성장한다고 여겨진다. 그들은 대형 제약회사들이 사용하는 화학적 방법이 아니라 생물학적 방법(분자와 세포 등)을 통한 신약 개발을 모색한다. 또한 생명공학회사들은 앞장서서 새로운 치료법을 개발하고 있으며, 단백체학proteomics, 세포단백질에 대한 전반적 분석을 꾀하는 학문-옮긴이과 유전자학 같은 혁신적인 기술 플랫폼을 사용한다.

하지만 생명공학 의약품 개발은 아직은 불확실한 부분이 많은데다 기상천외한 치료법으로 인해 제품의 리스크도 상당히 높다. 가령 제넨테크Genentech은 혈액 공급이 끊기면 암세포가 죽을 것이라는 이론을 바탕으로, 새로운 혈관 성장을 담당하는 인체의 메커니즘인 혈관신생angiogenesis을 중단시키는 방법을 개발하고 있다. 다른 몇몇 회사들도 비슷한 치료법을 연구하고 있지만 아직 성공한 사례는 전혀 없다. 성공한다 해도 시장 규모는 예측조차 불가능하다. 이것이 약품 개발 과정의 불확실성을 더욱 증가시킨다. 주가의 변동은 물론이고.

생명공학 기업 성공의 보증수표

생명공학 회사들을 안정 기업established, 성공 유망 기업up and coming, 투기적 기업speculative의 세 범주로 나눠서 생각해보자.

안정 기업: 이들은 생명공학의 거물들로 암젠, 제넨테크, 바이오젠 IDEC 등이 여기에 속한다. 이들의 연간 제품 수익은 10억 달러를 넘으며 시가총액도 대규모 제약회사들에 버금간다. 이 회사들은 플러스의 이익과 현금흐름을 창출하며, 개발 중인 의약품도 상당하기 때문에 지속적인 매출과 이익 증가가 가능하다. 이들의 규모가 커질수록 미래

현금흐름의 리스크도 줄어들 것이다. 이 범주에서는 다음과 같은 회사들을 찾아야 한다.

- 후기 임상 실험 단계 중인 의약품의 수가 많은 회사
- 많은 현금을 쥐고 있으며, 몇 년 동안의 연구개발비를 충당하기에 충분한 현금흐름이 보장된 회사
- 자체의 영업력을 구축한 회사-제품 판매를 위해 다른 기업에 의존할 필요가 없으며 의사들과도 관계를 쌓을 수 있다
- 적정 가치보다 30~40%의 안전마진을 제공해주는 주가

성공 유망 기업 : 여러 생명공학회사들은 제품을 출시했거나 근시일 내에 출시될 예정이어서 성공을 눈앞에 두고 있다. 어떤 회사들은 조만간 흑자로 돌아설 예정이고 어떤 기업들은 이미 작지만 긍정적인 이익을 실현했다. 다시 말해 이들은 배양접시에 담긴 세포보다 더 많은 것을 가지고 있다. 하지만 아직은 갈 길이 멀다. 이런 회사들은 리스크가 상당히 높으며 경제적 해자도 전무하거나 거의 없는 수준이다. 모든 것은 제품 경쟁에 따라 달라진다.

이 단계 동안에는 현금이 왕이기 때문에 회사들은 시장이 주기적으로 생명공학에 열광하는 기간 동안 자본을 끌어모을 수 있다. 하지만 이들이 이 현금을 얼마나 빨리 지출하는지를 계속 눈여겨봐야 하는데, 임상 실험의 마지막 단계는 엄청난 비용이 드는데다 FDA에 제출할 트럭 몇 대 분량의 서류 준비에도 많은 비용이 들기 때문이다. 그렇기 때문에 성공 유망 기업들은 대형 제약회사나 다른 생명공학회사들과 제휴 관계를 형성하는 것이다. 제휴 관계로 인해 이익의 많은 부분을 떼주어야 하지만, 제품을 시장에 빨리 출시하는 것이 비용이 적게 드는

방법일 수도 있다.

투자자들은 이런 회사들의 리스크를 줄이기 위해 다음과 같은 질문을 던져야 한다.

- 회사는 돈이 가장 많이 드는 최종 임상 실험 단계에 필요한 충분한 현금을 보유하고 있는가? 대차대조표상의 현금을 기업이 한 해 평균 임상 실험에 쏟아 붓는 현금 액수와 비교해보라. 3단계 임상 실험에는 수천만 달러가 들어간다. 회사는 자체 자금으로 이 비용을 충당할 수 있는가 아니면 외부에서 자금을 조달해야 하는가?
- 대규모 제약회사나 생명공학회사들이 이 회사와 기꺼이 제휴 관계를 형성하고 있는가? 제휴 관계는 양날의 칼이다. 이를 통해 회사의 생명공학 기술이 입증되고 여러 지식과 영업력을 제공 받을 수 있지만, 이익의 상당 부분을 떼어줘야 하기 때문이다. 바이오젠 IDEC의 항암제인 리툭산Rituxan은 1997년 FDA 승인 이후 막대한 이익을 창출했다. 하지만 제넨테크과의 제휴 관계 때문에 바이오젠 IDEC는 의약품 매출액에서 차지한 돈은 3분의 1에 불과하다.
- 미래현금흐름 예측이 어렵기 때문에 주식이 적정 가치보다 낮은 금액에 거래되어서 충분한 안전마진을 제공해주는가? 생명공학의 리스크를 감안한다면 안전마진은 50%로 잡는 것이 좋다.

투기적 기업: 생명공학의 대다수를 차지하는 것은 새로 생긴 생명공학회사들이다. 이들은 대부분의 투자자에게는 상당히 리스크가 큰 종목이다. 이 범주의 회사들이 흥미 있는 기술을 가지고 있고 언젠가 막대한 성공을 거둘 수도 있겠지만, 의약품 판매를 통해 수익이 실현되려면 몇 년은 더 기다려야 한다. 또한 영업 활동으로 인한 현금흐

름도 아직은 요원하다. 이런 리스크에 이들의 의약품이 실제 출시될 가능성이 희박하다는 사실을 더하면, 이 회사들을 리스크가 높고 해자가 없는 종목으로 분류하는 것이 좋다. 다시 말해 이런 회사의 주식을 사려면 엄청난 안전마진을 설정해야 한다. 이들은 주식이라기보다는 복권에 가깝다고 볼 수 있다.

생명공학회사에 대해 조사하려면 제일 먼저 연례운영보고서를 살펴봐야 한다. 일반적으로 이들 보고서에는 개발 중인 기술이나 의약품에 대한 서투른 설명과 함께 회사의 연구자금 조달 방법과 제휴 관계가 설명되어 있다. 질병과 관련된 웹사이트인 cancer.gov나 MedicineNet.com, 과학 잡지들은 의약품 분류와 시장 규모, 경쟁 중인 상품이나 대체 약품에 대한 정보를 제공해준다. 또한 생명공학산업단체Biotech Industry Organization나 바이오스페이스BioSpace와 같은 업계 단체들도 의약품과 회사 및 산업에 대한 정보를 제공해 준다.

의료장비 회사

의료산업 중 가장 알기 쉬운 분야는 아마도 의료장비 회사들일 것이다. 이 회사들은 수술에 사용되는 인공관절이나 심박조절기 등의 장비를 만든다. 의료장비 회사를 크게 두 종류로 나누면 심장혈관 쪽과 정형외과 쪽으로 나눌 수 있다. 의료장비 회사들 중에는 경제적 해자가 넓은 기업이 많으므로 이 분야는 자세히 알아둘 필요가 있다.

다른 의료보건 분야와 마찬가지로 인구 노령화와 수명 증가는 의료장비의 매출 증가를 이끌 것이다. 노년층의 심장병 발병률과 관절 교체에 대한 수요 모두가 상당히 증가할 것이다. 또한 신체적으로 활동적인 베이비 붐 세대들도 나이를 먹으면서 몇 가지 통증을 앓고 있기 때문에 청장년층의 인공관절 수술도 증가하고 있다. 새로운 골반의 평균 수명은 약 10년이므로 처음의 골반이 마모될 무렵에는 재수술에 대한 시장도 확대될 것이 분명하다.

의료비에 대한 지속적인 압박 역시 몇몇 의료장비에 대한 수요 촉진의 역할을 하는데, 새로운 외과수술 기법 덕분에 입원기간이 단축되면서 수술비용 역시 극적인 수준까지 줄어들기 때문이다.

심장으로 들어가는 혈류량 증가를 위해 행하는 심장 바이패스 수술을 예로 들어보자. 전통적인 방법을 사용하면 흉부를 25~30센티미터 절개한 뒤 늑골을 열어 수술을 하기 때문에 8일 정도 입원해야 하며 회복기간은 2개월 정도가 걸린다. 보다 현대적인 기법의 바이패스 수술에서는 늑골 사이를 7~12센티미터 정도 절개하는데(또는 몇 군데를 2.5센티미터씩 절개하는데) 입원기간은 3일 정도이고 회복기간은 2주 정도다. 더욱이 절개를 적게 하는 수술은 기존의 심장절개 바이패스 수술에 비해 비용도 25%가 절감된다.

이 매력적인 성장 가능성 외에 의료장비 회사들은 대체적으로 넓은 경제적 해자를 가지고 있다. 규모의 경제, 높은 전환비용, 오랜 임상실험 경력(정형외과용 의료장비 개발에는 최대 30년 이상의 시간이 걸린다.) 모두 새로운 경쟁자를 막는 높은 장벽이 되어준다. 그 결과 몇몇 대기업들이 심장용 장비와 정형외과용 장비 시장을 지배한다. 장비 및 이를 수술하는 데 필요한 도구들에 대한 특허권 보호도 경쟁사로부터 회사를 막아주는 보호막 역할을 한다.

정형외과용 장비의 경우는 전환비용이 높은 편인데, 의사들이 쓰던 제품을 중단하고 경쟁사 쪽으로 옮겨가기를 꺼리기 때문이다. 인공관절이나 무릎 수술은 까다로운 작업이고, 수술을 하려면 전문적인 도구를 갖추고 교육을 받아야 한다. 각 회사의 인공관절 수술 시 사용되는 도구들은 기업이 독자적으로 개발한 것들이기 때문에, 의사가 타사의 인공관절로 바꾸기로 결심한다면 따로 새로운 도구 체계에 대한 사용법을 훈련받아야 한다. 의사는 아주 바쁜 직업이다. 따라서 새로운 관절이 현재 사용 중인 것보다 월등히 뛰어나지 않는 한, 다른 제품으로 바꿀 가능성은 거의 없다. 게다가 새로운 시스템이 손에 익을 정도로 무리 없이 수술을 하게 되기까지 많은 시간이 걸린다.

또한 의료장비 회사들은 상당한 가격 결정력을 보유하고 있다. 의료보장제도나 보험회사들은 인공관절이나 심박조절기의 선택에 대해서는 제한을 두지 않는 편이다. 따라서 정형외과 장비 회사들은 연간 3~5%씩 장비 가격을 꾸준히 인상할 수 있었다.

마지막으로 의료장비 분야의 제품 개선은 혁신적이 아닌 점진적인 형태로 이뤄진다. 그렇기에 몇몇 의료장비 회사들은 제약회사보다 리스크가 낮다. 이로 인해 이 분야의 회사는 두 가지 이점을 얻는다. 첫째, 규제상의 리스크를 줄여준다. 이는 기존 장비의 점진적 개선은 FDA의 검토 과정을 수월하게 통과할 수 있기 때문이다. 둘째, 어떤 회사가 혁신적인 제품을 출시하여 다른 회사를 훨씬 앞지를 가능성이 줄어든다. 의료장비 분야에서도 혁신적인 변화가 발생하는 것은 사실이지만, 다른 의료분야에 비해 그 빈도수가 낮은 편이다. 따라서 이 분야의 기업들은 특정 장비를 조금씩만 개선하면서도 시장에서 수십 년 동안 경쟁을 지속할 수 있다(이런 경쟁구조를 승자가 모든 것을 가져가는 의약품 산업과 비교해보자. 혁신적인 신약품은 아주 단기간 내에 경쟁 의약품이 차지하고 있던 시장을 완전히 빼앗아올 수 있다).

그러나 의료장비 기업들의 리스크가 전무한 것은 아니다. 제품 사이클이 아주 짧을 수 있기 때문에, 기업은 경쟁사를 따라잡기 위해 연구개발비에 막대한 돈을 투자해야 한다. 특히 외과의들의 전환비용이 상대적으로 낮은 편인 심장용 장비의 경우, 주요 경쟁사들의 시장점유율이 신제품 출시 이후 12~18개월 내에 완전히 뒤바뀔 수도 있다. 인공심장 이식 수술은 모델이 올해 것이냐 작년 것이냐에 따라 크게 달라진다. 이로 인해 의사들은 별 어려움 없이 최신제품으로 신속하게 전환할 수 있다.

법적 리스크 역시 중요하다. 최근 몇 년 동안 인공심장 회사들은 법적 소송을 경쟁사에 대한 방어 전략이나 공격 전략으로 사용해왔다. 소송이든 맞소송이든 결과를 예측하기 힘들기 때문에 막대한 시간과 돈이 소모될 뿐 아니라 리스크도 높아진다.

의료장비 회사 성공의 보증수표

의료장비 회사들은 대부분 높은 마진과 탄탄한 이익을 벌어들인다. 이들을 조사 중이라면 다음의 사항들을 눈여겨봐야 한다.

- **영업사원들의 침투력**: 많은 회사들은 영업사원을 훈련시켜 제품 상담을 겸하게 하며, 어떤 경우는 수술 보조 능력까지 훈련시킨다. 가령 바이오멧의 영업사원들은 회사 제품이 사용되는 인공관절 수술 시 대부분 참가해서 집도의에게 장비나 도구에 대한 전문지식을 제공해준다. 의사들과의 이런 깊은 유대 관계는 경쟁사 제품으로의 전환비용을 높일 수 있다.
- **제품 다양화**: 회사는 고마진 제품(인공관절이나 심박조절기)을 판매하는 동시에 마진이 낮은 소모품이나 일상품도 판매하면서 리스크를 줄일 수 있다. 예를 들어 메드트로닉Medtronic은 자사의 핵심 기술인 전자자극기술(심박조절기에 사용)을 파킨슨병의 떨림 증상을 억제하는 데 적용하는 방법을 연구하고 있었다. 이 고마진 제품을 개발하면 저마진 제품인 스텐트 사업에서 예상되는 매출 감

소를 상쇄시킬 수 있게 된다.
- **제품 혁신**: 신제품 출시 개수와 연구개발비의 비교는 기업의 신제품 창조 능력을 알아낼 수 있는 좋은 방법이다. 회사 연차보고서는 연구개발비 내역은 물론이고 특정 연도에 출시된 신제품들에 대해서도 언급한다. 몇 년 전까지 거슬러 올라가 과거의 연차보고서를 여럿 파고들어야 할 것이다.

건강보험 및 의료 관리

보험회사나 의료관리회사는 규제 압력이 심하고 소송 역시 빈번하기 때문에 다른 의료산업에 비해 매력이 다소 떨어질 수 있다. 이들은 경제적 해자도 넓지 않다. 이익 창출에 중점을 둔 기업은 많은 잉여현금흐름을 창출하기도 하지만, 투자하려면 신중하게 조사하고 안전마진도 넉넉히 잡아야 한다. 의료 분야의 소비자들은 대부분 자신이 의사에게 얼마를 지급해야 하는지에 대해 별로 고심하지 않는다. 최종 청구서가 작성됐을 때 돈을 지불하는 당사자는 자신들이 아니기 때문이다. 그 결과 가장 싼 곳을 찾아다닐 필요성을 거의 느끼지 못한다. 따라서 의료비용의 증가를 제대로 예측하지 못할 경우 늘어난 비용에 대한 최종적인 책임은 고스란히 보험회사에게 돌아간다.

1980년대부터 보험회사들은 공급자와 구매자를 조정하고 한데 묶기 위해 관리의료제도managed-care organization, MCO를 만들어서 가격 결정력을 확보하고자 노력했다. MCO가 돈을 버는 방법은 두 가지다.

첫째 방법은 의료보험을 인수하는 것이다. 미래의 의료비를 예측하기 힘들기 때문에 이 방법은 리스크 중심 비즈니스risk-based business라고 한다. 이 방법에 따르면 MCO는 의료비 상승의 위험을 고스란히 떠안는다. MCO가 돈을 버는 두 번째 방법은 월수수료를 받고 소송 절차나 네트워크 접속과 같은 행정적인 서비스를 제공해주는 것이다. 이 경우 고용주가 직원의 의료보험을 가입하면 MCO는 건강보험을 관리해주기만 한다. 이 수수료 중심 비즈니스fee-based business 모델에 따르면 의료비 상승의 위험을 고용주가 떠안게 된다.

수수료 중심 비즈니스의 비중이 클수록 회사의 리스크는 작아지는데, 현금흐름의 예측성이 높아지기 때문이다. 리스크 중심 비즈니스에서는 환자가 병원에 자주 갈수록 MCO에서 나가는 비용도 증가한다.

따라서 아무도 아프지 않다면 MCO가 할증 부분을 모두 챙길 수 있으므로 비용이 오르는 것이 좋을 수도 있다. 하지만 병원비나 처방 의약품 가격이 예상보다 많이 오른다면 회사의 이익이 크게 줄어들 수 있다. 의료비는 계속 상승하는 편이기 때문에 수수료 중심 비즈니스가 더 매력적인 모델이라고 볼 수 있다.

의료보험·의료관리 회사 성공의 보증수표

의료관리회사들이 우리의 의료비 관리를 위한 최적의 조직은 아닐지라도 어떤 회사들은 상당히 좋은 실적을 거둔다. 다음은 이런 회사들을 찾을 수 있는 방법이다.

- **효과적인 의료비 관리 및 보험 인수**: 이 분야 회사의 실적을 가늠해볼 가장 좋은 측정 방법은 의료비를 할증 수익premium revenue으로 나눈 의료비 지출 비율medical loss ratio이다. 하지만 이 비율을 계산할 때는 수수료 중심 수익이나 투자수익을 포함하지 말아야 한다. 평균 의료비 지출 비율은 과거 몇 년 동안 84~85%였으며 여기에는 과거의 보험가격 및 의료관리를 모두 포함돼 있다. 이 수치는 회사가 리스크 중심 비즈니스에서 얼마나 지속적인 성공을 거두

는지를 반영해 준다.
- **최소한의 듀얼 옵션 비즈니스**: 의료관리회사들은 종종 고객들에게 두 가지 이상의 의료보험 중 하나를 선택할 기회를 제공해준다. 이런 듀얼 옵션 비즈니스(다른 말로 슬라이스slice라고도 한다) 비중이 높은 회사를 조심해야 한다. 이런 보험 계좌는 의료관리 집단 간의 과잉 경쟁을 부추길 뿐 아니라, 보험회사에서도 각 옵션의 수요를 예측하기 힘들어서 보험가격을 잘못 산정하기 쉽다.
- **수수료 중심 비즈니스의 비중이 높음**: 건강보험 인수 산업은 리스크가 큰 산업이다. 따라서 이런 리스크에 적게 노출될수록 실적도 향상된다. 가령 유나이티드헬스그룹UnitedHealth Group은 전체 보험 중 수수료 중심 비즈니스의 비중을 1999년 말 55%에서 2002년 말 64%로 증가시켰고, 그 결과 회사의 재무 성과도 향상되었다.
- **정부 계좌에 대한 최소한의 노출**: 의료보장제도처럼 정부가 기금을 대는 의료보험 프로그램은 의료비 상승에 맞춰서 보험료를 올려주지 않는다. 따라서 정부 계좌와의 관련성이 적은 회사가 정부 수익에 많이 의존하는 회사보다 높은 실적을 거둘 수 있다.

웹사이트에 들어가면 그 회사에서 제공하는 제품이나 서비스에 대한 정보를 얻을 수 있다. 또한 회사가 얼마나 고객 친화적인지도 살펴보는 것이 좋다. 연례운영보고서에는 제품 정보나 재무제표뿐 아니라 수익의 상당 부분(10% 이상)을 차지하는 특정 고객의 보험 계좌에 대한 정보도 찾아볼 수 있다.

투자자의 체크리스트 : 의료산업

☐ 의약품 개발에는 많은 시간과 비용이 걸리며 성공할 것이라는 보장도 없다. 특허기간이 길거나 제품 종류가 많아서 개발 리스크를 분산시킬 수 있는 회사를 찾아야 한다.

☐ 제품이 많은 수의 환자들을 타깃으로 삼거나 의료적인 니즈를 상당 부분 충족시키지 못하는 환자들을 대상으로 한다면 이 회사의 성공 가능성은 더 높다.

☐ 블록버스터 의약품이 매출액의 상당 부분을 차지하는 제약회사에 대해서는 안전마진을 높게 잡아야 한다. 예기치 않은 상황이 발생해서 현금흐름이 떨어질 수 있고, 이렇게 되면 주가도 휘청거릴 수 있다.

☐ 기술에 대한 해박한 지식이 없다면 생명공학 분야의 신생회사에는 투자하지 말아야 한다. 많은 돈을 벌 가능성도 있긴 하지만 현금흐름은 먼 미래의 일이고 불확실성마저 높기 때문에 부자가 아니라 빈털터리가 될 가능성이 더 크다.

☐ 의료장비 산업을 간과하지 말아야 한다. 이 분야에는 경제적 해자가 넓은 기업이 많이 포진해 있다.

☐ 제약, 생명공학, 의료장비 등 개발에 중점을 두는 회사에서는 현금이 왕이다. 회사에 현금이 많거나 영업 활동으로 인한 현금흐름이 많이 창출되어서 다음 개발 단계를 무사히 통과할 수 있는지를 확인해야 한다.

☐ 정부에서 눈을 떼지 말아야 한다. 의료보장제도의 지출 및 규제 요건에서의 극적인 변화는 의료보험 기업들의 가격 산정에 막대한 영향을 끼칠 수 있다.

☐ 수수료 중심 비즈니스의 비중 증가, 제품 다양화, 탄탄한 보험 인수, 최소한의 정부 계좌 등의 방법을 이용해서 리스크를 분산시키는 의료관리회사들은 지속적인 수익을 제공할 것이다.

15
소비자 서비스

톰 고엣징거, 칼 시빌스키, 팻 도시

○○○

짐작하다시피 소매업이나 소비자 서비스 부문에서는 장기 보유 종목을 많이 찾을 수는 없다. 이들은 경제적 해자가 전무하거나 아주 좁기 때문이다. 소매회사가 경제적 해자를 넓힐 수 있는 유일한 방법은 소비자들에게 무언가 특별한 것을 제공해서 경쟁사가 아닌 자사의 점포에서 계속 쇼핑하게 하는 것이다. 그것은 독특한 상품을 제공하는 것이 될 수도 있고 또는 상품을 싼 가격에 판매하는 것이 될 수도 있다. 전자의 방법은 큰 규모로 운영하기는 힘든 편이다. 독특한 제품의 특이성은 영원히 지속될 수 없기 때문이다. 2, 3년 이상 경제적 해자를 유지하는 소매점이나 소비자 서비스 회사는 거의 찾을 수 없다.

몇몇 소비자 회사들은 경제적 해자가 넓은데, 그 예로 주택 보수 부문의 홈디포나 로우스, 처방 의약품이나 편의용품을 판매하는 월그린Wallgreen, 생활용품을 총망라해서 판매하는 월마트를 들 수 있다. 이런 회사들은 경쟁사와 뚜렷이 구분되는 점포 특성을 가지고 있다. 또한 이들이 향유하는 막대한 규모의 경제는 경쟁사들의 지속적인 이익 창출을 힘들게 한다. 이 '무엇을 사는지 뻔한buy what you know' 시장 부문에서 장기적인 이익을 거두려면, 이런 회사들을 찾아내서 적절한 가격에 투자하는 것이 가장 좋은 방법이다. 이 산업에서 매물이 쏟아져 나와 주가가 급락할 때 고품질의 전문용품 판매회사나 의류회사 주식을 사서 이익을 볼 수도 있다. 하지만 이 부문의 기업 중 장기적으로 높은 가치를 보유한 것은 거의 없다.

우리가 매일 접하는 기업들

소비자 서비스 부문의 회사들은 대부분 우리가 잘 알고 있는 기업들이다. 우리는 거의 매일 그들의 점포에서 쇼핑을 하고 식사를 한다. 여기에는 월마트나 타깃 같은 할인점, 월그린이나 CVS 같은 약국, 갭 등의 옷가게, 홈디포나 로우스 같은 주택 개보수용품 판매점, 맥도널드나 아웃백 스테이크하우스 같은 레스토랑 체인, 그리고 그 외의 무수한 유명 점포들이 포함된다. 거의 매일 이 상점에 가서 종업원들을 만나보고 상품을 이용해볼 수 있다는 것은 투자자가 보기에 상당한 이점으로 작용할 수 있다. 이와 달리 인텔의 주식을 구입하기 전에 반도체를 만져본 적이 과연 있던가? 애트나Aetna나 시그나Cigna에 투자하기 전에 그곳의 사원들과 대화를 나눠본 적이 있었던가?

소비자 서비스 부문의 회사들은 성장도 빠르다. 맞벌이 부부 증가로 시간에 쫓기는 가정들은 신속하고 믿을 만한 서비스를 요구하고, 이것에 대해 기꺼이 돈을 지불한다. 식료품점은 조리식품이나 부분 조리식품을 판매한다. 할인점은 점포 입구에 계산대를 집중시켰다. 약국은 24시간 내내 문을 연다. 가장 훌륭하고 종합적인 서비스를 제공하는 회사는 경쟁에 이겨서 번성할 수 있지만, 그렇지 못한 회사는 뒷자리로 밀려나 결국은 사라지고 만다.

미 통계청에 따르면 미국의 경제 규모는 1991년 6조 달러에서 2001년 10조 1,000억 달러로 증가했다. 같은 기간 동안 소비자 지출이 경제에서 차지하는 비율은 66%에서 69%로 늘어났다. 소비자 서비스 회사들이 경제 전체에서 차지하는 비중이 증가하고 있으며 이는 앞으로도 계속될 것이다. 이 회사들이 과거 10년 동안 전체 시장의 실적을 추월했다는 사실은 결코 놀랄 일이 아니다.

1993년에서 2002년까지 월마트나 홈디포, 타깃 같은 유명 소매점들의 주가 상승에 힘입어 S&P 소매지수S&P Retailing Index의 누계수익률accumulative return은 122%를 기록했다. 반면에 S&P 500의 누계수익률은 102%에 불과했다. 소비자들은 식품 이외의 물건에 대해서는 꼭 필요한 것이 아니면 나중으로 미룰 수도 있기 때문에, 소매업 주식retail stock은 경제가 좋을 때는 뛰어난 실적을 거두고 경제가 불황일 때는 안 좋은 실적을 거두는 편이다.

지금부터 소비자 서비스 부문에 속한 산업들의 핵심적인 성격과 경향을 살펴보자.

요식업

단순히 분류하면 요식업은 퀵 서비스 레스토랑(일명 패스트푸드 레스토랑)과 풀 서비스 레스토랑으로 구분할 수 있다. 맥도날드나 웬디처럼 퀵 서비스 레스토랑의 고객은 카운터에 돈을 낸 즉시 음식을 받아 간다. 아웃백 스테이크하우스, 다든Darden의 레드 랍스터Red Lobster 체인 같은 풀 서비스 레스토랑의 고객은 자리에 앉아서 직원에게 음식을 주문한다. 음식 서비스를 재창조하는 방법은 많지 않기 때문에 요식업은 가격이나 음식의 질, 서비스 수준, 메뉴, 분위기를 다양하게 혼합해서 새로운 컨셉을 만들려고 노력한다.

노동력의 인구통계학적 변화 역시 요식업의 장기적인 전망을 밝게 해준다. 집에서 식사를 준비하는 대신 레스토랑에서 준비해준 음식을 먹는 것은 꽤 매력적인 일이다. 맞벌이 부부 가정이 늘면서 식사 준비는커녕 식료품 구입이나 설거지를 할 시간도 별로 없기 때문이다. 핵가족이 증가하면서 식사 준비의 경제적 성격도 외식에 유리한 쪽으로 바뀌고 있다. 6인 가족을 위한 식사 준비 시간이나 4인 가족을 위한 식사 준비 시간이나 똑같이 걸린다는 사실을 생각해보자. 가족 식사에는 규모의 경제가 적용되지 않는다. 1인 가족을 위한 균형 잡힌 식사를 준비하는 데도 많은 시간이 걸릴 수 있다.

요식업 부문에 대한 투자: 회사의 라이프사이클 이해하기

레스토랑 체인도 여타의 산업과 마찬가지로 비즈니스 라이프사이클을 경험한다. 대부분의 신생 레스토랑의 컨셉은 투기적인 성장 단계에서 출발하는데, 이 시기의 경영자는 영업 세부사항을 하나하나 감독하면서 확장에 대한 성장 잠재력을 예측하고자 한다. 대다수의 컨셉이 실패하기 때문에 '투기적 성장' 단계라고 불린다. 대부분의 투자자들은 이 단계의 빠른 매출 증가가 컨셉의 성공을 보장한다고 생각한다. 이 단계의 식당 체인들은 일반적으로 마이너스이거나 들쑥날쑥한 이익을 거둔다. 이들의 진로는 조만간 결정 난다. 실패하든가 아니면 다음 단계로 진행해서 공격적인 성장 기업이 되는 것이다.

공격적인 성장 단계에서는 각각의 매장이 수익을 내야 새로운 매장을 개설할 수 있다. 가령 치즈케이크 팩토리Cheesecake Factory의 새로운 매장이 성장하는 데 필요한 자금은 모두 기존 매장들의 이익에서 나온 것이다. 이런 성장 단계 동안 회사는 기존의 매장에서는 이익을 거두지만 새로운 매장을 개설하는 데 많은 돈을 지출하기 때문에 일반적으로 마이너스의 잉여현금흐름을 기록한다. 이 경우 레스토랑 회사의 확장 속도가 자금 조달 능력이나 대차대조표 수준을 초과해버릴 위험도 존재한다.

현재의 영업이 이익을 낼지라도 급속한 확장으로 인해 회사의 현금 창출 능력보다 더 많은 돈이 필요하기도 하다. 기업에 사무실을 임대해주는 것과 비슷한 개념인 운용리스operating lease 덕분에 레스토랑들은 매장별로 확장에 필요한 자금을 조달할 수 있으며 본사가 한꺼번에 거액의 채무를 질 필요가 없다. 하지만 리스는 만병통치약이 아니다. 스타벅스는 과거 10년 동안 대단히 빠르게 성장해왔다. 리스 계약 기간이 대부분 10년 정도이기 때문에, 많은 매장들이 성공을 거두지 못했다면 스타벅스는 리스를 종료하기 위해 엄청난 거액을 치러야 했을 것이다.

다른 기업들과 마찬가지로 레스토랑의 공격적인 성장도 영원히 지속되지는 못한다. 확장 기회가 고갈되면 기존 매장들이 벌어들이는 이익의 중요성이 높아지고 매니저들은 동일 매장 매출 실적same store sales, 총매출액에서 새로 생긴 매장의 매출액을 뺀 금액-옮긴이을 끌어올리고자 노력한다. 동일 매장 매출 실적의 향상은 고객들이 이 레스토랑의 음식이 마음에 들어서 가게에 다시 온다는 것을 말해준다. 고객의 관심을 유지시키기 위해(그리고 이익도 끌어올리기 위해) 매니저들은 더 많은 돈을 벌 수 있는 새로운 방안을 연구한다. 저성장 단계의 레스토랑들은 일반적으로 탄탄한 잉여현금흐름과 안정적인 자본수익률을 가지고 있으며 배당도 지급하는데, 그 이유는 사업에 재투자할 기회가 바닥나고 있기 때문이다.

저성장 단계에 도달하는 레스토랑은 소수에 불과하다. 대부분이 곧장 쇠락의 길로 접어든다. 성공적인 저성장 단계의 레스토랑 체인이 되려면, 레스토랑의 컨셉을 소비자에게 깊이 각인시켜야 한다. 미국의 맥도날드, 웬디스, 레드 랍스터는 이 단계를 오래 전에 통과했으며 현재는 약속 장소나 멋진 데이트 장소로 자리를 잡았다. 하지만 소비자들은 레스토랑에 들어가거나 드라이브 스루 매장(자동차를 탄 채 서비스를 받을 수 있는 매장-옮긴이)을 지나치기 전부터 무엇을 기대해야 하는지를 잘 알고 있다. 레스토랑은 이런 친숙함을 유지하기 위해 지속적인 광고와 양질의 서비스를 제공해야 한다. 고객의 기대에 부응하는 음식이나 서비스를 제공하지 못하면 저성장 단계의 레스토랑은 쇠락의 길로 접어들게 될 것이다.

레스토랑 성공의 보증수표

- 최고의 레스토랑들은 성공적인 컨셉을 가지고 있다. 대부분의 레스토랑은 초기의 투기적 성장 단계를 뛰어넘지 못한다. 그렇기에 이 단계를 뛰어넘은 레스토랑은 성공적인 매장 운영의 가장 어려운 관문 중 하나를 뛰어넘은 것이라고 볼 수 있다.
- 모방이 열쇠다. 투자자들은 다른 장소에서도 레스토랑의 컨셉이 똑같이 재현될 수 있는지를 판단해야 한다. 아웃백 스테이크하우스와 치즈케이크 팩토리는 전국 어디에서나 인기 있는 메뉴를 제공한다. 하지만 모든 레스토랑 체인이 다 그런 것은 아니다. 가령 다든의 차이나 코스트China Coast 컨셉은 1990년대 초 작은 규모로 운영되었지만, 만다린 음식의 복잡한 요리법 탓에 매장별로 맛이 달라지고 말았다. 결국 이 사업은 중단되었다.
- 오래된 매장들은 재창조 없이도 신선함을 유지해야 한다. 다든은 7년에 한 번 정도 레드 랍스터와 올리브 가든Olive Garden 매장을 리모델링한다. 이것은 많은 비용이 들지만 장기적인 생존을 위해서

는 필수적인 일이다. 따라서 레스토랑 회사는 일반적으로 리모델링 비용을 충당하기 위해 현금을 충분히 쌓아둔다. 매장이 리모델링 순서를 너무 오래 기다린다면 낡고 초라한 분위기를 풍기게 될 것이다. 이런 지경에 이르면 충분한 이익이나 현금흐름을 벌어들일 수 없고, 브랜드를 되살려내기 위해 천문학적인 비용을 쏟아 부어야 할 것이다.

소매업

소매업 분야는 지난 20년 동안 대대적인 변신을 겪었다. 첫 번째 변신은 전문화된 상품과 서비스를 갖춘 전문할인점인 카테고리 킬러의 발전이었다. 홈디포나 로우스 같은 전문할인점은 지역의 작은 개보수 전문 소매상을 파산으로 몰아갔다. 1992년 두 회사의 매출액을 합하면 80억 달러에 달했고, 2002년에는 못이나 망치, 기타 도구를 판매해서 800억 달러가 넘는 매출을 거뒀다. 오피스디포Office Depot, 오피스맥스Office Max, 스테이플스Staples 역시 1980년대 후반과 1990년대 사이에 사무비품 판매업에서 비슷한 성과를 거뒀다.

두 번째 중요한 변동은 탈脫쇼핑몰이었다. 한때는 백화점들이 소매업에서 난공불락의 위치를 차지하고 있었다. 시어스Sears와 같은 유명 쇼핑몰은 건물 안에 모든 종류의 매장을 보유하고 있었다. 시어스의 목표는 고객에게 원스톱 쇼핑을 제공하는 것이었고, 어떤 지점은 풀 서비스 레스토랑까지 갖추고 있었다. 쇼핑 시간이 넉넉한 고객들은 백화점이 제공하는 개인적인 배려를 보다 중요하게 생각했다.

하지만 지난 20년 동안 전통적인 백화점들은 공룡이 되었다. 오늘날 시어스나 JC 페니JC Penney 같은 백화점들은 살아남기 위해 고군분투 하고 있다. 몽고메리 워드Montgomery Ward와 울워스Woolworth는 이미

이 전투에서 백기를 들었다. 이런 상황을 이끈 가장 큰 요인은 소비자 트렌드의 변화다. 맞벌이 부부가 많은 오늘날 고객들은 엄선된 상품과 품질, 합리적인 가격, 그리고 빠른 쇼핑을 원한다. 그리고 이러한 것들을 가능하게 해주는 매장들이 돈을 번다.

월마트와 타깃, 콜스Kohl's 등은 혁신과 효율성을 무기로 기존의 백화점들로부터 수많은 고객을 뺏어왔다. 이 회사들은 매일 저가격 상품을 제공하고 최초로 매장 입구 쪽에 집중적으로 계산대를 설치했으며 가판대 형식의 판매대와 보다 편리한 주차장을 제공했다. 1998년에서 2002년 동안 시어스와 페니의 연간 매출액 증가는 각각 0%와 1%에 불과했지만, 월마트와 타깃, 콜스의 연간 매출액은 각각 15%, 10%, 24%씩 증가했고, 앞으로도 이 격차가 지속될 것으로 보인다.

소매업 투자: 현금전환주기에 대한 이해

훌륭한 소매회사와 그저 그렇거나 평균 이하인 소매회사를 구분하는 가장 좋은 방법은 이 회사의 현금전환주기cash conversion cycle를 관찰하는 것이다. 현금전환주기는 회사가 상품을 얼마나 빨리 판매하는가(재고자산), 고객으로부터 상품대금을 얼마나 빨리 회수하는가(외상매출금), 그리고 공급업자에게 대금을 지불하기 전에 얼마나 오랫동안 상품을 보유하고 있는가(외상매입금)를 알려준다. [표 15.1]은 현금전환주기를, [표 15.2]는 홈디포의 현금전환주기 사례를 보여준다.

소매점은 제품을 가능한 빨리 판매(높은 재고자산회전율)하고, 고객으로부터 대금을 최대한 빨리 회수(높은 외상매출금회전율)하며, 공급업자에게는 최대한 늦게 대금을 지불(낮은 외상매입금회전율)하기를 원한다. 소매점에게 최상의 시나리오는 제품을 판매해서 고객에게서 돈을 회수한 다음 공급업자에게 대금을 지불하는 것이다. 이런 식으로

현금전환주기 공식

재고보유일	+	외상매출금 보유일	−	외상매입금 보유일
365÷재고자산회전율		365÷외상매출금회전율		365÷외상매입금회전율
매출원가÷재고자산		매출액÷외상매출금		매출원가÷외상매입금

[표 15.1] 현금전환주기 (출처: 모닝스타)

사례: 홈디포

대차대조표(단위: 십억 달러)	2002	2001
기초재고	6.7	6.6
기밀재고	8.3	6.7
평균재고	7.5	6.6
외상매출금	1.1	0.9
외상매입금	4.6	3.4

손익계산서(단위: 십억 달러)	2002	2001
매출액	58.2	53.6
매출원가	40.1	37.4

2002년 현금전환주기 = 34일

365÷재고자산회전율	+	365÷외상매출금 회전율	−	365÷외상매입금 회전율
365÷(40.1÷7.5)	+	365÷(58.2÷1.1)	−	365÷(40.1÷4.6)
재고자산 보유일 60	+	**외상매출금 보유일 7**	−	**외상매입금 보유일 41**

2001년 현금전환주기 = 37일

365÷재고자산회전율	+	365÷외상매출금 회전율	−	365÷외상매입금 회전율
365÷(37.4÷6.6)	+	365÷(53.6÷0.9)	−	365÷(37.4÷3.4)
재고자산 보유일 64	+	**외상매출금 보유일 6**	−	**외상매입금 보유일 33**

[표 15.2] 홈디포의 현금전환주기 (출처: 모닝스타)

사업을 꾸리는 대표주자가 월마트다. 이 회사의 매출 중 70%는 공급업자에게 돈을 지불하기도 전에 상품 판매와 대금 회수가 이뤄진다.

소매회사의 현금전환주기의 구성요소를 보면 많은 것을 알 수 있다. 재고가 증가(재고자산회전율의 감소)하는 회사는 판매대에 철지난 상품을 쌓아놓고 있을 가능성이 높다. 이것은 초과 재고와 재고 처분 세일을 야기하고 결과적으로 매출액과 주가의 하락을 이끈다.

외상매출금 보유일은 소매회사의 현금전환주기에서 중요성이 가장 덜한데, 이는 대부분의 매장들은 고객으로부터 판매 즉시 대금을 받거나 신용카드 전표를 은행이나 기타 금융회사에 넘겨서 대금을 회수하기 때문이다. 소매회사들에게는 외상매출금 회수에 대한 통제권이 별로 없다. 하지만 시어스나 타깃 같은 회사들은 고객에게 신용 판매를 행한 뒤 외상매출금을 직접 관리하기 때문에 외상매출금 회수에 많은 관심을 쏟고 있다. 신용카드는 괜찮은 이익을 내는 사업이지만 복잡하고 소매업과는 그 성격이 전혀 다르다. 소매회사가 이익을 끌어올리기 위해 신용카드 사업의 리스크를 떠안는다면 신중하게 바라봐야 한다. 이들은 신용카드 사업에는 대부분 문외한이기 때문이다.

재고자산 보유일과 외상매출금 보유일이 소매회사가 고객 관리를 얼마나 잘 하는지를 보여준다면, 외상매입금 보유일은 회사가 공급업자들과 얼마나 유능하게 협상하는지를 보여준다. 또한 소매회사의 파워가 얼마인지도 알려준다. 월마트나 홈디포, 월그린처럼 경제적 해자가 넓은 소매회사들은 근방에서 자신들이 거의 유일한 매장이기 때문에 공급업자들과의 신용 계약을 최대한 유리하게 작성할 수 있다. 가령 2002년 P&G 매출의 17%는 월마트를 통해 이뤄졌다. 대다수 소비자 제품 회사들의 돈벌이를 월마트가 좌우하는 셈이다. 따라서 이 소매업계의 제왕은 재고를 주문할 때 이 막강한 파워를 휘둘러서 가격은 낮추고 지급 기한은 최대한 늦출 수 있다.

홈디포도 2001년과 2002년에 공급업자들을 압박해서 자사의 경쟁 위치를 이용하기 시작했다. 이 주택 개보수 소매업계의 거인의 외상 매 입금 지급 기한은 그 전까지 대략 25일 정도였다. 하지만 2001년에는 33일로, 2002년에는 44일로 늘어났다. 현금 보유 기간을 늘리고 단기차입금을 줄임으로써 1998년에서 2000년 사이 평균 24억 달러였던 홈디포의 영업 활동으로 인한 현금흐름은 2002년에서 2003년 사이에는 56억 달러로 증가했다.

빠지기 쉬운 투자 함정:
동일 매장 매출 실적 증가율은 정확한가?

대부분의 레스토랑과 소매점들은 매분기나 매달마다 동일 매장 매출 실적을 발표한다. 동일 매장 매출 실적 증가는 최소한 1년 이상 된 매장들의 판매 실적을 종합한 것으로서 최근에 문을 연 매장의 실적은 포함되지 않는다. 동일 매장 매출 실적은 재무제표상에는 동종 매장 매출액comparable-store sales으로 기재되기도 한다.

하지만 새로 문을 연 매장이 12개월 뒤에도 성숙 단계에 이르지 못한다면? 2년 내지 3년 뒤에 성숙 단계에 이르는 매장은 동일 매장 매출 실적 증가에 보탬이 되지만, 기존의 매장들이 전혀 성장을 하지 못하거나 감소 추세일 가능성도 존재한다. 공격적 성장 단계를 지나 느리거나 안정적 성장 국면에 접어든 기업을 평가할 때는 이 점을 중요하게 고려해야 한다. 회사가 해마다 새로운 매장을 많이 열 수 있다면 동종 매장 매출액은 인상적인 수치를 보여줄 것이다. 하지만 어떤 확장 계획이든 변곡점에 이르게 마련이다. 성장을 계속하긴 하지만 전만큼 빠르지는 않다. 이것은 두 가지 결과를 야기한다. 첫째, 새로운 매장의 수가 적어지면 신설 매장 매출 증가율new store sales growth 역시 낮아진다. 둘째, 성장이 빠른 2년이나 3년 된 매장이 줄어들면 동종 매장 매출액도 감소한다.

신설 매장 매출 증가율의 둔화와 동종 매장 매출액 감소는 기업 전체의 성장률과 주가를 급격하게 떨어뜨릴 수 있다. 1995년에서 2000년 동안 오피스디포의 신설 매장들은 연간 14%의 성장을 기록했다. 하지만 경쟁사인 스테이플스와 오피스맥스 역시 공격적인 확장 계획을 실행에 옮기면서 사무용품 전문매장 사업은 급속히 포화 상태에 이르렀다. 1999년과 2000년 빠른 확장 계획이 막바지에 이르면서 오피스디포의 총 동일 매장 매출액은 각각 6%와 7.5%의 증가를 기록했다. 2001년 신설 매장 매출 증가가 멈춰 섰고 동일 매장 매출액은 2% 하락했다. 그리고 1999년 최고 20달러대 중반까지 올라갔던 주가는 10달러 이하로 폭락했다.

소매회사 성공의 보증수표

- 어떤 회사는 처음의 좋은 인상을 유지하기 위해 두 번째 기회를 얻지 못할 것이다. 소매업은 변덕이 심한 사업이고 소비자들은 다른 대안이 얼마든지 있다. 따라서 회사는 매장의 청결과 신선함 유지에 만전을 기해야 한다. 로우스가 홈디포와의 싸움에서 휘둘러온 강력한 무기는 보기 편한 매장 구성과 물건 찾기가 더 쉽다는 평판이었다. 홈디포는 매장을 재창조하고 있지만, 앞의 요식업 부문에

서도 언급했듯이 재창조보다는 유지와 리노베이션이 더 쉽다.
- 매장 내의 정체 상황을 눈여겨봐야 한다. 계산대 앞의 병목 현상도 바람직하지 않은 것이지만, 주말에 주차장이 텅 비어 있는 것도 바람직하지 않다. 특히 의류전문점처럼 특정 인구층을 대상으로 하는 전문소매점의 경우에는 더욱 그러하다. 10대들이 잘 가는 애버크롬비 매장이나 여성복 전문매장인 치코즈파스Chico's FAS는 소비 지출이 둔했을 때에도 비교적 많은 고객들이 북적거렸다. 이 상점들이 구축한 브랜드 아이덴티티와 고객 충성도는 2001년과 2002년 시장 여건이 안 좋을 때에도 주가를 지탱해주는 버팀목이 되었다. 하지만 전문소매점은 전통적인 소매점에 비해 보관 수명shelf life이 짧기 때문에 투자를 하려면 더 면밀한 조사가 필요하다는 것을 명심해야 한다.
- 성공적인 소매점들은 긍정적인 직원 문화를 가지고 있다. 결국 소매점의 일은 고객 서비스다. 샘 월튼은 고객이 항상 옳다는 영업 전략을 기반으로 월마트를 세계 최대의 소매점이자 최대의 기업으로 탈바꿈시킬 수 있었다. 1990년대 홈디포가 성장가도를 달리던 시기에 매장 내 어느 곳에서나 직원의 모습을 찾을 수 있었고 고객들은 대부분 만족스런 표정으로 매장을 나섰다. 2001년과 2002년 홈디포의 서비스는 눈에 띄게 불친절해졌는데, 가장 큰 원인은 회사와의 유대 관계가 별로 없는 임시직 직원들이 늘어났기 때문이다.

결론

앞에서 여러 번 언급했듯이 매력적인 산업에 속한 위대한 기업은 자본비용을 훨씬 상회하는 투하자본수익을 벌어들인다. 하지만 소매회

빠지기 쉬운 투자 함정 :
모든 리스를 고려하면 대차대조표는 얼마나 건강한 것인가?

여러 소매점들은 매장을 마련할 공간을 '임대'하기 위해 운용리스를 이용한다. 운용리스는 자본화되지 않고 대차대조표에 기재되지 않기 때문에 기업의 총 채무액이 낮게 계상되어서 재무 건전성을 인위적으로 부풀리는 결과를 가져올 수 있다. 하지만 이런 리스들을 나쁘게 바라볼 필요는 없다. 사실 운용리스는 소매회사들의 확장 계획에 꼭 필요한 것이기 때문이다. 리스 계약에 대한 내용은 연례운영보고서 주석의 '계약 및 우발사건' 부분에서 찾아볼 수 있다.

소매회사를 철저히 조사한 뒤 이 회사가 최상의 재무구조를 가지고 있는지 아닌지를 판단해야 한다. 가령 2002년 토미 힐피거 Tommy Hilfiger의 재무 상태는 꽤 건강한 듯 보였다. 이 회사는 3억 8,700만 달러의 현금과 6억 3,800만 달러의 총 부채를 가지고 있었다. 하지만 이 의류회사는 미래에 지급할 채무가 2억 7,300만 달러였는데 이것은 운용리스였다. 이 대차대조표외 항목을 대차대조표상의 부채에 합하면 부채총액은 9억 1,100만 달러로 늘고 이자보상비율도 별로 좋지 않게 나온다. 토미 힐피거는 2002년부터 매출이 감소했으며 이익과 현금흐름도 제자리걸음이었다. 2002년 10월 힐피거가 매장 여러 곳을 닫고 리스 계약 파기에 대한 위약금을 지불할 것이라고 발표했을 때 이 회사의 주식은 곤두박질쳤다.

사는 일반적으로 저수익 산업에 속하며 진입장벽도 낮거나 전혀 없는 편이다. 월마트나 월그린처럼 실적이 좋은 소매회사도 매출액 1달러 중 3%가 조금 넘는 이익을 벌 뿐이다. 따라서 매장 관리가 아주 중요하다. 그러나 이 두 회사처럼 완전무결하게 운영되는 소매회사는 거의 없기에 문제가 발생하면 곧장 눈덩이처럼 불어난다.

소매업은 경쟁이 치열하다. 애버크롬비나 갭을 흉내 내는 그 많은 의류전문점들을 생각해보라. 극소수만이 성공하고 대부분이 실패한다. 그러나 그 어느 것도 새로운 컨셉이나 매장이 시작되는 것을 막지 못한다. 진입장벽이 거의 없거나 전무한 것이다. 고객들은 50달러짜리 멋진 스웨터를 사기 위해 벌떼 같이 밀려올 수도 있다. 하지만 다른 매장에서 똑같은 스웨터를 40달러에 판다면 주저 않고 그곳으로 가버린다.

소매업에서 기업이 경제적 해자를 구축할 수 있는 가장 좋은 방법은 저비용 리더가 되는 것이다. 월마트에서 파는 상품은 다른 곳에서도 살 수 있는 것들이다. 하지만 이 회사는 경쟁사보다 물건을 더 싸게 팔고, 소비자들은 싼값에 끌려 이곳에 다시 온다. 경쟁사가 단기간 동안 월마트의 저가 전략을 흉내 낼 수는 있지만, 규모의 경제가 부족하기 때문에 이 전략을 오랫동안 사용하면 수익성을 유지하기 힘들어질 것이다.

투자자의 체크리스트: 소비자 서비스

☐ 대부분의 소비자 서비스 컨셉은 장기적인 성공을 거두지 못한다. 따라서 비즈니스 사이클의 투기적 또는 공격적 성장 단계에 있는 회사에 투자하려면 다른 종목에 투자하는 것보다 면밀한 관찰이 요구된다.

☐ 고성장에 대한 기대로 주식이 이미 높은 가격에 거래되고 있다면 조심해야 한다. 충분히 일찍 발을 들이민다면 이익을 낼 수도 있지만, 자칫하면 주가 폭락으로 한 푼도 못 건질 수 있다.

☐ 소매업은 전환비용이 매우 낮다. 매장 충성도나 매장 의존도가 높은 회사는 매력적인 투자 대상이다. 티파니가 좋은 예다. 이 회사는 보석 소매 시장에서 제한된 경쟁만을 겪는다.

☐ 소매회사가 매장 운영을 잘 하는지 확인하려면 재고자산 보유일과 외상매입금 기한을 확인해야 한다. 고객이 원하는 것을 잘 파악하고 자신들의 협상력을 이용할 줄 아는 소매회사가 더 좋은 실적을 낼 수 있다.

☐ 대차대조표 외의 채무 항목에 주의를 기울여야 한다. 많은 소매점들은 장부상 채무가 전혀 없거나 아주 적을지라도 전체적으로 별로 건강하지 못한 재무구조를 가지고 있을 수도 있기 때문이다.

☐ 훌륭한 회사가 빈약한 월간 매출액이나 분기 매출액을 발표할 때 투자 기회가 존재하는지를 살펴봐야 한다. 많은 투자자들은 한 달 동안의 동일 매장 매출액 실적이 안 좋으면 과민반응을 보인다. 하지만 단순한 악천후나 전년도 동기간과 비교하기 어려워서 실적이 안 좋은 것일 수도 있다. 회사의 기본 사항에 초점을 맞추고 시장의 분위기에는 휩쓸리지 말아야 한다.

☐ 동일 산업의 회사들은 경제에 대한 뉴스에 따라 같이 움직이는 편이다. 업종 전체가 떨어질 때 위대한 회사의 주식을 살 기회가 있는지를 살펴보자. 관찰 대상 목록을 항상 구비해두어야 한다.

16
비즈니스 서비스

토드 루카식, 프리츠 캐기, 샌제이 아이어, 팻 도시

ooo

비즈니스 서비스 부문의 회사들에 대해서는 알려지지 않은 부분이 많지만 이 부문에는 관심을 기울일 가치가 있다. 영업 실적이 훌륭하고 경제적 해자가 넓은 기업을 많이 찾을 수 있다. 가격도 적절하고 오랫동안 보유할 가치가 있는 주식이 많이 존재한다.

비즈니스 서비스 부문의 회사들은 사업 유형만큼이나 그 종류도 무궁무진하다. 파이서브Fiserv처럼 금융기관의 데이터 처리를 담당하는 회사, 웨이스트 매니지먼트Waste Management처럼 쓰레기 수거를 담당하는 회사, 옴니콤Omnicom과 같은 광고대행사, 유나이티드 항공United Airlines과 같은 항공사 등 이 부문에는 온갖 종류의 기업이 포함된다. 비즈니스 서비스 부문은 대단히 다양하므로 기업들의 사업 방식에 따라 기술 기반technology-based, 인력 기반people-based, 그리고 고정자산 기반hard-asset-based의 세 가지 하부 부문으로 나눠서 살펴보자. 비즈니스 서비스 부문의 기업 모두가 하나의 범주에 딱 들어맞는 것은 아니지만 이 부문에서 잠재적인 투자 대상을 분석할 때는 이런 식의 구분이 도움이 된다. 사업의 종류는 대단히 다양하지만 비즈니스 서비스 부문의 기업 대다수에 영향을 미치는 요인은 크게 몇 가지로 요약할 수 있다.

아웃소싱 경향

B2B business-to-business 서비스는 괄목할 만한 성장을 거뒀다. 1990년 GDP에서 이 서비스가 차지하는 비중은 1.5%였지만 2001년에는 5.4%로 증가했다. 성장을 가속화시킨 것은 중요하지 않은 일을 제3자에게 넘기는 아웃소싱 열풍이었다.

대다수의 비즈니스 서비스 기업들은 이런 경향을 위주로 스스로 아웃소싱 시장을 창조해왔다. 신타스의 경우 유니폼 관리를 직원 개인이나 회사가 처리하는 대신 돈을 주고 자사에 맡기는 것이 더 낫다는 것을 입증하는 데 성공했다. 다른 비즈니스 서비스 분야들도 사내에서 처리하기 힘들거나 불가능한 일을 충족시킬 목적으로 발전되었다. 가령 소규모 영세상들이 신용카드나 직불카드 결제를 원활히 할 인프라를 구축하기는 현실적으로 불가능하다. 대신 퍼스트 데이터나 내셔널 프로세싱 National Processing 같은 기업들은 이런 영세상들을 보다 큰 시스템 안에 통합시킴으로써 고정비는 많은 고객들에게 분산할 수 있다.

대부분의 고용주들에게도 아웃소싱을 이용하는 것이 합리적이다. 그 덕분에 시간과 비용을 덜고 중요하지 않은 일을 처리하는 번거로움이 줄어드는데다 경영진이 기업 성공과 직결된 보다 중요한 일에 관심을 집중시킬 수 있기 때문이다.

비즈니스 서비스 산업의 경제적 해자

비즈니스 서비스에서는 규모의 경제가 무엇보다 중요하다. 기업들은 규모를 통해 매출액과 순이익을 끌어올릴 수 있다. 서비스 폭의 확대는 고객 1인당 총수익을 올려준다. 일처리 규모의 확대는 서비스 단가를(특히 고정비를) 낮춰주며 수익성을 높여준다.

이를 실현하기 위해 많은 비즈니스 서비스 기업들은 여러 사업을 복합적으로 운영해서 임계 규모를 확보하고 규모의 경제를 달성하고 있다. 가령 퍼스트 데이터와 파이서브, ADP 같은 데이터 처리 회사들은 모두 기업 인수를 중요한 전략으로 삼아 왔다.

규모는 브랜드 구축을 통해서도 비즈니스 서비스 산업에 영향을 끼친다. 아웃소싱을 결정할 때는 브랜드가 상당히 중요한 역할을 한다. 기업 입장에서 급여 처리 작업을(그리고 직원들의 급여나 세금 내역과 관련된 작업을) 생긴 지 얼마 안 되는 기업에 아웃소싱 하는 것이 내키지 않을 수도 있다. 하지만 1949년에 창립해서 현재 미국 최대의 급여 처리 회사라는 명성을 쌓고 있는 ADP에는 안심하고 일을 맡긴다. 비즈니스 서비스에서도 브랜드가 중요한 역할을 한다. 그렇기에 인지도가 가장 높은 브랜드를 보유한 곳은 대부분 가장 큰 기업들이다.

비즈니스 서비스 부문의 여러 산업들은 진입장벽이 높기 때문에 신생 기업들이 시장에 진출하기가 힘든 편이다. 가령 어떤 회사가 은행이나 소매상들을 위한 신용카드 거래 처리 산업에 뛰어들기를 원한다고 가정해보자. 이 회사는 사업을 뒷받침하기 위한 인프라를 구축해야 한다. 다시 말해 하드웨어, 데이터 관리를 위한 소프트웨어, 고객들의 결제를 위한 판매 네트워크를 마련해야 한다. 이 회사가 매년 수십억 건의 거래를 처리하는 퍼스트 데이터 같은 기업과 경쟁하려면 막대한 비용은 물론이고 많은 어려움을 겪을 것이 분명하다.

전자결제 산업은 진입장벽이 높은 편이지만 같은 업종에 종사하는 경쟁사들을 막아줄 보호막은 거의 없다. 가령 2001년 콩코드 EFSConcord EFS는 경쟁사인 비자Visa가 아주 공격적인 입찰가를 제시하는 바람에 뱅크 오브 아메리카Bank of America의 전자 자금이체 사업 부문을 잃고 말았다. 따라서 대부분의 비즈니스 서비스 산업은 넓은 경제적 해자를 가지고 있지만, 서비스 역량을 더욱 차별화시켜야 기존 경쟁사들과의 극심한 경쟁에서 살아남을 수 있을 것이다.

기술 기반의 비즈니스 서비스

기술 기반의 비즈니스 서비스 회사는 데이터 프로세싱 회사(ADP, 퍼스트 데이터), 데이터베이스 제공회사(IMS 헬스), 이퀴팩스, 게티 이미지Getty Images, 그 외 기술을 이용해서 서비스를 제공하는 기업을 말한다. 기술 기반 기업의 주식이 싸다면 투자자에게는 멋진 기회가 될 수 있다. 경쟁우위가 크고 방어막이 든든하기 때문에 이 부문의 기업들 대부분은 평균 이상의 장기 수익을 창출하는 경우가 많았다. 2003년 5월까지 S&P 500 기업들의 연평균 수익률은 9.7%였지만 데이터 프로세싱 기업들의 연평균 수익률은 14.2%였다.

산업구조

기술 기반의 비즈니스 서비스 부문은 아웃소싱 경향이 가장 많은 분야이다. 가령 은행이 전자수표 인식처리기를 설치하려 할 경우 직접 시스템을 개발하고 관리할 수도 있지만 파이서브와 아웃소싱 계약을 맺을 수도 있다. 파이서브는 시스템 개발 및 관리 비용을 여러 은행에 분산시킬 수 있기 때문에, 한 곳당 비용은 비교적 적은 편이다. 또한 모든 고객들에 대한 정보가 개발에 적용되기 때문에, 파이서브는 은행이 독자적으로 개발할 때보다 더 우수한 시스템을 개발할 수 있다.

일반적으로 파이서브의 전자수표 인식처리기와 같은 기술 위주의 사업에서는 막대한 초기 투자비용이 있어야 여러 고객에게 적용 가능한 인프라를 구축할 수 있다. 이런 막대한 투자비용은 새로운 경쟁사를 막는 장벽 역할을 한다.

현재 다양한 기술 기반의 산업 내에서 여러 회사들이 치열한 경쟁을 벌이고 있지만, 시장 잠재력이 매우 크기 때문에 다른 산업보다는 가격 경쟁이 심하지 않은 편이다. 가령 2002년 급여 처리 부문의 양대 기업인 페이첵스Paychex와 ADP의 미국 내 고객 수는 90만이 채 안 되었다. 이것은 미국에서 사업을 하고 있는 720만 개의 회사 중 14%에 불과한 수치였다. 마찬가지로 신용카드나 직불카드 거래와 같은 카드 지불이 1999년 총 소비자 지출에서 차지한 비중은 28%에 불과했지만 2010년까지는 거의 50%(미국 내에서 거래되는 달러 금액을 기준으로 할 때)로 증가하리라 예상되며, 이로 인해 퍼스트 데이터와 내셔널 프로세싱 같은 회사들은 엄청난 성장을 이룰 것이 분명하다. 시장 상황이 이렇기 때문에 기업들은 가격 경쟁보다는 기업에 진정한 도움이 되는 성장 달성에 더 많은 치중을 한다.

기술 중심 비즈니스 서비스의 또 다른 특징은 시스템 유지를 위한 후속적인 자본투자가 낮다는 것이다. 이 산업에서 자리를 잡은 기업들은 이미 대규모의 기술 투자를 이미 해왔다. 따라서 시간이 흐를수록 기술비용은 줄어들고 유지비용은 최소로만 든다. 퍼스트 데이터의 웨스턴유니언 프랜차이즈Western Union franchise의 경우 고정자산을 유지하고 구축하는 데 들어가는 비용은 매년 수익의 5%에 불과하다.

이 부문의 기업들은 종종 규모의 경제와 영업레버리지operating leverage의 혜택을 받는다. '규모의 경제'는 기업의 고객이 증가할수록 고정비가 차지하는 비중이 줄어드는 것을 말한다. 그 예로 신타스가 하나의 공장에서 대량의 유니폼을 세탁하는 것이나 퍼스트 데이터가 하나의 네트워크로 수십억 개의 거래를 처리하는 것을 들 수 있다. 규모의 경제가 커질수록 영업레버리지가 높아지고, 매출액보다 이익이 더 빠른 속도로 증가하게 된다.

영업레버리지와 후속적으로 필요한 자본이 줄어들면 기술 기반의 회사들은 풍성한 잉여현금흐름을 창출하게 된다. 풍부한 현금 창출의 증거는 배당과 자사주 매입, 그리고 대차대조표상의 현금 누계이다.

이 부문에 대한 투자를 평가할 때 살펴봐야 할 또 다른 특징은 예측 가능한 매출액과 이익이다. 기술 기반의 비즈니스에서는 5년 내지 10년 계약이 일반적이기 때문에 한 해가 시작되기 전에 수익의 80~90%를 미리 예측할 수 있다. 이로 인해 재무 결과의 안정성과 예측가능성이 더욱 높아진다.

높은 진입장벽과 장기 계약 체결은 기술 기반의 비즈니스 서비스에 종사하는 기업들의 경제적 해자를 더욱 넓고 견고하게 만들어준다. 그렇기 때문에 기술 기반 비즈니스 서비스의 주식이 싸게 나오면 한번쯤은 눈여겨봐야 한다.

기술 기반 비즈니스 서비스 성공의 보증수표

기술 기반의 기업에 관심이 있다면 회사가 다음과 같은 특징을 가지고 있는지를 살펴봐야 한다.

- **풍부한 현금을 창출하는가**: 시장 기회가 크고, 영업레버리지가 높으며, 후속적인 자본투자가 최소한도로만 필요할 경우 기술 기반 비즈니스는 대부분 많은 현금을 창출한다. 기술 기반 비즈니스 기업들의 잉여현금흐름비율은 10%대 중반을 넘는다.

- **규모의 경제를 누리는가**: 이 산업에서는 클수록 유리하기 때문에 시장 리더는 소규모 경쟁사에 비해 비용 우위cost advantage를 가지고

있다. 이러한 비용 우위를 유지하거나 고객에게 더 싼 값으로 제공해서 시장점유율을 늘림으로써, 시장 리더는 재무 실적을 향상시킬 수 있게 된다.

- **안정적인 재무 성과를 보고하는가**: 고객들은 일반적으로 5년 내지 10년 계약을 체결하기 때문에 기술 기반 기업들의 수익 대부분은 반복적으로 발생하며 연말이나 연초에 예측이 가능하다.
- **기업이 속한 시장이 빠르게 성장하거나 침투가 덜 된 시장인가**: 대다수 기술 기반 기업들은 높은 영업레버리지를 가지고 있기 때문에 시장의 높은 성장 잠재력은 상당한 이익 증가를 이끌 수 있다.
- **종합적인 서비스를 제공하는가**: 대부분의 아웃소싱 구매자들은 일괄 구매를 선호하기 때문에 여러 곳과 거래하지 않는다. 이런 경향은 종합적인 원스톱 서비스를 제공하는 회사에도 득이 된다. 게다가 기존의 고객과 추가적인 서비스 계약을 맺는 것이 새로운 고객을 끌어들이는 것보다 더 쉽다. 또한 교차판매는 전환비용을 높여주기 때문에 고객을 기업에 더 강하게 속박시킬 수 있다.
- **유능한 영업직원과 효율적인 유통경로를 갖추고 있는가**: 비즈니스 서비스는 저절로 판매되는 사업이 아니다. 따라서 성공적인 기업들 대부분이 유능한 영업사원들을 갖추고 있는 것은 당연하다.

인력 기반의 비즈니스 서비스

인력 기반의 비즈니스 서비스 회사는 주로 직원에 의존해서 서비스를 제공한다. 액센추어Accenture나 무디스와 같은 전문 컨설팅 기업, 맨파워Manpower, 로버트 하프Robert Half와 같은 용역회사, 옴니콤, 인터퍼블릭Interpublic과 같은 광고대행사 등이 이 부문에 속한다. 가격이 적절하다면 매력적인 투자가 될 수 있지만, 기술 기반의 비즈니스 서비스에 비해서는 매력도가 떨어지는 편이다.

산업구조

인력 기반의 비즈니스 서비스는 직원들을 빌려준 시간 단위로 금액을 청구해서 돈을 번다. 이 모델의 전형적인 예가 컨설팅 산업이다. 가령 시급 50달러를 받는 컨설팅 회사의 애널리스트가 고객에게 서비스를 제공한다면 이 고객에게는 시간당 250달러의 요금이 청구될 수도 있다. 따라서 컨설팅 회사는 애널리스트가 제공한 서비스 시간을 기준으로 청구서를 작성한다. 이 청구서에는 간접비나 파트너의 상여금 등 다른 비용도 포함되므로 청구금액 전체가 이익으로 직결되지는 않는다. 하지만 직원에 제공한 서비스 시간을 기준으로 금액을 청구하는 것이 컨설팅 기업들이 돈을 버는 기본적인 방법이다.

이런 비즈니스 모델을 사용하기 때문에 인력 기반 회사의 성장은 유능한 인재를 찾아서 고용할 수 있느냐에 따라 크게 달라진다. 또한 새로운 직원에 대한 훈련(혹자는 주입indoctrinating이라고도 한다)도 성장에 많은 영향을 끼치는데, 이를 통해 서비스 품질을 어느 정도 보장할 수 있기 때문이다. 이런 기업들의 가장 큰 비용은 급여이기 때문에, 회사는 최소한 이 비용을 충당할 수 있을 만큼은 돈을 벌어야 한다. 하지만 경기가 둔화되고 기업들이 지출을 줄이기 시작하면, 회사들은 제일 먼저 컨설팅이나 광고에 들어가는 돈부터 줄이기 시작한다.

이 부문의 기업들 대부분은 매우 단편적인 산업에 속해 있기 때문에 전국 또는 다국적인 규모를 가진 기업들이 뚜렷한 우위를 누린다. 가령 맨파워는 대기업에 대한 서비스를 두고 경쟁을 벌일 때 규모가 작은 경쟁사들보다 유리한 고지를 점하는데, 이는 전 세계 필요한 곳 어디에나 자사의 직원들을 파견할 수 있기 때문이다. 규모는 소기업들이 누리지 못하는 광고나 브랜드 개발의 효율성도 높여준다. 예를 들어 2001년 액센추어는 아서 앤더슨Arthur Anderson에서 분리한 뒤 브랜드 구축을 위한 이미지 개발에 1억 5,000만 달러를 쏟아 부었다.

이 산업 부문에서는 관계도 중요한 역할을 한다. 고객 각각에게 어느 정도 독특한 제품을 제공해주어야 한다는 업계의 특성이 오히려 다른 회사와 뚜렷이 구분되는 차별화를 달성하기 힘들게 하기도 한다. 그렇기에 사업 추진에서는 관계가 결정적인 역할을 한다. 프로젝트 구매자가 컨설팅 파트너와 같은 학교를 다녔다거나 구매자 회사의 다른 부서에서 특정 광고회사와 수년간 성공적으로 업무를 진행해왔다는 이유로 구매 결정이 내려질 수 있는 것이다.

무디스와 같은 몇몇 기업들은 경제적 해자가 넓은 편이지만, 인력 기반으로 사업을 운영하는 회사들의 경제적 해자는 대부분 상당히 좁은 편이다. 브랜드, 고객과의 지속적인 업무관계, 지리적 범위가 경쟁사보다 유리한 위치를 제공해줄 수는 있다. 하지만 대부분의 인력 기반 산업에서는 한 지역에 고만고만한 경쟁사들이 많이 존재하기 때문에 경쟁이 대단히 치열하다.

인력 기반 비즈니스 서비스 성공의 보증수표

- **서비스 제공의 차별화**: 차별화는 기업에 유리한 위치를 제공해주고 뛰어난 재무 실적을 낳게 한다. 로버트 하프는 소규모 사업장에 대한 전문 인력 제공과 다양한 시장에 맞는 차별화된 브랜드 개발을 통해 용역산업에 서 성공적인 차별화를 달성할 수 있었다.
- **필요한 서비스를 저렴하게 제공**: 고객이 서비스 구매의 필요성을 느끼고 비용이 비교적 저렴하다면, 굳이 시간을 쏟으면서 가격을

깎으려 하지 않을 것이다. 기업들이 채권 발행 시 무디스의 평가를 중요하게 여기는 이유는 투자자들이 무디스의 채권 등급 평가를 안심하고 믿기 때문이다. 게다가 무디스의 등급 평가 비용은 채권 발행을 통해 조달되는 금액의 극히 일부에 불과하다.
- **유기적인 성장**: 인수 합병을 통한 성장이 아니라 내적으로 창출되는 성장에 관심을 쏟아야 한다. 내적 성장은 서비스에 대한 수요가 탄탄함을 말해주기 때문이다. 게다가 인수된 기업이 항상 계획대로 통합되는 것은 아니며 나중에 더 큰 위험을 야기할 수 있다.

고정자산 기반의 비즈니스 서비스

고정자산 기반의 비즈니스 서비스에 속하는 기업들은 사업을 성장시키기 위해 고정자산에 많은 투자를 한다. 항공사, 쓰레기 수거 회사(웨이스트 매니지먼트, 얼라이드 웨이스트Allied Waste, 리퍼블릭 서비스Republic Service) 익일 배송 회사들이 모두 이 부문에 속한다. 일반적으로 이 부문의 회사들은 기술 기반 비즈니스 서비스 사업만큼 매력적인 투자 대상은 아니다. 하지만 이 속에서도 해자가 넓고 투자가치가 큰 기업들을 찾을 수 있다.

산업구조

고정자산 기반의 서비스 사업이 성장하려면 고정자산에 대한 지속적인 투자가 필수적이다. 항공사의 비행기가 만석으로 하늘을 날고 있다면 A지점에서 B지점까지 더 많은 승객을 태울 수 있는 유일한 방법은 3,500만 달러가 넘는 비행기를 추가로 구입하는 것뿐이다.

자산이 고갈된 뒤에 고정자산에 지속적으로 투자하는 것은 소용이 없기 때문에 이 부문의 회사들은 대부분 사업 성장을 위해 외부에서 자금을 조달한다. 채무의 대부분이 자산 구입에 들어가기 때문에 대출 기관은 이 고정자산을 대출에 대한 담보로 제시할 것을 요구한다. 이런 비즈니스 모델에서는, 회사가 자산을 통해 충분한 돈을 벌어서 채무 비용을 충당하고 주주들에게 흡족한 수익을 벌어줄 수 있다면 레버리지가 높은 것이 반드시 나쁜 것만은 아니다.

고정자산 기반의 비즈니스 서비스 부문에서도 가장 매력이 떨어지는 투자 대상은 대부분 항공사들이다. 항공사는 비행기 유지를 위해 많은 고정비를 감당해야 하며 직원들에게도 상당히 높은 급여를 지불해야 한다. 하지만 항공 서비스는 일상품 서비스기 때문에 차별화가 힘들다. 그 결과 가격 경쟁이 치열하고 이익률은 낮거나 때로는 전무하기까지 하다. 또한 영업레버리지가 너무 높아서 회사는 단시일 내에 엄청난 수익을 벌 수도 있고 부도 직전까지 갈 수도 있다. 장기적인 투자 대상으로 적절치 않다. 항공사들은 1978년에서 2002년 규제 완화 기간 동안 (최근 정부가 제시한 50억 달러의 구제금융을 제외해도) 총 110억 달러의 적자를 봤다. 같은 기간 동안 125개의 항공사가 법정관리Chapter 11 bankruptcy protection를 신청했으며, 이들 중 12개의 항공사는 기업청산Chapter 7 liquidation을 신청했다.

하지만 항공사들의 실적은 전반적으로 최악을 달리지만 몇몇 회사는 좋은 실적을 거뒀다. 가령 사우스웨스트 항공은 30년 연속 흑자를 기록했다. 항공산업의 경기순환성이나 2002년의 암울했던 시장 상황을 감안하면 놀라운 성과가 아닐 수 없다. 사우스웨스트의 뛰어난 재무 실적의 가장 큰 원인은 이 회사의 훌륭한 전략이다. 이 회사는 비행기 종류를 하나로 통일하고 일체의 장식을 없앤 채 지역과 지역을 연결해주는 운송 역할만을 함으로써 저비용 구조를 실현할 수 있었다. 장점보다는 단점이 많은 산업 구조에서 사우스웨스트는 차별적이고도 뛰

빠지기 쉬운 투자 함정: 부외금융 off balance-sheet financing

2002 회계연도 페덱스의 부채는 18억 달러였다. 2002 회계연도 말 이 회사의 시가총액이 160억 달러였으므로 부채 비중은 11%이다(18억 달러/160억 달러). 낮지는 않지만 합리적인 규모라고 볼 수 있다. 하지만 보다 면밀히 조사하자 다른 사실이 드러났다. 페덱스가 리스 대신 자산을 바로 구입하는 방법을 택했다면 120억 달러의 부채가 추가되었을 리스 계약을 했던 것이다. 이 부외금융을 차입금의 일부로 본다면 페덱스의 부채비율은 훨씬 높아진다.(영업리스에 대한 내역을 알아보려면 연례운영보고서 주석의 '리스 계약 lease commitments'에 대한 내용 및 '영업리스'와 관련된 '미래의 최소 리스지급액 future minimum lease payment'에 대한 내용을 살펴보는 것이 가장 좋다. 다음 해의 최소 리스 지급액에 8을 곱하면 리스로 인한 부채가 얼마인지를 어느 정도 추산할 수 있다).

어난 비즈니스 전략을 이용해서 훌륭한 재무 성과를 거둬왔던 것이다.

고정자산 기반의 비즈니스 서비스에는 이것 말고도 눈여겨봐야 할 특징이 더 있다. 가령 소각자산 shrinking asset, 감가상각 자산의 개념은 이 부문의 기업들에 오랫동안 안정적인 경쟁우위를 제공해줄 수 있다. 님비 not in my back yard, NIMBY 현상 때문에 새로운 쓰레기 매립지가 정부 승인을 얻기는 매우 힘들다. 따라서 새로운 경쟁사가 쓰레기 처리 산업에 뛰어들 가능성은 대단히 희박하다. 이러한 여건이 300여 개의 쓰레기 매립지를 갖추고 미국 쓰레기 처리 시장의 40%를 점유하고 있는 웨이스트 매니지먼트 사에 경쟁우위를 제공한다.

고정자산 기반의 비즈니스 서비스에 속하는 기업들 대부분은 경제적 해자가 아주 좁거나 전혀 없는 편이다. 다시 말해 이런 회사들의 경쟁 우위는 희박하거나 전무하다. 따라서 이 부문에 대한 투자를 고려한다면 적정 가치보다 훨씬 할인된 금액에 거래될 때에만 주식을 사야 할 것이다.

고정자산 기반 비즈니스 서비스 성공의 보증수표

- **비용 우위**: 고정자산 기반 비즈니스 서비스 산업의 기업들은 고정비 비중이 높기 때문에 항공업에서 사우스웨스트처럼 서비스를 보다 효율적으로 제공하는 기업이 강력한 경쟁우위와 우수한 재무 성과를 달성할 수 있다. 기업들은 원래 원가구조를 잘 드러내지 않는 편이므로, 기업이 얼마나 효율적으로 운영되는지를 알아보려면 고정자산회전율과 영업이익률, 투하자본수익률을 구해본 뒤 이것을 경쟁사들의 수치와 비교해봐야 한다.

- **기업 고유의 자산**: 소각자산이 있어야 특정 서비스를 제공할 수 있다면 이 자산을 소유하는 것이 최우선이다. 가령 웨이스트 매니지먼트의 적재적소에 배치된 쓰레기 매립지들은 이 회사에 상당한 경쟁우위를 제공해준다. 또한 새로운 경쟁사를 막아주는 진입장벽도 되는데, 새로운 매립지들이 한꺼번에 정부 승인이 나서 시장점유율을 빼앗길 가능성은 거의 없기 때문이다.

- **신중한 자금 조달**: 부채가 많다는 것이 항상 나쁜 것만은 아니다. 하지만 기업의 현금흐름으로 쉽게 조달하지 못할 부채를 많이 가지는 것은 재앙으로 가는 지름길이다. 부채비율이 높은 기업을 분석할 때는 최악의 상황이 닥쳤을 때 잉여현금흐름으로 이자를 지불할 수 있는지를 반드시 확인해야 한다.

투자자의 체크리스트: 비즈니스 서비스

☐ 사업 모델을 이해하라. 기술, 인재, 고정자산 중 어떤 것 위주로 사업을 펼치는지를 알아낸다면 회사가 창출할 재무 성과가 어느 정도인지를 짐작할 수 있을 것이다.

☐ 규모와 영업레버리지를 확인하라. 이런 특징들은 높은 진입장벽과 훌륭한 재무 성과를 창출해줄 수 있다.

☐ 수익이 반복적인지를 확인하라. 고객과의 장기 계약은 추후 몇 년 동안 특정 수준의 수익을 보장해주는 동시에 안정적인 수준의 재무 성과를 제공해준다.

☐ 현금흐름에 초점을 맞추라. 투자자의 이익을 좌우하는 것은 기업의 현금 창출 능력이다. 적절한 현금흐름 창출이 예상되지 않는 기업에는 투자하지 않는 것이 좋다.

☐ 시장 기회를 측정하라. 산업의 시장 기회가 크지만 개발이 덜 되어 있다면 고성장의 가능성이 아주 많이 존재한다. 또한 모든 참가자들의 성장을 충분히 수용할 수 있을 만큼 시장 규모가 크다면 이 시장에 속한 기업들은 가격만 가지고 경쟁하지는 않을 것이다.

☐ 성장 기대치를 검토하라. 주가 산정 시 어느 정도의 성장률을 반영해야 하는지를 이해하라. 성장률이 비현실적으로 높으면 투자를 피하라.

17
은행

크레이그 워커, 리처드 맥캐프리, 팻 도시

○○○

은행은 글로벌 경제의 시대에 탐나는 면들이 많이 있다. 은행은 자본형성 과정에서 깔때기와 같은 역할을 하며 자동차를 계속 움직이게 하는 엔진과도 같다. 만약 은행이 없다면, 기업은 확장에 필요한 자금을 구하기 위해 여기저기 돌아다녀야 할 것이고 개인은 집을 사거나 저축과 투자로 수익을 올리는 데 엄청난 어려움을 겪게 될 것이다. 장기적 경제성장에 있어 은행 서비스는 너무 중요하기 때문에 어느 업종, 어느 영역이 자본을 가장 많이 필요로 하는지 여부에 상관없이 은행업은 세계 총생산의 증가와 나란히 성장한다. 자금에 대한 수요가 정보통신업이나 바이오산업에 있건 또는 소비자들의 끊임없는 주택 수요 때문이건 상관없이 은행에는 이익이 된다.

 은행의 사업모델은 단순하다. 은행은 예금자 및 자본시장으로부터 예금을 받고 이를 대출해주며 그 차이, 즉 '차액spread'에서 수익을 얻는다. 만약 은행이 예금자로부터 4%에 돈을 받아서 이를 6%에 대출을 한다면 2%의 차액을 얻는데 이를 '순이자수익'이라고 한다. 또한 대부분의 은행은 수수료 및 기타 서비스에서 수익을 얻는데 이를 대개 '비이자수익'이라고 한다. 순이자수익과 비이자수익을 합친 것을 '순수익net revenues'이라 하는데, 은행을 평가하는 데 중요한 개념이다. 여기까지가 바로 은행의 사업모델이다.

은행은 태생적으로 많은 경쟁우위를 가지고 있다. 크고 다양한 대출 포트폴리오를 결합함으로써 은행은 위험을 줄이고, 결과적으로 예금의 일부를 차입자들에게 넘기는 셈이 된다. 그래서 차입자와 대여자가 서로 직접 거래를 했을 때보다 자본비용을 낮출 수가 있다.[1] 이런 독특한 장점은 은행업의 튼튼하고 지속적인 경제적 해자의 기초를 형성한다.

더구나 정부는 사실상 은행업을 보조함으로써 유동성 왕국으로 가는 열쇠를 거의 주고 있다. 정부는 (FDIC보험을 통해) 거의 은행업의 부채 절반을 보증하고 있고 은행이 만약 단기 유동성 문제에 빠졌을 때 돈을 대여해주는 최후의 보루가 되고 있다. 다른 일반 기업들은 받을 수 없는 이런 암묵적 지원은 은행이 시장이자율 이하에서 효과적으로 차입이 가능하게 해준다. 이러한 지원은 또한 은행업을 세상에서 가장 낮은 비용의 안전한 유동성 생산자로 만든다. 낮은 차입비용은 (은행의 대출 측면에서의 유리한 점들과 합쳐져) 은행이 예대 마진으로 매력적 수익을 얻게 해준다.

이 말은 많은 은행들이 이러한 유리한 입장에 있으므로 진정한 의미에서 넓은 경제적 해자가 있는 은행들은 거의 없다는 것이다. 돈은 하

---

[1] Investing: The Collected Works of Martin L. Leibowitz, edited by Frank J. Fabozzi(McGraw-Hill, 1991).

나의 재화이고, 결국 금융상품도 일반 상품generic이다. 그렇다면 어떤 점이 한 은행을 다른 은행보다 더 낫게 만드는가? 특별한 공식은 없지만 이 장에서 주의 깊게 찾아보아야 할 것을 알려주려 한다. 다음은 특별한 전략으로 넓은 경제적 해자를 가진 몇몇 은행들의 예들이다.

- 씨티그룹은 전 세계 지점망과 다양한 상품들을 이용해 수익 증대와 위험의 분산을 이룩하고 있다. 이런 점 때문에 다른 환경에서도 우수한 성과를 올릴 수 있다.
- 웰스파고Wells Fargo는 예금 유치의 전문가인데 이 예금이 낮은 비용을 유지하는 주요 원천이 되고 있다. 또한 수익에 집중하는 영업 문화가 뿌리 내리고 있다.
- 피프스 서드Fifth Third는 아주 공격적인 영업 문화, 저위험 대출 철학, 그리고 투철한 비용 중심주 등을 가지고 있다.

이 모든 것이 리스크와 관련이 있다

어떤 금융기관이 기업 대출에 전문화하든 소비자 대출에 전문화하든 상관없이 은행업의 근간은 리스크 관리 하나에 집중되어 있다. 은행은 (1)신용 (2)유동성 (3)이자율 등의 세 가지 리스크를 수용하고 이러한 리스크를 부담하는 데 따른 보수를 받는다. 이러한 위험을 직접 관리하고 싶지 않거나 은행이 더 저렴하게 이 일을 해낼 수 있기 때문에 채무자와 대여자는 이자나 수수료 형식으로 은행에 보수를 지불한다.

은행의 강점이 바로 다른 이들의 위험을 완화하는 데 있기 때문에 은행의 가장 큰 장점인 신용 및 이자율 변동 위험을 관리함으로써 수수료를 벌 수 있는 능력은, 가령 대출 손실이 예상보다 빠르게 증가하는 것과 같은 상황이 발생하면, 가장 큰 약점이 될 수 있다.

신용 리스크의 관리

신용 리스크는 대출 업무의 가장 중요한 부분이다. 투자자들은 은행의 대차대조표, 대출 카테고리, 불량채권 추이, 불량채권상각률, 경영진의 대출 철학 등을 조사해보면 은행의 신용도에 대해 짐작할 수 있다(불량채권은 채무자가 상환하지 않는 부채를 말하고 불량채권상각률은 은행이 상환 가능성이 없다고 생각하는 대출의 비율을 의미한다). 문제는 다른 재무 자료에서와 같이 이 자료도 과거 자료라는 것이다. 이러한 자료들은 은행의 현재까지의 모습만을 보여주며 앞으로도 꼭 그렇다는 것은 아니다. 대출 기관의 신용도에 관해 알고 있는 거의 모든 것들은 이 점을 염두에 두고 파악한다.

이 리스크는 연체채권 또는 지급불능채권의 형태로 표면화되며 은행뿐만 아니라 누구에게도 잠재적으로 일어날 수 있다.

이자율 7%의 기업 대출을 생각해보자. 은행은 자기 고객들 중 일부는 지급불능이 될 것을 알므로 대출 가격을 산정할 때 이 비용을 포함시킨다. 그러나 만약 개인적으로 이러한 대출을 한다면 분산을 하기에 충분한 재원이 없는 경우가 대부분이다. 결과적으로 7%의 수익을 얻거나 모두를 잃게 된다. 은행의 거대한 대차대조표는 다른 기관은 할 수 없는 방법으로 리스크를 회피하는 세 개의 주요한 방어수단을 제공한다.

1. 포트폴리오의 분산화
2. 보수적인 인수 및 고객 관리
3. 적극적인 회수 절차

실무에서 이러한 기법들이 어떻게 작용하는지 살펴보자. 가장 단순하게 은행이 리스크를 관리하는 방법은 대출금액을 회사별, 산업별 또는 지역별로 할당하는 것이다. 석유재벌인 J. 폴 게티는 "만약 당신이 은행에 100달러를 갚아야 한다면 그것은 당신 문제다. 만약 당신이 1억 달러를 갚아야 한다면 그것은 은행의 문제다"라고 했다. 이 리스크를 관리하기 위해 은행은 스스로 폭넓고 다양한 대출을 하든지 대출 포트폴리오를 사고팔 수 있다. 다양한 포트폴리오들을 조합함으로써 은행은 리스크를 감소시킨다.

산업 내에서 은행은 견실한 대출 인수와 회수 절차로 스스로를 차별화할 수 있다. 다른 말로 표현하면, 은행은 문제 있는 대출을 피하는 방법을 알고 있으며 만약 대출에 문제가 발생하면 빚을 갚지 않는 사람을 추적할 수 있다. 이러한 기법들을 잘 발달시킨 은행은 경쟁 은행에 비해 우위에 있다. 이와는 대조적으로 은행이 아닌 대기업들은 정교한 신용심사시스템과 부도 위험을 줄이는 절차 등을 갖추고 있지 못하다. 가끔씩 신용을 공여해서 돈을 벌려고 시도하지만 경험 부족으로 어려움에 직면하는 대기업들을 과거 자주 볼 수 있었다(예를 들면 AT&T나 시어스).

은행에 투자할 때 가장 커다란 어려움은 어떻게 신용 관리 문제가 터지기 전에 이를 미리 찾아내는가 하는 점이다. 파산할 은행에 발목을 잡히지 않기 위해선 투자자들은 미래 불량대출 상각의 척도라 할 수 있는 불량대출상각률과 연체율에 세심한 주의를 기울여야 하는데, 절대적 수준이 아니라 추세를 보아야 한다. 훌륭한 지역은행은 최근 경기 하강 국면에서 불량채권상각률이 급격히 오르는 상황을 목도했지만, 전체 대출의 1% 미만의 꽤 낮은 수준을 유지했다(이 수치는 신용카드 회사에는 높은 수치이지만 저축대부조합엔 낮은 수준이다). 불행히도 좋다 나쁘다 할 수 있는 절대적 수치는 없으므로 투자자들은 은행의 불량채권상각률을 경쟁사와 비교해야 하고 시간을 두고 그 추세가 어떻게 변하는지 살펴야 한다. 체납, 불량채권, 연체율 등은 언론에 발표되고 증권감독당국에 제출되는 연차 및 분기보고서에서 찾아볼 수 있다. 또한 경영진의 말을 경청해야 한다. 어떤 경영자도 향후 불량채권 상각이 정확히 얼마가 될지 알지 못하지만 좋은 경영진이라면 대략적인 추세는 정확히 말할 수 있어야 한다.

마지막으로 너무 빠른 성장을 경계해야 한다. 빠른 성장이 큰 문제로 이어질 수 있다는 것은 금융서비스 산업에서 너무도 자명한 이치다. 빠른 성장이 언제나 좋지 않은 것은 아니지만(많은 최고의 회사들이 평균 성장률 이상으로 성장한다). 경쟁자들보다 너무 빠르게 성장하는 금융서비스 회사들은 의심해보아야 한다.

대출 문화가 건전하고 보수적이며 검증되었다는 명확한 증거를 찾아야 한다. 불량대출 상각과 연체율을 조사하고, 연차보고서를 검토하고, 은행이 행하고 있는 대출 형태에 익숙해지며, 회사의 영업 환경을 생각해보면 찾을 수 있을 것이다. 결국 완벽한 경제 여건 속에서 이루어진 5년간의 고속 성장에서 신용의 질적 측면credit quality에 대해 많은 것을 알 수 없다. 만약 고속 성장을 하는 대출기관에 투자하였다면 주의 깊게 관찰해야 한다.

유동성 매각

(은행이 정립한 채무자 채권자 간 지속적 관계와 함께) 우량한 대출 문화가 이 산업에 속한 기업에 경쟁우위를 가져다준다는 것은 의심의 여지가 없다. 다소 직관적이지는 않지만 유동성 관리가 하는 역할도 사업적 시각에서 보면 똑같이 매력적이다. 이것이 은행이 다루어야 하는

두 번째로 중요한 리스크 형태이다.

규제가 없는 세상에서 은행이 없고 대여자(예금자)가 채무자와 직접 관계를 맺는다고 가정해보자. 대여자가 언제 자기가 돈을 돌려받아도 되는지를 아는 한 충분히 가능한 일이다. 그런데 예기치 못한 일이 발생하여 대여자가 갑자기 돈이 지금 당장 필요하면 대여자는 대출채권을 크게 할인하여 매각해야 할 것이다. 은행이 있는 세상에서는 대여자는 단지 가까운 은행 지점에 달려가 인출을 하면 된다.

은행은 유동성 관리 서비스를 여러 형태로 제공한다. 예를 들면 많은 회사들이 예비신용한도를 유지하기 위해 은행에 지속적으로 수수료를 지급한다. 본질적으로 은행은 약속을 했을 뿐 무엇을 판 것은 아니다. 현금을 당장 원하거나 필요로 하는 일부 회사들은 외상매출금을 팩토링이라 알려진 서비스를 통해 금융기관에 할인하여 매각한다.

일반 소비자에게는 다소 명확하지 않겠지만 이 회사들 역시 실제로는 유동화 서비스에 비용을 지급한 것이다. 전국에서 가장 큰 소매은행 중 하나인 웰스파고의 예를 들어보자. 2002년 예금자들은 은행에 자기 계좌에 대한 수수료로 22억 달러를 지급하였다. 은행은 약 19억 달러를 예금에 대한 이자로 지급했다. 두 숫자의 차액을 계산하면, 웰스파고에 계좌를 가지고 있는 예금주들은 거의 3억 달러를 은행에 돈을 계속 넣어두기 위해서 지급했다. 그리고 은행은 돌아서서 그 돈을 대출하고 더 많은 돈을 벌었다.

세상에서 유일하게 사람들로부터 돈을 받을 수 있고 그 돈을 그들에게서 받아오기 위해 비용을 효율적으로 청구할 수 있는 사업이다. 거리의 어떤 사람에게 다가가서 나에게 몇 달러를 주면 당신의 100달러를 맡아주겠다고 하는 것을 생각할 수 있을까? 이건 아주 웃기는 일이지만 은행이 매일 하는 일이다. 이러한 점에서 예금이라는 부채는 정말 은행의 자산이라고 할 수 있다. 저비용의 주요 예금(예를 들면 당좌예금)들은 아주 안정적이고 이자가 낮다.

이런 이유로 은행의 예금 수준을 추적해보는 것은 중요하다. 예를 들면, 예금이 증가하는지 감소하는지 점검해보아야 한다. 특히 당좌예금이나 보통예금과 같은 저비용의 예금 유형이 성장하고 있는지 점검해봐야 한다. 대부분의 은행들은 연차보고서에 예금 유형 내역을 공개하고 있다. 만약 경영진이 튼튼한 예금 기반의 중요성에 대해 언급해왔지만 지난 5년간 예금액이 감소해왔다면 이들은 제대로 일을 하지 못하고 있는 것이다.

은행의 대차대조표에도 깊은 주의를 기울여야 한다. 특정 업종의 부도율이 증가하여 은행을 어렵게 만들지 않도록 하기 위해 안정적이고 잘 분산된 대출채권을 가진 은행을 찾아내야 한다. 연차보고서는 은행의 자세한 대출 유형을 보여주므로 투자자들은 이 유형이 어떻게 변해왔나를 살펴보아야 한다. 전통적으로 부동산담보대출을 하던 은행이 한층 위험한 대출유형인 자동차담보대출로 업무를 확대하였는가? 다른 유형의 대출에 익숙해지기 위해서는 시간이 걸린다. 그리고 회사가 하고 있는 대출 유형을 잘 모르거나 그 회사가 그런 유형의 대출을 하는 데 충분한 경험이 있다는 확신 없이 금융서비스 회사에 투자해서는 안 된다.

이자율 리스크의 관리

이것이 은행이 직면하는 세 번째 리스크이다. 투자자들이 종종 은행 주식에 투자하는 데 주저한다면 이는 은행 수익이 완전히 은행의 통제 밖에 있는 이자율에 의해서 악화될 수 있기 때문이다.

은행에 대한 이자율의 영향은 종종 "이자율은 높을수록 좋고 낮을수록 좋지 않다"라고 너무 단순하게 표현된다. 그러나 이자율 관리는 이보다 더 많은 뉘앙스를 내포하고 있다. 예를 들면 어느 시점에 은행은 자산에 민감하거나 부채에 민감할 수 있다. 자산에 민감하다는 말은 대출과 같은 자산의 이자율이 부채에 대한 이자율보다 더 빨리 변동하는 것이다. 이런 상황에서 이자율의 상승은 최소한 잠시는 수익성을 개선한다. 그러나 은행이 부채에 민감할 때 이자율이 오르기 시작하면, 부채에 관련된 이자율이 자산에 대한 이자율보다 빠르게 변동되므로 수익이 악화된다.

그러나 은행은 이제 과거처럼 이자율에 그리 민감하지 않다. 은행들은 자산과 부채의 기간을 거의 일치시키려 노력한다. 그리고 대형 은행들은 소형 은행들이 없는 자신들의 부가적 리스크 관리 방안을 가지고 있다.

왜 은행이 전적으로 이자율에만 좌우되지 않은지 이해하기 위해서 은행이 수익과 비용을 어떻게 보고하는지 생각해보라. 전통적인 일반 회사들과는 달리 명백히 '수익' 또는 '매출'과 같은 항목이 없다. 대신 주의를 기울여야 하는 네 개의 주요 항목이 있다: (1)이자수입 (2)이자비용 (3)비이자(또는 수수료) 수입 (4)대손충당금. 여기 은행의 손익계산서 상단이 어떤지를 보여주는 예가 있다.

```
     $1,000    (이자수입)
  -     500    (이자비용)
  ─────────
       $500    (순이자수입)
  -     100    (대손충당금)
  +     500    (수수료수입)
  ─────────
       $900
```

일반적으로 수수료수입은 이자수입이나 이자비용에 비해 안정적이므로 이 부분을 무시하자. 이때 우리는 자연적 헤지 수단이 은행업에 있음을 알게 된다. 다음을 호경기에 영업 중인 은행의 기본적 사례라고 생각해보자.

$1,000　(이자수입)
-   500　(이자비용)
$500　(순이자수입)
-   100　(대손충당금)
$400

이제 연방준비제도이사회가 이자율 인하를 했다고 가정하자. 연방준비제도이사회는 견실한 은행 시스템을 유지하는 장점을 이해하고 있으므로 금리 인하 전에 이에 대해 암묵적인 뜻이 전달된다. 그동안 은행은 자신의 대차대조표를 부채에 민감하게 재조정하여 순이자수입이 확대되도록 한다. 그러나 금리가 인하되면 그럴 만한 이유가 있을 것이다. 경기가 후퇴하면 실업은 늘어나고 기업 도산도 증가한다. 이런 상황에서 이제 은행은 대손충당금도 많이 쌓아야 한다. 취약한 경제 상황에서는 다음과 같이 된다.

$1,000　(이자수입)
-   400　(이자비용)
$600　(순이자수입)
-   200　(대손충당금)
$400

이자율 변동이 은행에 영향을 주었는가에 대한 대답은 예와 아니오 모두이다. 당연히 순이자수입이 확대되었지만 이 숫자만 따로 보아선 의미가 없다. 결국 경기 후퇴는 충당금을 증대시켜 확대된 이자율 차익을 없애버린다. 현실 세계에서는 이 관계가 여기에서처럼 완벽히 맞아 떨어지지는 않지만 비슷하게 될 것이다. 예를 들면 2000년에서 2001년 사이에 FDIC 자료는 은행업의 순이자수입이 낮아진 이자율로 인해 161억 달러 증가하였음을 보여준다. 그러나 취약한 경제 상황은 은행이 이러한 이익의 대부분을 138억 달러 증가한 손실충당금으로 되돌려주게 했다.2

거의 모든 은행이 이런 유형의 시나리오에 의해 혜택을 입고 있다. 그러나 대형 은행은 자체적으로 추가 수단이 있다. 먼저 은행 업무라인의 폭은 영업 환경에 따라서 한 분야에 집중하기 위해 쉽게 대차대조표의 조정을 가능하게 해준다. 아마도 가장 중요한 대형 은행의 능력은 자본시장에서 위험을 전가하기 위해 대출채권을 마치 채권처럼 다른 투자자에 팔아 이자율 변동 위험도 함께 넘길 수 있다는 것이다. 그리고 나서 은행은 (여전히 그 대출에 대한 서비스를 하고 수수료를 받으면서) 자기의 장점, 즉 신용 및 유동성 위험 관리에 집중할 수 있다.

예를 들면, 2002년 말 뱅크원은 대차대조표상에 약 116억 달러의 신용카드 대출이 있었지만 실제 총 740억 달러의 카드 대출 포트폴리오를 관리하고 있었다. 이런 일은 산업 전반에 걸쳐 있어왔고 대규모 대출기관의 우세를 두드러지게 한다. 가령 1990년 상업은행과 저축은행이 대차대조표상에 미국 소비자대출의 56%를 가지고 있었지만 2002년말 이 수치는 37%까지 떨어졌다. 연방준비은행에 의하면 이유

---

2 "Historical Statistics on Banking", FDIC, Annual report

는 유동화된 자산(은행이 계속 관리하는 대출자산을 투자자에게 매각한 것)이 대출 총액의 6%에서 35%까지 증가했기 때문이다.

따라서 이익은 이자율에 의해 영향을 받지만 대형 금융기관은 이자율 변동 관리의 측면에서 더 나아지고 있다. 이자율 위험에 관해서 생각할 때, 은행의 대차대조표에 끼치는 영향은 복잡하고 역동적이고 기관마다 다르다는 점을 기억하자.

은행업의 경제적 해자

은행은 리스크 관리의 주도자로서 타고난 권리를 상당히 잘 활용해 왔다. 그러나 그 외 몇 개의 요소 또한 경제적 해자가 더욱 깊고 넓게 만들고 있다. 이러한 경쟁 억제 요소들은 다음과 같다.

1. 엄청난 대차대조표 요건
2. 거대한 규모의 경제
3. 지역과점형 산업구조
4. 고객의 전환비용

대차대조표

은행보다, 조금 넓게 보면 금융서비스보다 더 자본집약적 산업은 없다. 모닝스타 자료에 의하면 2003년 초 자산규모 순으로 20대 대기업 중 19개가 금융그룹이었다. 20대 기업 중 비금융권회사로는 유일하게 제너럴 일렉트릭GE이 끼어 있었고 심지어 제너럴 일렉트릭조차 금융 자회사에서 수익의 많은 부분을 얻고 있다. 과도한 자본 요건은 가장 중요한 경쟁억제 요소 중 하나다. 일례로 2001년 씨티그룹은 1조 달러의 자산을 대차대조표에 부기한 적이 있다. 몇 나라를 제외한 거의 모든 나라의 국가경제보다 큰 자본을 조달하는 것은 매우 어려운 일이다.

규모의 경제

자본 부담과 함께 은행업에는 아주 큰 규모의 경제가 적용된다. 이는 1980년에서 2001년 사이 미국 은행 수가 44% 감소할 정도로 은행업에 특히 널리 퍼져 있는 합병의 배후 원동력이 되어왔다. FDIC에 의하면 자산 규모 100억 달러 이상의 은행이라고 정의된 대형 은행들은 2002년 직원 1인당 26만 4천 달러의 수익을 올렸다. 이것은 자산규모 1억 달러 이하인 소형 지역은행의 직원 1인당 수익보다 2.2배 높다. 이러한 우세는 대형 은행 직원들이 평균 두 배의 자산을 관리하는 데 일부 기인하기도 하지만, 대형 은행이 소형 지역은행에 비해 고객의 자산에서 더 많은 수익을 쥐어짜는 데 더욱 뛰어나기 때문이기도 하다(대부분 수수료를 통해). 대형 은행들이 소형 은행들에 비하여 자산 1달러당 수익을 23% 더 많이 얻었다는 사실이 이를 잘 뒷받침한다.

과점시장

비록 2002년 미국 최고의 소매은행인 뱅크 오브 아메리카Bank of America도 아직 국가 전체의 예금 중 10% 미만을 관리하고 있지만, 개별 도시로 보자면 큰 은행들은 진입이 어려운 과점 형태로 운영되고 있다는 점에서 은행업은 지역적 차원에 매우 집중되어 있는 산업이다. 예를 들어, 2002년 미국 10대 대도시의 상위 세 개 은행들이 평균 50%의 예금시장을 점유했고 그 나머지는 가격 결정력이 없는 수백 개의 소형 지역은행들이 분할하고 있었다. 심지어 전국적인 경쟁에서도 소수의 은행들이 지배하고 있었다. 가령 신디케이트 기업 대출 분야에서 상위 세 개의 대출 중개사(JP 모건 체이스, 뱅크 오브 아메리카, 씨티그룹)

가 2002년도 인수시장의 70%를 점유했다. 신용카드 사업에서 씨티그룹, MBNA 및 뱅크원 등이 낮은 자금 조달 비용에 힘입어 시장의 약 50%를 분할해 차지하고 있다.

고객의 전환

은행의 또 하나의 중요한 이점은 매우 충성도가 높은 고객을 가지고 있다는 것이다. 유에스 뱅코프U.S. Bancorp, 웰스파고 및 다른 소매은행들은 연간 약 15%의 고객 감소가 있다고 추정한다. 반면, 이 말은 은행업이 85%의 계좌들은—그리고 결국 수익은—매년 반복되는, 고객 이탈이 상당히 낮은 사업이라는 말이다. 이는 부분적으로 브랜드의 힘이며, 신뢰하는 회사에 계속 머물고자 하는 마음이 있기 때문이다. 마찬가지로 관성도 중요하다. 심지어 사람들은 대부분 자신이 현재 이용하는 은행에서 하찮은 취급을 받고 있다고 느끼더라도 은행을 바꾸지 않는다. 가령 2001년의 한 연구에 의하면 당좌예금 고객의 38%는 가장 최근 언제 자신의 예금의 수수료가 올랐는지 기억하지 못한다고 한다. 나머지 62% 중에서도 단 4%만이 높아진 수수료 때문에 은행을 옮겼다.[3]

은행업 성공의 보증수표

투자자들이 은행이나 다른 금융회사에 투자할 때는 무엇을 찾아보아야 할까? 사업 전체가 위험에 기반을 두고 있기 때문에 꾸준하고 건실한, 그러나 너무 갑자기 증가하지는 않는 수익을 내는, 보수적으로

---

[3] "Bank deposits get interesting," The McKinsey Quarterly, 2 (2002).

운영되는 기관들에 초점을 맞추는 것이 좋다. 여기 잘 고려해야 할 일부 주요한 지표들의 목록이 있다.

견실한 자본력

여신금융기관에 투자하기 전 고려해야 할 첫 번째 이슈는 견실할 자본력이다. 투자자들은 몇 개의 지표들을 볼 수 있는데 가장 단순한 것은 높을수록 더 좋은 자기자본비율이다. 대출의 위험도를 포함한 몇 개의 요인들에 의해 각각의 기관들에 적정한 수준의 자기자본은 다르기 때문에 경험적으로 특정한 수준을 정하기는 어렵지만 우리가 분석하는 대부분의 큰 은행들은 자기자본비율이 8~9% 범위이다.

이러한 비율은 여신금융기관의 종류와 경기순환주기의 위치에 따라 달라진다. 모든 이런 지표들은 은행의 재무제표에 나타나 있고, FDIC의 웹사이트 www.fdic.gov에 접속하면 산업평균과 비교해볼 수 있다.

자기자본이익률ROE와 총자산이익률ROA

이 지표는 사실상의 은행 수익성을 가늠하는 표준이다. 일반적으로 투자자들은 15~19%대의 자기자본이익을 꾸준히 낼 수 있는 은행을 찾아봐야 한다. 아이러니하게도 투자자들은 은행업 벤치마크보다 아주 낮은 수준의 수익을 내는 은행에 주의해야 할 뿐만 아니라 너무 높은 수익에도 주의해야 한다. 빠르게 성장하는 많은 여신기관들이 대손충당금을 너무 낮게 잡아서 ROE의 30% 이상을 날려버리기도 한다. 은행이 충당금을 과소 계상하거나 대차대조표를 부풀려서 단기에 순이익을 밀어올리기는 쉽지만 장기적으로는 매우 위험할 수 있다. 이런 이유로 높은 수준의 ROA를 찾아보는 것도 좋다. 은행에 있어 최고 수준이라 할 수 있는 ROA는 1.2~1.4% 범위 내이다.

레버리지Leverage 이해하기

은행의 평균적인 자기자본 대비 자산의 규모를 알 수 있다면 최악의 시나리오를 상정해보는 것은 어렵지 않다. 대출 손실은 먼저 수익으로 충당한다. 만약 손실이 당기의 수익보다 크면 대차대조표의 준비금계정이 두 번째로 사용된다. 레버리지의 활용은 장점뿐 아니라 위험도 있기 때문에 은행은 소액주주를 보호하기 위해서 준비금이 있어야 한다.

만약 당기의 손실이 준비금보다도 크면 그 차액은 주주들의 자기자본에서 직접 차감된다. 자기자본은 회사의 순자산을 회계적으로 표현한 것이고 은행에 있어 아주 중요하다. 대차대조표 방정식 기본으로 돌아가보자(자산=부채+자본). 자기자본은 회사를 청산하고 남겨진 모든 것을 나타낸다. 자기자본을 빼고 나면 남는 것은 채권자들의 자산에 대한 청구권이다. 한 은행의 손실이 자기자본을 잠식하기 시작하면 불을 꺼라.

레버리지는 자산/자기자본 같이 비율로 쉽게 표현된다. 일반적인 회사의 2대1 이나 3대1에 비해 은행의 평균적인 레버리지 비율은 12대1 정도이다. 레버리지가 나쁜 것은 아니다. 오히려 수익을 개선할 수 있지만 여기엔 위험이 내포되어 있다. 예를 들면 우리가 10만 달러의 주택을 8천 달러의 계약금을 내고 구입하면 자기자본은 8%가 된다. 다른 말로 은행에서는 아주 전형적인 12.5 대 1의 레버리지를 한 것이다. 이제 어떤 예외적인 상황이 발생해서 주택 가격이 9만 달러로 (단지 10%) 하락하면 우리의 자기자본은 없어지게 된다. 8,000달러를 손해를 보고 집에서 쫓겨나도 2,000달러를 더 갚아야 되는 것이다. 아주 레버리지가 높은 사업은 이와 유사한 상황에 놓일 수 있다.

모든 차입이 나쁘다는 것은 아니다. 일반적으로 회사의 대차대조표가 더 유동적

> 일수록 자산들이 적정 가격으로 빠르게 현금화될 수 있기 때문에 회사는 더 쉽게 레버리지를 이용할 수 있다.

효율성 비율

효율성 비율은 순이익 대비 비이자비용 혹은 영업비용을 측정한다. 기본적으로 얼마나 은행이 효율적으로 운영되는지 말해준다. 많은 훌륭한 은행들은 효율성 비율이 55% 이하였다(효율성 비율은 낮을수록 좋다). 비교를 위해서 FDIC의 통계를 살펴보면, 2002년 4사분기 전 예금 보호 대상 은행의 평균 효율성 비율을 보면 58.4%였다. 비용이 잘 통제되고 있다는 증거인 탄탄한 효율성 비율을 가진 은행을 찾아보자.

순이자수익률

또 하나의 눈여겨봐야 할 간편한 지표는 평균수익자산 대비 순이자수입 비율을 보여주는 순이자수익률 Net Interest Margin이다. 거의 모든 은행이 순이자수익이 대출 수익성을 측정하기 때문에 이를 보고한다. 은행이 하고 있는 대출의 형태에 따라 순이자이익률이 아주 다양하지만 대부분의 은행의 이익률은 3~4% 범위이다. 이익률이 어떻게 변해왔는지 보면 추세를 느낄 수 있는데, 만약 이익률이 증가하고 있으면 이자율이 어떻게 변했는지 점검해보라(이자율이 하락 추세일 때 순이자이익률은 상승한다). 또 은행의 대출 유형을 조사해서 은행이 새로운 대출 유형으로 옮겨가고 있는지 알아보자. 가령 신용카드대출은 전형적으로 주택담보대출보다 높은 이자를 받지만 주택담보대출보다 리스크가 높다.

강력한 수익 Revenues

역사적으로 최고의 성과를 올린 은행주 투자의 대부분은 평균 이상의 이익 성장이 가능함을 증명한 회사에 대한 투자였다. 서비스의 질로 경쟁을 하는 정형화된 산업에서 높은 마진은 일반적으로 파악하기가 쉽지 않다. 그러나 아주 큰 성공을 거둔 은행들은 수수료 수입에 부가하거나 예금 약간 낮은 금리를 지급하고 대출에는 약간 높은 금리를 받는 등의 새로운 서비스들을 교차판매할 수 있었다.

(1)순이자이익률 (2)총수익에 대한 수수료수입비율 (3)수수료수입성장률, 이 세 개의 주요 지표를 눈여겨보아야 한다. 순이자이익률은 경제 변수, 금리 여건, 대여자가 집중하고 있는 사업 종류 등에 따라 크게 변할 수 있으므로 최선의 방법은 관심이 있는 은행을 다른 비슷한 금융기관과 비교해보는 것이다. 수수료 수입은 2001년 은행산업 이익의 42%를 차지했고 지난 20년간 연복리 11.6%의 성장을 하였다. 피프스 서드와 같이 업무가 잘 분화된 대형 은행은 순이익의 40%가 수수료 수입인 반면 작고 덜 분화된 저축은행(예를 들어 골든 웨스트) 같은 회사는 12%만이 수수료 수입이다. 그러므로 비슷한 회사를 비교하고 있는지 회사의 전략을 이해하고 있는지 확인해야 한다. 항상 추세에 대한 감각을 유지하기 위해 일정 기간 동안의 수치들을 조사해야 한다.

주가순자산가치비율 Price-to-Book

은행의 대차대조표는 대부분 다양한 유동적 금융자산들로 구성되므로 장부가치는 은행주 가치의 좋은 척도이다. 자산과 부채가 보고된 가치와 비슷하다고 가정하면 은행의 기본 가치는 장부가치여야 한다. 그 이상의 프리미엄은 투자자들이 미래의 성장과 초과수익에 대해 지불하는 대가이다. 은행이 장부가치 이하로 거래되는 경우는 거의 없지만 만약 그렇다면 은행자산이 부실화되었을 가능성이 있다. 지난 10년간 전형적으로 대형 은행은 장부가치의 2~3배로 거래되어온 반면 지역은행은 대체로 그 이하로 거래되었다.

장부가치의 2배 이하로 거래되는 탄탄한 은행들은 자세히 살펴볼 필요가 있다. 은행이 낮은 가격에 거래되는 것은 항상 이유가 있다는 것을 기억하고 수반되는 위험을 잘 이해하고 있는지 확인해야 한다. 한편 어떤 은행들은 장부가치의 세 배 혹은 그 이상의 가치가 있지만 그러한 값을 지불하기 전에 조심해야 한다. (금융서비스 업종에서 거품이 터지면, 가장 우수한 은행들조차도 타격을 입기 때문에) 은행 주식은 변동성이 커서 참을성만 있으면 좋은 가치를 찾을 수 있다. 상대적 PBR를 이용한 가치평가를 위해 은행 리스트를 뽑아보는 것은 현금할인법을 이용하는 것만큼 좋은 방법은 아니지만 은행업의 가치에 대한 합리적인 근사치가 될 수 있다.

이러한 지표들은 양질의 은행주를 찾으려 할 때 좋은 출발점이 될 수 있다. 우리는 금융서비스 주식에 투자하기 원하는 투자자들에게 최상의 보호막은 인내와 건전한 회의주의라 생각한다. 장래가 유망해 보이는 주요 회사들로 가상 포트폴리오를 만들고 그 사업 영역을 오래동안 학습해야 한다. 대출의 종류, 리스크 관리 방법, 경영진의 자질, 은행의 자기자본 규모 등에 대한 감각을 가지고 있으면 기회가 왔을 때—기회는 항상 온다—실행에 옮기기에 좋은 위치에 있게 된다.

투자자의 체크리스트: 은행

☐ 은행의 사업모델은 다음 세 종류의 리스크를 관리하는 것이라고 요약할 수 있다: 신용, 유동성, 이자율

☐ 투자자들은 보수적으로 운영되는 기관에 주목해야 한다. 경쟁사에 비해 큰 규모의 자기자본을 기반으로 하고 미래 대출 손실에 대해 보수적으로 충당금을 준비한 회사를 찾아야 한다.

☐ 은행의 손익계산서의 다른 항목들은 이자율, 신용 환경 등과 같은 몇몇 요인에 따라 기복이 크다. 그러나 잘 운영되고 있는 은행이라면 변화하는 환경 속에서도 꾸준한 순이익 성장을 보여주어야 한다.

☐ 잘 운영되는 은행들은 자산과 부채의 듀레이션을 일치시키는 데 역점을 둔다. 예를 들면 은행의 장기대출 자금은 장기채권 혹은 예금처럼 장기부채로 조달해야 한다. 이를 실천하지 않는 은행은 피해야 한다.

☐ 은행은 많은 경쟁우위 요소들이 있다. 은행은 심지어 연방정부보다 낮은 금리로 돈을 빌릴 수 있다. 은행업이 규모의 경제 효과가 큰 것은 잘 확립된 판매망에 기인한다. 은행업의 자본집약성은 새로운 경쟁자들은 막아준다. 고객 이전 비용이 높고 고객들은 수수료 등에 대해 그리 민감하지 않다.

☐ 투자자들은 견실한 자기자본 기반, 일관되고 건전한 ROE와 ROA, 꾸준한 이익 성장 능력 등을 찾아보아야 한다.

☐ PBR가 비슷한 은행을 비교하는 것은 투자하려는 은행주를 너무 비싸게 사지 않는지 확인하는 좋은 방법이다.

18

자산운용사와 보험사

레이철 바너드, 드레퓌스 니넌, 매튜 숄츠, 팻 도시

∘∘∘

은행과 같이 자산운용사와 보험사도 다른 사람들의 돈을 운용함으로써 수익을 얻는다. 자산운용사는 고객을 대신하여 주식이나 채권에 투자 하는 대가로 수수료를 받고, 보험사는 핵심인 보험 인수 사업에 더하여 고객들로부터 받은 보험료를 투자함으로써 추가 수익을 얻는다. 그러나 이 두 그룹의 회사들의 기본적인 경제성, 즉 경제적 해자는 동일하다. 자산운용사는 대단히 수익성이 좋은 사업이다. 심지어 운용이 잘 되지 않는 자산운용사도 화려한 재무 성과를 나타낼 수 있다. 역사적으로 자산운용사는 훌륭한 투자 대상이었으며 따라서 이들 회사를 잘 파악하는 것은 가치 있는 일이다. 이와는 대조적으로 보험업은 대단히 경쟁이 심해서 지속적인 경제적 해자를 구축하는 것이 매우 어렵다. 이 장에서 우리는 실제로 어떻게 이러한 회사들이 수익을 내는지 알아보고 자산운용사나 보험사를 분석할 때 꼭 살펴보아야 하는 것들을 강조하고자 한다.

자산운용

비용 대비 높은 수익성과 고정적인 수수료 수입으로 인해 자산운용사들은 매년 이익을 창출하는 기계와 같다. 그러나 이러한 회사들은 시장과 깊이 연계되어 있어 종종 이들 주가가 당시에 팽배해 있는 경기에 대한 낙관론이나 비관론을 너무 심하게 반영한다. 이는 이러한 주식에 투자할 때 역발상의 투자법이 수익을 낼 수 있음을 의미한다. 최고의 자산운용사가 진정 좋은 투자 기회를 제공하는 때는 이들 주식이 적정한 가격에 거래되고 있을 때이다.

자산운용사의 주가를 움직이는 요인

대부분의 사람들이 뮤추얼 펀드에 친숙하지만 이를 운용하는 회사에 대해서는 어떤가? 자산운용사들은 고객들의 돈을 운용하고 운용자산의 작은 부분을 수수료로 요구한다. 이것은 아주 수익성이 있는 일이며 자본 투자를 거의 필요로 하지 않는다. 운용사의 진정한 자산은 펀드매니저들이어서 이들에 대한 보수가 운용사의 주요 비용이다. 더더욱 좋은 점은 두 배의 자산을 운용하기 위해 두 배의 사람이 필요하지 않아 규모의 경제가 뛰어나다. 이는 운용자산의 증가(즉 운용보수의 증가)가 거의 대부분 순이익에 직접적으로 기여함을 의미한다. 이러한 요인들이 합쳐져 다른 산업에서는 보기 어려운 대개 30~40%의 화려한 영업이익률을 가능하게 한다.

우리가 다루는 자산운용사 대다수는 특히 자금의 운용이 그 회사의 주요 업무 분야일 때 경제적 해자가 있다. 이 산업에서 규모의 경제를 달성하는 것은 견고한 해자의 존재를 의미한다. 앞서 언급한 긍정적인 경제성 외에도 자산운용사들은 신생회사가 따라잡을 수 없는 운용기간과 규모에 도달함으로써 앞서나가게 된다. 자산을 모으는 데는 시간이 걸리며 의미 있는 규모(최소 10조 원의 운용자산)까지 이르려면 운용성과가 필요하다. 대부분의 펀드들은 3년이 되기까지는 무명으로 고생을 하며, 심지어 그 이후 자산을 쌓아가는 데도 여러 해 걸린다. 이 때문에 명성 있는 대형 운용사들은 크게 유리하다.

이 산업의 수익성이 있는 분야에서 압도적 지위를 구축함으로써 자산운용사들은 넓은 경제적 해자를 창조한다. 우리가 찾는 가장 중요한 경쟁우위는 상품 및 고객 측면 모두에서의 다각화와 운용 성과가 좋지 않은 시기에도 예탁자산이 남아 있을 수 있는 예탁자산의 고정성이다.

다각화: 시장과의 높은 연계성 때문에 자산운용사 주식들은 주가지수와 같이 움직이는 경향이 있다. 많은 투자자들은 약세장에서 투자상품을 파는 것이 마치 북극에서 아이스바를 파는 것과 같다고 생각한다. 그러나 사실 많은 자산운용사들이 단기금융상품에서부터 채권, 주식, 그리고 헤지펀드에 이르기까지 서로 다른 상황에서 성과가 좋은 다양한 상품을 팔고 있기 때문에 어느 특정시장과의 상관관계를 명확히 정의하기는 어렵다.

상품의 다각화는 자산운용사들이 시장의 변동을 극복할 수 있는 한 방법이다. 채권 및 단기금융상품은 주식시장이 강세를 보일 때에는 도랑물과 같이 답답해 보일 수 있지만 약세장에서는 오아시스가 될 수 있다. 더구나 폭넓고 안정된 다양한 펀드들을 보유하고 있으면 투자자산을 회사에 묶어놓을 수 있다.

예탁자산의 고정성: 만약 고객들이 시장이 어려워진다는 초기 신호에 바로 떠나버린다면 펀드회사들은 매우 불안정해질 것이다. 그러나 대개의 바람직한 자산은 고정적이다. 기관이나 연기금 등은 특히 한번

관계를 맺은 운용사와 계속 관계를 유지하려 한다. 부유한 고객들은 종종 극진한 귀빈 대우를 즐겨 심지어 좋은 성과를 올리지 못한 때에도 자산운용사를 저버리지 않는다.

401K 또는 IRA 등 과세유예상품에 투자된 자금은 과세가 되는 상품에 있는 자금보다 덜 유동적이며 이탈율이 낮다. 정부의 규제로 인해 조기에 현금화하는 것이 어렵고 상품 구조 때문에 많은 퇴직 고객들이 오랜 기간 투자하고 있다.

재무상담사들은 고객들이 공황 상태에 빠져 투매하는 것을 방지할 수 있었기 때문에 최근의 약세장에서 이런 펀드가 직판 펀드보다 고객의 자산을 더 잘 유지할 수 있었다. 작은 만류와 조언이 격변하는 시장을 견디어낼 수 있는 확신을 고객에게 심어줄 수 있다.

자산운용사 회계 101

이 산업에 있는 어떤 회사를 평가하는 데 가장 큰 지표의 하나는 운용사에 고객들이 맡긴 돈의 총합계인 수탁고AUM이다. 자산운용사들은 수탁고의 일정 퍼센트를 수익으로 하기 때문에 수탁고는 이들 회사가 잘 운용하고 있는지 아니면 잘못 운용하고 있는지에 대한 좋은 척도이다.

큰 손실이 회사를 파산시킬 수 있는 은행이나 보험사와 달리 운용자산 포트폴리오의 큰 손실은 투자자에 귀속된다. 큰 손실은 수탁고를 감소시켜 수수료 수입에 영향을 주겠지만 어떤 자산운용사는 수탁고의 절반 이상의 손실을 내고도 여전히 영업을 하고 있다. 최악의 시나리오는 고객들이 투자금을 회수하여 수탁고가 줄어들고 따라서 수수료 수입이 회사 영업을 계속하는 데 부족해져서 회사를 정리하게 되는 것이다. 그러나 자산운용사는 거의 자본 투자가 필요하지 않기 때문에 비용을 최소로 줄여 영업을 유지할 수 있다.

자산운용사의 주요 성장요인

수탁고의 수준이 자산운용사의 가장 큰 수익 요인이지만, 모든 자산이 똑같은 것은 아니다. 운용사들은 대개 채권이나 MMF보다 주식 포트폴리오 운용에 더 높은 수수료를 부과한다. 더욱 전문화된 펀드, 가령 해외주식 펀드, 부동산 또는 고수익채권 펀드 등은 수수료가 높은 편이다. 기관투자가나 대규모 투자가들은 수백만 또는 수십억 달러를 예탁하면 수수료 할인을 받는 반면 일반 소액투자자들은 소액계좌에 대해 더 높은 수수료를 지불한다. 이는 만약 채권형 펀드가 주식형 펀드보다 많이 팔리면 자산운용사의 전체 예탁고가 10% 증가하더라도 운용사의 수익은 8%만 증가할 수 있다는 것을 의미한다.

특정 자산군의 증가나 감소를 추적하는 것 외에도 수탁고의 변동 요인을 주의 깊게 볼 필요가 있다. 증권 가격의 상승이나 하락 같은 시장 움직임은 너무 큰 영향을 주어서 많은 운용사들이 마치 시장에서 자금을 차입하여 투기한 것처럼 여겨진다. 제이너스Janus나 런던 소재의 앰베스캡Amvescap과 같이 주식에 많은 비중이 집중된 회사는 강세장이나 반등장에 주가가 급상승하는 것을 보아왔다. 이러한 시장의 움직임은 펀드로 자금의 유출입 없이 수탁고를 증가시키고 이는 다시 투자운용수수료 수입을 증대시킨다.

그러나 최상의 운용사는 단순히 시장에만 베팅하지 않는다. 투자자라면, 새로운 자금을 지속적으로 유치할 수 있으며 수탁고를 증가시키기 위해 시장에만 의존하지는 않는 운용사를 찾아야 한다. 다양한 시장상황 하에 정(+)의 순자금유입(자금 유입이 자금 유출보다 높은 상태)을 보이는 자산운용사를 찾아내야 한다. 이는 그 운용사가 투자가가 원하는 새로운 상품을 제공하고 있고 기존 투자자들이 현재 보유상품에 대해 만족하고 있다는 신호이다.

후선 지원 업무 속으로

수탁서비스 회사는 그리 많이 알려져 있지는 않지만 자산운용사를 보조해주는 역할을 하는 회사이다. 보조 역할을 하는 다른 많은 회사들처럼 이 회사도 주로 따분한 일을 하며 영예나 이름을 얻지 못한다(서부영화의 주인공 론 레인저는 항상 짜릿한 일들만 하는 사이, 인디언 조스는 날이면 날마다 론의 말들에 먹이를 주는 것을 생각해보라). 그러나 수탁 업무는 투자 기록을 관리하고 회계 업무를 매일 해줄 제3자가 필요한 연기금, 보험사, 자산운용사 및 심지어 부유한 개인들에게 필수적인 서비스이다.

수탁 업무는 원칙적으로 자산관리와 비슷하지만 훨씬 낮은 수수료와 더 큰 규모의 경제가 적용되는 것이 다르다. 스테이트 스트리트State Street와 뱅크 오브 뉴욕Bank of New York 같은 많은 신탁은행들은 수조 달러의 자산을 관리하는 거대한 규모의 수탁 업무를 한다. 수탁자는 맡은 자산을 투자하지 않고 투자 내용을 기록할 뿐이다. 뮤추얼 펀드 회사는 기록 보관에 따른 부담을 피하기 위해 종종 사무업무를 수탁자에게 맡긴다. 수탁서비스 회사들은 그들 고객의 매매 내역을 기록하고 배당금을 받고 매일 정확한 가치를 평가한다. 많은 수탁사들은 성과분석, 위험관리, 기금 컨설팅 등의 다양한 부수적 서비스를 제공한다.

이 사업은 엄청난 기술 투자와 절대적인 정확성을 요구한다. 이 사업은 수탁자산이 십억 달러 이상 모이지 않으면 특별히 수익성이 없다. 수탁자산에 대한 수탁수수료는 통상적으로 0.05% 이하이며 따라서 기술에 대한 필요한 투자를 위해서는 규모의 경제가 필수적이다.

수탁회사의 중요한 성장요인

이 산업에서 수익은 주로 예탁자산의 규모에 의해 결정된다. 여기서 규모의 경제가 가장 중요하기 때문에 큰 규모의 예탁자산은 경쟁우위의 척도이다. 더 큰 규모의 사업 운영은 최첨단 기술에 대한 투자를 가능하게 하고, 추가적인 자산에 대한 수탁수수료로부터 더 큰 이익이 얻을 수 있다. 이렇게 크면 클수록 좋은 사업모델은 작은 회사들을 퇴출시키고 가장 큰 회사로 수탁자산이 집중되는 합병을 증가시킨다. 결론적으로 진입장벽은 높아졌고, 작은 규모의 운영으로는 경쟁에서 살아남을 수 있는 규모에 도달할 가능성이 거의 없다. 이러한 점들이 스테이트 스트리트와 뱅크 오브 뉴욕 등과 같은 대형 회사들에 큰 경제적 해자를 가지게 한다.

그러나 수탁회사의 대출 내역을 주의 깊게 보자. 대부분의 수탁회사들은 고객에게 서비스의 일환으로 대출을 해준다. 어떤 은행과 마찬가지로 이러한 대출은 너무 한 회사에, 한 업종에 또는 한 산업에 집중된다. 이런 대출들은 수익성이 없는 반면 은행의 가장 큰 위험요소가 될 수 있다. 불량대출은 쉽게 수탁 업무의 수익성을 저해할 수 있다. 예를 들면 1990년대 기술 및 통신주식에 대한 거품기 동안 뱅크 오브 뉴욕은 수십억 달러를 케이블방송 및 통신 회사들에 대출해주었고 결국 이 회사들이 파산했을 때 불량대출을 상각했어야 했다. 이는 그 당시 세계에서 가장 규모가 컸던 이 은행의 수익성 있는 글로벌 수탁 업무의 이익을 저해했다.

자산운용사 성공의 보증수표

자산운용사들은 훌륭한 투자처이지만 올바른 회사에 투자하는 것이 중요하다. 우리는 다음과 같은 속성을 찾아볼 것을 권한다.

- **상품과 투자자의 다각화**: 자산운용사와 수탁회사는 다양한 예탁 자산 그룹을 가지고 있는 것이 유리하다. 시장의 움직임은 한 가지 재주만 가진 회사에 대해서는 대가를 요구할 것이다. 제이너스 캐피털은 계란을 한 바구니에 모두 담은 운용사의 좋은 사례이다. 대부분의 자산을 성장주 펀드에 투자했기 때문에 주식시장이 하락한 2001년과 2002년에 이 회사의 주가는 크게 하락했다. 프랭클린 리소시즈Franklin Resources와 같이 분산이 잘된 회사들은 더 큰 안정성을 즐겼다.

- **자산의 고정성**: 회전문과 같은 회사는 대단히 불안정할 수 있다. 기관투자가들이나 퇴직연금 저축자들과 같은 바이 앤드 홀드 투자자들을 유치하는 자산운용사는 변화하는 시장 환경에서도 안정적인 수수료 수입 기반을 가질 수 있다. 예를 들면 대규모의 퇴직연금 저축업무를 하고 있는 티 로우 프라이스T. Rowe Price는 상대적으로 주식 수탁고가 안정적이다.

- **틈새시장**: 자산운용업의 매력적인 수익성은 많은 회사들을 이 산업으로 유혹해왔기 때문에 자산운용업은 점점 더 붐비는 분야가 되고 있다. 독창적인 상품과 능력이 있는 회사들은 가격에 대해 더 큰 통제력을 가지며 투자자산을 얻는 데 경쟁이 덜하다. 이튼 반스Eaton Vance는 자산운용 부티크의 좋은 예이다. 이 회사는 세금 우대 상품에—주식과 채권 모두—특화하고 있으며, 세금에 민감한 투자자들을 유치하여 유지하는 데 성공했다.

- **마켓 리더십**: 높은 진입장벽과 수탁 업무의 규모의 경제성은 '규모'를 대단한 경쟁우위 요소로 만들었다. 수조 달러의 자산을 관리하는 최대의 수탁회사들에 소규모 경쟁자들은 압도 당할 수밖에 없다. 기존의 자산운용사들은 장기 운용 성과와 지명도 측면에서

유리하다. 비공개회사인 피델리티 인베스트먼트Fidelity Investment가 세계에서 가장 큰 운용사이며, 또한 업계에서 가장 널리 알려지고 신뢰받는 이름 중 하나이다. 바로 이 점이 자산을 모으고 운용하여 수익을 높이는 데 도움을 주는 덕목이다.

생명보험

생명보험업의 경제적 특성들이 우리의 피를 뜨겁게 하지는 않는다. 가끔 최고의 생명보험사들이 좋은 투자 가치를 제공하지만 일반적으로 이 업종 내에서 투자 기회는 거의 없다. 이를 설명하기 위해 먼저 생명보험업이 어떻게 움직이나 알아보자.

생명보험업의 경제성은 이 산업의 주식들의 성과에 반영되어 있다. 2003년 8월31일 말 기준으로 지난 10년간 S&P 생명 및 건강보험업 지수는 연간 3.6%의 성과를 올린 반면 S&P 500 지수는 연간 10.1%의 성과를 올렸다.

생명보험사들은 사람들이 죽음이나 장애와 같은 재앙으로부터 스스로 또는 자기가 사랑하는 사람을 보호하거나 은퇴와 같은 상황에 대비하여 더 큰 경제적 보호와 유연성을 제공하는 상품들을 내놓는다. 생명보험사는 수많은 보험계약자들의 개인적 리스크를 모은다. 그리고 궁극적으로 보험계약자들에게 지급해야 하는 금액보다 더 많은 돈을 받거나 벌어서 수익을 내려고 노력한다.

생명보험사 회계 101

생명보험업은 그 상품과 재무제표의 복잡성 때문에 만성적으로 맥을 못 춘다. 이 산업의 이상한 점은 보험사가 보험을 판매할 때 궁극적 비용이 얼마가 될지 정말 모르기 때문에 그 상품의 가격을 얼마로 해야될지를 정말 모른다는 것이다. 미래투자수익률, 보험상품지속률(고객이 보험 상품을 계속 가지고 있는 기간) 및 예상수명 등의 변수들을 예측하려는 보험계리인의 최선의 노력에도 불구하고 보험사가 그 상품에서 수익을 올릴 수 있을지를 아는 데는 여러 해가 걸릴 수 있다.

보험사의 재무제표는 다른 업종의 재무제표와 매우 다르다. 보험사의 재무제표를 어떻게 읽는가라는 주제는 책 한 권이 될 정도지만 간결성(및 독자들의 정신 건강)을 위하여 개념을 대강 보는 것에만 국한하자.

대차대조표의 자산 부분에는 두 개의 주요 항목, 즉 투자자산(보험계약자에게 보험금을 지급하기 전까지 보험사가 누적한 보험료 및 수수료)과 보험이나 연금 상품 판매의 자본화된 가치인 이연신계약비가 있다. 변액연금보험을 파는 회사의 경우 변액연금보험 소유자들이 투자한 펀드를 의미하는 특별계정자산이 세 번째 주요 자산 항목을 구성한다. 변액연금보험 소유자들은 자신의 투자를 직접 관리하기 때문에 이들 자산들은 구분되고 대차대조표 반대편의 특별계정부채라는 항목과 동일한 금액으로 상계된다.

생명보험사의 다른 채무들은 기본적으로 보험 계리적으로 추정된 미래에 보험계약자들에게 지급해야 하는 보험금들로 구성된다. 중요한 두 개의 수익원은 (1) 반복되는 보험료 및 수수료와 (2) 투자수익이다. 중요 양대 비용은 (1) 보험계약자에게 지급하는 보험금과 배당 (2) 이연신계약비의 상각이다. 수익과 비용에 관한 계정이 몇 개 되지 않기 때문에 이들 계정의 성장 경향을 계속 지켜보는 것은 꼭 필요하다.

생명보험사의 주요 성장요인

생명보험업은 성숙되고 쉽게 대체될 수 있는 규격화된 제품을 제공하는 저성장 산업이다. 약간의 규정 및 자본금 요건을 빼고는 진입장벽이 낮다. 그러나 생명보험업에 진출하면 철수하기는 어렵다. 회사는 앞으로도 여러 해를 더 살아갈 고객에게 생명보험금 지급 의무가 있다.

메트라이프, 푸르덴셜, 존 행콕과 같은 몇몇 대형 보험사들만 이들의 잘 알려진 브랜드, 넓은 판매망, 다양한 상품, 수많은 기업고객들과의 확고한 관계 등에 의해 경제적 해자를 가지고 있으나 이것들도 여전히 빈약한 경쟁우위이다. 이를 제외하면 이 사업은 전형적으로 경제적 해자가 없는 사업이다.

생명보험업이 규격화된 상품을 제공하는 점을 고려하면 합병 없이 한 보험사가 성공적으로 보험업의 장기 연평균 수익성장률(대개 명목 GDP성장률을 약간 넘는 수준)을 초과해서 성장한다는 것은 거의 불가능한 일이다. 평균회귀 개념은 이처럼 성장 속도가 느린 사업에 있어 대단히 중요하다. 가령 현재 투자수익과 같은 단기 이벤트에 의해 생명보험사의 순이익이 업계 평균 이상 또는 이하가 될 수 있다. 그러나 장기적으로 투자수익—즉 순이익—은 평균으로 회귀한다.

한 회사가 판매하는 보험 상품 구성을 살펴보는 것은 매출 및 순이익 성장과 위험 수준 등이 어떻게 될지를 이해하는데 중요한 일이다. 보험사가 '얼마나' '어떤 종류'의 연금보험사업을 하는지 아는 것이 특히 중요하다. 연금보험 상품들은 주식시장에 크게 노출되어 있으며 이는 큰 연금보험 사업을 하는 생명보험사는 그만큼 더 위험한 투자 대상임을 뜻한다.

생명보험사들은 자기자본비용과 자기자본이익률 차이의 작은 마진으로 운영된다. 지속적으로 자본비용 이상의 자기자본이익률을 내는 회사를 찾자. 우리는 대부분의 생명보험사들의 자기자본비용이

10%~11%인 반면 평균 자기자본이익률은 역사적으로 12% 내외라고 추정한다. 산업 내 가장 좋은 성과를 내는 회사(특수 보험사AFLAC)는 약 15%대의 장기 자기자본이익률을 내고 있다.

비록 매도 가능한 유가증권의 시장가격에 기준한 수익이나 손실을 주주지분에서 차감하여 조정할 필요가 있지만 유형자산 장부가치는 미국 생명보험사 가치 평가의 다른 주요 지표이다. 이 조정은 아주 간단하다. 생명보험사는 연례운영보고서(10-K)의 기타수익란에 포함되어 있는 매도 가능한 유가증권 포트폴리오의 미실현 수익이나 손실을 주석사항으로 표기하게 되어 있다. 우리가 해야 하는 것은 주주지분에서 수익은 차감하고 손실을 더해서 유형자산 장부가치를 얻을 수 있다.

유형자산 장부가치는 두 가지 이유로 생명보험사의 가치를 평가할 때 가장 안전하고 현실적인 방법이다. 먼저 보험사의 기본적 계리의 전제들에 대한 구체적인 정보가 거의 없고 보험사의 미래투자수익을 예측하는 것은 불가능하다. 둘째, 많은 보험사들이 최근에 상장이 되어 이들 회사에 대한 과거 재무 자료가 제한적이다.

생명보험사 성공의 보증수표

생명보험사들이 가끔 좋은 투자 대상이 되기는 하지만 문제가 될 소지가 있는 투자는 피하는 것이 중요하다. 아래의 사항들을 주의 깊게 살펴야 한다.

- 조심스런 보험료 증가율: 일반적으로 일류 생명보험사는 그 보험료 증가율이 업계 평균을 크게 넘지 않는다. 미국 생명보험협회에 의하면 1991년부터 2001년 사이에 보험사의 보험료 수입은 년 평

균 6.2% 증가하였다. 보험 매출을 올리기 위해 위험에 대한 가격 책정을 낮게 하는 것은 위험한 게임이다.

- 자기자본수익율이 지속적으로 자기자본비용을 상회: 생명보험사의 높은 차입비율을 고려하면 자기자본수익율이 자기자본비용보다 안정적으로 높게 유지된다는 것이 생명보험사의 장기적 성공에 있어서 매우 중요한 결정요소가 된다. 생명보험사의 자기자본수익율은 역사적으로 10%에서 11% 내외이다.

- 높은 신용등급: 대부분의 일류 생명보험사는 AA등급을 자랑한다. 보험계약자들이 보험금을 받을 시점까지 건재할 보험사에 보험을 가입하고 싶어하는 것은 이해할 만하다. 양질의 생명보험사들은 또한 정부가 정한 최소수준의 2배 정도의 리스크기준자본금RBC을 유지하고 있다.

- 다양한 투자 포트폴리오와 검증된 위험관리 문화: 미국 생명보험업계 자산의 약 90%는 회사채, 사모채 인수, 주택저당증권 등과 같은 확정이자채권에 투자되어 있다. 확정이자채권 포트폴리오의 구성과 질이 생명보험사의 재무 건전성과 미래 수익 전망을 결정하는 데 있어서 주요한 요인이 된다. 일류 보험사는 투자등급 이하 채권(즉 정크본드)과 같은 위험 자산군에 대한 투자를 통제한다. 어느 보험사의 정크본드에 대한 투자가 경쟁자들에 비하여 과도한지의 여부를 알아보기 위해 정크본드/유형자산 비율 또는 정크본드/총자산 비율 등을 검토해보자.

손해보험

손해보험은 수익성 있는 거래를 망치거나 또는 생활비의 상승 등을 가져올 수 있는 재무 위험을 전가할 수 있어 경제에 커다란 편익을 안

겨준다.

투자자들에게는 불행한 일인데, 손해/상해보험 상품이 미국 경제에 제공하는 가치가 상당히 크지만 그 가치가 큰 투자 수익으로 이어지는 경우는 매우 드물다. 실제로 수익은 아주 낮은 경우가 많다. 순이익은 아주 박해서 5% 이하가 되는 경우도 많다. 자본수익률 또한 아주 낮다. 평균적으로 손해/상해보험사의 자기자본이익률(ROE)은 9% 이하이고 장기간을 두고 보면 대부분의 보험사는 S&P 500에 속하는 회사들의 자기자본이익률의 절반을 버는 데 그치고 있다.

이러한 낮은 수익성 때문에 주가도 장기적으로 볼 때 크게 오르지 못한다. 2003년 말까지의 10년 동안 손해보험사들의 주가는 증권시장의 평균 상승률에 미치지 못하였는데, 훨씬 뒤쳐지는 경우도 종종 있었다. 그러나 개중에는 장기간 꾸준히 매력적인 수익을 보여준 몇 개의 예외가 있다. 주가 상승률이 더 좋은 보험사를 발견할 수 있는 요령을 터득한 학구적인 투자자들은 이 업종에서 알찬 수익을 거둘 수 있다.

손해보험사의 수익 모델

보험사가 보험 상품을 팔면 보험료를 받는 대가로 재무 위험을 받아들인다. 많은 개인들의 위험을 하나의 공동 울타리 안에 넣음으로써 보험사는 다양한 위험 포트폴리오를 만들 수 있다. 대부분의 위험은 실현되지 않으므로(우리가 매년 차 사고를 내는 것은 아니다). 보험사는 약간의 수익을 얻을 수 있을 것으로 기대한다.

보험사는 또 보험금을 지급해야 할 상황이 발생하기 훨씬 전에 보험료를 받는 특별한 사업상의 이득이 있다. 이 돈은 종종 준비금float이라고 불리며 보험사는 보험료를 받는 시점부터 보험금을 지급해야 하는 시점 사이에 이 돈을 이용할 수 있다. 손해/상해보험사들은 이러한 보험료를 이용하여 투자를 하고 그 투자로 번 돈을 가지게 된다.

이런 방법으로 얼마나 많은 돈을 벌 수 있느냐는 주가의 등락과 보험사의 자산 배분 및 보험금 지급 시까지의 보험료 이용기간 등에 의해 결정된다. 보험자 책임부담 장기형 보험을 판매한 보험사는 보험료를 오래 보유하므로 주식에 더 많은 투자를 할 수 있다(보험상품의 책임부담 기간이란 보험사고 손실이 명백해질 때까지 걸리는 시간을 의미한다. 보험자 책임부담 단기형 보험상품은 자동차 사고와 같이 보험기간 중에 발생한 보험사고 손실이 금방 알려지는 것이고 보험자 책임부담 장기형 보험상품은 석면에 의한 피해처럼 여러 해가 지나도 명확해지지 않는 보험사고 손실을 보장하는 것이다).

손해보험사 회계 101

손해보험사의 영업이 어떻게 손익계산서와 대차대조표에 반영되는지 알아보자. 보험료 수입(수입보험료라고도 함)은 보험금(손실 비용), 보험대리인에 대한 수수료(수수료 비용) 그리고 영업비용OPEX 등을 지급하는 재원으로 쓰인다. 보험사들은 특히 이러한 비용들을 수입보험료에 대한 비율로 나타낸다. 예를 들면 지급 보험금 비용은 대체로 보험사 순수입금의 75%를 차지한다.

이 세 가지 비율이 합해져서 합산비율이 되는데, 이것이 보험사의 보험 인수 수익에 대한 주요 척도가 된다. 합산비율이 100% 이하라는 것은 보험 인수로 인한 수익이 있음을 의미한다. 예를 들면 합산비율 95%란 보험사가 보험료 수입의 95%를 손실로 지급하였다는 것을 의미한다. 나머지 5%가 보험 인수 수익이다. 가령 합산비율이 105%인 보험사의 경우에는 그 보험사가 손실에 충당하기 위해 보험료 수입의

105%를 지급했다는 것으로서 그 보험 인수 손실이 보험료 수입금의 5%에 상당한다는 것을 의미한다.

합산비율이 장기간에 걸쳐 105%가 넘는 회사들은 그 손실을 투자수익으로 만회하기 위해 어려움을 겪어야 하고, 이런 형태의 빈약한 인수 실적은 그 보험사의 경쟁력이 특별히 약하다는 것을 의미한다. 가끔 씩이라도 인수 수익을 내지 못하는 보험사는 업계 내에서 최저의 실적을 보이게 되어 수익성을 높이기 위해 높은 투자 위험을 감수하려는 유혹을 받을 수가 있다.

보험사들은 또한 투자수익으로 돈을 버는데, 이를 보험료 수입에 대한 비율로 보고하는 경우가 종종 있다. 합산비율과 투자수익률을 모두 감안한 것이 영업이익률이다. 많은 경우에 투자 수익이 보험 인수 손실을 상쇄하게 되므로 그것은 보험사의 수익성을 결정하는 주요 요인이 된다.

대부분의 보험사의 경우 대차대조표상에서 가장 중요한 자산은 투자 자산이다. 대부분의 보험사는 준비금 외에도 유보이익의 많은 부분을 투자에 투입한다. 투자 계정은 보험사의 총자산 대비 투자 규모와 구체적 자산 배분 내역을 보여 준다. 우선 주식에 30% 이하를 투자한 보험사를 찾는다(그 회사가 저 유명한 주식투자가인 워렌 버핏이 운영하는 회사가 아니라면).

마지막으로, 미경과보험료란 수취는 했지만 아직 수익으로 인식되지 않는 보험료를 말한다. 이런 기이한 현상은 회계 관행 때문에 발생한다. 보험사가 받은 보험료는 연중 시간의 경과에 따라 점차적으로 수익으로 인식된다. 결국 고객이 보험계약을 해약하면 보험사는 경과되지 않은 기간에 대한 부분만큼 보험료를 환급해야 한다. 6개월이 경과하면 1년 만기 자동차 보험은 50%가 이행된 것으로 되어 보험료의 절반이 수익으로 인식된다. 이러한 상태가 되기 전에는 보험료는 미경과보험료 계정에 속하게 되며 보험사는 자유롭게 이를 투자할 수 있다.

보험사에 있어서 최선의 상황은 고객 기반이 크게 성장하는 가운데 보험 인수 이익을 꾸준히 얻을 수 있는 경우이다. 사실 이런 보험사는 다른 사람의 돈을 투자함으로써 보상도 받고 이익도 얻게 되며 또 이 준비금을 영원히 (준비금이 계속 늘어나는 한) 가지고 있을 수도 있게 된다. 그러나 투자자들에게는 안된 일이지만 이런 상황은 좀처럼 발생하지 않는다.

손해보험사의 성장 요인

손해보험사들은 어려운 경제 여건에 직면해 있다. 대개의 경우 보험사의 가격 결정력이 낮거나 존재하지 않는데 여기에는 두 가지 중요한 이유가 있다. 첫째, 진입장벽이 낮아 경쟁사들이 쉽게 수익성 있는 시장으로 뛰어들 수 있다. 둘째, 보험 상품들은 종종 가격이 다르다는 것을 제외하고는 구분하기가 어렵다. 비록 보험사들이 더 나은 고객서비스, 상품 패키지, 보험 조건 등을 내세워 그들의 상품을 차별화하려 하지만 이런 특성들은 경쟁자가 쉽게 따라할 수 있다.

비용의 예측 불가능성: 가격 결정력의 부재는 한층 더 심각한 문제를 야기한다. 보험사의 가장 중요한 비용들은 대개 통제가 어렵고 예측할 수 없다. 지불 청구액은 대체로 보험료의 70%가 넘는다. 여기에는 소송에 의한 배상액, 의료비용, 재활 등과 같이 보험사가 거의 또는 전혀 통제할 수 없는 모든 비용 항목이 포함된다. 이런 비용들은 통제가 어려울 뿐만 아니라 예측이 불가능하고 또 보험사가 보험료를 인상할 수 있는 것보다 더 빠르게 증가하는 일이 종종 있다.

예를 들면, 사회적 인플레이션은 특히 어려움을 가중시킨다. 이것은 배심원들과 판사들이 종종 원래 보험약관의 조건을 훨씬 넘어서는 수준까지 보험 혜택을 늘리고 계약 보상 범위를 확대시키는 경향을 말한다. 이 때문에 보험금이 보험사가 원래 예상했던 것보다 훨씬 커질 수가 있다. 한 연구는 배심원이 선고하는 손해배상의 평균액이 1990년대에 매년 19%씩 증가했다고 추정한다.[1] 보험사는 또한 증가하는 보험사기로 인해 상당한 비용을 부담하고 있다. 보험사기로 인한 연간 추정 비용은 약 800억 달러에 달한다.[2]

예측 불가능한 비용 인플레이션은 특히 골칫거리인데 왜냐하면 보험사는 비용이 발생하기 훨씬 전에 비용을 예측해야 하기 때문이다. 보험사들이 보험 상품의 가격에 안정적인 마진을 포함시킬 만한 가격 결정력을 갖고 있지 못하기 때문에 손실비용이 변동되면 순식간에 수익이 모두 날아가고 대규모의 충당금 계정을 발생시킨다. 비용이 예상 외로 크게 감소하는 경우는 거의 발생하지 않기 때문에 보험사들은 앞에서 간략하게 언급한 문제들에 종종 시달리게 된다.

보험사들은 또한 다른 회사의 영향을 크게 받는다. 만약 한 보험사의 가격이 너무 낮으면—그것이 실수든 아니든 간에—다른 회사들도 그러한 경쟁 위협에 대응해 낮은 가격을 제시하게 되어 결국 모든 보험사의 수익이 사라지게 된다. 이것은 특히 상호보험 회사와 경쟁하

---

1 "The Legend of the Price-Gouging Insurer", Insurance Information Institute (November 2002) adn Morningstar Analysis.
2 Coalition Against Insurance Fraud, "Insurance Fraud: The Crime you Pay For", http://www.insurancefraud.org/downloads/Backgrounder.pdf.

는 보험사에는 예민한 문제가 된다(상호보험사란, 주주가 소유하는 것이 아니라 보험계약자들이 소유하는 보험사를 말한다). 스테이트팜State Farm과 같은 상호 보험사들은 특히 위험한 경쟁자가 되는데 왜냐하면 이 회사들은 다른 대부분의 보험사들과는 달리 수익 동기가 결여되어 있기에 가격 경쟁력을 가지고 있고 또 시장점유율을 높이기 위해 오랫동안 손실을 감수할 수 있기 때문이다. 예컨대, 거대한 규모의 자산을 가진—그러면 많은 투자수익을 올릴 수 있다—스테이트팜은 수년 동안 원가 이하로 보험을 인수하는 것이 가능한데, 그렇게 되면 상장 보험사들은 수익을 내지 못하게 될 것이다.

보험업의 경기순환성: 보험업은 성숙기에 접어든 사업이다. 일반적으로 성숙기에 접어든 사업은 장기적으로 볼 때 GDP와 비슷한 수준으로 성장할 것으로 예상되지만, 보험업은 상당한 경기순환성을 보여주고 있다.

이 경기순환성은 가격 결정 및 투자 수익으로 인하여 초래된다. 1990년대 후반처럼 시장수익률이 높을 때에는 보험사들은 보험 인수에 따른 손실을 투자 수익으로 쉽게 상쇄할 수 있어 가격 결정에 압박을 덜 받는다. 결국 보험요율은 상당한 기간 동안 하락한다. 이를 '연성 시장soft market'이라고 한다.

그러나 수년에 걸친 가격 하락 이후에, 보험사는 종종 시장수익률의 하락이나 또는 2001년 9월 11일의 테러 공격과 같은 큰 사건으로 인한 심각한 손실 등에 대응할 준비 태세를 갖추지 못하는 경우가 있다. 이러한 손실이 투자 수익으로 상쇄될 수 없기 때문에 수익성을 회복하기 위해서는 보험요율을 인상해야만 한다. 이 시점에서 가격이 너무 오랫동안 너무 낮게 책정되어왔기 때문에, 보험사들은 수익성을 제고하기 위해 보험요율을 올리고 계약 혜택을 상당히 감소시켜야 한다. 이를 '경성시장hard market'이라고 하며, 보험료가 100% 인상되는 것도 드문 일이 아니다.

하지만 경성시장은 연성시장처럼 오래 지속되지는 않는다. 일단 수익성이 회복되고 투자시장 수익률이 정상화되면 우량 보험사들은 투자수익으로 손실을 상쇄하는 것이 다시 가능해졌다는 것을 알기 때문에 고객을 유치하고 경쟁자를 견제하기 위해 저가 정책을 다시 시작하게 된다.

규제: 마지막으로 보험사들은 상당한 규제를 받고 있다. 보험요율은 종종 각 주별로 승인이 있어야 하는데, 이는 보험사가 각 주의 규제 당국자에 의해 좌지우지된다는 것을 의미한다. 많은 경우에, 보험사들은 수익성이 떨어지는 고객들에게 비용 보전을 위해 더 높은 가격을 매기지도 못한 채 보험을 제공해야 한다. 게다가 많은 주에서 보험사들은 부도가 난 경쟁사의 손실에 대하여 자금을 지원하도록 되어 있다.

보험사들은 고객들의 로비에 영향을 받기 쉬운데, 이러한 로비가 규제 당국자들로 하여금 가격을 낮게 유지시키거나 가격 변경을 명령하도록 영향을 줄 수 있다. 이러한 주요 사례로 캘리포니아 주의 제안 제103호를 들 수 있는데, 이 제안으로 인하여 보험료 가격이 즉각적으로 20% 인하되고 12억 달러 이상이 보험사들로부터 고객에게 이전되었다.³ 이것은 고객들에게는 좋은 일이었지만 보험 투자자들에게는 악재였다.

손해보험사 성공의 보증수표

손해보험업에는 경제적 해자가 거의 없다. 이 업계의 열악한 경제 여건으로 인해 대부분의 보험사들이 변함없이 낮은 수익성과 계속되는 가격 경쟁에 시달리고 있다. 그러나 나쁜 뉴스만 있는 것은 아니다. 현명한 전략과 경영진만 갖추면 좁은 경제적 해자를 만들어 괜찮은 투자 수익을 올릴 수 있는 기회를 잡을 수도 있다. 좋은 손해보험사에서 찾아볼 수 있는 다섯 가지 요소를 다음과 같이 추천한다.

1. **저비용 운용자**: 회사들이 가격으로 경쟁하는 규격화된 사업에서는 비용이 가장 낮은 회사가 가장 높은 수익을 향유한다. 비용을 최소화할 수 있는 보험사가 높은 수익을 올릴 가능성이 가장 높으며 수익성 없는 보험을 파는 것을 거부하는 보험사가 비용 통제 면에서 특별한 우위를 차지한다. 가장 선호되는 두 개의 보험사인 프로그레시브Progressive 사와 버크셔 해서웨이의 자회사인 가이코GEICO 사가 이러한 접근방식을 채택하는데, 이들은 소비자에게 직접 마케팅을 함으로써 판매수수료 비용을 절감하며 또 엄격하게 수익성이 있는 보험만 인수한다. 이들 회사의 수익성이 지속

---

3 The Foundation for Taxpayer and Consumer Rights, "Background on Insurance Reform—A Detailed Analysis of California Proposition 103," Excerpted from "Auto Insurance Crisis & Reform," by Harvey Rosenfield, published Fall 1998 in University of Memphis Law Review.

적으로 업계 선두를 달리는 것은 전혀 놀랄 일이 아니다.

2. **전략적 인수자**: 영업 실적이 좋지 않은 보험사를 지속적으로 인수하여 이익이 나게 할 수 있는 수익성이 있는 보험사는 종종 평균 이상의 성장률과 함께 매력적인 수익을 올릴 수 있다. 인수에 의한 성장은 위험한 전략일 수도 있지만, 경험 많은 경영진들은 보험업의 경기순환주기를 활용하여 종종 헐값에 회사를 인수할 수 있다. 화이트 마운틴즈White Mountains 사는 이를 성공적으로 수행한 좋은 예이다.

3. **특수 보험사**: 틈새시장을 전문으로 취급하는 보험사는 종종 특수한 관계성과 보험 인수 전문성을 개발함으로써 상당한 수익을 올릴 수 있다. 만약 그 시장이 비교적 작고 전략적 중요성이 없다면 다른 보험사들이 이 시장에 매력을 느끼지 않을 것이다. 경쟁자가 없는 특수 보험사들은 가격 결정에 있어서 더 많은 재량권이 있다. 마켈Markel 사는 여름캠프, 요트, 스포츠 기관들과 같은 틈새시장에 보험 상품을 제공함으로써 특수 보험에서 이익을 올려왔다.

4. **건전한 재무제표**: 만약 보험사가 재난에서 살아남지 못해 그 재난의 결과로 청구되는 보험금을 지불할 수 없게 된다면 보험은 쓸모가 없다. 보험 고객들은 대체로 (2001년의 9.11사태나 허리케인 앤드류와 같은) 재앙에서 살아남아 보험금을 지급할 만큼 튼튼한 재정을 가지고 있는 보험사를 선호한다. 버크셔 해서웨이 사는 플로리다의 허리케인이나 캘리포니아의 지진과 같은 피해에 대한 대규모 보험금을 지급할 수 있는 튼튼한 재정을 가지고 있는 것으로 유명하기 때문에 이 회사의 재난 재보험(다른 보험사의 대규모 보험금 지급에 대비한 보험을 인수하는 것) 사업은 계속 커지고 있다.

5. **상당 부분의 개인 재산을 이 사업에 투자한 합리적 경영진**: 잘못된 보험 인수로 인해 수익이 빠르게 무너질 수가 있다. 많은 경영진들이 고객을 유치하기 위해 보험료 가격을 후려치는데, 그러나 보험료가 손실을 보상할 만큼 높지 않으면 회사는 손실을 보게 된다. 자신들이 대주주인 경영진들은 대규모의 인수 손실이 가져올 잠재적 고통에 더 많이 노출되어 있기 때문에 대체로 합리적인 가격을 책정하게 되고 따라서 장기적으로 보다 나은 수익을 올리게 된다.

투자자의 체크리스트: 자산운용사와 보험사

☐ 자산운용사의 경우에는 다양성을 눈여겨보아야 한다. 많은 수의 자산 유형—주식, 채권, 및 헤지펀드(수탁자금) 등—을 운용하는 회사들이 시장 격동기에 보다 안정적이다. 한 유형의 자산만으로 히트를 친 회사들은 훨씬 더 불안정하고 가격의 급변에 영향을 많이 받게 된다.

☐ 자산의 증가에 유의하라. 자산운용사가 유출되는 자금보다 더 많은 자금을 유입시키는 데 꾸준히 성공하고 있는지 점검한다.

☐ 세금 관리 펀드나 국제투자와 같은 매력적인 틈새시장을 가지고 있는 운용회사를 찾는다.

☐ 오래 머무르는 자산은 안정성을 더해준다. 기관자산운용사 혹은 퇴직연금을 전문적으로 취급하는 기금운용사와 같이 안정적인 자산의 비율이 높은 회사를 찾는다.

☐ 더 큰 것이 더 좋은 경우가 종종 있다. 더 많은 자산과 더 오래된 운용 실적, 그리고 복수의 자산 유형을 가진 회사들이 까다로운 고객들에게 제공할 것들을 더 많이 가지고 있다.

☐ 업계 평균보다 더 빠르게 성장하는 보험사를 주의하라.(그 성장이 인수에 의한 것이 아닌 경우)

☐ 생명보험 산업에 있어서 투자 위험을 방지하는 최선의 방법 중 하나는 다양한 수입 기반을 가진 회사를 고려하는 것이다. 변액보험과 같은 일부 상품은 상당한 경기순환성을 보여 주고 있다.

☐ 신용등급이 높고(AA) 자본비용보다 높은 ROE를 꾸준히 시현할 능력이 있는 생명보험사를 찾는다.

☐ ROE를 꾸준히 15% 이상 달성하는 손해보험사를 찾는다. 이는 신중한 보험 인수와 비용 통제가 이루어지고 있음을 나타내는 좋은 척도가 된다.

☐ 반복적으로 충당금을 적립하는 회사는 피한다. 이는 종종 원가 이하의 가격 책정 또는 악화되고 있는 비용 인플레이션을 나타낸다.

☐ 주주 가치의 극대화를 위해 노력하고 있는 경영진을 찾는다. 이러한 경영진들은 종종 자신들이 경영하는 회사에 상당한 개인 재산을 투자하고 있다.

19
소프트웨어

마이클 트리그, 팻 도시

○○○

소프트웨어 산업은 경쟁이 치열하지만 다른 산업들이 따라잡기 힘든 경제적 특성을 가지고 있다. 소프트웨어를 만들기 위해서는 막대한 초기 비용이 든다. 하지만 소프트웨어를 콤팩트디스크에 찍거나 인터넷을 통해 거의 무비용으로 배포할 수 있기 때문에 생산비는 아주 저렴하다. 마이크로소프트 같은 회사가 윈도우 같은 제품으로 홈런을 치면 40%가 넘는 영업이익률을 창출할 수 있다.

시장에서 자리를 굳힌 소프트웨어 기업들은 캐시카우에 속한다. 소프트웨어를 전자적으로 저장해서 배송할 수 있기 때문에 운전자본 관리도 양호한 편이다. 이로 인해 재고자산과 외상매출금 계정이 낮아진다. 또한 소프트웨어 구축에는 자본이 거의 들지 않기 때문에 성공한 소프트웨어 기업은 엄청난 잉여현금흐름을 벌어들인다.

마지막으로 소프트웨어 기업은 성장 전망이 밝다. 회사들은 사업을 더 원활하게 경영할 수 있는 기술을 계속해서 사들일 것이다. 소프트웨어를 통해 회계 등의 업무를 자동화할 수 있으며 고객과의 관계도 향상시킬 수 있다. 높은 노무비 역시 소프트웨어 사용을 유도한다. 소프트웨어는 예산 편성처럼 시간 소모가 많은 업무를 줄여주고 생산성을 높여주기 때문이다. 또한 회사가 수익 감소로 고전을 겪을 때 소프트웨어는 비용 절감에 도움이 될 수 있다.

소프트웨어 산업의 여러 부문

소프트웨어 산업에는 여러 부문이 존재한다. 하지만 이들에는 한 가지 공통점이 있는데, 보통 소수의 회사가 대부분의 매출을 장악하는 과점 형태의 시장이라는 것이다. 기술 구매자들은 보수적인 성향을 가지고 있다. 그들은 곧 도산해서 기본적인 서비스도 제공하지 못할 가능성이 있는 기업의 제품은 구매하려 하지 않는다. 그렇기 때문에 기업들은 계속해서 업계 리더의 제품만을 고집한다. 소프트웨어 산업의 주요 부문을 정리하면 다음과 같다.

운영체제

운영체제operating system는 컴퓨터상의 다른 모든 프로그램을 가동시키는 시스템이다. 이것은 응용 어플리케이션 사이에서 메모리를 공유하고, 프린터 등 외부 하드웨어에서 오는 지시사항을 처리한다. 이 시장은 마이크로소프트의 윈도우즈 운영체제가 전 세계 PC의 90% 이상을 장악하고 있기 때문에 다른 기회가 별로 존재하지 않는다. 하지만 서버 부문에서는 리눅스 운영체제가 괜찮은 대안으로 자리를 잡아가고 있다(서버는 단일 유저가 아니라 기업 전체를 위한 프로그램을 가동시켜주는 대형컴퓨터를 말한다). 하지만 이 소프트웨어는 인터넷에서 무료 다운로드가 가능하기 때문에 레드햇Red Hat과 같은 리눅스 전문기업들은 돈을 버는 데 고전하고 있다.

데이터베이스

데이터베이스 소프트웨어는 용이한 접근과 업데이트를 위해 데이터를 수집한다. 이 시장의 매력은 전환비용이 높다는 것인데, 한 데이터베이스에서 다른 데이터베이스로 데이터를 옮기기가 어렵기 때문이다. 하지만 대부분의 기업들이 이미 데이터베이스를 설치했기에 오랫동안 한 자릿수 이상의 성장률을 달성하기도 힘들다. 오라클, IBM, 마이크로소프트가 시장을 지배한다. 오라클은 기술이 뛰어나다는 장점을 가지고 있지만, IBM과 마이크로소프트는 가격이 싸다는 장점이 있다.

전사적 자원관리

전사적 자원관리enterprise resource planning, ERP의 목표는 회계나 인사 같은 후선 지원 업무를 향상시키는 것이다. 가령 회계 응용 프로그램은 예산 편성이나 청구서 작성 등의 기본적인 업무를 용이하게 해주고, 인사 소프트웨어는 직원들의 성과를 기록해준다. 데이터베이스 소프트웨어와 마찬가지로 대부분의 대기업들이 이미 회사에 맞는 ERP를 설치했기 때문에 이 시장의 성장은 빠르지 않다. SAP, 피플소프트, 오라클이 이 부문의 대표 주자들이다.

고객관계관리

고객관계관리customer relationship management, CRM 소프트웨어는 구매 내역 등 고객에 관한 내용을 기록해서 영업사원이나 고객 서비스 담당 직원이 고객에게 꼭 맞는 제품을 제공할 수 있게 도와준다. 이 소프트웨어는 판매 기회를 창조하고 고객 만족도를 높여준다. 그러나 한정된 후선 업무만을 자동화해주는 ERP와 달리, 기업과 고객의 효과적인 상호작용에는 제한이 없다. 이 시장에서는 시벨 시스템즈Siebel Systems가 육중한 고릴라처럼 버티고 있다. 하지만 SAP나 피플소프트 같은 ERP 기업들이 이 회사를 바짝 추격하고 있다.

보안

제품과 서비스의 온라인 거래가 늘면서 직원과 고객뿐 아니라 해커들도 중요한 데이터에 보다 쉽게 접근할 수 있게 되었다. 바이러스나 신용카드 도용으로 인한 폐해는 보안에 대한 수요를 급증시켰다. 방화벽, 사이버상의 사생활 보호 네트워크, 안티바이러스 등의 제품이 빠르게 성장하고 있다. 체크포인트 소프트웨어Check Point Software와 시만텍Symantec이 지금까지는 이 부문에서 선두를 달리고 있다.

비디오 게임

이 부문은 일렉트로닉스 아츠Electronics Arts가 지배하고 있다. 마이크로소프트의 엑스박스나 소니의 플레이스테이션 같은 하드웨어 플랫폼을 지원하려면 많은 돈이 든다. 또한 이 산업은 경기순환산업이며 몇 년에 한 번씩 새로운 플랫폼이 등장한다. 수많은 플랫폼들(예를 들어 아타리)은 더 이상 사용되지 않는다. 마지막으로, 진입장벽이 낮기 때문에 인기 게임을 소유한 신생회사가 성공하기도 쉽다.

기타

모든 소프트웨어 기업들이 시장에서 입지를 다진 참가자들과 경쟁하는 것은 아니다. 가령 인튜이트Intuit는 세금 신고와 중소기업용 소프트웨어 시장을 지배하고 있으며 경쟁사도 거의 없다. 마찬가지로 어도비Adobe는 그래픽 소프트웨어 시장을 지배한다. 포토샵이나 일러스트레이터 같은 제품들은 각각의 시장에서 거의 독점적인 지위를 누리고 있다. 대개는 작은 틈새시장을 지배하는 기업들이 큰 시장에서 경쟁하는 기업들보다 더 매력적인 투자 대상이다.

소프트웨어 산업의 경제적 해자

급속한 기술 변화로 인해 소프트웨어 산업에서는 넓은 해자를 가지기가 힘들다. 진입장벽이 낮기 때문에 경쟁사가 더 혁신적인 제품을 개발하고 업계 리더가 이를 제대로 따라잡지 못한다면 오늘의 승자는 순식간에 내일의 패자로 전락할 수 있다. 이런 점이 소프트웨어 회사에 투자할 때 부딪히는 난관이다. 투자자가 제품의 성공을 점치기는 힘든 일이다. 게다가 문외한이 그 기술이 얼마나 오래 지속될지를 아는 것도 사실상 불가능하다.

그렇기 때문에 경쟁우위를 창조하기 위해 우수한 기술 이상의 것을 개발한 회사를 찾아야 한다. 다시 말해 다음과 같은 특징을 가진 기업을 찾아야 한다.

높은 전환비용

전환비용이 높기 때문에 고객들은 경쟁사의 제품으로 바꾸는데 상당한 어려움을 겪는다. 가령 건축가나 엔지니어들은 경력 초기부터 오토데스크Autodesk 사용법을 훈련 받기 때문에 이 소프트웨어는 건축 및 건설 디자인 소프트웨어 시장에서 확실한 위치를 점하고 있다. 수년 동안 오토데스크를 가지고 일해온 사람들은 경쟁사 제품을 사용하는 것을 내켜하지 않는다. 대부분의 소프트웨어 시장에서 경제적 해자를 누리고 있는 기업들은 값이 대단히 비싸거나 훈련받는 데 많은 시간이 들어서 고객들이 사용 중단을 꺼리는 제품을 보유하고 있다.

네트워크 효과

소프트웨어 산업에서 네트워크 효과의 덕을 보는 기업으로는 어도비를 꼽을 수 있다. 아크로뱃 리더Acrobat Reader의 다운로드 수가 5억이 넘으면서 아크로뱃은 전자문서 작성과 열람의 표준으로 자리매김했다. 사람들은 퍼스널 컴퓨터 이용자 대부분이 이미 아크로뱃 리더를 설치했다는 사실을 잘 알고 있기 때문에 전자 문서를 작성할 때 주저 없이 아크로뱃을 사용한다. 이와 마찬가지로 많은 사람들이 아크로뱃 리더를 다운로드하는 이유는 이 소프트웨어가 온라인 문서 공유의 가장 일반적인 방법이기 때문이다.

브랜드 네임

몇몇 소프트웨어 기업은 강력한 브랜드를 구축해서 경쟁사를 물리친다. 예를 들어 인튜이트의 퀵북Quickbook과 터보텍스TurboTax는 소매업용 소프트웨어 부문에서 가장 높은 인지도를 가지고 있다. 사람들은 중소기업이나 세무용 소프트웨어를 떠올릴 때 으레 인튜이트를 생각한다. 하지만 사람들이 매일 소프트웨어를 접하고 있음에도 불구하고 브랜드 네임으로 인한 경제적 해자는 거의 없는 편이다. 이는 대부분의 소프트웨어가 소비자에게 별다른 인상을 주지 못하기 때문이다.

소프트웨어 회계 101

소프트웨어 기업들은 일반적으로 상당히 건전한 재무제표를 보여준다. 부채가 아주 적고 자본구조도 매우 간단하다. 하지만 이 산업을 좀 더 자세히 관찰하려면 소프트웨어 산업에서만 사용되는 전문용어나 표현들을 익혀야 한다.

라이선스 매출

라이선스 매출license revenue은 일정 기간 동안 새로운 소프트웨어가 얼마나 팔렸는지를 알려준다. 그렇기에 현재의 수요를 가장 정확하게 알려주는 수치다. 라이선스 매출은 이익률이 매우 높은데, 소프트웨어를 개발한 다음에는 생산비가 거의 들지 않기 때문이다. 소프트웨어 회사의 다른 주요 수익원인 서비스 매출service revenue은 소프트웨어를 설치하는 컨설턴트에게 높은 급여를 줘야하기 때문에 라이선스 매출보다 이익률이 낮다. 라이선스 매출의 증가는 탄탄한 수요를 의미하고, 감소는 성장이 둔화되고 있음을 의미할 수 있다. 이는 라이선스 판매가 미래의 서비스 매출을 유도하기 때문이다.

이연수익

이연수익deferred revenue은 대차대조표상에 부채로 기록되지만 해가 될 것이 없는 부채다. 이연수익이란 기업이 서비스를 제공하기 전에 수취한 현금을 말한다. 소프트웨어 업계에서는 컨설팅과 유지관리 작업을 행해주기 전에 선불로 돈을 받는 것이 관행이다. 따라서 이연수익을 추적하면 미래 수익의 추이를 어느 정도 짐작할 수 있다. 이연수익의 증가는 사업이 성장할 가능성이 높다는 것을 의미하지만, 이연수익의 감소는 미래에 인식할 매출액이 적어지므로 사업 성장이 둔화되기 시작했다는 것을 나타낸다.

외상매출금 회수기간

외상매출금 회수기간days sales outstanding, DSO은 기업이 외상매출금을 회수하는 데 걸리는 기간을 의미한다. 대차대조표와 손익계산서를 이용한 외상매출금 회수기간의 공식은 '외상매출금/(수익/ 회계보고기간의 일수)'이다. 단일의 DSO 값보다는 DSO 추이가 더 중요하다.

DSO 감소는 기업이 외상매출금을 전보다 더 빨리 회수한다는 뜻이지만, DSO 증가는 기업이 거래를 성사시키고 수익을 늘리기 위해 고객에게 느슨한 신용조건을 제시한다는 것을 의미한다. 하지만 이런 식의 관행은 미래의 수익을 현재로 이전하는 것이기 때문에 결과적으로는 수익 결손revenue shortfalls을 야기할 수 있다. 수요가 급격하게 변하는 산업에서의 DSO 증가는 제품의 인기가 떨어졌음을 나타내주는 신호가 되기도 한다.

적신호

다른 기업들과 마찬가지로 소프트웨어 기업들도 간혹 실적을 부풀리기를 하는 경우가 있다. 다음은 소프트웨어 기업을 분석할 때 유의해야 할 회계 사항들이다.

수익 인식 시점의 변경

SEC 발표에 따르면 재무 실적 부풀리기와 관련된 가장 큰 문제는 부적절한 수익 인식이다. 또한 기업의 공동묘지에는 불법적으로 수익을 인식한 소프트웨어 무덤들이 널려 있다. 실제로 수익을 창출하기 전까지는 이 수익을 장부에 기록해서는 안 된다. 다시 말해 제품을 인도하거나 서비스를 제공했으며, 가격 합의가 이뤄졌고, 대금 회수를 상당히 확신할 수 있는 시점에서 수익을 인식해야 한다.

경영진이 수익 인식의 원칙을 변경한다면 이를 신중하게 지켜봐야 한다. 가령 RSA 시큐어리티RSA Security는 최종 이용자가 제품을 구매한 후에야 매출 발생을 인식하고 있었지만, 2001년부터는 도매업자들에게 제품을 선적한 후에 수익을 인식하기 시작했다. RSA의 경영진은 특정 도매상들과의 강력한 관계가 제품 판매를 보장해줄 것이라고 확신했다. 하지만 일정 기간에 판매할 수 있는 것보다 더 많은 재고를 도매상들에게 보냄으로써 매출을 인위적으로 끌어올릴 수 있었다. 이런 관행은 미래 분기의 수익을 현재로 끌어온 것에 불과했기에 결과적으로 상당한 수익 결손을 야기하고 말았다.

의심스러운 거래

소프트웨어 산업은 매출 증가를 위해 수상한 거래를 많이 하는 것으로 악명이 높다. 가장 흔한 수법은 회사가 타사에 판매와 투자를 동시에 하는 것이다. 그밖에 의심스러운 거래로는 회사와 고객이 동시에 상대방의 제품을 구매하는 교환거래swap deal를 들 수 있다. 이런 식으로 서로의 가려운 곳을 긁어주는 방법은 불법 거래는 아니지만 회사의 재무 건전성에 대해 잘못된 인상을 심어줄 수 있다.

소프트웨어 기업 성공의 보증수표

성공적인 소프트웨어 회사를 찾을 때에는 넓은 경제적 해자 외에 성공을 보장해주는 특징이 다섯 가지 더 존재한다. 이것은 매출액 증가, 오랜 역사, 이익률의 확대, 광범위한 고객층, 그리고 훌륭한 경영진이다. 이 다섯 가지 특징을 모두 가진 기업을 발견했다면 소프트웨어 산업의 금싸라기를 찾은 것이라고 볼 수 있다.

매출액 증가

성숙 단계인 소비자 제품 산업과 달리 소프트웨어는 비교적 새로운 시장이기 때문에 경제 전체보다 빠르게 성장한다. 안정적인 경제 여건일 경우 성공적인 소프트웨어 회사라면 연간 최소 10%의 수익 증가를 달성해야 한다. 매출액의 꾸준한 증가는 제품에 대한 수요가 증가하고 있거나 충성스런 고객을 가지고 있거나 아니면 가격을 인상해도 판매량이 줄지 않는다는 것을 의미한다. 또한 성공적인 기업들은 일반적으로 대규모의 고정적인 서비스 수익을 반복적으로 창출할 수 있다.

오랜 역사

소프트웨어 산업은 진입장벽은 낮지만 성공장벽은 높다. 소프트웨어 회사를 차리기는 쉽지만 오랫동안 살아남는 회사를 만들기는 굉장히 어렵다. 따라서 여러 번의 비즈니스 사이클을 무사히 견뎌냈으며 IT 지출의 정점과 바닥에 상관없이 탄탄한 실적을 기록한 기업을 찾아야 한다. 최소한 과거 5년 동안의 재무 기록을 가지고 있는 기업들만을 살펴봐야 한다. 그렇게 하면 투자한 돈이 순식간에 종잇조각이 되는 사태를 방지할 수 있을 것이다.

이익률의 확대

성공적인 소프트웨어 기업은 규모의 경제를 통해 시간이 지날수록 이익률을 확대할 수 있어야 한다. 일단 소프트웨어 개발이 완료되면 제품 생산에 드는 한계비용은 사실상 제로에 가깝다. 다시 말해 매출 증가가 곧장 순이익으로 직결되는 것이다. 또한 고마진의 라이선스 매출이 총매출액에서 차지하는 비중이 늘고 있는 기업을 찾아야 한다.

광범위한 고객층

성공적인 소프트웨어 기업은 일반적으로 제품이나 서비스에 충성스런 고객을 광범위하게 보유하고 있다. 기술 구매자들은 보수적인 편이며 도산 가능성이 있는 기업의 제품은 구매하려 하지 않는다. 따라서 그들은 계속해서 신뢰할 수 있는 회사의 소프트웨어를 구입한다. 지난 몇 년 동안 IT 소비가 저조했음에도 많은 대기업들은 광범위한 고객층 덕분에 양호한 실적을 달성할 수 있었다.

훌륭한 경영진

'말이 아니라 기수를 산다'. 이 속담은 소프트웨어 산업에도 딱 들어맞는데. 이는 기업의 가장 중요한 자산이 매일 회사에 출근도장을 찍는 사람(프로그래머, 영업사원, 경영진 등)이기 때문이다. 그러나 소프트웨어 기업을 경영하는 사람들은 스톡옵션을 과도하게 사용한다는 단점을 가지고 있다. 최상급의 프로그래머가 부족하기 때문에 경영진이 인재를 끌어들이기 위해 주주의 몫을 희생해서 상당한 주식을 주는 일이 비일비재하게 일어난다. 소프트웨어 업계에 종사하면서 매년 상당한 옵션을 제공하고 싶은 유혹에 넘어가지 않는 경영진을 발견한다면, 업계의 관행에 굴하지 않는 훌륭한 경영진을 찾은 것이라고 생각해도 좋다.

소프트웨어 산업의 단점

소프트웨어는 경제 여건이나 IT 소비에 따라 매출 변동이 심한 고순환산업이다. 소프트웨어 기업들은 호경기에는 실적이 좋지만 불경기에는 가장 큰 타격을 받는다. 이처럼 순환성이 높은 주원인은 대다수 기업들이 소프트웨어를 경기가 안 좋으면 나중에 구매해도 되는 부차적인 상품으로 생각하기 때문이다. 다시 말해 경제 상황이 안 좋아지면 이익 감소를 완화하기 위해 가장 먼저 IT 지출부터 줄이는 것이다.

기업을 상대로 하는 소프트웨어 기업들은 분기 말 집중형back-end loaded quarters이기 때문에 거래 대부분이 보고기간의 마지막 날에 이뤄진다. 이로 인해 분기 말까지 실적을 가늠하기 어려워서 큰 실망감을 맛볼 위험도 높아진다. 또한 구매자들은 분기 말까지 기다리면 소프트웨어 회사의 영업사원들이 거래를 성사시켜서 할당량을 채우기 위해 가격을 대폭 내릴 것이라는 사실을 잘 알고 있다. 하지만 과도한 가격 할인은 수익성을 악화시킬 수 있다.

마지막으로 소프트웨어 기업의 주식은 싼 것을 찾기 힘들다. 1996년에서 2002년 동안 시가총액이 가장 큰 3대 소프트웨어 회사들(마이크로소프트, 오라클, SAP)의 평균 PER는 56이었다. 같은 기간 동안 S&P 500 주식의 평균 PER는 25였다. 투자자들은 훌륭한 성장 가능성과 높은 투하자본수익률, 엄청난 현금흐름 때문에 소프트웨어 주식에 높은 값을 부르곤 한다. 하지만 하드웨어 같은 다른 IT 관련 산업과 비교해보면 소프트웨어 기업들은 일반적으로 높은 가치 평가에 걸맞은 보상을 제공해준다. 이는 이 회사들 대부분이 많은 현금흐름과 채무가 거의 없는 깨끗한 대차대조표를 보여주기 때문이다.

결론

소프트웨어 기업들은 훌륭한 재무적 특징을 보여준다. 성장 가능성이 좋고, 투하자본수익률이 높으며, 재무 건전성도 나무랄 데 없다. 수익 증가, 비용 절감, 생산성 향상 등 소프트웨어가 제공해주는 여러 이점은 IT 지출의 일시적인 감소를 어느 정도 무마시켜준다. 하지만 이 산업에 무턱대고 투자한다면 쓰라린 실망감을 맛볼 수도 있다. 따라서 진입장벽이라는 경제적 해자를 갖고 있을 뿐 아니라 내재가치보다 할인된 가격에 거래되는 주식을 선택해야 한다. 위대한 기술 자체에 매혹되는 것은 금물이다.

투자자의 체크리스트: 소프트웨어

☐ 소프트웨어 산업은 다른 산업들이 따라잡기 힘든 경제적 특성을 가지고 있다. 성공하는 기업들은 훌륭한 성장 가능성, 이익률의 확대, 나무랄 데 없는 재무 건전성을 갖추고 있어야 한다.

☐ 넓은 경제적 해자를 가진 기업은 평균 이상의 수익을 창출할 수 있다. 하지만 소프트웨어 산업에서 뛰어난 기술은 지속성이 가장 낮은 경쟁우위에 속한다는 것을 잊지 말아야 한다.

☐ 여러 번의 경기순환 동안에도 양호한 실적을 유지한 소프트웨어 회사를 찾아라. 최소한 여러 해 이상 존속해온 기업이어야 한다.

☐ 라이선스 매출은 현재의 수요를 나타내주는 가장 훌륭한 지표다. 이는 특정 기간 동안 새로운 소프트웨어가 판매된 양을 나타내주기 때문이다. 라이선스 매출의 추이를 눈여겨봐야 한다.

☐ 외상매출금 회수기간의 확대는 기업이 거래 성사를 위해 고객에게 느슨한 신용 조건을 적용한다는 것을 의미할 수 있다. 이것은 미래 분기의 수익을 현재로 끌어오는 것에 불과하며 결국에는 수익 결손을 야기할 수 있다.

☐ 이연수익 증가율의 둔화나 이연수익 계정의 감소는 회사의 사업 성장이 둔화되기 시작했다는 신호가 될 수 있다.

☐ 변화의 속도가 빠르기 때문에 소프트웨어 회사들의 미래가 어떨지는 짐작하기 힘들다. 이런 이유로 인해 내재가치보다 상당히 할인된 주식을 찾는 것이 가장 좋은 방법이다.

20
하드웨어

제러미 로페즈, 프리츠 캐기, 조지프 볼리외, 팻 도시

○○○

하드웨어 산업에 속한 기업들은 여러 가지 요소들로 인해 경제적 해자를 구축하기 힘들다. 다른 산업들도 제품 사이클이나 가격 경쟁, 기술 발전을 겪는 편이지만, 반도체, PC, 이동통신 장비 등의 몇몇 산업에서는 이런 요소들이 더욱 뚜렷이 존재한다. 실제로 하드웨어 부문의 환경적인 요인들이 지속적인 경쟁우위를 힘들게 하는데, 이는 기술 발전과 가격 경쟁 등 하드웨어 발전으로 가장 큰 이익을 보는 당사자는 제품을 만드는 기업이 아니라 소비자이기 때문이다.

투자자들은 종종 막대한 시간을 쏟으면서 하드웨어 기업들의 시시콜콜한 기술까지 모두 알아내려 한다. 하지만 하드웨어 부문이 산업 고유의 법칙대로 움직인다고는 볼 수 없다. 그보다 이 부문의 역동적인 현실은 다른 산업에서도 발견되는 요소들인 훌륭한 경영진, 집중적인 경제 모델, 경제적 해자의 중요성을 부각시켜줄 뿐이다.

하드웨어 산업의 원동력

일반적인 사람들도 하드웨어 기술 부문을 이끄는 요소들을 경험해 본 적이 있다. PC를 사본 적이 있다면 오래지 않아 속도는 두 배 빠르고 가격은 더 싼 컴퓨터가 나온다. 1998년 평균 PC 가격은 1,500달러였지만(펜티엄 II의 경우), 2002년에는 1,000달러도 안 되는 값에 이보다 훨씬 강력한 PC를 구입할 수 있다. 하지만 생산성 향상이든 여가 시간의 증가든 사회에 큰 혜택을 주는 상품들이 반드시 생산자나 투자자에게 더 많은 돈을 벌게 해주는 것은 아니다. 뒤에서 하드웨어 산업에서의 성공 기업들이 선두를 유지하기 위해 어떤 방법을 사용하고 이런 방법을 어떻게 찾아내는지를 살펴볼 것이다.

하드웨어 부문을 이끄는 중요한 원동력은 혁신 능력이다. 혁신 능력 덕분에 컴퓨터 성능은 갈수록 향상되고 생산비는 갈수록 떨어진다. 이런 원동력의 기본은 1965년 인텔의 창립자인 고든 무어Gordon Moore가 말한 무어의 법칙―하나의 반도체 위에 설치할 수 있는 트랜지스터의 숫자는 18개월마다 두 배로 증가한다―이다. 반대로 칩 산업의 경제적 특성은 트랜지스터 단가는 이와 반비례해서 급락한다. 다시 말해 급속한 기술 혁신의 이득이 최종 소비자에게 돌아가는 것이다.

무어의 법칙대로라면 정보기술로 인한 생산성과 여가의 혜택은 보다 광범위한 활동에 적용된다. 몇 십 년 전 IT 처리 능력은 (소프트웨어와 하드웨어 모두) 너무 비쌌기 때문에 대규모 군사용이나 통신용, 금융용 응용 프로그램에만 적용될 수 있었다. 하지만 오늘날은 일반인들도 강력한 성능의 컴퓨터를 살 수 있으며, IT는 일상생활에서 온갖 형태로 적용된다. IT 기술 덕분에 디지털 카메라로 사진을 찍을 수도 있고 PDA에 메모를 적을 수도 있는 것이다.

두 번째 원동력은 선진 경제가 점점 제조업에서 서비스 쪽으로 눈을

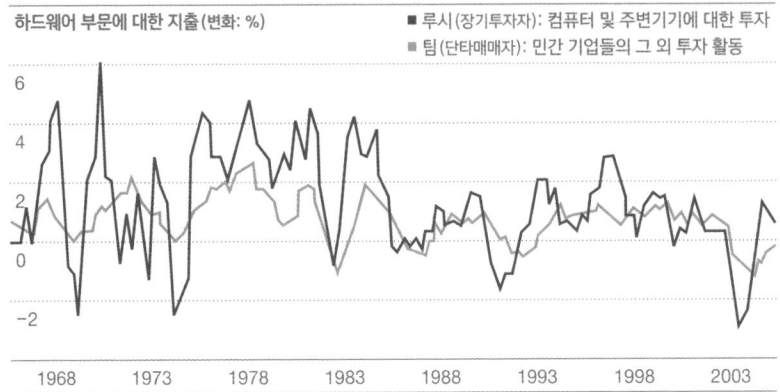

[표 20.1] 기술 소비는 경제 전반의 지출에 비해 순환성이 훨씬 높다.(출처: 모닝스타)

돌리고 있다는 것이다. 대부분의 제조 활동은 원가가 낮은 해외에서 할 수 있지만 서비스는 수입하기가 힘들다. 이 때문에 서비스 산업은 제조업보다 IT에 (직접적으로나 간접적으로나) 더 많은 투자를 해야 한다. 무어의 법칙과 선진 경제의 구조 변화는 하드웨어에 대한 수요가 경제 전반의 수요보다 더 빠르게 증가하고 있다는 것을 보여준다.

세 번째 원동력은 하드웨어 기술과 소프트웨어 기술의 공생 관계이다. PC를 가동시켜 줄 소프트웨어가 없으면 PC는 아무 짝에도 소용이 없지 않다. 하드웨어의 발전은 소프트웨어의 효율성을 높여 주고, 새로운 소프트웨어의 개발은 더 강력한 하드웨어에 대한 수요를 창출시켜준다.

하드웨어 산업의 역동성

기업들의 기술 구입이 하드웨어 총매출의 상당 부분을 차지하기 때문에 하드웨어 부문은 경기순환성이 높은 산업이다. 재무 실적이 좋으면 기업들은 자금에 탄력성이 있고 재무 건전성이 좋기 때문에 IT 지출에 자본을 할당할 수 있다. 하지만 불경기가 시작되고 실적이 나빠지면 기업들은 현금을 단단히 움켜쥔 채 이미 가지고 있는 것에서 더 많은 것을 뽑아내려 한다.

소비자의 지출은 훨씬 변덕이 심하다. 일반 사람들은 필요해서가 아니라 오락이나 편의를 위해 물건을 구입한다. 최저임금을 받거나 실직한 사람들은 신형 디지털 카메라나 PDA를 구매할 필요성을 느끼지 못한다. 따라서 경기가 후퇴하는 동안에는 높은 실업률이나 낮은 소비자 확신 같은 요인 때문에 소비자들은 하이테크 제품이나 서비스에 돈을 들이려 하지 않는다.

이런 경기순환성이 나타내는 가장 중요한 사실은 아주 단기간 동안에도 수요가 변덕을 부릴 수 있다는 것이다. 그리고 기업이 최종 소비자와 멀어져 있을수록 이런 수요 변동은 더욱 악화된다.

가령 호경기 동안에는 하드웨어 제조사나 부품 공급회사들이 긴장을 하지 않는다. 장비 제조사들은 많은 제품을 최대한 빨리 출고하기를 원하기 때문에 실제 필요한 것보다 부품을 더 많이 주문한다. 가격과 제품 수요가 올라간다. 그러다 펑! 칩 제조사들은 오랫동안 수요가 지속될 것이라 생각하면서 추가적인 생산시설 마련에 수십억 달러의 돈을 퍼붓는다. 수요의 거품이 터지고 고객들이 주문을 중단하면 문제가 불거진다. 칩 제조사들은 초과 생산력에 발목이 붙잡히고 결국 칩 가격이 급락한다.

하드웨어 부문의 경제적 해자

하드웨어 산업에 존재하는 여러 과장된 것들을 감안할 때 기술회사의 경제적 해자를 평가하는 것은 상당히 어려운 일이 될 수 있다. 1990년대 말 기술 소비 붐은 모든 배를 둥둥 떠어주었다. 그렇기에 그

> ### 빠지기 쉬운 투자 함정: 신기술에 대한 확신
>
> 지난날의 성공담을 찾아보는 것은 어렵지 않다. 시스코와 인텔이 그 대표다. 하지만 인텔이 있다면, 이 회사와 경쟁해서 아주 제한적인 성공만을 거둔 AMD도 있다. 더 비참한 예로는 시장에 발붙일 기회도 거의 얻지 못한 트랜스메타Transmeta와 사이릭스Cyrix를 들 수 있다. PC산업에서도 이런 예는 있다. 델과 휴렛팩커드의 성공담을 찾아내기는 쉽다. 하지만 지난 몇 년 동안 경쟁에 참패한 기업들의 전적을 읊는 것은 마치 VH1의 한 번의 히트를 치고 잊혀진 '비하인드 더 뮤직Behind the Music'을 보는 것과 같다. 코모도어Commodore, AST, 팩커드 벨Packard Bell을 기억하는가? 모른다고? 당연하다. 경쟁은 IBM처럼 PC업계의 선두주자인 건실한 기업마저 패배시켰다. IBM은 1999년 데스크톱 PC의 소매점 판매를 중단했으며, 텍사스 인스트루먼츠Texas Instruments는 PC산업에서 완전히 철수했다.

저 적재적소에 있었을 뿐인 몇몇 기업들이 지속적인 경제적 해자를 가지고 있는 것으로 잘못 여겨지곤 했다.

비록 대부분의 하드웨어 기업들은 기술 우위에 기반을 둔 차별화를 이루지만, 기술 자체가 경제적 해자를 만들어주지는 못한다. 뛰어난 기술을 가진 회사가 망할 수도 있고, 흔하디 흔한 기술을 파는 회사가 산업을 지배할 수도 있다. 인텔이나 IBM 같은 기업들은 뛰어난 기술이 아니라 유통망, 지배적인 규모, 그리고 광범위한 제품 라인에 초점을 맞췄기에 해자를 구축할 수 있었다. 더욱이 하드웨어 산업의 기술 우위가 장수하는 일은 거의 없다. 가령 팜은 PDA 시장의 선두주자

였지만 얼마 안 가 소니, 마이크로소프트, 핸드스프링Handspring과 같은 기업들이 이 회사의 기술적 주도권을 상당 부분 잠식했다.

하드웨어 산업에서는 경제적 해자가 희귀하다. 하지만 제3장에서 논한 핵심적인 경제적 해자가 존재하는 네 가지 경우를 살펴보자.

높은 전환비용

노텔Nortel, 알카텔Alcatel, 루슨트와 같은 통신 장비 제조사들은 높은 전환비용의 득을 보고 있다. 이들의 중요 고객이며 과거에 전화사업의 독점권을 향유했던 AT&T와 베이비 벨스Baby Bells 등의 기업들은 아주 보수적인 구매 습관을 가지고 있다. 이 회사들은 대규모의 복잡한 네트워크를 운영한다. 따라서 이들은 새로운 장비가 기존 네트워크 내에서 원활히 작동할 것이며 공급업체가 앞으로 10년 뒤까지 건재할 것이라고 100% 확신하는 경우에만 이 장비를 구매한다. 이런 식의 구매 습관이 뿌리박혀 있기 때문에 구매자가 업무상 지장을 감수하고도 공급업체를 바꿀 가능성은 거의 없는 편이다.

저비용 생산자

저비용 생산으로 이익을 누리는 전형적인 기업으로 델 컴퓨터를 꼽을 수 있다. 델이 이런 상태에 오를 수 있었던 데에는 세계 최대의 PC 판매업체로서 규모의 경제를 향유하고 있는 것도 한몫을 한다. 이 회사는 칩과 디스크 드라이브를 대량으로 구매하기 때문에 공급업자들과 공고한 관계를 유지한다. 또한 이로 인해 경쟁사보다 싼 값에 부품을 구입할 수 있다. 델이 저비용 생산자가 될 수 있는 또 한 가지 이유는 직접 판매 방식을 이용하기 때문인데, 이로 인해 휴렛팩커드와 같은 경쟁사들보다 효율성이 훨씬 높아진다. 델은 인터넷에서 제품을 판

빠지기 쉬운 투자 함정 : 재고의 거품

하드웨어 기업들은 주기적으로 재고 불균형 상태를 맞게 된다. 너무 많은 재고를 쌓아온 것일 수도 있고, 아니면 고객들의 수요가 공급에 비해 갑자기 줄어든 것일 수도 있다. 오랫동안 창고에 쌓여 있던 제품이나 부품은 대폭 할인해서 판매할 수밖에 없다. 심지어 전혀 팔리지 않을 수도 있다. 2000년 인터넷 거품이 터진 직후 이런 식의 가격 급락이 발생했는데, 시스코를 비롯한 여러 기업들은 초과 재고에 대해 수십억 달러를 상각할 수밖에 없었다.

재고자산에 대한 경고 신호는 여러 분기에 걸쳐 매출액보다 재고가 더 빠르게 증가할 때 울려 퍼진다. 하지만 복잡한 공급망 때문에 이런 추이를 제대로 파악하지 못하게 된다. 부품 공급업자, 유통업자, 하청업체 모두 완제품 수준을 넘어서는 재고자산을 보유한다. 하지만 대부분의 경우 이런 초과 재고에 대한 경제적 리스크는 최종생산자가 떠안게 된다. 이런 상황이 벌어지지는 않는지 확인하려면 연례운영보고서의 '위험 요인risk factors' 부분을 살펴봐야 한다. 위험 요인이 존재한다면 대차대조표에 적힌 재고자산은 실제 재고 가치를 반영하지 못하는 것일 수도 있다.

매하기 때문에 제3의 중간상에게 수수료를 지불하지 않아도 되고 그 덕분에 재고자산이나 외상매출금을 낮은 수준으로 유지할 수 있다. 다시 말해 델은 경쟁사들보다 신속하게 고객에게 값싼 부품을 제공할 수 있는 것이다.

    세계 최대의 PC 회사로서 델이 누리는 또 다른 우위는 공급업체들이 지급기한을 기꺼이 늘려준다는 것과 필요한 순간에 필요한 양만 주문할 수 있도록 융통성을 발휘해준다는 것이다. 이로 인해 델은 재고를 낮게 유지할 수 있고, 이것이 직접 판매 방식이 결합되면 델은 제품 대금을 회수한 뒤에 공급업체에게 대금을 지불할 수 있기에 상당한 경쟁우위를 확보하게 된다. 재고에 묶여 있는 돈이 거의 없기에 델은 운전자본을 낮게 유지해서 높은 투하자본수익률을 창출할 수 있다.

무형자산

기업들은 종종 특허나 브랜드 네임 같은 무형자산을 이용해서 오랫동안 지속적인 투자수익률을 거둬들인다. 칩 제조사인 리니어 테크놀로지Linear Technology나 맥심 인티그레이티드 프로덕츠Maxim Integrated Products는 성과에 비해 많은 주목을 받지 못하지만 두 회사 모두 무형자산을 통해 주요 수치들에서 우수한 실적을 기록하고 있다.

가령 2002년 말까지 10년 동안 리니어의 매출 증가는 연간 16%에 달했고, 매출총이익률은 70%가 넘었으며 연평균 투하자본수익률은 90%였다. 업계 평균을 뛰어넘는 실적이었다. 맥심도 비슷한 성과를 달성했다.

두 회사가 오랫동안 이런 대단한 결과를 유지할 수 있었던 비결은 무엇일까? 두 회사의 성공 비결은 이들이 고성능 아날로그 반도체 제조업체로서 틈새시장을 공략한다는 점에서 찾을 수 있다. 아날로그 칩은 재산권적인 성격이 강하기 때문에 직접적인 대체 상품을 찾기가 힘들다. 그렇기에 아날로그 칩을 설계하는 엔지니어들은 제품마다 설계를 다르게 해야 한다. 디지털 회로는 1과 0의 이진법으로 정보를 처리하지만, 아날로그 칩은 온도, 압력, 무게, 소리 등 현실의 신호를 주로 처리한다. 리니어처럼 오랜 R&D와 제조 경력을 쌓아온 기업들은 새로운 경쟁사들에 비해 강력한 경쟁우위를 가지고 있다. 또한 아날로그

엔지니어들의 부족도 기존 기업들의 경제적 해자를 넓히는 데 한몫을 한다.

잠재적인 경쟁사가 숙련된 직원을 고용해서 리니어와 맥심에 대한 경쟁 체제를 갖추려면 오랜 시간이 걸리기 때문이다. 두 회사 엔지니어들의 지식과 경험이라는 무형자산이 상당한 초과이익을 달성하게 해주고 있다.

네트워크 효과

하드웨어 산업의 네트워크 효과는 (1)하드웨어가 다른 하드웨어와 같이 운영되고 (2)사람이 하드웨어를 계속 사용할 필요가 있기 때문에 발생한다. 제품이 널리 퍼질수록 다른 하드웨어들도 이 제품 고유의 특징을 무시하지 못하는 제품이 증가하고 아울러 더 많은 사람들이 제품 운영을 배우기 위해 더 많은 시간을 투자하게 된다.

시스코 시스템스의 라우터를 좋은 예로 꼽을 수 있다. 라우터는 네트워크 안에서 데이터가 따라야 할 최적의 루트를 결정해주는 고급 컴퓨터를 의미한다. 제조사에 상관없이 라우터는 서로 '대화'하는 방법을 알고 있어야 한다. 네트워크 안의 다른 라우터들과 의사소통할 수 없는 라우터는 쓸모가 없다. 그렇기 때문에 라우터 제조사들은 공통된 표준을 사용해서 신제품을 개발해야 한다. 따라서 표준 개발이나 발전에 있어서 시장점유율이 가장 높은 회사가 지휘봉을 잡게 된다.

시스코는 1980년대 처음으로 대규모 라우터 시장을 개척했으며 자사의 여러 세대에 걸친 제품과의 원활한 소통을 위해 코드와 프로토콜을 점진적으로 구축해나갔다. 시장 진입을 시도한 다른 회사들은 라우터들이 일관되게 운영하는 것에 큰 어려움을 느꼈다. 시스코의 유일하고 강력한 라이벌이라 할 수 있는 고가품 라우터 제조사인 주니퍼 네트웍스Juniper Networks가 마침내 성과를 거두었지만, 어디에 어떤 언어를 입력해야 하는지를 알고 있는 시스코 프로그래머들을 고용하는 데 1년이 넘는 시간과 막대한 비용을 쏟아 부어야 했다.

실질적인 라우터 표준으로 자리 잡으면서 시스코는 부차적인 네트워크 효과도 창조할 수 있었다. 시스코 라우터를 유지하기 위한 언어와 명령에 익숙해지려면 많은 시간과 훈련이 필요하다. 네트워크을 유지하는 엔지니어들은 원활한 업무를 위해 수업을 듣거나 자격증을 취득한다. 1위가 됨으로써 시스코의 자격증은 대부분의 엔지니어들이 제일 먼저 취득해야 하는 자격증이 될 수 있었다. 이런 사실은 시스코에 많은 도움이 되는데, 어떤 제품을 구입할지 결정하는 사람이 바로 이 엔지니어들이기 때문이다. 시스코 자격증과 교육은 이 회사 하드웨어의 파급력을 유지하는 데 결정적인 도움이 되었다.

하드웨어 기업 성공의 보증수표

하드웨어 기업을 분석할 때에는 다음과 같은 점들을 유념해야 한다.

지속적인 시장점유율과 일관된 수익성

강력한 수익성과 안정적인 시장점유율은 넓은 경제적 해자를 가진 기업이 경쟁을 물리치고 있다는 증거가 된다. 앞에서 언급한 아날로그 칩 제조사인 리니어와 맥심이 좋은 예가 된다. 두 회사 모두 고성능 아날로그 칩 시장을 지배하는 것은 아니지만 빠르게 성장하는 시장에서 안정적인 시장점유율을 유지해왔으며, 칩 산업이 침체를 겪는 동안에도 착실한 투자수익률을 달성했다.

적절한 운영 및 마케팅 초점

성공적인 기업들은 특별한 우위를 가지지 못하거나 전략적 초점에 맞지 않는 사업에는 많은 시간을 쏟지 않는다. 운영 초점을 잘 맞추는 기업으로는 시스코를 꼽을 수 있다. 시스코는 자체 생산이 아닌 하청업체에 라우터를 생산하게 한다는 전략적 결정을 세워놓고 있다. 이런 초점은 회사가 어떤 종류의 신제품을 필요로 하는지, 얼마의 예산을 세워야 하는지, 그리고 제품에 대한 사업을 해야 하는지 말아야 하는지에 대한 의사결정을 도와준다. 델의 마케팅 전략에서도 비슷한 교훈을 얻을 수 있다. 이 회사는 직접 판매, 선주문 후조립, 선불 원칙이라는 전략 위에 사업 기반이 세워져 있다는 사실을 잘 알고 있다. 따라서 이 모델에서 벗어난 아이디어나 프로젝트에는 전혀 자금을 투입하지 않는다. 하드웨어 기업을 살펴볼 때는 고유의 장점에 맞지 않는 분야에 투자하고 있지는 않은지 유심히 살펴봐야 한다.

탄력적인 경제성

가장 성공적인 하드웨어 기업들은 시기적절하게 대비되며 어느 정도 쉽게 변경할 수 있는 수익 및 원가 구조를 가지고 있다. 하드웨어 산업의 수요는 예측이 불가능하고 변덕이 심하기 때문에 원가나 생산량에 대한 융통성이 높을수록 회사가 부딪치는 리스크는 낮아진다. 탄력적인 경제성의 좋은 예로 외주나 낮은 설비투자 및 변동적인 일정 속에서 저비용 시장에 종사하는 직원들을 들 수 있다.

하지만 회사가 자체 제작을 하는 경우에도 융통성이나 낮은 리스크에 대한 신호를 찾을 수 있다. 자빌 서킷Jabil Circuit은 고객에게 특정된 양만을 생산하는 최고의 하청회사다. 생산량을 정해놓기 때문에 자빌은 제품 생산에 들어갈 원가에 대해 보다 체계적인 의사결정을 내릴 수 있다. 다른 하청회사들은 고객이 원하는 대로 생산해주는 편이다. 하지만 이렇게 되면 수익의 예측 불가능성이 높아질 뿐 아니라 수익을 벌어도 감당 못할 만큼 값비싼 생산시설이나 많은 간접비가 쌓이게 될 가능성이 높아진다.

투자자의 체크리스트 : 하드웨어

- ☐ 정보기술은 선진경제의 생산성 향상을 위한 없어서는 안 될 중요한 원천이다. 2002년에 미국의 총 자본설비 투자에서 IT에 대한 투자가 거의 50%를 차지했다. 이는 30년 전보다 20% 상승한 것이다.
- ☐ 기술혁신 덕분에 하드웨어 기업은 더 싼 값에 더 강력한 전산 처리 능력을 제공할 수 있게 된다. 따라서 업무에서의 IT 활용 역시 증가될 것이다.
- ☐ 급속한 혁신으로 인해 하드웨어 기업들의 수익과 이익이 급속히 증가한다.
- ☐ 이와 동시에 하드웨어 부문에서는 경쟁이 매우 치열하다. 더욱이 하드웨어에 대한 수요는 상당히 순환적이다.
- ☐ 기술 자체는 지속적인 경쟁우위를 창출해주지 못한다. 경제적 해자를 구축한 하드웨어 기업이 기술을 선도하는 회사보다 더 오랫동안 성공을 누릴 수 있다.
- ☐ 하드웨어 기업의 경제적 해자의 예로는 저비용 생산자(델), 무형자산(리니어와 맥심), 전환비용(노텔과 루슨트), 네트워크 효과(시스코)를 들 수 있다.
- ☐ 지속적인 경쟁우위를 가진 기업은 경쟁사를 효과적으로 물리칠 수 있다. 또한 높은 시장점유율을 유지하며, 오랫동안 평균 이상의 이익률을 유지할 수 있다.

21
미디어

조너선 슈래더, T. K. 맥케이, 팻 도시

○○○

　미디어 부문의 기업들은 커다란 장기 수익을 거둘 수 있는 무궁무진한 기회를 제공해준다. 하지만 미디어 종목에 대한 투자에서 성공하려면 다음에 성공할 TV쇼를 고르거나 블록버스터 영화를 예상하거나, 또는 새로운 베스트셀러 소설을 찾는 것만 가지고는 안 된다. 앞으로 다룰 20여 개의 미디어 기업 중에서 한 곳을 제외한 모든 회사가 사업과 관련된 경제적 해자를 가지고 있으며 그 중 다섯 곳은 넓은 경제적 해자를 가지고 있다. 가장 중요한 것은 꾸준한 성장을 유지하고 여러 해 동안 많은 현금을 쏟아낼 수 있는 기업을 찾는 것이다. 미디어 부문의 많은 기업들은 규모의 경제나 독점적 경쟁우위를 누리고 있기 때문에 오랫동안 초과이익을 지속할 가능성이 더 높다.

　전체적으로 볼 때 미디어 부문은 지난 10년 동안 투자할 만한 대상이었다. 모닝스타의 과거 실적 데이터를 보면 1993년에서 2002년까지 미디어 부문은 16%를 웃도는 연간 수익률을 달성했다. 반면 같은 기간 동안 S&P 500의 수익률은 9% 정도에 불과했다. 미디어 부문이 높은 수익률을 낸 원인은 여러 가지를 꼽을 수 있다. 하지만 가장 중요한 요인 두 가지는 매력적인 경제성과 높은 경쟁우위이다. 차별화되고 집중적인 상품을 제공하기 때문에 미디어 기업들은 특정한 지리적 영역(신문 및 라디오 방송국)이나 틈새시장(기술서적) 내에서 경쟁우위를 보장받는다. 이런 식의 시장 지배가 대체적으로 강력하고 지속적인 잉여현금흐름으로 이어지는 것이다.

미디어 분야는 매우 광범위하기 때문에 방송, 케이블 TV, 엔터테인먼트 프로덕션이라는 세 개의 하위 부문으로 나눠서 살펴보기로 하자. 미디어 부문의 일반적인 경제적 특성을 살펴본 뒤에 각 부문의 특징들을 하나씩 자세히 훑어볼 것이다.

미디어 기업이 돈 버는 방법

미디어 기업들은 메시지를 창조하거나 대중에게 전달해서 돈을 번다. 메시지, 다른 말로 콘텐츠는 비디오, 오디오, 인쇄 등 여러 형태를 띨 수 있다. 전달 방법은 더욱 다양하다. 텔레비전, 영화, 라디오, 인터넷, 책, 잡지, 신문이 가장 흔하게 사용되는 콘텐츠 전달 방법이지만, 실제로 메시지를 전달하는 방법은 거의 무한대에 가깝다고 볼 수 있다.

이용 요금

미디어 부문의 비즈니스 모델은 기업의 주 수익원에 따라 천차만별이다. 우리 모두는 일회성 요금에 대해 잘 알고 있다. 최근의 인기 영화를 보거나 베스트셀러 소설을 읽거나 최신 CD를 구입하려면 돈을 내야 하기 때문이다. 디즈니나 파라마운트 같은 영화사, 사이몬 앤드 슈스터 같은 출판사, 그리고 워너브라더스 같은 음반사들은 모두 이런 일회성 요금에 크게 의존한다.

일회성 이용 요금에 의존하는 기업들은 최신 배급한 영화나 소설 등 각각의 여러 상품의 성공에 많은 영향을 받기 때문에 현금흐름의 변동도 심한 편이다. 히트하는 영화를 연달아 내놓는 회사는 노다지를 발견한 것과 같지만, 그 반대로 줄지어 실패작을 내놓는 것은 재앙을 야기할 수 있다. 이런 불확실성 때문에 미래 현금흐름을 예측하기가 힘들어진다.

이런 유형의 비즈니스 모델의 성공은 주로 소위 대박 작품에 의존한다. 그렇기 때문에 유명 스타들이 이익의 상당 부분을 가져가고 나면 회사에는 쥐꼬리만 한 이익률만 얻게 된다. 가령 톰 크루즈 같은 대형 스타는 2,500만 달러의 출연료 외에 일정 비율의 개런티도 요구한다. 톰 크루즈는 인기와 돈을 동시에 끌어들이는 배우이기 때문에 영화 스튜디오는 이런 엄청난 금액을 기꺼이 지불한다. 음반이나 출판 산업에서도 상황은 비슷하다. 유명 밴드나 작가들은 대부분 높은 인세를 요구하기 때문이다.

구독료

구독료 위주의 사업(케이블방송이나 잡지)은 일회성 요금 사업보다 매력적인 투자 대상인데, 구독료 수익의 예측 가능성이 사업의 미래 예상 및 계획을 쉽게 해줄 뿐 아니라 리스크도 낮춰주기 때문이다. 구독료 수익의 또 다른 장점은 구독자들이 서비스 요금을 선불로 지불하고 상품을 나중에 전달받는다는 것이다. 기업들은 이 현금을 수취한 즉시 수익으로 인식할 수는 없지만 이 돈을 경영에 유익하게 사용할 수 있기 때문에 외부 자금에 대한 의존도를 줄일 수 있게 된다.

지속적인 고객 관계와 선불로 받는 현금 덕분에 구독료 위주의 비즈니스 모델은 경기 침체의 타격을 덜 받는 편이다. 더욱이 제품을 만들기 위해 돈을 투자하기 전에 대금을 선불로 받을 수 있는 사업은 그리 많지 않다.

구독료 위주의 기업들은 대부분 고정비 비중이 높아서 영업레버리지가 크다. 따라서 수익 변동이 이익이나 현금흐름에 큰 영향을 끼친다. 잡지나 신문이 좋은 예다. 이런 사업에서는 종이가 가장 중요한 변동비이다. 이 비용을 제외한 거의 모든 비용이 고정비고, 이것은 잡지나 신문의 판매 부수에 상관없이 일정하게 발생하는 비용이다. 따라서 회사의 시장점유율이 높아질수록 이익률이 극적으로 올라갈 수밖에 없다.

예외 사항이 있다면 사업을 유지하기 위해 계속해서 막대한 자본을 지출해야 하는 기업들이다. 케이블이나 위성 TV 방송 산업에 속한 기업들을 예로 들 수 있다. 이런 회사들은 시스템 업그레이드에 영업 활동으로 인한 현금흐름의 상당 부분을 소진시키기 때문에 남는 현금이 별로 없다. 이론적으로는 시스템 업그레이드를 완료한 사업들은 막대한 현금을 쏟아내줘야 한다. 하지만 업그레이드의 끝이 안 보인다는 것이 문제이다.

광고 수익

광고료 위주의 비즈니스 모델을 가진 기업들은 양호한 이익률을 거둘 수 있으며, 높은 영업레버리지도 이를 올리는 데 한몫하는 경우가 많다. 영업레버리지가 높은 이유는 광고료 위주의 비즈니스 모델에서는 고정비가 대부분의 비용을 차지하기 때문이다. 텔레비전이나 라디오 방송국에 사용할 프로그램을 편성하는 비용이나 신문사나 잡지사가 새로운 직원을 고용하는 데 드는 비용은 청취자나 구독자가 증가해도 같이 상승하지 않는다. 하지만 광고 수익은 다소 굴곡이 있는 편이다.

경기가 하강 국면일 때는 기업의 경영진이 광고비용부터 줄이기 때문에 광고 수익 증가율은 경기순환과 같이 움직인다. 광고에 의존하는 미디어 기업들은 경제 전반의 움직임에 상당히 민감하다.

미디어 부문의 경제적 해자

미디어 기업들은 여러 경쟁우위를 통해 일관된 잉여현금흐름을 창출한다. 가장 대표적인 경쟁우위로는 규모의 경제, 독점, 독특한 무형자산을 꼽을 수 있다. 출판과 방송에서는 규모의 경제가 가장 중요하고, 케이블방송이나 신문에서는 독점이 가장 중요하다. 라이선스, 상표, 지적재산권, 브랜드 네임 등의 독특한 무형자산은 모든 부문에서 중요한 역할을 한다.

독점, 라이선스, 규제 완화

각자의 시장에서 독점력을 유지하고 있는 기업을 찾아야 한다. 이런 회사들은 강력한 가격 결정력과 우수한 경제적 이익을 거둔다. 독점력을 가진 기업은 감독기관의 제지를 받게 될 위험이 높지만, 관계를 잘 유지할 수 있다면 독점력을 가진 미디어 회사는 장기적인 이익 증가를 꾀할 수 있다. 그리고 이익이 증가하면 기업의 가치도 올라간다. 이런 경쟁우위의 가장 전형적인 예가 신문 산업이다. 두 개 이상의 신문사가 존재하는 도시는 거의 없기 때문에 특정 시장 내에서 자리를 굳힌 신문은 경쟁사를 비교적 쉽게 막아낼 수 있다.

라이선스 역시 강력한 이익을 창출할 수 있다. 텔레비전이나 라디오 방송 산업이 좋은 예다. 이 산업의 참가자들이 반드시 독점을 누리고 있는 것은 아니지만 새로운 참가자들이 시장에 진출하기는 어려운 편이다. 그 이유는 특정 지역에서 방송을 하려면 연방통신위원회Federal Communications Commission, FCC로부터 주파수 송신에 대한 라이선스를 취득해야 하기 때문이다. 특정 시장 안에서는 제한된 수의 참가자들만이 활동할 수 있기 때문에 라이선스는 미디어 기업을 경쟁에서 보호해준다. 게다가 FCC는 기존 라이선스를 가진 방송사에는 통상적으로 최대 8년 동안 기간을 연장해준다.

규제 완화 역시 핵심 요인에 속한다. 규제 완화 덕택에 폭스나 바이어컴Viacom, 클리어 채널Clear Channel 같은 회사들은 동일 시장 내에서 여러 방송국을 인수할 수 있었다. 이것은 나중의 경쟁을 줄여주며, 프로그램 편성 비용과 후선 지원 비용back-office cost을 분산시켜서 더 높은 이익을 거두게 해준다. 일부 미디어 부문은 아직 최소한의 규제가 남아 있지만, 추가적인 규제 완화는 더 많은 결합을 촉진시켜서 결과적으로는 수익성 증가를 이끌어줄 것이다. 탄탄한 대차대조표를 가진 신문이나 텔레비전, 라디오 방송국들이 앞으로의 규제 완화로 가장 많은 이득을 볼 것이다.

출판

출판 영역은 투자 기회를 찾을 수 있는 최적의 장소이다. 신문사를 위시한 대부분의 기업들은 각각의 시장에서 독점권을 향유하고 있다. 독점적인 지위를 누리는 기업들은 가격을 인상해도 고객을 잃을 염려가 없다. 이런 회사들은 독점에서 나오는 이익을 이용해 다른 지리적 영역으로 뻗어나갈 수 있고, 이것은 이익과 주주의 투자 가치를 다시 한 번 증진시켜 준다. 가령 2003년 초에 개닛Gannett은 거의 100개의 신문을 발행했으며, 2002년 연차보고서에는 "회사 신문 대부분은 같은 시에서 발행되는 일간지 경쟁사가 없다"라고 적혀 있다. 개닛의 잉여현금흐름 마진(매출 대비 잉여현금흐름의 비율)은 계속 10%를 웃돌면서 큰 이익을 창출해주었다.

출판업에 종사하는 기업들은 규모의 경제에서도 이득을 본다. 이는 업계의 원가 구조에서 고정비가 차지하는 비중이 크기 때문이다. 기존 생산 시스템을 통해 찍어내는 부수가 많을수록 수익성도 자연히 향상된다. 출판업은 값비싼 생산시설(인쇄기)과 유통체계에 대한 의존도가 높다. 책을 100만 부 찍어내나 100만 1부 찍어내나 원가는 거의 같게 든다. 따라서 100만 1부째 책에서 나오는 수익은 곧장 이익으로 연결되어 이익률을 향상시켜준다.

이런 특징 때문에 출판 분야에 종사하는 기업들 대부분은 시장점유율과 수익성을 높이기 위해 계속해서 인수 기회를 엿본다. 규모가 클수록 경쟁사에 대한 우위도 커지게 마련이다. 신중하고 보수적인 방식으로 규모를 구축하는 기업은 이익과 주주 수익 모두에서 오랫동안 훌륭한 실적을 거둔다. 예를 들어 맥그로힐McGraw-Hill은 계속해서 경쟁사를 인수하고 수익성을 늘리면서 출판업계에서 가장 중요한 회사의 하나로 자리 잡을 수 있었다. 1993년에서 2002년 사이에 맥그로힐은 대략 60개의 기업을 인수했는데 대부분이 출판사였다. 같은 기간 동안 이 회사의 영업이익률은 16%에서 21%로 증가했는데, 가장 큰 원인은 출판 사업의 수익성이 7%에서 14%로 껑충 뛰어올랐기 때문이었다.

방송과 케이블

라디오, 지상파 TV, 케이블 TV 산업들도 평균 이상의 지속적인 수익성을 창출해주는 안정적인 경쟁우위를 가지고 있다.

앞에서 가장 중요한 경쟁우위인 FCC 라이선스에 대해 언급했다. 최근의 방송 산업에 대한 규제 완화는 경쟁을 감소시켜주었다. 이는 기업들이 특정 시장에서 더 많은 방송 라이선스를 취득했기 때문이다. 몇몇 언론 활동가들은 이런 상황 전개가 소비자들의 권익에는 누가 된다고 주장하지만, 이런 상황을 이용하는 방송사에는 라이선스의 집중이 득이 되는 것은 부인할 수 없는 사실이다.

방송사의 수익은 대부분 광고에서 나온다. 그렇기 때문에 TV는 광고를 끌어들이기 위해 최대한 많은 사람이 볼 수 있는 프로그램을 제작한다. 방송국에서는 프로그램이 가장 많은 비용이 드는 부분이고 이것은 기본적으로 고정비에 속한다. 다시 말해 시청률에 상관없이 방송국은 거의 같은 금액을 주고 프로그램을 사와야 하기 때문이다. 하지만 시청률이 높을수록 방송사는 더 많은 광고 수익을 벌어들일 수 있기 때문에, 광고 수익의 점진적인 증가는 곧장 순이익에 직결된다. 또한 방송사가 많은 방송국을 소유할수록(규제 완화가 이를 부추겨 왔다) 프로그램 편성에 드는 고정비의 상당 부분을 여러 방송국에 분산시킬 수 있다.

전체적으로 볼 때 방송 산업은 견고한 비즈니스 모델을 가지고 있기 때문에 이 부문에 투자할 때 가장 중요한 것은 올바른 가치 평가이다. 내재가치보다 훨씬 낮은 수준에서 이런 기업을 살 수 있다면 상당히 큰 장기 수익을 거둘 수 있을 것이다. 하지만 이 회사가 잠재적으로 현금을 소진할 수도 있는 다른 사업을 벌이고 있지는 않은지 확인해봐야 한다.

마지막으로 케이블방송 산업을 살펴보자. 이 산업에 속한 기업은 일반적으로 각각의 시장에서 독점에 가까운 지위를 향유해온 편이었다. 동일 시장에 두 개의 케이블방송국이 운영되는 경우는 거의 없기 때문에 이들은 지금까지 수신 요금을 공격적으로 올려온 편이었다. 하지만 지난 10년 동안 위성방송 사업자가 시장에서 강력한 존재로 부상했기 때문에 케이블방송사들은 고속 인터넷 접속을 통한 차별화에 주력할 수밖에 없었다. 또한 몇몇 지역의 케이블방송사들은 가격 경쟁도 벌이고 있다.

이런 두 가지 움직임은 수익성과 잉여현금흐름의 감소를 야기했다. 사실상 케이블방송 산업은 자본집약도가 매우 높은 산업이어서 많은 잉여현금흐름을 창출하는 편은 아니었다. 이것이 큰 단점이다. 케이블방송사들은 디지털 방송, 주문형 영상서비스video-on-demand, VOD, 고속 인터넷 서비스 등 고급 서비스 제공을 위한 네트워크 업그레이드가 완료되면 자본 지출이 감소하기 시작할 것이라고 주장한다. 하지만 그들은 몇 년째 같은 주장을 되풀이하고 있다. 위성방송이 비교적 최근에 강력한 경쟁상대로 부상했다는 점에서 케이블 산업의 매력은 갈수록 떨어질 것이다.

엔터테인먼트 산업

앞에서도 언급했듯이 일회성 이용자 요금에 의존하는 기업들은 몇 가지 단점을 가지고 있는데, 그 예로 가변적인 현금흐름과 낮은 이익률을 들 수 있다. 영화나 텔레비전, 음반 산업은 새로운 영화나 텔레비전 시리즈나 음반을 만든 다음 배포해서 수익을 창출하기 때문에 이런 부정적인 특징을 상쇄시켜줄 만한 긍정적인 특징이 많지 않다. 모닝스타는 엔터테인먼트 산업에 종사하는 기업들의 열렬한 팬이 아니다.

긍정적인 측면을 하나 꼽는다면, 이런 사업체들 대부분은 회사 안에 영화나 텔레비전 시리즈, 음반 등의 대규모 라이브러리를 갖추어서 복제를 방지하고 있다. 이들 라이브러리는 훌륭한 수익을 창출해주는데, 이는 제작비가 과거에 발생한 것이기 때문이다. 또한 대부분의 시장이

> **빠지기 쉬운 투자 함정: 빅히트 상품의 구매**
>
> 어떤 투자자들은 현재의 블록버스터 영화를 제작했거나 최근에 3백만 장이 팔린 앨범을 제작했거나 인기 TV드라마를 만든 미디어 기업에 투자하려 한다. 절대 그러지 마라! 현재의 히트가 미래에 아무도 짐작치 못했던 실패를 불러올 수 있기 때문이다. 인기작을 만든 미디어 기업들은 크고 복잡한 사업구조를 가지고 있기 때문에 한두 편 이상의 인기작을 만들어야 장기적인 이익 증가를 꾀할 수 있다. 이 기업들이 내재가치보다 훨씬 싼 가격에 거래되지 않는 한(하지만 가변적인 현금흐름 때문에 내재가치를 측정하기가 쉽지만은 않다) 다른 곳을 찾아보는 것이 좋다.

높은 진입장벽을 가지고 있다. 계속해서 텔레비전 시리즈를 개발하고 다수의 영화를 만드는 데는 상당한 자본이 필요하다.

유통시장의 진입장벽 역시 전통적으로 높은 편이었다. 하지만 지난 몇 년 동안 인터넷이 이 장벽을 약하게 만들었으며 가장 많은 타격을 받은 분야는 음반 산업이었다. P2P 방식으로 음악이 유통되면서 대형 음반사는 수억 달러의 손실을 맛봐야 했다. 기술이 발전할수록 이런 현상은 더욱 가속화될 것이고 영화 산업에도 커다란 타격을 주게 될 것이다.

엔터테인먼트 위주의 미디어 기업들이 장기적으로 높은 주주 가치를 창출해주는 경우는 거의 없었다. 가령 S&P 500 안에 드는 영화사나 엔터테인먼트 회사들이 1990년대에 달성한 수익률은 연 3%에 불과했다.

반면에 출판과 인쇄 부문은 그 몇 배에 달하는 수익률을 거둬주었다. 엔터테인먼트 기업들의 장기 수익률이 저조한 이유는 분명하다. 회사가 벌어들이는 이익의 대부분이 유명 배우나 감독, 경영자에게 돌아가고 주주들을 위해서는 거의 남는 것이 없기 때문이다. 더욱이 이 산업은 인기몰이가 필수 조건이다. 따라서 장기간에 걸친 소비자 기호를 예측하는 것은 아주 어려운 일이다.

미디어 부문 성공의 보증수표

일반적으로 미디어 부문은 견고한 투자 기회가 풍부한 훌륭한 사냥터다. 이제 최고 중의 최고를 찾는 방법을 알아보자.

잉여현금흐름

일반적으로 이 부문의 잉여현금흐름 비율은 최소한 8~10%는 되어야 한다. 이런 수준의 잉여현금흐름이 의미하는 것은 다음 세 가지 중 하나다. 첫째, 고객이 기업의 제품이나 서비스에 기꺼이 높은 가격을 지불하려는 것이거나, 둘째, 회사가 매우 효율적이거나, 셋째, 사업에 큰 규모의 자본을 지속적으로 투자할 필요가 없는 경우이다. 세 가지 모두 매력적인 특징이다.

언제나 그렇지만 위의 잉여현금흐름 수준을 절대치가 아닌 상대치로 활용해야 한다. 미디어 기업이 가능성이 높은 새로운 사업에 과감한 투자를 행하고 있다면, 앞으로 빠르게 성장할 가능성이 충분하다면 현재의 낮은 잉여현금흐름은 큰 문제가 되지 않을 수 있다. 가령 워싱턴포스트Washington Post Company는 1990년대 후반 낮은 잉여현금흐름을 기록했는데, 이는 회사가 캐플란Kaplan 교육서비스 사업과 케이블 방송 사업에 돈을 쏟아 붓고 있었기 때문이다. 그러나 2002년부터 회사의 투자는 수익을 내기 시작했고 잉여현금흐름이 매출액에서 차지하는 비율은 13%까지 치솟았다. 현재 조사 중인 미디어 기업의 잉여현금흐름이 일시적으로 낮은 수준을 기록한다면 이 회사의 핵심 사업이 여전히 실적이 좋은지 그리고 초과 현금을 투자하고 있는 경영진이 믿을 수 있는 사람들인지를 확인해야 한다.

이성적인 인수

미디어 부문에 대한 투자 기회를 찾을 때는 기업이 이성적인 인수 합병을 행해서 규모를 늘릴 의지와 능력이 있는지를 알아봐야 한다. 이 경우 '이성적sensible'이라는 말을 유념해야 하는데, 이것은 인수한 회사에 무리 없이 흡수될 수 있는 작은 규모의 인수를 의미하기 때문이다. 우리는 제국을 건설하기 위해 호시탐탐 대기업을 인수할 기회만을 엿보는 기업에는 관심이 없다. 또한 변형된 합병transforming merger을 꾀하려 하는 미디어 기업에 투자할 생각도 없다. 이런 인수 합병은 실패하는 경우가 다반사다. 대표적인 예가 AOL과 타임워너의 합병이다. 두 회사의 합병이 약속한 시너지 효과는 주주들에게 아무런 이익도 제공해주지 못했다.

일반적으로는 관련이 없는 사업 사이의 시너지 효과를 예상하며 더 큰 합병을 시도하는 기업들을 조심해야 한다. 이런 '성장'만을 위한 인수는 거의 성공하지 못하며 미디어 사업에서도 예외가 아니다. 본업에 충실하고 감당할 수 있는 인수 활동을 벌이는 기업을 찾아봐야 한다. 출판사인 리드 엘스비어Reed Elsevier와 맥그로힐이 대표적인 예이다. 두 회사는 오랫동안 수익성이 보장되는 소규모 인수를 여러 번 행해왔다.

또한 대차대조표에 무리가 가지 않는 범위 내에서 인수 자금을 마련할 수 있는 회사를 찾아봐야 한다. 이런 이유 때문에도 강력한 잉여현금흐름이 중요한 것이다. 잉여현금을 사용해서 인수를 하게 되면 외부자금을 유입할 필요성이 줄어들기 때문이다.

미디어 부문의 리스크

- 대다수의 미디어 기업들은 여전히 창립자 일가의 지배체제에서 벗어나지 못하고 있다. 이런 상황은 기업 의사결정의 방향을 외부의 주주가 아닌 창립자 일가에 유익한 쪽으로 이끌 수 있다. 이들이 아무리 회사를 훌륭하게 경영할지라도 창립자 일가가 아닌 주주들은 의결권을 전혀 가지지 못한다. 하지만 주식을 공개한 공개기업에서는 일반 주주도 의결권을 가져야 한다.
- 미디어 기업들은 광범위한 상호겸영cross-ownership을 하는 것으로 이름이 높다. 이는 의사결정을 행할 때 각각의 주주가 아닌 다른 미디어 기업이 더 많은 의결권을 발휘할 가능성이 높다는 것을 의미한다. 가령 리버티 미디어Liberty Media는 뉴스코프News Corp. 같은 여러 기업들의 지분을 소유하고 있다.
- 엔터테인먼트 산업은 온갖 화려함과 매력과 현금을 연상시킨다. 하지만 경영자들도 이런 착각에서 빠져나오지 못하는 경우가 있다. 경영진에게 지나치게 많은 보수나 과도한 특전을 베푸는 기업은 조심해야 한다. 그 대표적인 인물이 디즈니의 마이클 아이스너Michael Eisner나 워너 브라더스의 노老 경영자이다.

투자자의 체크리스트: 미디어

- ☐ 풍부한 잉여현금흐름을 일관되게 창출하는 미디어 기업을 찾아야 한다. 잉여 현금흐름이 10%를 넘는 기업이 좋다.
- ☐ 원래의 시장에서 높은 시장점유율을 지닌 회사를 찾아야 한다. 독점은 기업에 많은 이익을 제공해준다. 특히 방송에서는 라이선스가 경쟁을 줄여주고 높은 이익마진을 유지해준다.
- ☐ 무리 없는 인수 활동을 통해 이익 마진을 늘린 전적이 있는 기업을 찾아야 한다.
- ☐ 강력한 대차대조표를 가진 미디어 기업은 주주 가치에 위해를 가하거나 주주 지분을 희석시키지 않고도 조건에 맞는 인수 활동을 행할 수 있다.
- ☐ 정직한 경영진이 존재하고, 이성적으로 인수 활동을 벌여왔으며, 주주의 자본을 보수적으로 재투자하거나 배당이나 자사주 매입을 통해 주주에게 자본수익을 되돌려주는지를 확인해야 한다.
- ☐ 인기 상품에 연연하지 말아야 한다. 흥행 성적이 좋은 영화나 TV 쇼를 제작했다는 이유로 미디어 주식을 산다면 투자 수익을 기대하기 힘들다.

22
통신

마이클 호들, 토드 버니어, 팻 도시

○○○

통신 부문에는 바람직하지 않은 기업들이 잔뜩 존재한다. 이 회사들은 자본수익률이 그저 그렇거나 감소 중에 있으며, 경제적 해자가 전혀 없거나 악화일로에 있고, 감독기관의 변덕에 기업의 미래가 좌지우지되며, 현상 유지를 위해 끊임없이 많은 돈을 쏟아 부어야 한다.

한때 넓은 경제적 해자를 자랑했던 기업들, 가령 지역전화 네트워크를 소유한 기업들은 케이블이나 무선통신 등의 새로운 참여자가 늘면서 치열한 경쟁에 휩싸이고 있다. 전화 산업은 리스크가 높기 때문에 이 산업의 주식 매수를 고려하려면 안전마진을 넉넉하게 잡는 것이 선결요건이다.

1984년 이전에 AT&T는 세계에서 가장 신뢰할 수 있는 기업에 속했다. 마 벨Ma Bell은 지역전화 및 장거리전화 서비스 제공에 필요한 대다수의 네트워크를 보유하고 있었기에 미국 전화 산업을 지배할 수 있었다. 가정이든 사업장이든 매달 돈을 내고 마 벨의 전화선을 이용하는 것 외에는 별다른 수가 없었다. 그렇기에 AT&T 주식은 당시의 투자자들이 믿고 구입할 수 있는 안전한 종목이었다.

하지만 그 후 몇 년 동안 법적인 제재가 가해지면서 전화 산업은 둘로 쪼개져 도시와 도시를 연결하는 산업과 고객에게 네트워크 접속을 제공하는 산업으로 나뉘었다. AT&T는 도시를 연결하는 장거리전화 사업을 보유하고 있었지만, 이 부문의 경쟁은 날이 갈수록 치열해지고 있다.

지역전화 사업은 몇 년 동안 사실상의 독점을 유지할 수 있었는데, 감독기관이 이 산업은 자본집약도가 너무 심해서 경쟁사들의 영향력이 크지 않고 이로 인해 여전히 엄격한 관리 감독이 필요하다고 판단했기 때문이었다. AT&T의 지역전화 네트워크는 일곱 개의 회사로 나뉘었는데 지역 벨the regional Bells로 불리기도 한다. 이 회사들은 몇 년 동안 통합을 거듭했고, 현재는 미국 지역전화 네트워크의 대다수를 버라이즌Verizon, SBC, 벨사우스BellSouth, 퀘스트Qwest, 이렇게 네 회사가 소유하고 있다.

위의 지역전화 회사들은 전화 네트워크에 접속할 수 있는 연결망을 대부분 장악하고 있다. 따라서 대다수 고객들이 한두 개의 유선 네트워크에만 접속할 수 있기 때문에 이들은 옛날 마 벨이 누렸던 해자의 잔재를 아직도 보유하고 있다. 하지만 규제의 변화와 기술 발전이 사람들에게 전화 외에도 여러 연락 방법을 제공해주면서 지역전화 산업도 점점 많은 문제에 직면하고 있다. 기술 측면에서는 무선전화 회사와 케이블 회사들이, 그리고 규제 측면에서는 유선 전화사들이 지역전화 회사에 도전장을 내밀고 있다.

불행히도 전통적인 전화 회사의 자리를 박차고 일어나려는 기업들도 더 이상 매력적인 투자 대상이 되지 못한다. 가령 무선통신 산업은 경쟁이 치열하고 해자를 구축할 기회가 별로 없다. 무선통신 서비스는 일반 상품에 속한다. 한 통신사가 소유한 통신 기술은 다른 회사가 소유한 기술과 사실상 다를 것이 없다. 미국에는 치열하게 경쟁하는 전국 단위의 통신사가 여섯 개이며, 여러 개의 작은 지역 무선전화 회사들이 대기업의 서비스가 미치지 않는 지역을 장악하고 있다. 다수의 무선 통신사가 존재한다는 것은 거의 모든 곳에 네트워크 서비스가 연결된다는 것을 의미한다. 미국 인구의 95%는 두세 개의 무선통신사에 접속할 수 있으며, 80%는 최소 다섯 개의 무선통신사에 접속할 수 있다. 서비스 차별화의 기회가 거의 없기 때문에 무선 통신사들은 제 살 깎기 식의 가격 경쟁을 벌여왔다. 무선통신의 분당 가격은 지난 10년 동안 80% 이상 하락했다.

베이비 벨Baby Bell의 유선사업에 위협을 가하는 것은 무선통신만이 아니다. AT&T가 쪼개지고 12년이 흐른 뒤 연방정부는 지역전화 사업에 대한 규제를 완화해서 경쟁체제로 돌입해야 한다고 결론지었다. 1996년 통신법Telecom Act of 1996이 의회에서 통과되면서 각 지역벨은 경쟁사에 자사의 네트워크를 할인된 요금에 임대해줘야 했다. 경쟁적 지역전화 사업자competitive local exchange carriers, CLEC라는 미래의 경쟁사들이 '가상의' 네트워크를 구축해서 고객에게 서비스를 제공할 수 있게 된 것이다. AT&T와 월드콤/MCIWorldcom/MCI가 이 법안의 최대 사용자들인데, 이들은 자사의 장거리전화 서비스에 지역전화 서비스를 추가하고 있다. 그 결과 벨의 수익은 크게 줄었고 경쟁사들은 많은 고객을 확보할 수 있었다.

이런 법안이 마련되면서 벨과 경쟁사들은 어떤 요건을 적용해야 하는지와 가격을 어느 정도로 책정해야 하는지에 대해 끊임없는 논쟁을 벌이고 있다. 주 감독기관들이 FCC 지시 아래 독자적으로 마련한 전화선 임대료율line-lease rates 기준이 경쟁사들의 각 주 진출 여부에 직접적인 영향을 끼친다.

하지만 벨은 이런 규제 강화 속에서 한 가지 위안거리를 찾을 수 있다. 일단 한 주가 본격적인 경쟁체제에 들어서면 그 주의 벨은 장거리 전화 사업권을 승인 받을 수 있다는 것이다. 장거리전화 사업이 막대한 돈벌이가 되는 것은 아니지만 벨이 고객을 계속 유지하는 데는 도움이 될 수 있다.

의회와 감독기관이 유선전화 서비스의 경쟁체제를 강화하면서 지역전화 회사들의 경쟁우위는 더욱 감소되었다. 가령 2001년과 2002년 동안 대공황 이후 처음으로 전화 가입자 수가 감소했다. 지역전화 서비스는 각 지역 벨에 엄청난 현금흐름을 창출해주었기 때문에, 전화 가입자수의 감소는 이들의 네트워크 업그레이드와 배당금 지불 능력을 떨어뜨릴 수 있다.

하지만 지역전화 산업의 틈새시장은 관련법의 변화에도 영향을 받지 않았다. 시티즌스Citizens, 올텔Alltel, 센추리텔Century Tel 등 AT&T의 관심 밖으로 밀려난 시골 지역에 전화 서비스를 제공하는 사업자들이 그들이다. 인구가 별로 없는 지역은 도시와 같은 과도한 경쟁을 끌어들이지 않는다. 더욱이 시골의 전화 사업자들은 규제의 혜택을 받는 쪽에 속하는데, 정부가 높은 서비스 제공 단가를 보상하기 위한 보조금을 제공하기 때문이다. 이런 회사들은 많은 경우 확실한 투자수익률을 보장한다.

호의적인 규제 환경과 한 지역에 존재하는 유일한 지역전화 사업자라는 혜택은 이런 시골 전문 지역전화 회사들에 아주 강력한 경쟁우위를 제공하지만 이 회사들은 막대한 초과 자본수익률을 창출하지 못한다. 따라서 경제적 해자가 넓다고는 볼 수 없다. 게다가 이들은 재무적으로 안정돼 있기 때문에 주가가 싼 경우도 별로 없다.

통신의 경제적 특성

유선이든 무선이든 전화 네트워크를 구축하고 유지하려면 초기자본이 많이 들 뿐 아니라 추후에도 많은 돈을 쏟아 부어야 한다. 이런 요건은 높은 진입장벽으로 작용해서 기존 참가자들을 지켜주는 보호막 역할을 한다. 자본을 모으려면 새로운 참가자는 투자자를 설득할 확실한 방안을 마련해야 한다. 인터넷 시대의 도래, 지역전화 네트워크의 경쟁체제 돌입, 그리고 1990년대 무선 산업의 빠른 성장은 새로운 참가자들에게 그럴듯한 구실을 제공해주었고, 이로 인해 투자자들이 경쟁이라도 하듯 자금을 대주면서 막대한 자본 필요에서 비롯된 진입장벽이 무너져내리기 시작했다.

전화 산업에 유입된 막대한 자본은 현재까지도 그 여파가 남아 있으며, 지속적으로 자본이 필요하다는 사실은 새로운 시장 참가자 다수를 좌초시켰다. 안정적인 통신사도 네트워크 유지, 고객수요 충족, 경쟁 압력 대응을 위해 상당한 자본을 투자해야 한다. 가령 벨은 1990년대 말 연 매출액의 거의 30%에 달하는 자금을 신규 설비에 투자했으며, 현재도 20%에 달하는 자금을 투자하고 있다. 느린 성장률과 통신에 대한 자본예산이 현격히 줄었음에도 불구하고 벨이 2002년도까지 네트워크에 투자한 돈은 총 300억 달러에 달했다.

네트워크 구축에는 많은 비용이 들기 때문에 통신사들은 일반적으로 자산 대비 매출액(자산회전율)이 매우 낮다. 안정적인 통신사들도 자산 1달러에 대해 한 해 동안 뽑아낼 수 있는 매출액이 1달러밖에 되지 않는다. 하지만 이자와 지속적으로 필요한 자본을 마련하기에 충분한 사업 규모를 마련하는 것이 중요하다. 고정비가 높기 때문에 전화회사들은 가능한 많은 고객을 확보해서 고정비를 분산시킬 수 있어야 한다.

빠지기 쉬운 투자 함정:
오늘의 수익이 내일의 수익으로 이어지지는 않는다

통신사들은 신규 설비에 투자한 돈을 일 년 만에 뽑아낼 수는 없다. 그렇기 때문에 지속적인 투자수익을 벌어들이려면 반복적인 수익 흐름을 개발해야 한다. 때로는 통신사들이 성장과 이익을 끌어올리기 위해 비반복적인 수익원을 모색하기도 하지만, 이런 식의 수익이 미래에까지 연결될 가능성은 거의 없다. 가령, 퀘스트는 장거리전화 네트워크를 구축하는 데 수십억 달러를 투자한 다음 본격적인 서비스 제공을 시작하면서 멋진 수익 증가를 보고했다. 하지만 이 수익 증가의 대부분은 지속적인 서비스 제공 계약이 아닌 기본적인 네트워크 시설에 대한 일회성 매출에서 발생한 것이었다. 이런 식의 시설 매출에서 발생하는 수익은 마진이 높은데다 선불로 기록되기 때문에, 회사가 빠르게 성장하는 것처럼 보이게 해준다. 그러나 시설에 대한 수요가 고갈되자 수익이 줄고 마진이 감소하기 시작했다. 결국 퀘스트의 장거리전화 사업은 규모가 너무 작아져서 이자 지불조차 힘들게 되었고, 결국 회사는 자산을 매각할 수밖에 없었다.

매출액에서 최대한 많은 이익을 뽑아내는 것도 중요하다. 통신사에는 규모도 중요하지만, 청구서 작성, 고객 서비스 제공, 네트워크 유지, 그리고 효율적인 서비스 판매도 중요한 부분이다. 유선이든 무선이든 안정적인 통신사는 20~30%의 영업이익률을 올려야 한다. 이 수준에 미치지 못한다면 낮은 자산회전율 속도를 감안할 때 괜찮은 투하자본수익률을 벌어들이기가 매우 힘들 것이다.

빠지기 쉬운 투자 함정: 이익률의 하락? 그 이면을 보라

통신 산업의 투자자들은 수익성에 각별한 관심을 기울여야 한다. 통신업에서 흔하게 사용되는 수익성 측정 방법은 법인세, 이자 및 감가상각비 차감 전 이익earnings before interest, taxes, depreciation, and amortization, EBITDA이다. 이것은 기업이 설비투자와 이자 지불에 필요한 현금을 얼마나 많이 창출하고 있는지를 알게 해준다. EBITDA를 구하려면 영업이익을 구한 뒤 여기에 감가상각비를 더해야 한다. EBITDA 마진의 하락은 경쟁의 증가나 영업 효율성의 하락을 알려주는 조기 신호가 될 수 있다. 하지만 EBITDA는 개괄적인 수단이기 때문에 이를 현금흐름표에 기재된 영업 활동으로 인한 현금흐름과 착각하지 말아야 한다. EBITDA에 초점을 두면 외상매출금 증가 등 현금흐름표상에 분명히 표시된 문제를 못 보고 지나칠 가능성이 높다.

1990년대 자본을 모아서 네트워크를 구축한 회사가 그토록 많았지만 이런 막대한 투자에 합당한 사업 규모를 실현한 기업은 하나도 없었다. 특히 장거리전화 사업을 대표적인 예로 꼽을 수 있다. 윌리엄스 커뮤니케이션즈Williams Communications나 360네트웍스360 Networks와 같은 새로운 시장 참가자들은 빠른 수익 증가에도 불구하고 파산 신청을 하고 말았다. 그 이유는 네트워크 구축에 들어간 엄청난 비용을 뽑아낼 만한 매출액을 달성하지 못했을 뿐 아니라, 이자 지불을 감당할 수 있을 만큼 충분한 이익률을 올리기 못했기 때문이다. 이 부문의 경쟁이 너무 치열해서 성공 가능성이 낮다는 사실을 깨달은 투자자들은 결국 더 이상 돈을 대지 않기로 결론지었다.

통신의 경제적 해자

장거리전화 사업자는 경제적 해자를 전혀 가지고 있지 못하며, 있다 해도 아주 좁은 편이다. 대도시를 연결하는 장거리전화 사업자가 다수 존재하기 때문에 경쟁이 치열하다. AT&T처럼 유명한 기업들은 비즈니스 고객들이 재무적으로 탄탄한 통신사를 원하는 탓에 약간의 경쟁 우위를 누리고 있다. 또한 대기업들의 경우 장거리전화 회사를 바꾸는 것은 쉽지 않은 일이기 때문에 고객층이 넓은 전화 회사가 유리한 고지를 점한다고 볼 수 있다. 하지만 경쟁이 치열하기 때문에 장거리전화 회사들은 임의로 가격을 올릴 수는 없다. 재수요가 어느 정도의 가격 결정력을 제공해줄 수는 있지만, 산업 환경을 고려할 때 장거리전화 회사들이 자본비용에 걸맞은 투하자본수익률을 거둘지는 미지수이다. 그렇기 때문에 장거리전화 산업은 별로 매력적인 투자 대상이 되지 못한다.

장거리전화 산업과 비교할 때 지역전화 회사들은 경제적 해자는 좁지만 경쟁우위는 비교적 높은 편이다. 이 기업들은 여전히 대부분의 지역전화 시장을 지배하고 있으며 높은 마진으로 서비스를 제공하고 있으며 현금흐름도 많이 창출한다. 지역전화 네트워크에 대한 고객들의 수요가 증가하고 있기 때문에 신중하게 네트워크를 유지할 수 있다면 지속적인 경쟁우위를 마련할 수 있을 것이다. 각 지역 벨이 총괄적인 서비스 제공을 위해 네트워크를 개선할 수도 있는데, 이렇게 되면 한번의 연결로 TV, 전화선, 고속 인터넷 접속이 모두 해결될 수 있다. 하지만 벨은 신기술 개발의 속도가 매우 느린 편이었기 때문에, 벨의 신제품 제공 잠재력을 근거로 투자 결정을 내리려면 높은 안전마진을 마련해야 할 것이다.

시골 지역전화 사업자rural local exchange carriers, RLEC들은 비교적 경쟁 압박을 덜 받는다. 전화 해지 수에서 RLEC들의 경쟁우위에 대한 증거를 찾을 수 있는데, 2002년 동안 벨의 해지율은 5%였지만 RLEC들의 해지율은 1%에 불과했다. 더욱이 취약한 경제 사정으로 야기된 전화 가입자 감소를 광대역인터넷 접속서비스의 증가가 상쇄해주었다. 시골 지역전화 사업자들은 벨보다 훨씬 높은 이익률을 유지해왔으며, 대부분의 경우 30%를 웃도는 영업이익률을 달성했다. 이는 벨보다 10% 정도가 높은 수준이다.

반면에 무선전화 사업은 완전경쟁 시장의 전형에 가깝다. 기업들은 가격 결정력이 거의 없고, 대체 상품을 찾기도 쉽다. 넥스텔Nextel만이 독특한 다이렉트 커넥트Direct Connect 상품을 제공해서 상당한 차별화를 꾀할 수 있었지만, 경쟁사들이 비슷한 다자간 음성통화push-to-talk 서비스를 판매하기 시작하면 이런 경쟁우위도 조만간 잠식 당할 것이다. 이런 미진한 예외 사항만 있을 뿐, 지속적인 경쟁우위를 가진 무선전화 사업자는 하나도 없다. 대부분의 소비자가 볼 때 무선 사업자는 거기서 거기이기 때문에, 기업들은 거의 가격 경쟁에만 매달릴 수 밖에 없다. 장거리전화 산업과 마찬가지로 무선 사업자들도 별 특징이 없는 전화상품을 제공한다. 즉 통화량이 많은 시간에는 분당 요금을 매기고, 야간 및 주말 요금은 아주 싸거나 거의 무료로 책정하는 것이다.

경제적 해자가 없기 때문에 무선 산업에서는 투자 기회를 찾기가 상당히 힘들다. 여섯 개의 전국 규모 사업자들이 신규 가입자를 끌어들여서 보다 우수한 규모의 경제를 달성하기 위해 치열한 밥그릇 싸움을 벌이고 있다. 하지만 산업이 급속도로 포화 상태에 달하고 있기 때문에 가입자 증가는 제자리걸음에 그칠 것이고 기업들의 가격 경쟁은 한층 더 치열해질 것이다.

통신 산업 성공의 보증 수표

　장거리전화 사업자들은 살아남기 위해 치열한 전쟁을 벌이고 있지만, 지역전화 사업자들은 통신 산업 중에서 가장 훌륭한 투자 기회를 제공해준다. 하지만 지역전화 산업 역시 느린 성장률을 보이고 있으며 앞으로의 규제나 경쟁 환경도 불확실하다. 게다가 윌텔이나 월드콤/MCI와 같은 파산했던 통신 회사들이 훨씬 적은 채무를 지니고 다시 등장하기 시작하면서 강력한 경쟁 상대로 떠오르고 있다. 어떤 폭풍이 닥칠지 모르기 때문에 통신 회사들은 재무적으로 아주 건강해야 한다.

　성장 기회가 희박함에도 불구하고 이 산업에서는 여전히 높은 수준의 설비투자가 요구된다. 이런 점 때문에 강력한 대차대조표와 안정적인 잉여현금흐름의 중요성이 더욱 높아진다. 건강하고 꾸준한 마진 역시 성공의 필수 조건인데, 이는 많은 잉여현금흐름이 창출될 수 있다는 것을 의미하기 때문이다. 센추리텔이나 시티즌스 커뮤니케이션 같은 시골 지역전화 회사들은 통신 부문에서 가장 높은 이익률 수준을 유지해왔다. 지역 벨 회사인 SBC는 가장 협소한 이익률을 유지해왔지만 2003년 중반부터 부문을 통틀어 가장 훌륭한 대차대조표를 보여주었으며 현금흐름의 이자보상비율도 12배를 넘었다.

　무선통신 회사의 가장 큰 어려움은 차별화된 서비스 제공이다. 잠깐 동안 넥스텔은 독특한 상품을 제공하고, 휴대 전화를 많이 사용하며 가격보다는 통화 품질에 보다 많은 관심을 쏟는 비즈니스 고객들에게 초점을 맞춤으로써 일상품 시장의 덫에서 빠져나올 수 있었다. 그 결과 넥스텔은 이용자당 가장 높은 평균 수익을 달성했으며, 고객들의 해지율은 미 전역의 무선전화 회사들 중에서 가장 낮은 비율을 기록

빠지기 쉬운 투자 함정: 과도한 채무 부담

사업 규모를 확장하기 위해 막대한 채무를 부담하는 기업들은 리스크가 극도로 높다. 포화 상태에 달했는데도 사업을 확장하거나 많은 채무를 진 회사들 역시 마찬가지로 위험을 자초하고 있는 것이다.

AT&T는 많은 돈을 차입해서 케이블 TV 사업에 쏟아 부었다. 과도한 채무 부담에다 네트워크 업그레이드에 많은 자본 지출이 요구되자 회사는 결국 케이블 사업을 구입가에 훨씬 못 미치는 가격에 매각하고 말았다. SBC를 위시한 각 지역 벨 역시 채무를 상환하고 수익 감소로 인한 재무 불안의 리스크를 줄이기 위해 자산을 매각해왔다. 통신 산업에서 부채 규모를 측정할 때는 흔히 부채를 EBTIDA로 나누는 방법을 사용한다. 이 비율이 3 이상이면 경계의 눈으로 바라봐야 한다.

했다.

넥스텔의 우수한 실적은 주로 다이렉트 커넥트 상품에 기인한 것인데, 이는 최근까지 다른 무선전화 회사 중에서 비슷한 다자간 통화 서비스를 제공하는 기업은 아무도 없었기 때문이다. 경쟁사들이 주로 가격 경쟁에 매달리는 것과 달리 넥스텔은 고객을 끌어 모으기 위해 싼 전화요금제를 판매할 필요가 없었다. 하지만 경쟁사들도 이제 다이렉트 커넥트와 비슷한 통화 서비스를 출시했고 이로 인해 넥스텔의 경쟁 우위가 상당히 잠식될 것으로 보인다. 대부분의 산업에서와 마찬가지로 통신 산업에서도 기술적인 우수성은 잠시 동안만 경쟁을 막아줄 수 있을 뿐이다.

결론

앞으로의 통신 산업은 과거의 모습과는 전혀 다른 양상을 띨 것이다. 산업 전체의 경쟁이 더욱 치열해질 것이고, 경제적 해자를 구축하기는 극도로 어려워 질 것이다. 감독기관과 기술 변화가 통신 산업의 미래를 좌우하고 있기 때문에 재무 건전성과 융통성이 성공적인 기업이 되느냐 그렇지 않느냐를 결정짓는 잣대가 될 것이다.

투자자의 체크리스트 : 통신

- ☐ 규제 변화와 신기술로 인해 통신 산업의 경쟁이 더욱 치열해졌다. 부문마다 안정적인 수준이 다르긴 하지만, 통신 산업에 투자하기 전에 내재가치에 대해 많은 안전마진을 정해놓아야 할 것이다.
- ☐ 통신은 자본집약적인 사업이다. 네트워크 유지와 개선을 위한 자원을 가지고 있느냐가 성공에 결정적인 역할을 한다.
- ☐ 통신은 고정비 비중이 높다. 따라서 마진에 신중한 주의를 기울여야 한다.
- ☐ 채무 수준을 살펴보는 것도 잊지 말아야 한다. 어떤 기업들은 네트워크를 구축하면서 감당이 안 되는 수준까지 자금을 차입하기도 한다.
- ☐ 무선전화의 가격이 내려가고 있다. 통신 회사들은 계속해서 가격 위주의 경쟁을 벌일 것이다.

23

소비자 제품

데비 왕, 칼 시빌스키, 팻 도시

○○○

뭔가 색다른 투자를 찾는 중이라면 집에 있는 냉장고나 수납장, 욕실 가구 등 무궁무진한 소비자 제품consumer goods을 검토해보라. 타이드 세제나 오레오 쿠키 등 투자 가치가 충분한 브랜드를 생산하고 판매하는 기업은 많이 존재한다. 이런 기업들은 경기 침체 동안에도 견고한 방어벽의 보호를 받는데, 이는 아무리 경기가 나빠도 사람들의 치약이나 샴푸 사용에는 변화가 없기 때문이다.

 소비자 제품 부문을 구성하는 산업은 식품 산업, 음료 산업, 가정용 및 개인용 제품, 담배 등 여러 부문으로 나눌 수 있다. 크고 오래된 시장이 그러하듯 소비자 제품 시장의 성장은 국내총생산보다 빠르지 않으며 때로는 더 느리게 성장한다(예를 들어 국내 맥주 소비는 매년 1%의 성장률을 보여왔다). 이런 느린 성장에도 불구하고 소비자 제품 주식은 견고한 수익성과 안정적인 실적을 보장해주기 때문에 뛰어난 장기 보유 실적을 장담할 수 있다.

소비자 제품 기업들은 어떻게 돈을 버는가

소비자 제품 회사는 구식 방법으로 이익을 창출한다. 다시 말해 제품을 만든 뒤 슈퍼마켓이나 대형 도매상, 창고형 판매점, 또는 편의점 등의 고객에게 제품을 판매해서 돈을 번다. 킴벌리 클라크Kimberly-Clark는 자사의 기저귀를 월마트나 타깃에 판매한다. 스머커즈Smucker's는 잼이나 젤리, 통조림 식품을 세이프웨이Safeway와 크로거Kroger에 판매한다.

음료수 회사의 경우는 약간 다른 방식으로 판매하는데, 이들은 보틀러bottler, 원료를 받아서 음료를 제조하고 포장하는 회사-옮긴이와 맥주 유통회사에 상품을 배분한다. 가령 코카콜라나 펩시 등 무알콜 음료 회사들은 음료수 제품에 사용될 농축액이나 시럽을 제조해서 보틀러에게 판매한다. 그러면 보틀러들은 이 원재료를 다른 재료와 혼합해서 완제품을 만든 뒤 소매상에 넘긴다. 쿠어스Coors나 얼라이드 도멕Allied Domecq과 같은 알코올 회사들은 주류 도매상들에게 제품을 판매하고, 이 도매상들은 완제품을 소매점에 판매하거나 유통시킨다.

성장을 위한 핵심 전략

소비자 제품은 오래된 산업이기 때문에 대부분의 소비자 제품 산업은 이미 여러 번의 통합 과정을 겪었다. 그 결과 몇몇 대기업이 소비자 제품 산업을 지배하면서 대부분의 매출과 시장을 차지하고 있다. 가령 2002년에는 미국 내 3대 양조회사인 안호이저 부시와 쿠어스, SAB 밀러SAB Miller가 미국 맥주 시장에서 80% 이상의 시장을 점유하고 있었다. 리글리Wm. Wrigley Jr. Company의 미국내 껌 시장 점유율은 거의 60%에 달한다.

또한 소비자 제품 시장이 원숙기에 달했기 때문에 기업들이 사용할 수 있는 성장 전략은 몇 개 되지 않는다. 그리고 대부분의 기업들은 이런 방법을 혼합해서 성장을 꾀하고 있다.

신제품 도입으로 경쟁사의 시장점유율 뺏어오기

이 전략은 아주 많은 비용이 들 수 있다. 음료뿐 아니라 프리토레이Frito-Lay 사업부를 통해 스낵류도 생산하는 펩시의 경우 신제품 하나를 개발하는 데 평균 160만 달러의 비용이 들어간다. 이것은 포화 상태인 소비자 제품 시장에서 신제품의 성패를 좌우하는 소비자 마케팅 지원비용이나 소매상에 제공하는 매출 수당sales allowance은 포함돼 있지 않은 금액이다. 1998년에서 2000년 사이에 펩시는 456개의 신제품을 출시했으므로(이 중 상당수가 프리토레이를 통해 이뤄졌다), 신제품 개발 비용은 자그마치 7억 2,960만 달러에 이르렀다.

하지만 성공적인 신제품을 향한 길에는 실패작들이 널려 있다. 2002년에 수천 종의 음식료 신제품이 출시되었지만, 첫해에 750만 달러 이상의 수익을 거둔 상품은 130개에 불과했다. 6~12개월 동안의 시험 판매 기간 동안 신제품의 판매 실적이 양호하지 않으면 상점 관리인들은 이 상품을 선반이나 냉동 코너의 구석진 곳으로 빼놓는다.

소비자 제품 시장에 종사하는 대부분의 대기업은 강력한 신제품을 연달아 출시해도 전체적인 수익은 별로 많이 증가하지 않는다. 일반적으로는 GDP 증가를 약간 상회할 뿐이다. 따라서 선도적인 기업들도 기껏해야 한 자릿수 중반대의 수익 증가를 기록할 뿐이다.

다른 소비자 제품 기업 인수를 통한 성장 도모

어떤 기업들은 다른 회사를 인수해서 신제품 시장에 진입하려고 한다. 가령 질레트는 배터리 시장에 진입하기 위해 1996년 랠스턴 퓨리나Ralston Purina로부터 듀라셀 배터리Duracell Battery 사업을 인수했다. 2001년 펩시는 게토레이 사업권을 인수하기 위해 퀘이커 오츠Quaker Oats를 인수했다. 불행히도 이 전략은 인수 대상 기업과 인수 가격에 따라 아웃이 될 수도 있고 홈런이 될 수도 있다. 퀘이커를 인수하고 첫 해 동안 몇 가지 잡음이 발생했지만, 2003년 중반이 되자 펩시는 문제를 해결하고 영업 효율성을 높이기 위한 계획을 구상할 수 있었다. 두 회사의 합병은 시너지 효과가 매우 높았는데, 이는 양쪽의 주력 사업이 모두 음료 분야였기 때문이다. 두 회사의 유통시스템이나 소매점 고객들이 겹치는 부분이 많았기 때문에 두 회사 모두 강력한 마케팅 시스템을 마련할 수 있었던 것이다.

이와 달리 질레트의 인수는 별로 좋은 성과를 내지 못했다. 질레트는 면도기와 면도날 시장에서 거의 80%에 이르는 시장점유율을 자랑하는 기업이다. 또한 제품 혁신을 통해 가격 결정력을 증대시켜왔기 때문에, 센서에서 마하3, 마하3 터보로 제품이 혁신될 때마다 고객들은 15~20%에 이르는 가격 인상을 군말 없이 수용해왔다. 질레트는 1990년대 중반 듀라셀 사업을 인수하면서 배터리 시장에서도 이런 식의 가격 인상을 적용할 수 있을 것이라 생각했다. 하지만 배터리 시장의 몇몇 중요한 특징은 이런 식의 가격 인상을 허용하지 않았고, 질레트의 듀라셀 사업부는 의도했던 이익을 달성하지 못했다. 듀라셀 사업은 1999년에서 2002년 동안 형편없는 실적을 거둔 채 최고경영진의 아까운 시간만 허비하고 말았다.

영업비 절감

제품 혁신으로 인한 것이건 인수로 인한 것이건 소비자 제품 회사의 매출 증가율은 경제성장률에 비해 별로 높지 않기 때문에, 이익 증가를 결정하는 것은 수익 증가가 아닌 원활한 영업구조이다. 월마트와 같은 대형 소매점들은 재고를 많이 두지 않고 낮은 가격에 제품을 구매하기 때문에 소비자 제품 기업은 군더더기 없는 탄력적인 생산구조를 갖추고 있어야 한다. 군더더기를 없애기 위한 방법 중 효과가 있었던 것은 대대적인 구조조정이다. 구조조정은 단기적으로는 많은 비용이 들지만 장기적으로는 효율성 증대라는 효과가 있을 수 있다. 프록터 앤드 갬블, 질레트, 코카콜라는 관리비를 줄이기 위해 제조 과정을 통합하고 수천 명의 직원들을 해고했다. 지난 5년 동안 이 회사들에서는 대대적인 구조조정이 많이 사용되었다. 가령 콜게이트 팜올리브는 1995년 구조조정 비용으로 5억 달러 이상을 계상했는데 이는 그 해의 당기순이익에 맞먹는 금액이었다.

콜게이트 팜올리브는 1995년을 시작으로 비용을 줄이고 매출액을 늘려서 이익을 증대시키기 위해 여러 단계를 밟았다. 이로 인해 영업이익률은 1997년의 14%에서 2002년에는 20%로 늘어났다. 이 회사는 SAP 기업통합 소프트웨어를 사용하면 국제적인 공급망과 영업망의 비효율성을 찾아내서 더 많은 원가를 절약할 수 있을 것이라고 생각한다.

이 전략에는 한 가지 위험이 도사리고 있는데, 회사가 비용 절감을 통한 이익 증대에 치중한 나머지 성장이나 수익 증가를 위한 방법을 모색하는 데 소홀하게 된다는 것이다. 혁신의 역사라는 말이 무색하게 콜게이트는 최근 몇 년 동안 P&G보다 신상품 출시에서 뒤쳐졌으며, 새로 출시한 신제품들도 '미투me too'식으로 혁신 면에서 미흡한 것들이었다. 더욱이 콜게이트의 비용 절감 전략은 광고를 줄이는 결과를 가져왔지만 P&G는 낮은 광고비를 브랜드 투자의 호기라고 여기면서 광고비 지출을 늘렸다. 비용 절감은 중요하다. 하지만 너무 극단적인 비용 절감은 장기적인 사업 실적에 피해를 줄 수 있다.

해외 시장 판매

국내 시장의 매출 증가가 둔화되면서 여러 소비자 제품 기업들은 미진한 국내 성장을 보완하기 위해 해외 판로를 확장하는 쪽을 택했다. P&G는 소화제 시장이 아직 새로운 분야여서 고속 성장을 보이고 있는 아르헨티나와 브라질에서 펩토비스몰Pepto-Bismol을 출시했다. 이에 반해 미국에서는 펩토비스몰 판매가 한 세기를 넘었기 때문에 두 자릿수 성장을 기대하기는 힘들었다. 결과적으로 여러 다국적 소비자 제품 기업들은 매출액의 상당 부분을 해외에서 거두고 있다. 가령 코카콜라는 영업이익의 77%를, 에이번Avon은 65%를 해외 시장에서 거두고 있다.

해외 시장 판매는 통화리스크currency risk를 야기할 수 있다(가령 달러 대비 유로화 가치가 하락하면 유럽에서 제품을 판매하는 미국계 기업들의 매출액이 타격을 입게 된다.) 하지만 대부분의 소비자 제품 기업들은 이런 리스크를 완화시킬 수 있는 완충장치를 마련해놓고 있다.

소비자 제품 부문의 단점

얼핏 보기에 한 세기가 넘는 역사를 자랑하고 산업 통합을 견뎌냈으며 느리더라도 안정적인 성장이 기대되는 기업들은 훌륭한 투자 대상인 것처럼 여겨질 수 있다. 하지만 투자자들은 소비자 제품 기업의 주식을 사기 전에 이 기업들이 가지고 있는 잠재적인 리스크를 주의 깊게 살펴봐야 한다.

소매기업들의 영향력 증대

월마트가 미국 소매 시장을 지배하면서 소비자 제품 기업들은 과거에 누리던 가격 결정력을 크게 상실했다. 모든 회사들이 월마트에 제품을 진열하기를 원하기 때문에, 월마트는 매장에서 판매될 제품에 대해 자사에 유리한 쪽으로 계약을 체결할 수 있다. 그리고 여기에는 가격도 포함된다. 다른 소매점들도 마찬가지다. 그들은 월마트와 경쟁하기 위해 비용구조를 개선해왔지만 가격 상승을 소비자에게 전가할 수는 없었다.

법적 리스크

이 리스크는 주로 담배 회사와 관련된 것으로 상당히 큰 리스크이다. 몇 년 동안 성공적으로 법정 방어를 해왔지만 빅 타바코Big Tobacco, 담배 시장을 지배하는 대규모 담배 회사-옮긴이에 가해지는 여러 법적 제재들 때문에 앞으로 파산 신청을 밟게 할 가능성이 커지고 있다. 담배 회사들은 개인 흡연가들이 제기한 소송에서 여러 차례 패했지만 지금까지 판결된 피해 보상 금액은 기업들이 감당할 수 있는 범위 안이었다. 문제는 이런 결과가 새로운 소송의 봇물을 터뜨릴 수도 있다는 것이다.

외환 리스크

앞에서도 언급했듯이 여러 소비자 제품 기업들의 사업 중 상당 부분이 해외에서 이뤄진다. 이런 다국적 기업들에 달러 강세는 해외 매출의 감소를 야기할 수 있다. 미국산 제품들이 해외 시장에서 상대적으로 더 비싸게 팔리게 되고 이렇게 되면 똑같은 엔화나 유로화, 페소화가 더 적은 달러화로 전환되는 것이다(1달러를 사는 데 더 많은 외환이 필요하기 때문이다). 이와 달리 미국 달러가 약세로 돌아서면 정반대의 상황이 벌어지고 다국적 소비자 제품 기업들은 환율 상승으로 인한 이득을 취할 수 있다.

값비싼 주식

강력한 브랜드와 신뢰할 만한 재무 실적은 유명 소비자 제품 주식들이 높은 가격에 거래된다는 것을 의미한다. 특히 경제 성장이 느린 기간에는 소비자 제품 주식의 가격이 비현실적인 성장률을 반영하는 수준까지 치솟을 수 있다. 이런 안정적인 기업에서는 성장이 항상 어려운 문제라는 것을 기억해야 한다. 따라서 다른 주식과 똑같은 가치 평가 원칙을 사용해서 주식을 평가해야 한다.

소비자 제품 기업의 경제적 해자

이런 리스크에도 불구하고 소비자 제품 부문의 기업들 중 상당수는 경제적 해자가 넓거나 최소한 어느 정도라도 존재한다는 장점을 가지고 있다. 그리고 이런 점이 가격 결정력을 유지하는 데 도움이 된다.

규모의 경제

몇몇 대기업들은 각 부문의 소비자 제품 산업을 지배하면서 상당히 큰 규모의 경제를 누리고 있다. 이로 인해 규모가 작은 새로운 참가자들은 이들을 따라잡기가 사실상 불가능하다. 세계 최대의 양조회사이자 미국에 12개의 양조공장을 가지고 있는 안호이저 부시는 더 낮은 원가에 대량의 맥주를 주조하고 포장하기 위한 신기술 확충에 지속적으로 자본을 투자한다.

사례 연구: 껌 시장을 제패하다

여러 해 동안 경제적 해자를 넓게 구축하는 데 성공한 강력하고 안정적인 소비자 제품 기업의 전형으로 리글리를 꼽을 수 있다. 이 회사의 주시 프루트 Juicy Fruit와 스피어민트 Spearmint 브랜드는 1890년대 초에 생긴 이후 20세기 세계 껌 시장을 주도해왔다. 리글리는 미국 껌 시장의 거의 60%를 점하고 있으며 이는 2위 업체인 캐드베리 슈웹스 Cadbury Schweppes의 두 배가 넘는 수치이다. 이 회사는 140개국에서 껌을 팔고 있으며 세계 시장에서도 1위를 달리고 있다. 이런 시장 지배 덕분에 리글리는 막대한 수익을 창출하고 있는데, 순이익률은 15%, 자기자본이익률은 꾸준히 25~30% 사이를 유지하고 있다.

리글리는 전통적으로 매우 보수적인 회사지만 경쟁의 선두자리를 유지하기 위한 혁신 창조에도 성공을 거두었다. 빌 리글리 주니어 Bill Wrigley Jr.가 1999년 회사를 물려받았을 때 알토이즈 Altoids와 같은 브레스 민트 breath mints, 구강 청정을 위해 씹는 껌이나 박하사탕-옮긴이와의 경쟁 강화는 리글리의 시장지배력을 위협하면서 성장 둔화를 야기했다. 젊은 CEO는 이런 위험에 맞서기 위해 혁신 속도를 높였고, 리글리는 오빗 Orbit 껌이나 이클립스 플래쉬 스트립스 Eclipse Flash Strips와 같은 구강 청정용 신제품을 연달아 출시했다. 2001년과 2002년 사이 두 자릿수에 이르는 매출증가율을 기록했고 이 회사는 몇 년 전보다 더욱 활력적인 모습을 보이고 있다.

강력한 빅 브랜드

소비자 제품 기업들은 브랜드를 이용해 최종소비자와 강력한 유대관계를 쌓기 위해 많은 시간과 돈을 투자한다. 19세기 말 당시 소비자 제품 기업들이 소비자들이 신뢰할 수 있는 일관된 우수성을 알리는 방법을 모색하던 중(다시 말해 소비자에게 자신이 무엇을 사는지를 정확히 알게 하기 위해) 탄생한 것이 브랜드다. 그 이후 브랜드는 자기 이미지에 대한 열망과 확신을 표현하는 등 여러 의미로 진화했다. 기업들은 제품에 기능 이상의 의미를 함축시킴으로써 보다 높은 수준의 인지 가치를 창조한다.

가령 하인즈 케첩은 오랫동안 최고급 식당들이 인정하는 풍부하고 깊은 맛을 지녔다는 평판을 쌓아왔다. 헌츠 케첩Hunt's Ketchup이 여기에 필적하는 깊은 맛의 케첩으로 도전장을 내밀었을 때는 이미 한 발 늦은 상태였다. 헌츠는 시장점유율을 높이지 못했고 하인즈는 계속해서 경쟁사보다 가격을 더 높게 매길 수 있었다.

그러나 모든 브랜드가 평등하게 탄생하는 것은 아니다. 제품에 상표나 로고를 단다고 해서 더 비싼 가격이나 높은 시장점유율을 가능하게 해주는 브랜드를 창조할 수 있는 것은 아니다. 가장 강력한 브랜드는 오랫동안 소비자와의 관계를 공고히 다지면서 새로운 참가자를 막아주는 요새 역할을 한다. 하지만 그러기 위해서는 많은 시간과 돈과 마케팅 노력이 필요하다.

유통 채널과 고객 관계

제조회사들이 제품을 상점에서 판매하기 사용하는 유통 네트워크는 경쟁사들이 흉내 내기 힘든 또 하나의 경쟁우위가 될 수 있다. 예를 들어 음료 회사들은 각 지역의 시장을 독점하고 있는 도매상이나 보틀러에 의지해서 소매 고객들과 밀접한 관계를 구축한다. 대규모 음료 회사들은 광범위한 유통망을 십분 활용해서 전국에 상품을 배분한다. 이와 달리 중소기업들은 유통망을 새로 구축하려면 많은 돈이 들기 때문에 대기업과 제휴를 맺어서 상품을 유통시키는 수밖에 없다. 그러려면 이런 중소기업의 제품은 대기업에는 없는 틈새 제품이어야 한다. 가령 세븐업은 미 전역에 제품을 유통시킬 수 있는 자체의 보틀러 네트워크가 없었던 탓에 펩시의 보틀러 일부와 유통 계약을 체결했다. 하지만 이런 계약은 중소기업의 운명을 대기업에 맡기는 것과 같다. 세븐업 제품과 경쟁할 수 있는 자체의 레몬라임 음료를 개발하자 펩시는 보틀러들에 세븐업 유통을 중단하고 대신 자사의 시에라 미스트Sierra Mist를 유통시키라는 압력을 넣었던 것이다.

유통 시스템의 또 다른 측면인 독점적 판매exclusivity는 기업의 경제적 해자를 강화하는 역할을 한다. 가령 안호이저 부시의 유통업체 중 60%는 안호이저 부시의 제품만을 판매한다. 이런 식의 독점 계약은 도매상들의 제품 판매 의욕을 강화시키는 역할을 한다. 이와 대조적으로 쿠어스나 밀러 유통업체들은 대부분 독점 계약을 맺고 있지 않기 때문에 여러 경쟁 브랜드를 함께 판매한다. 그렇기 때문에 밀러 도매상은 경쟁사 제품이 아닌 밀러 제품을 팔기 위해 더 많은 노력을 기울이지는 않는다. 결국 밀러 유통망은 안호이저 부시만큼 제품 판매에 헌신적으로 매달리지 않을 가능성이 높다.

소비자 제품 기업 성공의 보증수표

소비자 제품 부문에서 잠재적인 투자 대상을 살펴볼 때는 다음과 같은 특징들을 찾아봐야 한다.

시장점유율

지배적인 시장점유율을 가진 브랜드가 있는 기업들은 보통 그 상태를 유지하기 마련인데, 이는 점유율은 해마다 크게 변하지는 않기 때문이다. 따라서 현재의 1위 제품이 몇 년 뒤에도 1위일 확률이 높다(물론 제품 오염 같은 특별한 상황은 제외된다). 가령 타이드는 아주 오래전부터 세제 시장에서 1위 자리를 고수하고 있다. 구체적인 시장점유율을 알아내는 것은 쉽지 않지만 때로는 기업 연차보고서에서 이를 확인할 수 있다. 또한 「비즈니스 위크」나 「월스트리트 저널」 등의 비즈니스 잡지에서도 시장점유율에 대한 정보를 얻을 수 있다.

잉여현금흐름

소비자 제품 시장 같은 분야에서 게임을 주도하는 것은 영업 활동으로 인한 현금흐름에서 설비투자를 뺀 금액인 잉여현금흐름이다. 사업을 늘리고 수요 증가에 대처하기 위해 현금흐름의 대부분을 재투자해야 하는 신생기업들과 달리 한 세기가 넘는 역사를 가진 소비자 제품 기업들은 세간의 부러움을 살 정도로 많은 현금을 창출한다. 또한 이런 회사들 중 상당수는 경제적 해자가 넓기 때문에 앞으로도 오랫동안 자본비용을 초과하는 자본수익률을 거둘 것이라고 낙관할 수 있다.

남는 현금이 많기 때문에 소비자 제품 기업들은 잉여현금의 일부를 배당이나 자사주 매입의 형태로 주주에게 돌려준다. 기업의 잉여현금흐름이 주주에게 얼마나 많이 돌아가는지를 확인하는 것은 경영진이 주주 이익에 얼마나 충실한지를 알 수 있는 잣대가 되어주기도 한다. 가령 코카콜라의 과거 기록은 이 회사가 현금을 쌓아두는 대신 주주에게 돌려주는 쪽을 선호한다는 것을 보여준다. 이 회사는 2002년에 벌어들인 잉여현금흐름 35억 달러 중 거의 20억 달러에 달하는 돈을 배당으로 지불했다. 현금흐름표를 살펴보면 기업이 주주에게 준 배당금이 얼마인지를 알 수 있다.

브랜드 구축에 대한 믿음

브랜드 구축에 대한 경영진의 강한 믿음은 강력한 브랜드 탄생과 배양의 밑거름이 된다. 기업들은 광고와 여러 홍보 활동을 이용해 브랜드에 꾸준히 투자해서 브랜드의 인지 가치를 구축한다. 가령 안호이저 부시는 핵심 브랜드를 지원하기 위해 꾸준히 많은 광고비를 지출할 뿐 아니라 슈퍼볼 같은 행사도 후원한다. 이런 활동은 1996년에서 2002년까지 7년 연속 국내시장 점유율을 높이는 데 일조했다.

하지만 브랜드 제품의 판매를 늘리기 위해 회사가 쉬운 길만을 선택하고 있지는 않은지 주의해야 한다. 이런 방법은 처음에는 판매량과 시장점유율을 늘려줄 수 있지만, 수익성을 악화시켜서 가장 귀중한 브랜드들의 가치마저 잠식해버리는 결과를 가져올 수 있다. 판매 실적이 좋지 않은데도 회사가 분기마다 광고비를 줄이는 양상을 보인다면, 이는 다음 분기의 예상 이익을 맞추는 데 급급해서 5년이나 10년 뒤까지 건재할 브랜드를 구축하는 데 소홀한 것일 수도 있다.

혁신

소비자 제품 기업이 경쟁에서 살아남으려면 꾸준히 신제품을 내놓아야 하기 때문에 혁신 수준이 어느 정도인지가 매우 중요하다. 어떤 회사가 계속해서 시장에서 잘 팔리는 신제품을 출시하는지, 그리고 어떤 회사가 항상 새로운 제품으로 한 발 앞서가고 있는지를 잘 관찰해야 한다. 또한 피칸 샌디스Pecan Sandies 쿠키의 맛을 조금 바꿔서 출시한 키블러Keebler처럼 기업의 신제품이 단순히 기존 상품의 응용 버전에 불과한지, 아니면 P&G의 가정용 드라이클리닝 제품인 드라이얼Dryel이나 리스테린Listerine의 구강청결제인 포켓팩PocketPack처럼 이전에는 존재하지 않았지만 일부 소비자 수요를 충족시킬 수 있는 완전히 혁명적인 제품을 출시한 것인지를 구분할 수 있어야 한다.

기업은 완전히 혁신적인 제품보다는 응용 버전에 가까운 신제품을 선호하는데, 이는 리스크가 적을 뿐 아니라 소비자들도 모(母) 브랜드가 익숙하기 때문이다. 하지만 라인확장을 통한 혁신은 소비자들이 원래 구매하던 제품 대신 대체재를 선택할 가능성을 높이기 때문에 결과적으로 매출이 늘어난다. 브랜드 제품은 기존 대체재들이 따라올 수 없는 우위를 어느 정도 가지고 있어야 한다. 또한 기업은 제품의 장점을 소비자들에게 잘 알리거나 잠재적인 소비자들이 새로운 브랜드에 익숙해지게 해야 한다. 이 두 가지 방법은 모두 나름의 장점을 가지고 있으며 어느 한쪽이 절대적으로 좋다고 말할 수는 없다. 가장 좋은 것은 라인 확장을 통해 비슷한 신제품들을 계속해서 출시하면서 이따금 혁신적인 신제품으로 홈런을 날리는 것이다.

결론

소비자 제품 부문의 성장이 경제 전체보다 빠른 것은 아니지만 식품, 음료, 가정용품, 담배 등은 수요의 변동이 거의 없기 때문에 상당히 안정적인 실적을 달성할 수 있다. 게다가 이런 기업들은 넓은 경제적 해자를 가지고 있는데, 이런 지속적인 경쟁우위는 가격 결정력과 수익성으로 이어진다. 소비자 제품 부문의 기업들은 조용하고 지루해 보이며 높은 위험이 있는 영역에서 맛볼 수 있는 흥분감은 떨어지지만, 이런 점보다는 안정성과 낮은 리스크, 그리고 풍부한 잉여현금흐름이 더 좋지 않겠는가.

투자자의 체크리스트: 소비자 제품

- 다른 기업들보다 생산규모가 더 커서 비용 우위를 누리는 기업들 찾는다. 이를 위해서는 회사가 해당 시장에서 지배적인 시장점유율을 가지고 있는지를 살펴봐야 한다.
- 성공적인 신제품을 지속적으로 출시하는 기업을 찾는다. 이런 혁신적인 제품을 최초로 출시한 회사라면 더 바랄 나위 없다.
- 기업이 지속적인 광고로 브랜드를 지원하고 있는지를 확인한다. 회사가 거의 항상 가격 할인을 이용해서 제품 판매를 촉진하고 있다면, 이는 단기이익에만 치중하면서 실제로는 브랜드 가치를 감소시키는 것이라고 볼 수 있다.
- 기업이 영업비를 얼마나 효율적으로 다루는지를 검토한다. 가끔씩 행하는 구조조정은 효율성을 높이고 비용을 낮춰준다. 하지만 회사가 주기적으로 구조조정비용을 계상하고 비용 절감 전술에만 의존해서 사업 증대를 꾀한다면 조심해야 한다.
- 소비자 제품 부문의 안정적인 기업들은 많은 잉여현금흐름을 창출한다. 따라서 경영진이 이것을 현명하게 사용하고 있는지를 확인해야 한다. 배당이나 자사주 매입의 형태로 주주에게 돌아간 현금은 얼마나 되는가?
- 투자자들이 경기 침체 동안에도 소비자 제품 주식에 높은 값을 부를 수 있다는 것을 명심하라. 이렇게 되면 적정 가치보다 비싼 가격에 주식이 거래될 수도 있다. 주식이 20~30%의 안전마진을 두고 거래될 때 매수 기회가 있는지 살펴보라.

24
산업재

니컬러스 오언스, 샌제이 아이어, 마이클 호들, 브라이언 룬드, 팻 도시

ooo

산업재industrial materials 부문에는 비누에 사용될 향을 만드는 회사에서 불도저와 열추적 미사일 제조사까지 온갖 종류의 기업들이 포진해 있다. 이 부문의 전반적인 비즈니스 모델은 단순하다. 산업재 기업은 원재료와 시설을 구입한다. 그러면 소비자 제품 기업은 이들이 생산한 산출물과 기계를 이용해서 소비자 수요를 충족시키기 위한 제품을 만든다. 산업재 부문은 전형적인 구경제Old Economy에 속하는데, 이 부문을 이루는 기업들이 유형의 재화를 만들기 때문이다.

산업재 부문을 두 집단으로 나누면 (1)일반적인 강철, 알루미늄, 화학물질 등의 기본재basic materials 부문과 (2)전기 장비, 중장비, 특수 화학제품 등의 부가가치재value-added goods 부문이다. 두 부문의 주요 차이점은 기본재를 생산하는 기업이 자사 제품의 가격에 끼칠 수 있는 영향력은 전무하거나 아주 미미한 수준 인데 반해 부가가치재 기업은 전문성이 높고 고객의 사업 개선에 많은 도움을 줄 수 있기 때문에 제품 가격에 프리미엄(부가된 가치)을 붙여서 형식으로 그 수입을 나눠가질

수 있다는 점이다.

투자자의 관점에서 보면 이런 기업들은 고전경제학에 속한다. 모든 전통적인 규칙들이 적용되며, 자산회전율이나 부채비율 등의 교과서적인 지표는 기업의 실적과 재무 건전성에 대한 많은 것을 알려준다. 하지만 산업재 부문의 기업들은 산업에 투입요소를 제공해주기 때문에 경제순환과 밀접한 관계를 가진다. 또한 대부분의 주식은 경제순환의 한 정점에서 다음 정점까지 장기보유 투자자들에게 별다른 가치를 창조해주지 못하는 편이다. 게다가 산업경제의 여러 부문은(특히 일반 산업재 회사) 파괴적인 장기 가격 하락에 직면해 있다. 저비용 경쟁과 유휴 설비로 인해 기껏해야 한 자릿수에 불과한 수요 증가는 별다른 의미가 없을 수도 있다.

경기순환성의 문제

경제 성장 뒤에는 결국 경제 침체가 찾아오게 마련이고, 그러다 회복기에 접어들면 같은 과정을 반복한다는 것이 비즈니스 사이클의 개념이다. 경제의 모든 측면에 불이 붙으면 이익과 경쟁이 심해지고, 원자재와 노동력 같은 경제 투입요소에 대한 수요가 늘어나면서 가격이 상승한다. 이런 환경에서는 자본에 대한 수요가 높기 때문에 금리가 상승한다. 영업비와 이자의 상승, 그리고 경쟁 심화는 기업의 마진을 해치고 결국 생산력 감소를 이끈다. 기업이 비용 절감을 위해 투자를 줄이고 대량해고를 실시하게 되면 재고와 가격이 하락한다. 군살을 빼고 나면, 다시 한 번 확장이 시작된다.

산업재를 생산하는 기업들은 경제순환이 휘두르는 채찍에 이리저리 휘둘리면서 경제의 아주 조그만 움직임에도 큰 영향을 받게 된다.([표 24.1]) 예를 들어 경제가 확장 중일 때는 목재와 판지에 대한 수요가 높

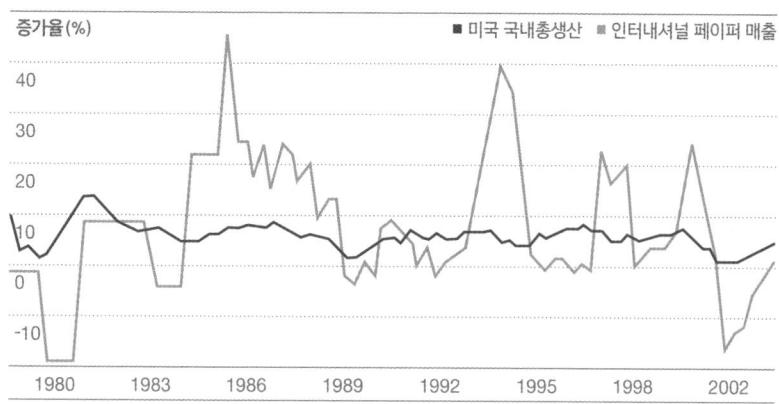

[표 24.1] 경제가 약간 변동할 때 인터내셔널 페이퍼와 같은 경기순환회사는 아주 크게 출렁거린다.
(출처: 모닝스타)

기 때문에 인터내셔널 페이퍼International Paper, IP는 생산력을 완전 가동해서 나무를 베고 제재소를 가동시킨다. 그러나 IP의 제품을 이용하는 기업들의 소비자 수요가 하락하면 IP에 들어오는 주문량도 줄어든다. 따라서 IP의 매출액은 GDP 증가율 변이를 크게 확대한 것이라고 볼 수 있다. 즉, GDP 증가율이 오르면 IP의 수익증가율은 폭등하고 GDP 증가율이 감소하면 IP의 매출액은 폭락한다.

오프로드용 트럭과 대형 중장비 제조사인 캐터필러Caterpillar나 농기계 제조사인 디어앤코Deere&Co처럼 값비싼 산업재를 생산하는 회사들도 비슷한 종류의 경기순환에 직면할 수 있다. 이들이 속한 산업은 오래된 분야기 때문에 낡은 기계 교체가 수요를 견인하는 큰 요인이 된다. 경제가 불확실하면 건축업자나 농부들은 기계 구입 시기에 대한 나름의 기준을 마련한다. 전망이 불확실하면 경기가 좋아질 때까지 새로운 기계 구입을 미루는 것이다.

산업재 회사들은 수요 변동에 대응하기가 매우 힘들 수도 있다. 이

들 대부분은 가격 결정력이 거의 없는 일상적인 제품을 제조하기 때문에 이익률이 상당히 낮은 편이다. 평균 5% 정도밖에 되지 않는다. 기업들은 낮은 마진을 보완하기 위해 생산량을 최대한 늘리지만 그러기 위해서는 제조설비 마련에 많은 고정비가 들어간다. 수요가 증가하면 손익분기점을 넘어선 생산은 높은 마진으로 이어지기 때문에 많은 이익이 창출된다(영업레버리지 개념이다). 하지만 수요가 하락하면 고정비 부담이 너무 커서 기업의 생존 자체가 위험해질 수도 있다. 매출액에서 고정비 비중을 최대한 낮춘 가장 효율적인 기업만이 경기 침체 동안에도 수익성을 유지할 수 있는 것이다.

산업재 회사들은 제품 다양화를 이용해서 경기순환의 영향을 줄인다. 캐터필러나 제너럴 일렉트릭을 포함한 여러 회사들은 금융 계열사를 두고서 소비자뿐 아니라 기업 고객에게도 돈을 빌려준다. 이런 자회사들은 대부분 기업 가치에서 많은 비중을 차지한다. 또한 기업들은 전체적인 변동성을 줄이기 위해 사이클이 짧은 사업과 긴 사업을 적절히 배합한다. 가령 비즈니스 사이클이 긴 발전기 사업을 보완하기 위해 GE는 NBC 텔레비전 네트워크 같은 사이클이 짧은 분야로 사업을 다각화했다. 또한 제너럴 일렉트릭은 비행기용 제트엔진처럼 고객이 사용 중인 복잡한 기계에 대한 전문 서비스 계약을 체결해서 반복적인 수익과 이익을 창출한다.

기본재의 경제적 해자

기본재 산업에서는 경제적 해자가 아주 드물다. 가장 큰 이유는 이 산업의 기업들은 일상품을 생산하기 때문이다. 따라서 지속적인 경쟁 우위를 창출하는 유일한 방법은 저비용 생산자가 되는 것이다.

일상품을 생산하는 기업 몇몇은 사업을 확장하고 규모의 경제를 달성해서 저비용 생산자가 되었다. 결과적으로 그들은 경쟁사보다 생산단가가 싸다. 알루미늄 산업에서는 알코아Alcoa가 이런 경제적 해자를 가지고 있으며, 철강에서는 비교적 규모가 작은 편인 뉴코Nucor가 해자를 가지고 있다. 저비용으로 생산하는 기업은 경쟁사보다 제품 가격을 싸게 하면서도 이익을 낼 수 있다. 이론적으로 따지면 저비용의 경쟁우위는 시장에서 비효율적인 기업을 몰아내고 장기적으로는 산업을 튼튼하게 한다.

하지만 현실은 여러 면에서 이것보다 훨씬 복잡하다. 철강 산업 등 여러 산업의 국내 기업들은 훨씬 더 싼 원가구조를 가진 해외 기업들과의 거센 경쟁 압력에 시달리고 있다. 해외 기업들의 비용 우위는 지리적인 혜택, 정보 보조금 지불 및 관세장벽, 낮은 임금이라는 세 가지 원인에서 비롯된다.

미국의 철강 산업은 최대의 호황이었던 1990년대 이후 계속 쇠락을 걸으면서 더 싼 값에 시장 수요보다 많은 제품을 토해내는 외국 기업들과의 극심한 경쟁에 시달렸고, 이로 인해 미국의 철강 가격은 떨이 판매 수준으로 급락했다. 최근 몇 년 동안 30개 이상의 철강 기업들이 비싼 노무비와 연금 및 퇴직금 압력에 시달렸지만 가격 하락으로 인해 수익을 창출하지 못했고 결국 법정관리를 신청하기에 이르렀다. 정도가 다르긴 하지만 다른 일상품 산업도 값싼 해외 제품과의 경쟁에 시달리고 있는 것은 마찬가지이다.

기본재 산업은 상당한 진입장벽을 가지고 있다. 새로운 철강이나 알루미늄, 종이 등의 생산시설을 건설하는 데는 많은 비용이 든다. 하지만 극심한 가격 경쟁은 기껏해야 그저 그런 수준의 이익을 창출해줄 뿐이다. 앞에서도 말했듯이 기본재 기업들의 성과는 경제 전반의 상황에 아주 예민하게 반응하다. 높은 설비비용과 낮은 이익률은 이 산업의 자본수익률이 낮다는 것을 보여준다. 따라서 투자를 끌어들이는 것은 고사하고 투자 자본을 끌어들일 만한 요인이 거의 존재하지 않는다.

산업재 부문의 경제적 해자

몇몇 산업재 기업은 피터 린치가 말한 '나쁜 산업 속의 위대한 기업great companies in lousy industry'의 정의에 들어맞는다. 이들은 지속적인 경쟁우위를 가지고 있거나 이를 계속 키워나간다. 경쟁우위는 경기순환성, 치열한 가격 경쟁, 얄팍한 이익률이라는 산업재 부문의 문제에 정면 대응할 수 있게 해준다. 이는 경쟁우위가 기업에 보다 안정적인 고객층과 예측 가능한 매출 및 이익, 보다 효율적인 자본 재투자 능력을 제공해주기 때문이다.

산업재 부문에서 넓은 해자를 가진 기업으로는 전문 화학제품 제조 기업인 3M, 우편장비 제조업체인 피트니 보우스Pitney Bowes, 자동차 부품 생산업체인 젠텍스Gentex, 방위산업체인 제너럴 다이너믹스General Dynamics를 꼽을 수 있다. 또한 오티스 엘리베이터에서 캐리어 에어컨, 제트 엔진, 블랙호크 헬리콥터에 이르기까지 여러 제품을 생산하는 유나이티드 테크놀로지United Technologies, UTX도 넓은 해자를 가지고 있다. 젠텍스와 3M은 자사의 시장을 경쟁에서 보호해주는 수많은 특허권을 보유하고 있다. 제너럴 다이너믹스와 UTX는 매우 집중적인 산업에 속해 있기 때문에 고객들은 선택의 여지가 있다 해도 타사 제품으로 쉽사리 옮겨가지는 않는다. 피트니 보우스는 특허 기술과 높은 고객 전환비용을 모두 가지고 있다.

기술과 경쟁우위

산업재 시장은 오래된 산업이기 때문에 가격 경쟁이 치열하고 매출액이 증가할 가능성이 별로 없다. 따라서 순이익을 늘리고 투자자에게 보상할 수 있는 유일한 방법은 차별화된 제품을 개발하거나 같은 제품을 더 적은 비용으로 생산할 방법을 찾는 것이다. 물론 일상품은 차별화가 힘들다. 따라서 많은 산업재 회사들에는 효율성에 투자하는 것이 순이익을 개선할 수 있는 유일한 방법이다. 산업재 부문에서는 신제품 개발을 위한 기술에도 많은 비용이 투자되지만, 생산 효율성 개선에도 못지않은 투자가 행해진다.

기술 투자는 생산비를 낮춰줄 수 있다. 철강업을 예로 들 수 있다. 뉴코는 전기아크로(탄소 전극과 제품화되지 않은 금속 또는 쇳물 사이에 직접 아크를 발생시켜, 그 열로 기타 금속을 융해하는 전기로-옮긴이)를 이용해서 고철을 재생하는데, 비용이 많이 들고 자본집약적인 용광로로 철강 제품을 생산하는 대기업인 유에스 스틸U.S. Steel보다 더 적은 비용으로 완제품을 생산한다. 뉴코의 기술은 성숙한 일상품 산업에서 가장 유용한 경쟁우위인 저비용 생산을 제공해준다. 그 증거를 이 회사의 이익에서 찾을 수 있다. 1999년에서 2001년 동안 뉴코의 매출총이익률 평균은 11.8%로 6.5%에 불과한 유에스 스틸의 거의 두 배였다. 또한 뉴코는 압연 강판의 생산 원가를 줄이기 위한 공정 개발을 연구하고 있다. 이 생산 공정을 대규모로 적용하게 된다면 뉴코는 경쟁사를 무찌를 수 있는 또 하나의 비용우위를 달성하게 된다. 경쟁사들은 뉴코와의 경쟁력 격차를 줄이기 위해 효율성 개선에 많은 비용을 투자해야 하지만, 이들이 뉴코에 필적하는 효율성 수준을 달성할 가능성은 거의 없다.

기업들은 효율성 개선을 위한 기술 개발에 많은 돈을 투자하지만,

이 산업에서는 제품 혁신이 여전히 중요한 역할을 한다. 화학 회사들의 경우 신제품은 기업의 매출액을 증가시킬 수 있는 원천들 중 하나이다. 거대 화학기업인 듀폰은 1930년에서 1960년 동안 혁신적인 화학섬유인 나일론, 폴리에스터, 라이크라를 연달아 개발해서 많은 이익을 벌어들였다. 창의성 발전소인 3M은 휴대전화와 같은 하이테크 제품 생산에 사용되는 테이프나 접착제 등 저성장 제품을 이용해서 점진적 혁신을 일궈냈다.

어떤 기업들은 가공되지 않은 상품에 고객이 원하는 가치를 더할 수 있는 제조 방법을 찾아냈다. 이런 부가가치 제품들은 기본재의 원래 가치보다 높은 가치를 창조한다. 가령 1993년에서 2002년 동안 알코아는 더 강하고 가벼우며 보다 다양하게 사용할 수 있는 알루미늄 생산을 위한 신공정 개발에 15억 달러의 연구개발비를 지출했다. 부가가치재를 생산하는 기업들은 기본재 부문에서 가치 있는 틈새시장을 점하고 있다.

하지만 혁신을 이루기는 힘들다. R&D 프로젝트의 80%는 경제적인 실패로 끝나버린다. 듀폰의 연구개발비 예산은 업계 최고 수준을 유지하지만, 최근 몇 년 동안 눈에 띌 만한 블록버스터 제품을 만들지는 못했다. 게다가 듀폰에 많은 수익을 안겨주었던 제품들도 일상품으로 전락했는데, 아시아의 저비용 기업들이 시장에 진입해서 점유율을 빼앗은 탓에 듀폰의 섬유 부문 수익성이 크게 떨어졌기 때문이다.

듀폰의 사례는 저성장 산업에서 혁신이 지닌 문제점을 부각시켜준다. 기업들은 제품 연구에 수백만 달러를 쏟아 붓지만, 경쟁사들은 그만한 연구개발비를 들이지 않고도 이 기술을 쉽게 모방해버린다. 이것은 기업들의 혁신 의욕을 저하시킨다. 결국 기업들은 신제품 발명이 아닌 기존 제품을 개선하기 위한 공정기술과 생산 효율성 향상에 연구개발비를 집중시키게 되었다.

혁신의 또 다른 문제점은 기업이 균형점을 맞추기 힘들어진다는 것이다. 예를 들어 설비산업의 기업들은 제품에 새롭고 편리한 기능을 추가해서 기존 제품이 마모되기 전에 고객들이 새로운 설비를 구매할 수 있도록 유도해야 한다. 이와 동시에 기업은 브랜드 이미지와 고객 충성을 유지하기 위해 신뢰할 수 있고 반영구적인 제품을 만들어야 한다. 더 훌륭하고 혁신적인 제품은 교체주기를 길게 하며 제품 회전율을 줄이고 혁신에 대한 장애율hurdle rate을 높인다. 제품의 성능이 좋아질수록 고객이 제품을 교체할 가능성은 점점 줄어든다.

극심한 경쟁으로 인해 산업재 부문의 연구개발의 효익을 가장 많이 보는 사람은 제품 개발에 자금을 댄 투자자가 아니라 더 새롭고 값싸진 제품을 이용하는 이용자다.

산업재 부문 성공의 보증수표

산업재 부문에서 가장 중요한 것은 효율성이다. 같은 자산에서 경쟁사보다 더 많은 제품을 만들어낼 수 있는 기업은 장기적으로 훌륭한 투자 대상이다. 앞에서도 말했듯이 경쟁은 비용 절감에 대한 압력을 높일 뿐이다. 따라서 기업의 입장에서는 업계 최저의 비용으로 제품을 생산하는 것이 바람직하다.

왜일까? 일반적으로 (투하자본수익률로 측정했을 때) 탄탄한 수익성을 창조하려면 이익률이 높거나 자산을 효율적으로 사용해야 한다. 산업재 부문에서는 치열한 경쟁으로 인해 가격 결정력에 제한이 생기고, 결과적으로는 이익률이 낮아지게 된다. 따라서 자산에서 가장 높은 수익을 뽑아내는 기업이 대부분 가장 훌륭한 성과를 달성한다.

- 효율성 측정 시 가장 흔하게 사용되는 방법은 계산이 쉬운 총자산회전율total asset turnover, TATO이다. 이 비율을 구하려면 연매출액을 총자산(기말자산이나 평균자산 중 하나를 일관적으로 사용한다)으로 나누기만 하면 된다. 평균 총자산을 구하려면 당기의 총자산 금액과 전년도 총자산을 더한 뒤 이를 2로 나누면 된다. 산업재 기업의 TATO가 1.0을 넘으면 일반적으로 꽤 좋은 비율이라고 볼 수 있다. 1.0이 넘는다는 것은 기업이 자산에 1달러를 투자해서 매년 최소한 1달러 이상의 수익을 창출한다는 것을 의미한다.

산업재 부문에서 넓은 해자를 가지고 있는 유나이티드 테크놀로지UTX와 제너럴 다이너믹스GD는 효율성 역시 가장 높은 기업에 속한다. 2002년 UTX의 TATO는 1.0이었고, GD는 1.2였다.

- 효율성을 측정하는 또 다른 방법은 고정자산회전율fixed asset turnover, FATO이다. 이것은 연간 총매출액total annual sales을 순고정자산net fixed assets으로 나눈 값이다. 순고정자산은 대차대조표에 '감가상각누계액을 제외한 유형자산property, plant, and equipment, net of accumulated depreciation'으로 기재돼 있다. FATO 비율을 이용하면 TATO보다 산업재 기업에 대해 더 많은 것을 알 수 있는데, 이는 이 분야의 기업들이 공장이나 설비 같은 유형자산에 의존해서 재화와 수익을 창출하기 때문이다. 또한 인수를 자주하는 기업에서는 영업권이 총자산 중 많은 비중을 차지하는데, FATO를 이용하면 이런 영업권의 영향을 배제할 수 있다.

넓은 해자를 가진 UTX와 GD은 FATO 역시 우수한 수준으로 나타난다. 2002년 UTX의 FATO는 6.2였으며, GD는 7.7이었다. 당연한 일이지만, 이 방법을 사용하면 해자가 전혀 없는 몇몇 일상품 기업들은 그리 훌륭하지 않은 비율을 기록한다. 다우의 FATO 비율은 평균 2.0을 기록하며 듀퐁의 경우는 일반적으로 2.0 이하를 기록한다.

앞에서 언급했듯이 효율성이 뛰어난 산업재 기업들은 가장 훌륭한 성과를 기록한다. 앞에서 언급한 4개 기업들을 살펴보면 UTX와 GD는 1992년에서 2002년 동안 각각 17.2%와 31.5%에 이르는 훌륭한 연간 총수익률을 기록했다(배당 재투자 포함). 이에 반해 다우와 듀퐁은 이에 훨씬 못 미치는 9%와 8.6%의 연간 총수익률을 기록했다. 물론 장기적인 주식 성과에 영향을 미치는 요소는 여러 가지가 있다. 하지만 산업재 기업의 주식 실적에 서는 효율성이 가장 중요한 영향력을 발휘한다고 볼 수 있다.

- 고정자산 외에도 산업재 기업은 운전자본을 효율적으로 관리해야 한다. 재고자산이 창고에 며칠 동안 쌓여 있는지와 고객으로부터 매출대금을 회수하는 데 며칠이 걸리는지를 살펴보면 기업의 영업 상태에 대해 많은 것을 알아낼 수 있다. 가령 재고가 빠른 속도로 증가한다면 회사는 제품 판매가 아닌 생산을 위해 공장을 바쁘게 돌리고 있는 셈이라고 볼 수 있다. 이렇게 되면 기업은 나중에 헐값으로 팔게 될 제품을 열심히 생산하고 있는 것일 수도 있다. 마찬가지로, 매출채권 보유일(외상매출금을 매출수익으로 나눈 값에 365를 곱한 비율)이 증가한다면 회사는 수요 하락을 가리기 위해 고객에게 많은 재고를 떠넘기고 있는 것이라고 볼 수 있다.

- 산업재 기업 대부분은 영업레버리지가 높은데, 이는 대부분의 비용이 판매량이나 매출액에 관계없이 발생하는 고정비라는 것을 의미한다. 기업의 제품 판매가 증가해서 생산량을 늘리는 것이라면 이익률도 따라서 올라간다. 이는 매출액이 증가해도 비용은 거의 같은 수준을 유지하기 때문이다. 하지만 영업레버리지는

양면성을 가지고 있다. 가령 트럭 제조회사인 나비스타Navistar는 1990년대 말 경기순환의 정점 동안 매출 증가 덕분에 영업이익률이 꾸준히 상승해서 거의 10%까지 올라갔다. 그러나 2001년 신형 트럭에 대한 수요가 감소하면서 나비스타의 수익은 20%가 감소했고 영업이익률은 2%대로 급락했다. 다음 해에도 매출 부진이 계속되었고 나비스타는 많은 적자에 시달렸다.

- 성공을 측정해주는 또 다른 지표는 정기적인 배당금 지불의 여부이다. 산업재 부문에서는 배당금 지불이 거의 일상적인 관행이다. 배당금은 회사의 재무 건전성(이익을 창출해서 투자자에게 그 이익을 돌려줄 수 있는 능력)을 나타내주는 훌륭한 지표일 뿐 아니라 경기순환 주식과 관련된 변동성을 어느 정도 무마시켜준다. 현금 배당은 경제 상황에 따라 오르락내리락하는 주식을 보유한 주주들에게 지불하는 보상금인 것이다.

영업의 효율성은 산업재 부문의 지속적이고 장기적인 수익성의 비결이다. 같은 자산으로 경쟁사보다 더 많은 이익을 창출할 수 있는 기업을 찾자. 그러면 투자가치가 가장 높은 산업재 기업을 발견할 수 있을 것이다.

적신호

산업재 부문의 기업들은 전통적인 비즈니스 모델을 가지고 있기 때문에, 문제점을 알아내려면 몇 가지 기본적인 회계 측정 방법을 이용해야 한다. 이 부문에서 복잡하지 않은 기업은 존재하지 않는다. GE의 난해한 재무구조를 살펴보기만 해도 이 부문의 기업들의 운영구조가 얼마나 복잡한지를 충분히 알 수 있다. 하지만 산업재 부문은 일반적으로 꽤 직설적이기 때문에 몇 가지 핵심 측정방법을 이용하면 골치 아픈 상황에 휘말리는 사태를 피할 수 있다. 유심히 관찰할 부분은 세 가지인데, 과도한 부채, 지나치게 많은 연금 채무, 그리고 잘못된 인수 계획이다.

부채

매출액과 이익의 변동이 심할 수 있기 때문에 부채가 지나치게 많은 기업은 경기 침체 동안 채무 계약을 이행하지 못할 수도 있다. 기업의 채무 수준을 알려주는 지표는 부채자본비율debt-to-capital ratio이다. 이 비율은 회사가 채권자에게 지불해야 할 부채를 기업의 장부가치로 나눈 값이다. 이 비율이 높을수록 기업의 재무 위험도 높아진다. 부채자본비율은 간단하게 계산할 수 있는데, 대차대조표상의 부채총계(장기부채와 단기부채)를 대차대조표 상의 자산총계로 나누기만 하면 된다. 어떤 기업은 유동부채를 제외해서 조정하기도 하는데, 이렇게 하면 기업의 장기부채 수준을 더 자세하게 관찰할 수 있다. 일반적으로 부채자본비율이 40%를 넘으면 어느 정도의 리스크가 존재하는 것이며, 70%를 넘는다면 위험한 수준이라고 볼 수 있다.

디어Deere는 합리적인 부채 수준 유지의 중요성을 알려준다. 이 농기구 제조 회사는 1980년대 초 극심한 농업 침체 속에서도 살아남았지만, 재무구조가 약했던 인터내셔널 하비스터International Harvester, 나비스타의 전신는 별로 그렇게 운이 좋지 못했다. 디어의 부채자본비율(유동부채 제외)은 1979년 30%에서 1982년 53%로 최고점에 달했지만, 같은 기간 동안 인터내셔널 하비스터의 부채자본비율은 41%에서 86%로 치솟았다. 인터내셔널 하비스터의 파산 신청과 구조조정은 역사상 가장 유명한 기업 도산 중 하나가 되었다. 그리고 1985년 하비스터는 농기구 사업에서 전면 철수하였다. 현재 대부분의 경쟁사들이 부도로 구조조정 한 기업들을 병합한 것에 지나지 않는 반면, 디어는 강력한 브랜드 명성을 향유하고 있다.

연금

연금이나 기타 퇴직수당 채무 역시 눈여겨봐야 할 부분인데, 이는 이 부문의 기업들 대부분이 존속연수가 수십 년이 넘었으며 직원들에게 오랫동안 어느 정도의 퇴직수당을 지불해왔기 때문이다(기업연금이 회사에 미치는 영향을 다시 확인하려면 제8장을 참조해라). 다시 한 번 디어를 예로 들어보자. 의료비 증가와 보험계약의 변경으로 인해 디어의 연금 지불 예상액은 2001년 64억 달러에서 2002년 말 68억 달러로 증가했다. 또한 연금 투자에서의 손실로 인해 연금자산의 가치는 2001년 말 59억 달러에서 2002년 말 50억 달러로 감소했다. 따라서 기업연금이 18억 달러나 줄어들었다. 회계 지침에 따라 디어는 2002년 말 연금 및 퇴직수당에 대한 부채를 늘려 잡아야 했고 이는 주주자본을 10억 달러나 감소시키는 결과를 가져왔다.

기업은 연금 지급을 분산시켜서 기업연금을 유지시킬 수 있기 때문에 부실 기업연금 그 자체가 반드시 적신호가 되는 것은 아니다. 하지만 디어의 경우처럼 기업연금이 크게 줄었을 때 회사가 어떤 영향을 받는지를 평가할 때에는 부실 연금을 판단 잣대로 이용해야 한다.

인수

산업재 부문의 기업들은 느리게 성장한다. 그래서 어떤 기업들은 확장을 위해 인수 합병을 이용하려 한다. 인수는 주주 가치를 훼손시킬 수 있을 뿐 아니라, 통합에 드는 대규모의 초기 비용은 미래의 이익을 부풀리는 결과를 가져올 수 있다.

가령 2001년 초 다우 케미컬Dow Chemical은 화학용품 제조사인 유니온 카바이드Union Carbide를 인수했다. 협상을 타결하기 위해 회사는 20억 달러의 부채를 추가로 조달했으며 기존 주식의 3분의 1에 해당하는 주식을 추가로 발행했다. 인수 이후 나타난 일련의 상황들은 추가적인 부채 조달과 주주 이익의 희석에서 오는 리스크 증가 때문에 다른 회사를 통합하는 것이 큰 가치가 없음을 입증해줄 뿐이었다. 유니온 카바이드의 일상품적인 제품 라인은 경기순환에 대한 다우의 취약성을 배가시켰으며, 경기 침체가 길어지는 동안 합병은 경영자들의 집중력을 잃게 했다.

합병 이후 미국 경제와 세계 경제는 부진을 면치 못했지만 다우의 경영진은 재무 위험 극복에 초점을 맞추는 대신 기업 합병과 유니온 카바이드의 엄청난 부채를 처리하는 데 관심을 쏟았다. 결국 2002년 말 다우의 부채는 최고점에 달했고 이사회는 CEO를 교체하기로 결정했다. 합병 발표 후 3년이 지난 현재 다우의 주가는 발표 시점보다 38% 하락했지만, 같은 기간 동안 S&P의 주식은 같은 비율의 수익을 기록했다.

시장점유율 쫓기

많은 기업들은 긍정적인 영업레버리지의 혜택을 누리면서 가격 인하를 통해 시장점유율을 높이려 한다. 하지만 산업재 기업에 투자할 때에는 회사가 시장점유율 상승을 효율성 증가라 착각하면서 수익성이 아닌 시장점유율을 더 중시하지는 않는지 조심해야 한다. 대다수 기업들이 시장점유율 상승에 초점을 맞추는 이유는 점유율 상승으로 인한 판매량 증가가 이익률을 높여줄 수 있기 때문이다. 하지만 TATO

와 FATO가 실제로 개선되는 것이 아닌 한, 시장점유율 자체는 효율성을 나타내는 지표가 되지 못한다.

대표적인 예로 다임러크라이슬러DaimlerChrysler의 사업체인 프라이틀라이너Freightliner를 꼽을 수 있다. 1990년대 중반 대형 트럭을 생산하던 프라이틀라이너는 경쟁사인 볼보, 나비스타, 파카Paccar와 치열한 경쟁을 벌이면서 자사 트럭의 재판매 가격을 보증하는 전략을 사용했다. 1999년 프라이틀라이너의 시장점유율은 극적으로 상승했지만 이 전략은 기업의 재무 상태에 재앙과도 같은 악영향을 끼쳤다. 2001년 말 다임러크라이슬러의 상업용 차량 부문은 이런 보증 전략으로 인해 수십억 달러의 영업 손실을 기록했다. 결국 기업이 중점을 둬야 하는 것은 시장점유율이 아니라 지속적인 이익 창출인 것이다.

산업재 시장에서 기회 찾기

산업재 부문에서 가장 훌륭한 펀더멘털을 가진 산업을 찾아내려면 이미 대대적인 통합 과정을 겪은 부문이 어디인지를 알아내야 한다. 그런 다음 국내나 해외 경쟁사에 비해 저비용으로 생산하는 기업을 찾은 뒤, 이 회사의 재무 상태가 건전한지 그리고 다양한 산업에 부가가치재나 서비스를 제공해서 추가적인 수익을 창출하고 있는지를 확인해야 한다. 마지막으로, 알맞은 주가가 어느 수준인지를 계산하고 여기에서 상당한 안전마진을 제한 다음 적당한 매수 기회가 오기를 기다려야 한다.

투자자의 체크리스트: 산업재

☐ 이 부문은 전통적인 구경제에 속하며 고정자산과 고정비 비중이 아주 높다.

☐ 산업재 시장은 일상품 제조 회사(철강, 화학제품)와 비일상품인 부가가치재 및 서비스를 생산하는 회사(기계류 및 일부 전문 화학제품)로 나뉜다.

☐ 일상품 구매자들의 제품 선택 기준은 가격이다. 다시 말해, 일상품은 제조사에 상관없이 동일한 상품으로 취급받는다.

☐ 이 부문 기업들의 매출액과 이익은 경기순환에 아주 민감하게 반응한다.

☐ 이 부문에서는 경쟁우위를 가진 기업은 거의 없다. 하지만 집중산업에 속한 기업(예: 방위산업), 전문적인 틈새상품 제조 기업(예: 알코아와 몇몇 화학제품 제조사들), 그리고 최저의 비용으로 제품을 생산하는 기업(예: 뉴코)들은 어느 정도의 경쟁우위를 가지고 있다.

☐ 효율성이 가장 높은 기업만이 경기 침체를 이겨낼 수 있다. 저비용 기업이나 부채가 거의 없는 회사가 가장 훌륭한 실적을 달성할 수 있다.

☐ 기업의 효율성을 측정하는 수단은 자산회전율(총자산회전율과 고정자산회전율)이다.

☐ 부채가 너무 많거나 기업연금이 부실하거나 경영진의 초점을 분산시키는 대규모 인수 활동을 하는 기업은 조심해야 한다.

25
에너지

폴 라슨, 팻 도시

○○○

에너지를 추출해내는 원천은 석탄, 원자력, 수력, 풍력, 태양력 등 여러 가지가 있지만, 그 중에서 석유와 가스에 필적할 수 있는 것은 없다. 석유와 가스는 세계 에너지 수요의 거의 3분의 2를 공급하고 있다. 자동차 연료와 난방용 연료로 사용될 뿐 아니라 무수한 대형 전력발전소에 연료를 공급해준다. 에너지 부문의 최대기업이 엑손모빌이나 BP처럼 석유회사인 것은 우연의 일치가 아니다.

땅으로부터

우리가 사용하는 에너지의 대부분은 지하에서 나온다. 이것은 죽은 동식물들이 탄화수소로 바뀐 물질이다. 석유와 가스를 발견해서 채굴하는 것을 탐사 및 생산 활동이라고 하며 에너지 기업은 이런 활동을 통해 막대한 가치를 창조한다.

세계 석유 및 가스 자원의 대부분은 석유수출국기구Organization of Petroleum Exporting Countries, OPEC의 회원국에서 생산되며, 중동에서 가장 많이 생산된다. OPEC는 많은 정치적 문제를 야기하지만, 석유를 채굴하는 기업들에게 도움을 많이 준다. OPEC의 목표는 가격을 인위적으로 높여서 석유 산업 전체의 수익성을 유지하는 것이고 이를 위해 기구는 산유량을 조정하고 제한한다. OPEC의 회원국들 대부분이 쿼터량을 준수하지 않는 것은 사실이지만, 이 기구는 조절을 아주 훌륭하게 해내면서 업계의 이익에 많은 도움을 주고 있다.

BP와 엑손모빌처럼 '대규모 통합형major integrated' 에너지 기업들은 석유와 가스를 지하에서 끌어올리는 일을 하지만, 어떤 기업들은 탐사 및 생산 활동 다시 말해 '산유upstream' 단계만을 전문적으로 행한다. OPEC의 산유량 제한이 이런 기업에도 도움이 되는 것은 사실이지만 이들은 대규모 통합형 기업들처럼 다양한 자산을 가지고 있지 않다. 그 결과 탐사 및 생산에 중점을 두는 기업들은 고정비 비중이 높기 때문에 유가의 변동에 따라 이익이 변한다.

에너지주에 투자하는 사람들이 반드시 하는 질문이 있다. 바로 '석유가 고갈되면 어떻게 하지?'라는 질문이다. 이 지구에 매장된 석유와 가스가 제한돼 있는 것은 사실이지만, 우리의 일생 동안 아니 아마도 우리의 손자 세대까지는 고갈되지 않을 것이다. 기술은 심해 등 과거에는 접근조차 상상하지 못했던 지역에서도 석유를 추출할 수 있게 해주었다. 알래스카의 노스슬로프나 북해와 같은 몇몇 지역은 벌써 생산량이 감소하고 있지만, 새로운 유전 발견과 기술 개선은 산유량보다 더 빠른 속도로 매장된 석유를 찾아내고 있다.

송유관으로

석유를 땅에서 추출한 다음에는 정유소에 보낸 뒤 최종 사용자에게 전달해야 한다. 석유 수송에는 선박이 중요한 역할을 하지만 송유관의 역할도 무시하지 말아야 한다. 미국에서는 송유관과 이에 대한 사용 요금은 연방에너지감독위원회Federal Energy Regulatory Commission와 여러 주 감독기관의 규제를 받는다. 송유관에서 나오는 수익은 해마다 큰 폭으로 증가하지는 않지만 대부분의 송유관은 긍정적인 현금흐름을 창출하며 모방이 힘든 서비스를 제공한다.

송유관은 또한 에너지 부문 중에서 석유가격의 영향을 가장 덜 받는 분야에 속한다. 상품 가격이 극단으로 치닫지 않는 한 그리고 판매량이 비교적 일관성을 유지하는 한, 송유관은 기업이 아주 많은 수익을 낼 수 있는 자산이다. 대규모 통합형 석유회사들은 자사가 사용하는 송유관의 대부분을 소유하고 있지만, 킨더 모건Kinder Morgan처럼 독립적인 대형 송유관 회사들도 다수 존재한다.

정유회사로

석유와 가스가 정유소에 도착하면 다운스트림downstream, 석유산업의 수송, 정제, 판매의 단계-옮긴이 작업이 이뤄진다. 정유회사는 원유를 각 구성 성분으로 분해하고 정제해서 휘발유나 제트연료, 중유 등 최종 제품을 생산한다. 독립적인 정유회사들은 여럿이지만, 대부분의 정유회사는 대규모 통합형 석유회사의 자회사이다. 가령 세계 최대의 오일을 생산하는 회사인 엑손모빌은 업계 최대의 정유회사이기도 하다.

장기적으로 볼 때 정유 산업은 땅에서 석유를 추출하는 사업에 비해 수익성이 떨어진다. 이는 이익을 유지시켜주는 정유 카르텔이 없기 때문이다. 정유업의 이익률은 주기적으로 변한다. 하지만 이런 사이클이 반드시 상품 가격의 변동과 맞물려서 발생하는 것은 아니다.

소비자에게

다운스트림의 또 다른 분야는 판매이다. 여기에는 주유소를 통한 석유 판매 뿐 아니라 산업용이나 전력 생산용 연료 판매도 포함된다. 어떤 경우는 소규모 독립적인 마케터들이 대규모 석유회사의 브랜드 판매권을 따내서 주유소를 운영하기도 하지만, 어떤 경우는 대규모 통합형 석유회사들이 직영으로 주유소를 운영하기도 한다. 엑손모빌이나 로열 더치셸Royal Dutch/Shell은 최대의 연료 판매자에 속하는데, 이들은 각각 전 세계 거의 5만여 주유소에서 자사 상품을 판매한다.

서비스 제공

석유와 가스는 큰 사업이기 때문에 석유회사에 상품과 서비스를 제공하는 데 초점을 맞추는 독립적인 산업이 별도로 존재한다. 석유회사들이 가장 흔하게 아웃소싱하는 서비스는 시추 및 유정 관리와 관련된 서비스와 석유 발견을 위한 지진학 연구이다. 핼리버튼Halliburton, 슐럼버거Schlumberger 등이 오일 서비스를 전문으로 하는 대기업이다.

석유회사들은 오랫동안 높은 수익성을 창출해왔지만 대부분의 오일 서비스 기업들은 주주 가치를 창출하는 데 훨씬 힘든 나날을 보내왔다. 이는 오일 서비스 산업의 경쟁이 치열하고 경제적 해자를 구축하기가 힘들기 때문이다. 석유를 생산하는 회사들과 달리 서비스 기업들은 OPEC 카르텔의 덕을 보지 못한다.

재무수치는 오일 서비스 산업의 수익 창출이 얼마나 힘든지를 보여준다. 세계 4대 오일 서비스 기업들 중에서 지난 5년 동안 자본비용을 넘어서는 이익을 벌어들인 곳은 하나도 없었다. 유가가 높은 호경기에는 그저 그런 수익을 벌어들이며, 낮을 때는 적자를 면하기 힘들다. 그 결과 이 산업은 주주를 위한 가치를 창출하는 데 어려움을 겪고 있다.

또한 산업 역시 극도로 경기순환의 영향을 받는데, 시추 서비스와 장비에 대한 단기 수요는 변동이 심한데다 석유 및 가스 가격에 대한 의존성이 높기 때문이다. 유가가 높으면(2000년) 베이커 휴즈의 전화는 쉴 새 없이 울린다. 석유회사들이 이익을 많이 낼 수 있을 때 더 많은 유정을 시추해서 더 많은 석유를 팔기 원하기 때문이다. 하지만 유가가 배럴당 10달러까지 급락하면(1998년) 수요는 금세 사라져서 거의 정지 상태가 돼버린다. 석유회사들은 얄팍한 현금흐름으로 운영을 해야 될 때면 제일 먼저 새로운 유정 시추에 대한 예산부터 삭감한다. 이로 인해 주가는 단기적으로 오르락내리락하는데 이는 시장이 다음 사이클의 움직임을 추측하려 하기 때문이다. 하지만 장기 투자자들은 사이클의 저점에서 발생하는 손실을 면하기 힘들다.

다행히도 이 산업에도 몇 가지 밝은 면이 존재한다. 고급 오일 서비스에 대한 장기적인 수요 증가를 그 중 하나로 꼽을 수 있다. 이는 석유회사들이 새로운 유전을 찾기 위해 더 멀리 더 깊은 곳까지 탐사하기를 원하기 때문이다. 또한 러시아나 이라크처럼 새로 문을 연 시장에도 상당한 기회가 존재한다. 이런 지역은 석유가 풍부하게 매장돼 있지만 생산기술은 낙후돼 있는 편이다. 유가가 낮을 때는 몇 가지 고전을 면하지 못하겠지만, 오일 서비스 분야의 장기적인 매출 증가 전망은 괜찮은 편이다. 하지만 오일 서비스 분야의 기업들이 이런 매출 증가를 수익성 향상으로 연결시키기는 계속 힘들 것으로 보인다. 치열한 경쟁이 이익 마진을 낮출 것이기 때문이다.

원유 가격의 영향

짐작하다시피 원유 가격은 석유 산업의 전망과 운영방식에 큰 영향을 끼친다. 하루에 땅에서 끌어올릴 수 있는 원유의 양은 정해져 있지만 이 검은 황금의 가격은 변동이 심하다. 게다가 영업비의 대부분이 고정비이기 때문에 석유 산업은 상당히 높은 수준의 영업레버리지를 유지할 수밖에 없다.

어떤 회사가 땅에서 석유를 끌어올려서 정유소로 보내는 데 배럴당 15달러의 비용이 든다고 가정해보자. 이 비용은 대부분 고정비이며 원유 가격과 상관없이 발생한다. 유가가 배럴당 18달러라면 이 회사는 배럴당 3달러의 이익을 남길 수 있다. 하지만 유가가 배럴당 30달러라면 이 회사는 15달러의 이익을 벌 수 있다. 배럴당 18달러일 때보다 수익이 두 배 증가한 것은 아니지만 이익은 다섯 배나 증가한 것이다.

[표 25.1]은 유가가 이익에 미치는 영향을 보여준다. 그 외의 요소도 영향을 끼치지만 특정 시점에서 에너지 부문의 재무 건전성에 가장 큰 영향을 끼치는 것은 단연코 유가이다.

모든 석유나 모든 석유회사가 다 동일한 것은 아니다. 가령 중동산

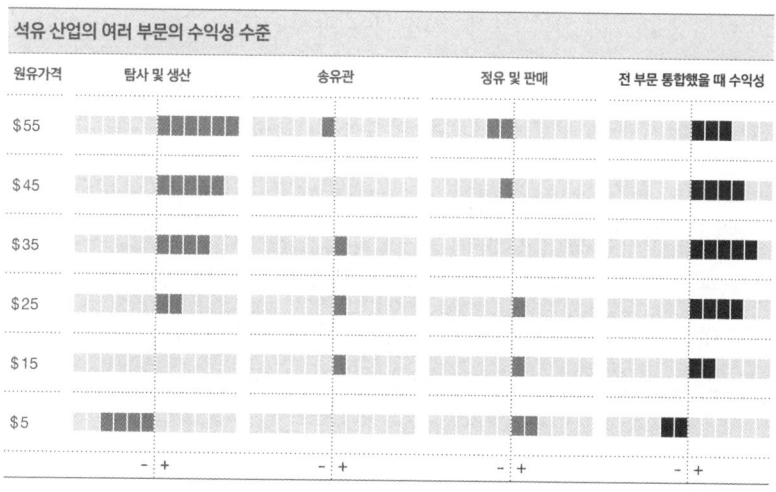

[표 25.1] 원유가격이 석유회사 여러 부문의 수익성에 미치는 영향 (출처: 모닝스타)

원유를 시장에 가져오는 데는 배럴당 10달러 이하의 비용이 들 수 있다. 하지만 유사(오일을 다량 포함한 모래-옮긴이)에서 추출되는 캐나다산 석유는 그 두 배의 비용이 든다. 유가가 높으면 석유회사는 과거에 수지 타산이 맞지 않았던 지역에서도 석유를 생산할 수 있다. 원유 가격은 석유회사의 재무 상태에 극적인 영향을 끼치는 것은 물론이고 석유가 생산되는 방법과 장소에도 큰 영향을 끼칠 수 있다.

정유 부문의 이익률은 원유 가격에 그렇게 많은 영향을 받지 않는다. 유가가 높으면 정유회사의 원재료 비용이 상승하지만 이 비용의 일부는 소비자에게 전가시킬 수 있다. 얼마나 전가시킬 수 있는지는 세계경제가 얼마나 건강한지에 따라 그리고 특정 시점에서 정유회사의 초과 생산력이 얼마나 많은지 또는 적은지에 따라 달라진다.

원유 가격에 대한 의존도가 이렇게 높기 때문에 에너지 기업들의 이익은 분기마다 천차만별로 달라질 수 있지만, 장기적으로 따졌을 때의 평균 수익성은 상당히 높은 편이다. 2001년 세계에서 80억 달러 이상의 이익을 낸 7대 기업 중 세 곳이 석유 회사인 것은 결코 우연의 일치가 아니다. 석유 산업의 장기적인 경제 특성이 매력적이지 않다면 오늘날 에너지 산업 규모가 이토록 커졌을 리 만무하다.

에너지 부문의 경제적 해자

원유 가격의 영향력이 그토록 큰 산업에서 지속적인 경제적 해자를 구축하는 것은 쉬운 일이 아니다. 그럼에도 몇몇 에너지 기업은 넓은 해자를 구축하고 있다. 그들은 어떻게 한 것일까?

석유수출국기구 OPEC

현재 석유회사의 이익 창출에 가장 도움이 되는 요인은 단연코

> **빠지기 쉬운 투자 함정: 사이클에 속아 넘어가다**
>
> 에너지 부문은 경기순환성이 아주 높은 편이다. 공급과 시장 수요에 약간의 변화만 발생해도 상품 가격과 이익에 막대한 영향을 끼칠 수 있다. 하지만 사이클의 고점이나 저점 모두 그리 오래가는 편은 아니다. 이 부문에 투자하려면 이 점을 항상 유념해야 한다. 그렇지 않으면 이 부문의 주가가 쌀 때 주식을 팔려 할 것이고(상황이 호전되기 시작하는 시기인데도) 또는 사이클의 정점에서 기업들이 많은 수익을 거두고 있을 때 주식을 사려 할 것이다(성장 속도가 둔화되기 시작할 것인데도). 가령 엑손모빌은 1999년 사이클의 저점이어서 수익이 낮은 편이었는데도 주가는 주당 순이익의 30배가 넘게 거래되고 있었다. 조금 비싸 보이는 가격이었다. 하지만 이 회사의 이익은 다시 오르기 시작했고 그 이후 주식은 시장을 추월하는 실적을 거두었다. 일반적으로 유가가 배럴당 30달러가 넘으면 사이클의 정점을, 10달러 수준은 저점을 나타낸다.

OPEC 카르텔이다. OPEC는 전 세계 산유량의 3분의 1만을 통제할 뿐이지만 에너지 시장은 공급에 작은 동요나 변수만 생겨도 아주 민감하게 반응한다. 이런 사실은 OPEC가 원유 가격을 조절하는 데 막강한 힘을 휘두를 수 있게 해준다. 따라서 기구는 장기적인 원유 가격이 장기적인 석유 생산 비용을 초과하는 수준을 유지하도록 도와준다.

게다가 OPEC 회원국들의 매장량은 현재의 산유량을 훨씬 앞지르기 때문에 이 기구의 영향력은 당분간은 계속 유지될 것이다. 비록 회원국들이 할당량을 조금씩 어기고 있을지라도 말이다. 그렇다 할지라도 OPEC에 속하지 않은 회원국들의 석유 고갈 속도가 OPEC 회원국들보다 빠른 속도로 이뤄지고 있기 때문에 OPEC의 영향력은 시간이 흐를수록 더욱 강해질 것이다.

이 책을 쓰던 시점의 OPEC의 목표는 유가를 배럴당 20에서 28달러선으로 유지하는 것이다. 이 수준 아래로 내려가면 수익성이 떨어진다. 30달러가 넘으면 소비자들이 기름을 아끼기 시작하고 세계 경제가 혼란에 휩싸이기 시작하면서 판매량이 줄어들 것이다. 에너지주의 투자자들은 OPEC가 원유 가격에 미치는 영향을 제대로 이해해야 한다. 이 기구가 정한 적정선이 20~28달러 수준이고, 유가가 배럴당 10달러대 중반을 넘어서는 한 대부분의 석유회사들이 이익을 낸다는 사실을 생각해보라. 중요한 것은 OPEC가 업계의 수익성에 아주 많은 도움을 준다는 사실과 석유회사들이 훌륭한 투자 대상이 되는 것에 이 기구가 가장 큰 역할을 하고 있다는 사실이다.

OPEC는 성공적으로 유가를 높게 유지시킬 수 있었지만, 이 기구는 시장 전반에 절대적인 파워를 발휘하지는 못한다. 어쨌든 OPEC의 회원국들은 정해진 할당량만을 생산할 수 있으며 이런 할당량이 항상 즉각적인 영향을 끼치는 것은 아니다. 더욱이 석유회사들이 OPEC 회원국에서 석유를 생산할 경우 이들은 때로는 할당량 유지를 위해 제한된 양의 석유만을 끌어올려야 한다. 하지만 이는 석유 산업이 OPEC에서 받는 도움에 비하면 별로 큰 지장은 되지 않는다.

규모의 경제

다른 상품 산업과 마찬가지로 에너지 기업의 수익성에도 규모의 경제가 큰 역할을 한다. 업스트림 비용(석유를 발견하고 시추하는 데 드는 비용)은 대부분 이 회사의 석유가 매장된 지리나 지질학적 위치에 따라 달라진다. 하지만 그럴 때도 비용 절감은 경쟁우위를 제공해줄 수 있다. 하지만 다운스트림(정유 및 판매) 부문의 규모의 경제는 결정적인 역할을 하는데, 이는 기업이 구축할 수 있는 경제적 해자는 규모의 경제가 거의 전부라고 봐도 과언이 아니기 때문이다.

규모의 경제가 석유 산업에서 중요한 역할을 한다는 사실은 석유회사의 재무제표에도 여실히 나타난다. 수익성과 투하자본수익률은 기업의 규모와 밀접한 상관관계를 가진다. 규모가 큰 기업일수록 공급업자에게 더 큰 영향력을 발휘할 수 있으며, 간접비를 보다 넓게 분산시킬 수 있고, 사이클의 저점을 무리 없이 견뎌낼 수 있다.

에너지 기업 성공의 보증수표

석유회사들은 성공적으로 주주를 위한 가치를 부가해올 수 있었다. 이 산업에 투자할 때 찾아봐야 할 기본적인 성격들은 다음과 같다.

탄탄한 과거 재무 기록

한 번의 사이클이 완료되는 동안(예:5년) 회사가 이익을 낼 수 있었는가? 엑손모빌이나 BP 같은 통합형 석유회사들의 경우는 유가가 떨어졌을 때도 이익을 낼 수 있어야 한다. 유가가 배럴당 10달러 수준으로 떨어졌던 1998년을 기준으로 삼을 수 있다. 탐사와 생산만 하고 정유는 하지 않는 기업은 2000년과 같은 호황기에 풍족한 이익을 거둘 수만 있다면 불경기에 적자를 겪는다고 최악의 상황으로 떨어지지는 않는다. 수익성은 높을수록 그리고 그 기간이 길수록 좋다.

깨끗한 대차대조표

에너지 부문은 경기순환성이 높기 때문에 기업들은 주기적으로 불어 닥치는 불경기를 이겨낼 수 있는 탄탄한 자금력을 갖추고 있어야 한다. 탐사 및 생산에 주력하는 기업의 경우는 자금력이 더욱 필수적인 요소이다. 기본적으로 채무가 없는 엑손모빌과 셸의 대차대조표가 입증하듯이, 채무를 지지 않고도 성장을 이룰 수 있다. 부채자본비율은 1.0 이하인 것이 좋다.

1.0 이상의 재고대체비율

재고대체비율reserve replacement ratio은 기업이 일정 기간 동안 발견한 석유량을 같은 기간 동안 생산한 석유량으로 나눈 것이다. 회사의 발견한 양보다 생산한 양이 더 많다면 재고(여기서는 미래의 생산량)가 줄어들 것이다. 그렇게 되면 수익을 유지하기 위해 탐사활동이나 기존 유전 인수에 더 많은 비용을 투자해야 할 것이다.

주주 친화적인 현금흐름 사용

에너지 부문은 오래되었다. 따라서 대규모 통합형 석유회사와 같은 안정적인 기업들은 사업에 재투자할 수 있는 것보다 훨씬 많은 현금흐름을 창출한다. 우수한 석유회사들은 성장기회에 돈을 투자하면서도 주주들에게 넉넉한 배당을 지불하거나 자사주 매입을 한다.

에너지 부문의 리스크

다른 부문과 마찬가지로 에너지 부문의 투자에도 여러 가지 리스크가 존재한다. 가장 큰 리스크는 OPEC 카르텔이 석유시장에 대한 영향력을 상실하는 것이다. 그런 일이 발생한다면 장기적인 수익성이 타격을 입을 것이다. 이는 원유 가격이 생산비에 근접하는 수준으로 떨어질 것이기 때문이다. 만약 사우디아라비아나 이란처럼 OPEC의 강력한 회원국 중 하나가 기구를 탈퇴해서 판매량을 자의대로 결정하려 한다면 이런 일이 발생할 수도 있다. 하지만 그럴 가능성은 거의 없는데, OPEC의 회원국들은 모두 이 기구의 도움을 받고 있으며 이들의 재무적인 이익도 기구의 지속적인 성장과 맥락을 같이하기 때문이다.

러시아 역시 OPEC에 위협이 된다. 러시아는 OPEC에 가입하지 않은 비회원국 중 최대의 석유 매장량을 자랑하기 때문이다. 러시아는 1990년대 경제와 정치 전반에 혼란을 겪으면서 산유량에 차질이 빚어졌지만, 최근 몇 년 동안 생산량이 꾸준히 증가하고 있다. 2002년 러시아는 하루 800만 배럴이 넘는 석유를 생산했으며, 이는 사우디아라비아에 맞먹는 수준이다. 주요 수출국으로서의 러시아의 위치 격상은 OPEC의 힘을 감소시킬 수 있지만, 러시아 경제는 석유산업의 부와 밀접하게 연관돼 있다. 또한 러시아는 가격이 낮을 경우에는 기꺼이 공급량을 줄여왔다는 것도 고려해야 한다.

에너지 산업에는 상당한 정치적 리스크가 존재한다. 정치적으로 불안한 나라에서 조업을 하는 회사들이 많기 때문에, 회사가 갑자기 그 나라에서 퇴출당하거나 세금이 터무니없이 인상되거나 자산에 치명적인 손상을 입을 위험이 있다.

마지막으로 미래의 기술 발전은 에너지 획득 방법을 획기적으로 바꿀 수도 있다. 더 깨끗하고 값싼 에너지원에 대한 꿈은 결코 사라지지 않을 것이고 언젠가는 실현될 것이다. 에너지 부문의 투자자에게는 다행스런 일이지만, 석유와 가스에 대한 세계의 중독 현상을 바꿀 만한 대체에너지는 조만간 나오지 않을 것이다.

결론

에너지 산업에 몇 가지 리스크가 존재하는 것은 사실이다. 하지만 이런 리스크들은 수십 년 동안 존재해왔으며 수천억 달러의 주주 가치를 창출하는 데 전혀 방해가 되지 못했다. 에너지 주식은 한 세기가 넘도록 우수한 투자 대상이었으며, 이런 긍정적인 환경이 당분간은 지속될 것이라 여겨진다. 장기적으로 볼 때 에너지 주식은 투자자에게 지속적이고 강력한 수익을 제공해줄 수 있으므로, 이 부문을 좀 더 자세히 알아두는 편이 좋을 것이다.

투자자의 체크리스트: 에너지

- 에너지 부문의 수익성은 원유 가격에 크게 의존한다. 유가는 경기순환성이 높으며 이 부문의 이익도 마찬가지이다. 가격이 높아서 이익이 크게 오를 때보다는 사이클의 저점에서 가격이 낮을 때 주식을 사는 것이 좋다.
- 이 부문은 경기순환성이 높긴 하지만 여러 에너지 기업들은 사이클의 저점일 때도 흑자를 유지한다. 에너지 부문에 투자할 때는 이런 장점을 가진 기업을 찾아야 한다.
- OPEC는 유가를 생산비보다 높게 유지해서 에너지 부문에 많은 도움을 주는 강력한 기구이다. OPEC의 힘을 유심히 살펴볼 필요가 있다.
- 정유 및 판매 부문보다는 탐사 및 생산 부문이 더 매력적인 투자 대상이며, 이는 OPEC가 존재하기 때문이다.
- 상품시장에서는 규모의 경제를 달성하는 것만이 경쟁우위를 얻을 수 있는 유일한 방법이다. 따라서 규모가 큰 기업이 더 많은 수익을 낼 수 있으므로, 대기업일수록 더 매력적인 투자 대상이다.

- ☐ 매장량(재고)과 매장량 증가에 유념해야 한다. 이는 기업이 미래에 더 많은 수익을 창출할 수 있는 강력한 자산이기 때문이다.
- ☐ 강력한 대차대조표를 가진 기업은 채무 부담이 많은 기업보다 사이클의 저점을 보다 무사히 견뎌낼 수 있다. 배당을 하고 자사주 매입을 하면서도 추가적인 채무 부담 없이 새로운 프로젝트에 투자할 여력이 있는 기업을 찾아야 한다.

26
유틸리티

폴 라슨, 팻 도시

○○○

유틸리티 산업(전기 가스 등 기반시설 관련 산업-옮긴이)는 한때 보수적인 투자 대상으로 여겨졌었다. 이 부문은 '과부와 고아'들이 선호하는 투자였는데, 배당을 통해 안전하게 소득을 벌 수 있는 안전한 투자 대상으로 여겨졌기 때문이다. 그러나 이제는 아니다.

규제 완화는 이 과거의 천국을 완전히 뒤바꿔놓았다. 많은 유틸리티 기업들은 고수익을 보장해주는 독점 환경에서 영업을 하고 있었지만 규제가 완화되면서 경쟁이 치열하고 고정비 비중이 높으며 상품시장의 변동이 심한 환경에서 사업을 꾸려나가게 되었다. 규제 완화가 확대될수록 업계의 경쟁은 더욱 심해질 것이다. 규정이 변해버렸고, 이 부문은 매력적인 투자 대상이라는 위치를 상실하고 말았다.

전기 부문

순수하게 가스나 수도를 제공하는 회사들이 몇몇 있지만(니코Nicor와 필라델피아 서브어번Philadelphia Suburban 등) 유틸리티 부문에서는 전력 서비스를 제공하는 회사들이 공개기업들 중 상위권을 점하고 있다.

전력 사업은 기본적으로 발전, 송전, 배전이라는 세 개의 분야로 나뉠 수 있다. 20세기 대부분 동안 유틸리티 기업들은 규제를 받는 독점 상태로 사업을 꾸렸으며 대부분의 기업들은 세 가지 분야를 하나로 통합해서 서비스를 제공했다. 하지만 규제 환경이 변하면서 많은 유틸리티 기업들은 보다 전문적인 서비스로 영업 분야를 세분화시켜야 했다. 규제 완화가 행해지지 않은 주에서 영업을 하는 몇몇 유틸리티 기업은 여전히 통합형 기업이 서비스를 제공하지만, 다른 지역의 기업들은 한 두 가지 중점 부문에 대한 서비스만을 제공해야 한다.

발전

이들은 자체적으로 발전소를 운영하는 기업들로, 석탄이나 천연가스, 우라늄을 투입해서 전력을 생산한다. 1992년 연방법은 유틸리티 기업들에 발전 자산을 다른 사업 부문과 분리할 것을 명했고, 이것은 주 차원의 규제 완화를 위한 발판을 마련하는 계기가 되었다. 어떤 주는 전력 발전 부문이 완전경쟁으로 돌아서서 자유시장의 원칙에 따라 전기료가 정해지지만, 어떤 주는 여전히 완전 규제 상태에서 도매 요금으로 계산된다. 규제가 완전히 철폐된 주에서는 유틸리티 기업의 배전 담당 사업부가 자사의 발전 사업부와 경쟁 중인 제3의 발전 회사로부터 전력을 사는 경우도 있다. 또한 펜실베이니아와 같은 주는 고객들이 발전회사를 스스로 선택할 수 있다. 가령 고객은 더 비싼 요금을 지불하고 풍력이나 태양력으로 생산되는 전력을 구매할 수도 있다.

발전은 유틸리티 부문 중에서 경쟁이 가장 치열하다고 볼 수 있는데, 그 이유는 전력이 순수한 상품에 속하고 진입장벽이 비교적 낮은 데다 그나마도 허물어지고 있기 때문이다. 또한 이 부문은 규제 완화가 가장 많이 진행되어서 독립적인 전력 제조사들에 대한 문이 개방되어 있다. 경쟁이 치열하고 수익성이 낮아지고 있기 때문에 이익을 창출하기가 점점 힘들어지고 있다.

송전

송전은 장거리에 걸쳐 전력을 보내는 사업을 말한다. 큰 고압장치나 고압선을 생각하면 된다. 몇몇 주 당국은 유틸리티 기업에 송전 자산을 지역별 시설망을 운영하는 제3의 사업자에게 처분할 것을 명했다. 하지만 대부분의 유틸리티 기업은 송전 회사에 대한 지분을 그대로 보유하고 있다. 시설망 소유에 상관없이 요금은 감독기관의 규제를 받으며, 발전 회사들은 시설망을 공동으로 이용할 수 있다. 모든 시설망을 공동으로 이용할 수 있는 것은 아니지만, 이것은 보다 많은 경쟁을 촉진할 수 있는 기본적인 규제 완화라고 볼 수 있다.

송전 부문은 일반적으로 경제적 해자가 상당히 넓다. 이는 막대한 초기 비용과 넘비 현상으로 인해 진입장벽이 높기 때문이다. 하지만 감독 기관이 요금과 수익을 규제하고 있기 때문에 기업들은 초과 가치를 창출하기가 어렵다.

배전

전력을 배분하는 기업들은 최종적인 전선을 소유해서 각 가정과 사업체에 전력을 공급해준다. 고객이 전력 발전 회사를 임의로 선택할 수 있는 주에서도 고객 서비스와 청구서 업무, 각 시스템에 대한 사용료 계산은 최종 전선을 소유한 기업들이 담당한다.

전력 배분은 유틸리티 부문에서 경제적 해자가 가장 넓은 부문이다. 기본적으로 대안이 전혀 없는 시장 독점을 향유하기 때문이다. 규제가 완화된 주도 예외는 아니다. 하지만 이런 시장 독점 탓에 이 부문은 정부의 통제를 가장 많이 받는다. 따라서 고객에게 부과하는 요금은 감독기관의 규제를 받고 투자수익률도 상한선이 정해져 있기 때문에 유틸리티 기업들은 이런 경제적 해자를 초과수익으로 연결시키기가 힘들다. 초과수익이 없다면 주주 가치 창출도 고전을 면하기 힘들다.

규제, 규제, 규제

부동산에서는 위치가 가치 창출의 가장 중요한 요소라면, 유틸리티 부문에서 가장 중요한 요소는 단연코 규제이다. 이 부문의 기업들은 여러 가지 과중한 규제를 받고 있으며, 규제 체제의 변화는 산업의 경쟁 구조를 완전히 뒤바꿔놓았다.

투자자의 관점에서 볼 때 가장 중요한 규제는 주 차원의 규제이다. 이는 유틸리티 산업의 구조와 경쟁 수준, 요금 등에 대한 결정을 내리는 당사자가 주 정부이기 때문이다. 현재 경쟁 구조는 주마다 다르다. 어떤 주는 여전히 감독기관의 온갖 규제 아래 독점 기업들이 사업을 행하고 있으며, 어떤 주는 부분적으로 완전 자유시장의 체제하에서 경쟁이 벌어지고 있다. 각 주는 저마다 다른 경쟁 구조를 가지고 있으며 이런 구조는 현재 변화의 과정을 밟고 있다.

다음으로 가장 중요한 규제는 연방 수준의 규제이다. 에너지부Department of Energy, DOE와 연방에너지규제위원회Federal Energy Regulatory, FERC가 정한 규칙을 기본으로 주 차원의 규제법이 정해진다. 1992년 이후 행해진 규제 완화의 물결은 대부분 FERC의 법규에 따른 것이다.

마지막으로 대부분의 유틸리티 기업은 연방 차원에서 사업적인 규제를 받는다. 연방환경처Environmental Protection Agency, EPA는 발전소가 대기 중에 배출할 수 있는 배출량을 제한하기 때문에 유틸리티 기업들에 많은 힘을 휘두를 수 있다. 이 기관의 규제가 중요한 이유는 석탄 연료를 사용하는 화력발전소가 미국 내 발전시설의 대부분을 차지하고 있기 때문이다. 핵연료를 사용하는 원자력발전소 역시 원자력규제위원회Nuclear Regulatory Commission, NRC의 날카로운 감시를 받으며 사업을 운영해야 한다.

입법기관과 감독기관 모두 이 부문에 막대한 영향력을 발휘한다는 사실을 유념해야 한다. 기본적인 규제를 이해하지 못하거나 규제가 기업의 영업과 경쟁 위치에 어떤 영향을 미치는지를 이해하지 못한다면 유틸리티 기업에 대한 심층적인 분석도 불가능하다. 이것은 결코 쉬운 일이 아니며 이로 인해 유틸리티 기업에 대한 분석이 훨씬 복잡해진다.

유틸리티 부문의 재무적 특성

대부분의 유틸리티 기업은 영업레버리지와 재무레버리지가 상당히 높은 편이다. 영업적인 측면에서는 대부분의 비용이 고정비이며 비중이 큰 유일한 변동비는 연료이다. 하지만 영업레버리지가 높은 것은 큰 문제가 되지 않는다. 계절마다 수요 패턴이 다르긴 하지만 전력에 대한 수요는 분기별로 큰 변화가 없기 때문이다.

차라리 재무레버리지가 높다는 점을 유념해야 한다. 유틸리티 기업이 높은 채무 부담을 지고 있는 이유는 이해하기 어렵지 않다. 감독기관이 요금의 상한선을 정해놓고 있기 때문에, 유틸리티 기업들은 이익률이나 총자산이익률을 플러스이긴 하지만 비교적 낮은 수준으로 유지해야 했다. 따라서 (주당 순이익과 배당뿐만 아니라) 재무레버리지를

> ### 빠지기 쉬운 투자 함정: 불안전한 배당
>
> 많은 투자자들은 유틸리티 부문의 주식 다수가 많은 배당을 지불하기 때문에 투자한다. 하지만 배당은 지불 당사자인 기업이 재무적으로 건전할 때에만 안전하게 지불이 보장된다. 유틸리티 부문은 대략 이익의 4분의 3을 배당으로 지불하기 때문에 높은 배당금 비율은 불경기 때에는 배당금이 줄어들 소지를 안고 있다. 배당금이 90% 이상 줄거나 부채총자본비율 debt-to-total capital ratio 이 50% 이상 오를 경우에는 조심해야 한다.
>
> '너무 좋아서 사실이라고 믿기 어렵다면 실제로 사실이 아닐 수도 있다.'는 속담은 높은 배당 수익에도 그대로 적용된다. 주식의 배당이 너무 높으면(가령 비교 가능한 종목이 5%의 배당만을 지불한다면) 기업이 모종의 문제에 직면했다는 징후가 될 수도 있다. 결국 기업이 문제에 부딪치면 주가가 떨어지고 이것이 배당 비율을 높이게 되는 것이다. 또한 재무적으로 문제를 겪는 기업이 현금을 유지하기 위해 쉽게 쓰는 방법은 배당금을 줄이는 것이다.

높여 자기자본이익률을 손쉽게 올렸다.

대출기관의 입장에서 볼 때 유틸리티 기업은 상당히 안정적인 사업이었다. 현금흐름의 예측 가능성이 높기 때문에 이자 지불에도 큰 문제가 없었다. 또한 발전소나 부동산 등 고정자산이 훌륭한 담보가 될 수 있었기 때문에 대출기관들은 앞 다퉈 돈을 빌려주었다.

불행히도 현재 많은 유틸리티 기업들은 이런 높은 채무 부담의 후유증에 시달리고 있다. 유틸리티 부문에 대한 규제가 완화되기 전에는 이런 채무액이 큰 부담이 되지 않았지만 지금은 상황이 변했다. 기업들은 안정적인 사업을 운영하는 대신 규제 완화로 인해 치열한 경쟁에 시달리고 있으며, 부채는 수익을 높이기 위한 수단이 아니라 현금흐름을 빠져나가게 하는 위험한 존재가 되고 말았다.

유틸리티 기업 성공의 보증수표

규제 체제에 변화가 일고 있다면 대다수의 투자자들은 유틸리티 종목을 조심해서 다뤄야 하지만, 이 산업에도 적절한 가격에 산다면 좋은 투자가 될 수 있는 안정적인 기업들이 존재한다. 다음과 같은 특징을 살펴봐야 한다.

안정적이고 호의적인 규제 체제

최소한의 경쟁이 벌어지는 주에서 사업을 운영하는 유틸리티 기업은 규제 완화로 시장이 개방된 주에서 영업하는 기업보다 훨씬 유리한 위치에 있다. 일반적으로 남동부와 로키 산맥 동부에 위치한 주들이 매력적인 지역인데 규제 완화가 훨씬 덜 진행된 편이고 서둘러서 규제를 풀어야 할 필요성도 없기 때문이다. 이와 달리 북동부와 남서부의 주들은 규제가 가장 적기 때문에 이 지역의 유틸리티 기업은 가장 불안정한 환경에서 경쟁을 벌여야 한다. 가령 서던 컴퍼니Southern Company는 주로 남동부에서 사업을 운영하고 감독기관과의 관계 조율도 잘하고 있기 때문에 서던 캘리포니아 에디슨Southern California Edison, SCE과 같은 회사보다 훨씬 매력적인 투자 대상이 된다. SCE는 변덕이 심한 캘리포니아 감독기관이나 정치 환경을 헤쳐나가야 하며 이런 요인 때문에 이 회사는 과거에 이미 파업을 경험한 적이 있다.

탄탄한 대차대조표

많은 현금을 보유하고 있고 비교적 낮은 채무 수준을 유지하는 것은 바람직한 일이다. 유틸리티 부문처럼 변화의 소용돌이에 휘말린 부문에서는 더욱 중요하다. 유틸리티 부문의 평균 부채총자본비율은 60% 수준이고 이보다 낮아야 바람직하다.

기본에 충실한가

핵심 사업 이외의 영역으로 발을 뻗는 기업은 사업 초점을 유지하는 회사보다 실적이 훨씬 안 좋다. 해외 발전소 건설, 투기적인 에너지 거래, 통신 서비스 등 무모한 사업 확장으로 여러 유틸리티 기업과 에너지 기업은 거의 파산할 뻔 했다. 유틸리티 기업으로서의 본분에 만족하고 가장 잘할 수 있는 분야에서 최선을 다하는 유틸리티 기업들이 그렇지 않은 기업보다 훨씬 좋은 실적을 거두고 있다.

유틸리티 부문의 리스크

앞에서도 언급했듯이 이 부문은 한때 가장 안정적이고 리스크가 없는 산업이었지만 이제는 가장 많은 리스크가 존재하는 부문으로 전락했다. 불행히도 유틸리티 부문의 리스크를 증가시키는 요인인 규제 변화는 현재도 계속 진행 중에 있다.

아직 규제가 완화되지 않는 지역에서 사업을 하는 기업들도 앞으로는 규제 완화의 위험에 처하게 될 것이다. 경쟁 증가는 결코 득이 되지 않는다. 연방 차원에서는 이미 유틸리티 부문에 대한 규제 완화가 자리를 잡았고 각 주들도 같은 방향을 걷기 시작할 것이다. 잘못된 규제 변화로 인해 발생한 캘리포니아의 에너지 위기는 여러 주의 규제 완화 속도를 주춤거리게 만들었지만, 펜실베이니아 같은 여러 주들의 규제 완화는 훨씬 성공적인 결과를 보여주었다.

규제 완화에 성공한 주들이 생기면서 아직 규제가 진행 중인 주들에도 규제 완화에 대한 압력이 증가할 것이고 결국은 이를 진행하지 않을 수 없을 것이다.

유틸리티 부문의 또 다른 위험은 (규제 완화 여부와 상관없이) 환경적인 리스크다. 발전소는 어느 정도의 오염을 방출하며, 환경에 대한 규제가 강화되면 유틸리티 기업의 발전소는 배출량을 줄이기 위한 시설 구축에 많은 비용을 지출해야 할 것이다.

마지막으로 유틸리티 부문 전체에는 상당한 유동성 리스크가 존재한다. 상환 기일이 왔는데도 부채를 상환하지 못한다면 회사는 유동성 경색liquidity crunch에 직면해서 피치 못하게 가치를 파괴하는 수단을 택하게 될 수도 있다. 고금리 부채를 조달하거나, 자산을 헐값에 매각하거나, 주식가치를 희석시키는 2차 분매secondary offerings, 이미 발행한 증권을 대량으로 파는 것-옮긴이를 실시하게 된다. 일단 기업이 채무시장에서 신용을 상실하면 이를 회복하기가 힘들며 많은 비용이 들게 된다.

전체적인 밑그림

유틸리티 부문을 이해할 때는 규제 완화는 중요성을 인식하는 것이 키포인트다. 평화롭고 안정적이던 유틸리티의 시대는 과거사가 돼버렸다. 그리고 기업들은 경쟁의 바다에서 가라앉든가 헤엄치든가 양자택일을 해야 한다. 몇몇 기업은 훌륭한 사업 실적으로 주주에게 가치를 창출해줄 수 있지만, 이 부문의 주식을 살 때는 아주 까다로운 투자자가 되어야 할 것이다.

투자자의 체크리스트: 유틸리티

☐ 유틸리티는 더 이상 과거의 무풍지대가 아니다. 적절한 주의를 기울여서 살펴봐야 할 것이다.

☐ 유틸리티 부문은 대부분 주 차원에서 경쟁을 벌인다. 어떤 주는 이미 규제 완화가 상당히 진행된 반면 어떤 주는 아직 규제 완화가 전혀 진행되지 않고 있다. 각 주의 다양한 규제 환경을 이해하려면 머리가 핑핑 돌 것이다. 하지만 이 부문을 이해하려면 반드시 짚고 넘어가야 한다.

☐ 규제 완화가 진행되지 않은 유틸리티 기업은 넓은 경제적 해자를 가지고 있는데, 이들이 독점 기업이기 때문이다. 하지만 각종 규제는 이들이 이런 경쟁우위를 초과이익으로 연결하는 것은 허용하지 않는다는 사실을 명심해야 한다. 또한 규제는 언제라도 바뀔 수 있다.

☐ 유틸리티 부문의 또 다른 위험은(규제 완화 여부에 상관없이) 환경적인 리스크다. 대부분의 발전소는 어느 정도 오염물질을 배출한다. 환경 규제가 강화되면 비용이 올라갈 수 있다.

☐ 유틸리티 부문은 영업레버리지와 재무레버리지가 상당히 높다. 규제 상황에서 사업을 행하는 기업에는 이것이 큰 문제가 되지 않지만, 경쟁 증가의 환경에서 사업을 행하는 기업에는 상당한 리스크가 될 수 있다.

☐ 배당 때문에 유틸리티 주식을 산다면 이 기업이 배당 지불을 유지할 수 있을 정도로 자금력이 튼튼한지를 반드시 확인해야 한다.

☐ 유틸리티 기업이 안정적인 규제 환경에서 사업을 행하고 있으며 비교적 탄탄한 대차대조표를 가지고 있고 핵심 사업에 전념한다면 이 부문에서는 최고의 투자 기회를 찾은 것이라고 볼 수 있다.

추천 도서 및 모닝스타 자료

The Essay of Warren Buffet: Lessons for Corporate America by Warren E. Buffett and Lawrence A. Cunningham, 2001. 워렌 버핏이 여러 해에 걸쳐 쓴 글들을 발췌한 내용으로 이뤄져 있으며 주제별로 체계적으로 짜여 있다. 읽을 때 마다 신선한 충격으로 다가오는 책. (국내 번역서 『워런 버핏의 주주 서한』, 서울문화사)

Finance & Accounting for Nonfinancial Managers by Steven A. Finkler, 2002. 쉬운 회계 입문서.

Common Stocks and Uncommon Profits and Other Writings by Philip A. Fisher, 1995. 워런 버핏에게 많은 영향을 끼쳤으며, 위대한 기업을 찾는 방법을 알려주는 명저. (국내 번역서 『위대한 기업에 투자하라』『보수적인 투자자는 마음이 편하다』, 굿모닝북스)

Intelligent Investor: A Book of Practical Counsel by Benjamin Graham, 1985. 방어적인 투자자와 '진취적인' 투자자 모두에게 유용한 충고를 담고 있다. 리스크와 투자에 대한 영원한 고전. (국내 번역서 『현명한 투자자』, 국일

증권경제연구소)

Value Investing: From Graham to Buffet and Beyond by Bruce C. N. Grrenwald, Judd Kahn, Paul D. Sonkin, Michael van Biema, 2001. 기업 평가의 방법을 여러 가지 예를 적용해서 보여주는 신선한 책. (국내번역서 『가치투자』, 국일증권경제연구소)

Analysis for Financial Management by Robert C. Higgins, 2000. 재무제표와 수익성 분석에 관한 가장 훌륭한 입문서.

Buffet: The Making of an American Capitalist by Roger Lowenstein, 1996. 위대한 작가가 쓴 위대한 전기. 버핏을 공부하지 않고서는 진지한 투자자라 자부할 수 없다.

Advances in Behavioral Finance by Richard H. Thaler, 1993. 행태재무론에 대한 주요 주제들을 다룬 종합적 학술논문. 행태재무론은 인간이 어떻게 행동하고 변화하는지를 고려하는 재무론의 한 분야이다.

How to Buy Stocks by Brendan C. Boyd, Louis Engel, 1991. 초보 주식 투자자라면 이 책부터 시작하는 것이 좋다. 시장이 움직이는 방법을 익히는 데 도움이 되는 책.

Financial Shenanigans by Howard M. Schilit, 2002. 회계 부정을 피하고 의심쩍은 보고 관행을 간파하는 데 절대적인 도움이 되는 책.

Letters to Shareholders, Berkshire Hathaway Annual Reports, www.berkshirehathaway.com, www.berkshirehathaway.com/letters/letters.html.

Decision Traps: The Ten Barriers to Brilliant Decision-Making and How to Overcome Them by J. Edward Russo, Paul J. H. Schoemaker, 1989. 행태재무론의 시초가 된 책.

Why Smart People Make Big Money Mistakes and How to Correct Them: Lessons From the New Science of Behavioral Economics by Gary Belsky,

Thomas Gilovich, 2000. 행태재무론의 기본을 쉽게 설명한 책. (국내 번역서 『영리한 당신 왜 큰돈을 못 벌까』, 현실과미래)

A Random Walk Down Wall Street by Burton G. Malkiel, 2003. 주가 변동의 요인에 대한 종합적이고 명쾌한 책으로 투자자의 필독서. (국내 번역서 『월가에서 배우는 랜덤워크 투자전략』, 국일증권경제연구소)

Stocks for the Long Run: The Definitive Guide to Financial Market Returns and Long-Term Investment Strategies by Jeremy J. Siegel, 1998. 장기 투자에 대한 명저. 권위 있는 자료와 역사적인 관점이 풍부한 책. (국내 번역서 『제레미 시겔의 주식투자 바이블』, 거름)

Devil Take the Hindmost: A History of Financial Speculation by Edward Chancellor, 2000. 금융투기에 대한 매혹적인 역사서. (국내 번역서 『금융투기의 역사』, 국일증권경제연구소)

When Genius Failed: The Rise and Fall of Long-Term Capital Management by Roger Lowenstein, 2001. 롱텀캐피털매니지먼트의 성공과 실패에 관한 이야기는 전율마저 느끼게 한다. 멋진 책. (국내 번역서 『천재들의 실패』, 동방미디어)

The Money Masters by John Train, 1994. 아홉 명의 위대한 투자자들의 투자전략을 종합적으로 살펴볼 수 있는 흥미진진한 전기.

Damn Right: Behind the Scenes with Berkshire Hathaway Billionaire Charlie Munger by Janet Rowe, 2003. 워렌 버핏의 동료인 찰리 멍거는 버핏에 비해 덜 알려져 있다. 하지만 그는 투자에 관한 매우 날카로운 통찰력을 가지고 있다.

이 책 외에도 모닝스타는 주식 투자자들을 위한 여러 자료들을 출간한다.

「Morningstar StockInvestor」

주식투자에 도움이 되는 32페이지 분량의 내용으로 구성된 월간 소식지. 여러 투자 방식에 대한 모닝스타 주식 포트폴리오 두 가지와 선택된 포트폴리오 종목에 대한 종합적인 분석, 그리고 모닝스타의 주식 애널리스트 30명이 전하는 주식 전망, 어떤 종목을 사고 팔아야 하는지에 대한 내용이 담겨 있다.

「Morningstar Buy/Sell Report」

8페이지 분량으로 이뤄진 소식지로서, 어떤 주식을 사고 어떤 주식을 팔아야 하는지, 그리고 왜 그래야 하는지를 알려준다. 또한 매달 편집자들이 지난달에 선정한 주식을 다시 분석하면서 그들의 의견 변화와 투자자들이 알아야 하는 분석 내용을 전해 준다.

Morningstar.com

주식, 펀드, 채권, 퇴직연금 등에 대한 투자정보를 알려주는 모닝스타의 웹사이트. 투자자는 강력한 포트폴리오 도구 외에 팻 도시를 포함한 모닝스타의 애널리스트와 편집자들이 전하는 내용을 매일 접할 수 있다. 이 사이트에 있는 정보는 대부분이 무료이며, 보다 심층적이고 정교한 분석도구를 필요로 하는 투자자는 소정의 사용료를 내고 프리미엄 멤버십 서비스를 이용할 수 있다(무료로 프리미엄 멤버십 서비스를 시범 사용해볼 수 있다).

『Morningstar Stocks 500』

1년에 한 번씩 발행하는 500개의 최우수 종목과 인기 종목에 대한 방대한 보고서를 담은 책. 신간은 매년 1월에 발행되며 각 주식의 연말 실적과 종합적인 재무 데이터, 업계 실적에 대한 핵심 데이터를 담고 있다.

부록

모닝스타 주식 등급 평가
Morningstar Rating™ for Stocks 방법론

권용일(모닝스타투자자문)

2001년 8월 모닝스타 주식 등급 평가Morningstar Rating™ for Stocks를 시작할 때, 모닝스타의 목표는 주식투자를 하는 투자자들이 대답하기 가장 어려운 질문(현재의 주가가 기업가치를 제대로 반영하고 있는가?)에 답할 수 있도록 도움을 주는 것이었다. 이를 위해 모닝스타는 현 주가 수준 대비 위험조정을 감안한 내재가치에 대한 의견을 제시하기 위해 모닝스타 주식 등급 평가를 시작하게 됐다.

현재 90여 명의 모닝스타 주식 애널리스트들이 일부 외국기업을 포함해 100여 개 이상의 산업에 속한 1,700여 개의 미국 주식들을 평가하고 있다. 일반적으로 각 산업에서 시가총액이나 매출액 기준으로 규모가 가장 큰 기업들이 평가 대상이 된다. 그러나 잘 알려지지 않은 기업이라 할지라도 훌륭한 사업모델을 가지고 있다고 생각하고 적절한 가격에 매력적인 투자가 될 수 있는 기업들은 평가 대상에 포함될 수 있다.

모닝스타 주식 등급 평가는 주가가 내재가치에 비해 할증되어 거래되는지 혹은 할인되어 거래되는지에 대해 말해준다. '별 5개 등급'의 주식은 내재가치에 비해 가장 매력적인 수준에서 거래되고 있음을 의미하고, '별 1개 등급'의 주식은 내재가치에 비해 높은 가격에 거래되고 있음을 의미한다.

이러한 모닝스타 주식 등급 평가를 위해서는 다음과 같은 세 가지 중요한 구성요소가 필요하다.

1. 내재가치의 산정
2. 기업의 사업 위험 측정
3. 기업의 현재 주가

내재가치의 산정은 기업의 미래현금흐름과 미래현금흐름을 할인하는 할인율의 산정에 기반을 둔다. 동시에 해당 기업의 추이를 매일 조사하며 해당 기업에 변동사항이 있을 경우 기업의 내재가치에 변화를 준다.

기업의 내재가치가 산정되면, 기업의 현재 주가와 비교한다. 이때 기업의 사업 위험을 고려한다. 다시 말해, 사업 위험이 큰 기업일수록 '별 5개의 매수 등급'을 받기 위해서는 더 저평가되어야 한다. '별 5개 등급' 주식의 분포는 매일 달라질 수 있다. 그렇기 때문에 별의 개수들의 분포를 통해서 전체적인 주식시장의 주가 수준을 가늠할 수 있는 것이다. 따라서 전체적으로 '별 5개 등급'의 주식들이 많이 분포하고 있다면, '별의 개수'가 적은 주식들이 많이 분포할 때 보다 주식시장은 저평가되어 있음을 의미한다.

내재가치의 산정

내재가치의 산정을 위해 먼저 다음과 같은 세 개의 가치 산정 기간을 나눈다.

1. 첫해부터 5년까지
2. 6년째부터 특정 시점까지
3. 특정 시점부터 기업의 청산 시점까지

각 기간 동안 발생한 할인잉여현금흐름discounted FCF을 합산함으로써 총기업가치EV를 구한다. 그 후 부채는 제외하고, 부외부채와 부외자산은 조정한 후 보통주의 내재가치를 산정하게 된다. 구체적인 내재가치 산정 모델의 구성 단계는 다음과 같다.

1) 첫 번째 단계

매출액 성장, 이익률, 세율, 운전자본의 변화, 그리고 자본지출을 고려해 기업의 향후 5년간의 성과를 정밀하게 예측한다. 이 5년의 기간이 첫 번째 단계에 해당된다.

2) 두 번째 단계

두 번째 단계의 기간은 기업의 경제적 해자economic moat의 강도에 따라 다르다. 경제적 해자란 '워런 버핏'이 언급한 용어로써 기업의 미래 이익에 대한 예측 가능성과 지속성을 설명하는 개념이다. 자유시장경제는 '평균 이상의 투하자본수익률ROIC'을 점차적으로 감소시키는 경향이 있다. 만일 한 기업이 높은 투하자본수익률을 보인다면, 그것은 경쟁자들을 유인할 것이며, 경쟁자들은 해당 기업의 초과수익을 점차적으로 잠식해나갈 것이다. 오직 광범위한 경제적 해자(경쟁자들이 대체할 수 없는 기업 고유의 경쟁력)를 구축한 기업만이 장기간에 걸쳐 이러한 경쟁력을 유지할 수 있는 것이다.

두 번째 단계는 기업의 한계투하자본수익률marginal ROIC이 자본비용 수준으로 하락(또는 상승)하는 기간으로 정의한다. 이 단계는 5년(경제적 해자가 전혀 없는 기업의 경우)에서 20년(광범위한 경제적 해자를 갖춘 기업의 경우) 사이의 기간이 될 수 있다. 다음 세 가지 가정을 바탕으로 이 기간 동안의 현금흐름을 예측할 수 있다.

1. 5년째 해의 투자율
2. 6년째 해의 증분투하자본수익률incremental ROIC
3. 6년째부터 특정 시점까지의 기간

투자율과 한계투하자본수익률은 서서히 감소해갈 것이며, 기업이 자본비용을 충당할 수 없을 정도로 수익을 내지 못하게 될 경우, 한계투하자본수익률은 드디어 기업의 자본비용에 도달한 것으로 볼 수 있고, 이때를 두 번째 단계가 종료되는 시점으로 본다.

3) 세 번째 단계

일단, 기업의 한계투하자본수익률이 자본비용에 도달하게 되면, 이러한 상태가 영구적으로 지속될 것으로 가정한다. 이 기간의 새로운 투자에 대한 수익률은 기업의 가중평균자본비용WACC과 일치하게 될 것이다. 기업이 더 많은 잉여현금흐름FCF을 창출할수록 더 높은 내재가치를 갖게 되는 것으로 볼 수 있지만, 현 상태에서 추가로 투입되는 자본은 어떠한 가치도 창출하지 못한다. 따라서 주식의 내재가치는

'첫해부터 5년까지'의 현금흐름, '6년째부터 특정 시점까지'의 현금흐름, 그리고 '특정 시점부터 기업의 청산 시점까지'의 잔존가치를 가중평균자본비용WACC으로 할인한 현재가치의 합이 된다. 은행, 보험회사, 그리고 부동산투자신탁REITs과 같은 금융회사의 경우에는 다른 가치평가 모델을 사용하지만 기본 원칙은 동일하며, 계산 과정만 다를 뿐이다.

할인율 Discount Rates

모닝스타에서는 미래현금흐름을 할인하는 할인율을 결정할 때, 주가의 변동성(베타)은 내재가치에 비해서 저렴한 가격에 주식을 취득할 수 있는 기회를 제공하기 때문에 무시한다. 대신에 기업의 사업이 직면한 펀더멘털 리스크에 초점을 맞춘다. 이상적으로, 할인율은 투자자에게 미치는 영구적 자본손실위험을 반영하는 것으로 본다.

주식의 자본비용을 산정할 때, 기업의 다음 부분들을 살펴본다.

· 재무레버리지: 부채가 적을수록 더 좋은 것으로 봄.

· 순환성: 기업의 기복이 적을수록 더 좋은 것으로 봄.

· 규모: 아주 작은 규모의 기업에는 페널티를 부가함.

· 잉여현금흐름FCF: 매출액 대비 현금흐름의 비중이 클수록, 그리고 지속적일수록 더 좋은 것으로 봄.

주식의 자본비용은 최소 8.0%로 본다. 이는 무위험이자율 5.5%(10년 만기 미국

채 평균수익률)와 리스크 프리미엄 2.5%의 합과 같다. 펀더멘탈 리스크 요인에 대한 각 기업의 평점에 기초해, 리스크 요인이 클수록 더 큰 주식 자본비용을 산정하게 된다. 2005년 11월 기준, 미국의 국내 비금융회사들의 주식자본비용은 8%에서 16%로 분포하고 있으며, 중앙값은 11%로 산출되었다. 주주와 채권자 모두에게 귀속되는 현금흐름의 가치를 산정하기 때문에, 할인율은 가중평균자본비용 WACC을 사용한다. 부채 자본비용은 일반적으로 회사채 경상수익률 current yield과 기업의 한계차입비용 추정치 중에서 더 높은 것을 사용한다.

부외자산과 부채: 옵션, 연금, 기타.

모닝스타에서는 내재가치를 산정할 때, 부외자산은 더하고 부외부채는 제외한다. 부외자산에는 장부상에는 기록되었지만 저평가된 부동산도 포함한다. 부외부채는 주로 '불충분한 퇴직연금기금'과 '스톡옵 선발행비용'을 포함한다. 스톡옵션은 현 주주들에게 분명한 비용이 되기 때문에 내재가치 산정 시에 반드시 차감하여야 한다.

모닝스타 주식 등급 평가

내재가치를 추정한 후, 리스크 평가를 감안해 최종적으로 모닝스타 주식 등급 평가가 이루어진다. 사업위험은 다음과 같은 두 가지 관점에서 평가해 4개(평균 이하, 평균, 평균 이상, 그리고 투기 수준)의 그룹으로 나뉜다.

- 경제적 해자Economic Moat: 기업 경쟁력의 강도와 잉여현금흐름의 예측 가능성
- 이벤트 리스크Event Risk: 소송, 단일 상품 리스크, 그리고 제도 변화와 같이 현금흐름예측을 어렵게 하는 일시적 충격에 대한 기업의 취약성

예를 들어, 만일 어떤 기업이 광범위한 경제적 해자를 구축하고 있고, 이벤트 리스크가 거의 없다면, 그 기업은 '평균 이하'의 사업위험 그룹으로 분류될 것이다. 마찬가지로, 경제적 해자를 전혀 구축하지 못하고, 이벤트 리스크에는 상당히 취약한 기업이라면, '평균 이상'의 사업위험 그룹으로 분류될 것이다. 아래 테이블은 각 사업위험 그룹에 대한 모닝스타 주식 등급 평가의 '연평균 3년 기대수익률'을 보여주고 있다.

아래 표를 살펴보면, 위험이 높은 주식일수록, 위험이 낮은 주식에 비해 더 높은 '연평균 3년 기대수익률'을 예상할 수 있다. 투자자에게 상당히 높은 영구적 자본손실 위험이 예상되거나 시나리오 분석의 결과치가 지나치게 광범위하게 분포한다면, 이는 '투기 수준'으로 판정

사업위험	5 stars	4 stars	3 stars	2 stars	1 stars
평균 이하	> 15.5	15.5~13.0	13.0~6.0	6.0~0.0	< 0.0
평균	> 20.5	20.5~15.0	15.0~6.0	6.0~2.5	< 2.5
평균 이상	> 30.5	30.5~18.0	18.0~7.0	7.0~5.5	< 5.5
투기 수준	> 40.5	40.5~30.0	30.0~7.0	7.0~5.5	< 5.5

연평균 3년 기대수익률(%)

한다.

위와 같은 기대수익률을 계산하기 위해 먼저 각각의 사업위험 그룹 내에 있는 기업들의 평균자본비용을 구하고 평균자본비용에 해당하는 기업들을 중심으로 '별 3개 등급'을 매긴다. 현재 '평균 이하'에 해당하는 사업위험 그룹에 대해서 9.5%, '평균'에 해당하는 사업위험 그룹에 대해서 10.5%, '평균 이상'에 해당하는 사업위험 그룹에대해서는 12.5%의 평균자본비용 수준을 보이고 있다. 만일 주식이 내재가치와 비슷한 수준에서 거래되고 있다면, 미래수익률은 자본비용과 거의 유사한 수준이 될 것이다. 즉, 투자자에게 주식 보유 위험을 보상하는 수준의 수익을 제공하는 것이다. 모닝스타는 이 정도의 수익을 '별 3개

모닝스타 주식 등급 평가 방법론

등급'으로 정의한다.

'별 1개 등급'에 해당하는 사업위험 그룹의 최대 기대수익률은 무위험이자율에 해당하는 5.5%로 설정한다. 모닝스타는 투자자들이 '별 1개 등급'에 해당하는 사업위험 그룹의 주식에 투자하는 경우 무위험이자율 이상의 수익률은 얻기 힘들 것으로 판단한다. 따라서 이러한 경우, 투자자들은 주식 보유 위험에 대해 적절히 보상받지 못하게 되는 것이다.

예를 들어, '평균 이상'의 사업위험에 해당하는 주식이 $20달러에 거래되고 있다고 가정해보자. 그리고 내재가치는 $35라고 가정하자. '연평균 3년 기대수익률'을 계산하기 위해, 먼저 3년 후의 내재가치가 얼마인지를 판단해야 한다.

미래 내재가치는 다음과 같이 정의한다.

$$\text{미래 내재가치} = \text{현재 내재가치} \times (1 + \text{주식의 평균자본비용})^3$$

위의 예는 $35 \times (1.125)^3$과 같이 계산될 것이고, 계산 값은 $49.83이 된다. 즉, 3년 후의 미래 내재가치는 $49.83가 된다. 그리고 다음 공식을 이용해 '연평균 3년 기대수익률'을 구할 수 있다.

$$\text{현재 주가}(1 + \text{기대수익률})^3 = \text{미래 내재가치}$$

현 주가는 $20이고, 미래 내재가치는 $49.83이므로 예상되는 3년간의 연평균수익률은 36%이 된다. 위 테이블을 다시 살펴보면, 이 수익률은 '별 5개 등급'의 사업위험 그룹에 해당하는 것으로써 충분히 높은 수익률에 해당한다.

주가 변동에 따른 평가등급의 변동

모닝스타는 개별 주식의 종가를 기준으로 모닝스타 주식 등급 평가를 매일 업데이트한다. 따라서 등급은 주식의 내재가치 혹은 기업의 사업위험, 또는 주가의 변화에 따라 변할 수 있다. 즉, 갑작스런 주가 변화가 등급의 변화를 초래할 수 있다는 점에서 모닝스타 주식 등급 평가는 특별한 것이 된다(만일 새로운 정보를 가치평가 모델에 적용하는 데 시간이 필요하다고 여겨진다면, 새로운 내재가치가 산출되어 공개되기까지 주식 등급 평가를 "검토 중"으로 표시한다).

주가의 작은 변동으로 인한 등급 변화의 빈도를 줄이기 위해 두 등급 간의 기준 수치에 범퍼역할을 하는 작은 범위를 형성한다. 범퍼는 주가의 아주 미묘한 변화로 인한 등급의 상향이나 하향의 급변을 막는 역할을 한다.

모닝스타 주식 등급 평가에 따른 투자 성과 분석

이러한 모닝스타 주식 등급은 투자자들에게 다음과 같은 이점을 제공해 줄 수 있다.

1. 주식이 과대평가됐는지 혹은 과소평가됐는지에 대한 지표를 제시해준다.
2. 1,700여 개의 기업에 대해 매일의 최신정보를 반영한 가치평가를 제공해준다.
3. 투자자들을 단순히 일시적인 유행이 테마주가 아닌 합리적인 가격에 거래되는 훌륭한 기업으로 이끌어준다.

'별 5개 등급'에 사서, '별 1개 등급'에 파는 전략	*개시일 이후	3년	1년
Buy at 5, Sell at 1 (시간가중 수익률)	7.30%	22.00%	8.00%
Buy at 5, Sell at 1 (금액가중 수익률)	11.90%	21.10%	9.50%
S&P 500 (가치가중 주가지수 수익률)	2.60%	14.40%	4.90%
S&P 500 (동일가중 주가지수 수익률)	8.50%	21.20%	8.10%

2005년 12월 30일 기준
*모닝스타주식등급평가 개시일: 2001년 8월 6일.

    모닝스타는 정기적으로 주식 등급 평가에 따른 주식의 성과를 검토해서 그 결과를 모닝스타의 웹사이트를 통해서 제공하고 있다. 2005년에도, 주식 등급 평가의 유효성은 계속해서 입증되었다. '별 5개 등급'의 주식을 사서 '별 1개 등급'이 될 때까지 보유하는 전략을 취하는 가상의 포트폴리오 성과를 측정할 경우, 다음 표와 같은 결과가 나왔다.

    모닝스타의 주식 분석 보고서는 아래의 웹사이트를 통해서 볼 수 있다.

    http://www.morningstar.com/Cover/Stocks.html?pgid=hetabstocks

색인

ㄱ

가중평균자본비용(WACC) 60
가치
    영구가치 214
    현재가치 178, 205
가치 평가 186
    가치평가를 무시한다 54
    내재가치 204
    원칙 36
가치의 결정 요인 211
감가상각 108, 115
개닛 391
갭 288, 301
건강보험/의료관리 283-5
게티 이미지 306
경기순환 기업 197, 208
경기순환성 213, 355, 364, 376
경영진 157
경영진의 인격 164
경쟁 전략 분석 56
경쟁사의 접근 차단 68
경쟁우위 기간 56
경쟁적 지역전화 사업자 400

경제적 해자 33, 56
    개념 56
    구축 60
    분석 57, 76
    수명 71
고객 속박 66
고객관계관리(CRM) 363
고든 무어 375
고정자산 81
고정자산회전율(FATO) 436, 442
골든 웨스트 334
과거 실적에 대한 PER 199
관리의료제도(MCO) 283
규모의 경제 304, 308
규제 완화 458, 461
긍정적인 뉴스 53
기업
    경영진 157
    기업 분석 129
    부정적인 가능성 127, 153
    성장성 127, 130
    수익성 127, 135
    재무 건전성 127, 149
기업공개(IPO) 251
기업의 재무 건전성 149

ㄴ

나비스타 438

내셔널 프로세싱 304, 307

네트워크 효과 70

넥스텔 커뮤니케이션 408

노키아 74, 129, 194

노텔 379, 385

뉴스코프 398

뉴코 431, 433, 443

니코 458

닐스 노블리트 244

ㄷ

다각화 339, 344

다우 케미컬 436, 441

다이렉트 커넥트 408, 410

다임러크라이슬러 442

단기차입금 102

대손충당금 97, 176, 183, 325

대차대조표(재무상태표) 92

    비유동부채 102

    비유동자산 99

    유동부채 101

    유동자산 94

    주주자본 103

더글러스 대프트 159

데인 밀러 244

델 65, 73, 91, 96, 379

델타 75

돈의 흐름 79

듀퐁 434, 437

드류이 243

디어앤코 429, 439

디즈니 64, 74, 159, 387, 398

ㄹ

래리 엘리슨 163, 245

랠스턴 퓨리나 413

레드 랍스터 289, 292

레드햇 362

레버리지 이해하기 32

로버트 하프 309, 311

로열 더치셸 447

로우스 145, 287, 288, 293, 298

루슨트 172, 379, 385

루이스 메이싱어 160

리글리 413

리눅스 362

리니어 테크놀로지 381

리드 엘스비어 397

리버티 미디어 398

리스크

    금융산업의 리스크 319

    미디어 부문의 리스크 398

    에너지 산업의 리스크 454

    위험프리미엄 206

    유틸리티 부문의 리스크 462

리스크 중심 비즈니스 283

리퍼블릭 서비스 312

ㅁ

마이크로소프트 46, 69, 143, 145, 222, 361, 372, 379

마이크론 테크놀로지 75, 214

마이클 아이스너 398

마이클 포터 56

마켈 358

매출
    매출원가(손익계산서) 103
    수익(손익계산서) 98
    증가 127

맥그로힐 392, 397

맥도널드 222, 288

맥심 인티그레이티드 프로덕츠 381

머크 55, 168, 265, 272

메드트로닉 282

메이태그 75

메트라이프 347

모닝스타 49, 204, 211, 247

모토롤라 190

무디스 260, 309

미디어 386
    경제적 해자 390
    돈 버는 방법 387
    리스크 398
    방송과 케이블 392

    성공 보증 수표 396
    엔터테인먼트 산업 394
    출판 391

미란트 47

밀러 413, 422

ㅂ

바이 앤드 홀드 전략 51

바이어컴 391

바이오멧 235, 261

바이오젠 IDEC 278

발생주의 회계 79

방송과 케이블 392

배당금 121

뱅가드 65, 187

뱅크 오브 뉴욕 342

뱅크 오브 아메리카 306, 329

뱅크원 327, 330

버라이즌 159, 401

버크셔 해서웨이 31, 49, 131, 357

법인세, 이자 및 감가상각비 차감전 이익 (EBITDA) 406

베스트바이 74, 137

베이커 휴즈 448

벤저민 그레이엄 192, 220

벨사우스 401

보수 159

보잉 221

보험

    생명보험 345

    손해보험 349

복제 의약품 회사 274

복합성 할인율 213

볼보 442

부채 122, 409, 439

부채비율 149

브리스톨-마이어스 스큅 272

블록버스터 의약품 271

비용 64, 379

비유동부채 102

비이자수입 318

비자 305

비즈니스 서비스

    경제적 해자 304

    고정자산 기반 312

    기술 기반 306

    아웃소싱 경향 304

    인력 기반 309

빌 리글리 주니어 420

빠지기 쉬운 투자 함정 45, 300, 314, 378, 395, 405, 406, 410, 451, 463

ㅅ

사기(fraud) 171

사베인스 옥슬리 법 161

사우스웨스트 항공 60, 64, 75, 313, 315

사이릭스 378

사이몬 앤드 슈스터 387

산업

    분석 75

    일상품 산업 63

산업재 427

    경기순환성의 문제 428

    경제적 해자 432

    성공 보증 수표 435

    적신호 438

    투자 기회 442

샘 월튼 130

생명공학 기업들 275

생명보험 345

서던 캘리포니아 에디슨(SCE) 464

서던 컴퍼니 464

서킷시티 75, 137

석유수출국기구(OPEC) 444, 450

성장성

    매출 129

    성장의 원천 129

    성장의 품질 132

    인수 130

    저품질 성장 128

    제조된 성장 133

    투기적 성장 290

세금 혜택 115

세금(손익계산서) 110

세이프웨이 413
센추리텔 403, 409
셀 454
소니 63, 364
소매업 293
소비자 서비스
    소매업 293
    요식업 289
소비자 제품 412
    경제적 해자 419
    돈 버는 방법 413
    성공 보증 수표 422
    성장을 위한 핵심 전략 413
소프트웨어
    경제적 해자 365
    성공 보증 수표 369
    세부 분야 362
    적신호 368
    회계 366
손익계산서 78, 103
    감가상각비 108
    매출원가 105
    비경상비용/이익 108
    세금 110
    수익 105
    순이익 111
    영업이익 109
    이자소득/ 이자비용 110

주당순이익 113
주식 수 111
총이익 105
판매 및 일반관리비(SG&A) 107
수익 인식의 원칙 105
수익률 200
수익성
    기업의 수익성 135
    수익성 평가 57
    수익성 행렬 143
수탁고(AUM) 340
순수익 318
순이자수입 325
슐럼버거 447
스머커즈 413
스타벅스 146, 222, 226, 254, 291
스테이트 스트리트 342
스테이트 팜 355
스테이플스 75, 293, 298
스트라이커 67
스티브 잡스 146, 245
시골 지역전화 사업자(RLEC) 408
시그나 288
시만텍 364
시벨 시스템즈 364
시스코 시스템즈 56, 378, 380, 382
시어스 293, 296, 321
시장 49

씨티그룹 319, 328, 329
시티즌스 커뮤니케이션 403, 409
식품의약청(FDA) 269
신용 리스크의 관리 320
신타스 260, 304, 307
썬 마이크로시스템스 181

ㅇ

아마존닷컴 71, 145
아서 앤더슨 311
아스트라제네카 272
아웃백 스테이크하우스 289, 292
아웃소싱 경향 304
안전마진 34, 220
안호이저 부시 129, 221, 413, 419, 422
알카텔 379
알코아 431, 443
암젠 276
애버크롬비 앤드 피치 35, 63, 299, 301
애트나 288
액센츄어 309
앰베스캡 341
야후! 52, 71
약품 개발 과정 267-8
어도비 73, 364
어드밴스트 마이크로 디바이시즈(AMD) 66, 224, 378
어빙 피셔 205

얼라이드 도멕 413
얼라이드 웨이스트 312
에너지 444
경제적 해자 450
리스크 454
서비스 제공 447
성공 보증 수표 453
원유 가격의 영향 448
에너지 산업의 다운스트림 446
에이번 417
엑손모빌 74, 444, 453
엔론 47
엘리 릴리 271, 273
연금 440
연금재정의 확충 179
자금이 넘치는 연금 178
자금이 부족한 연금 178
연방에너지감독위원회 446
연방통신위원회(FCC) 390
연차보고서 79
영업 활동과 순현금 119
영업 활동으로 인한 현금흐름 113, 142
영업권 100, 193
영업레버리지 307, 430
예측 PER 199
오라클 163, 197, 245, 363, 372
오라클 재팬 198
오토데스크 365

오피스디포 293, 298

오피스맥스 293, 298

올리브 가든 292

올텔 403

옴니콤 303, 309

와이어스 273

왓슨(Waston Pharmaceuticals) 274

외상매입금 102, 117

외상매출금 81, 95, 117

외상매출금 회수기간 367, 373

요구수익률 220

요식업 289

운전자본의 변화 117

울워스 36, 293

워너 브라더스 387, 397

워런 버핏 31, 49, 56, 131, 352

워싱턴 포스트 396

원유 가격 448

월그린 287, 288, 296, 300

월드콤/MCI 402, 409

월마트 35, 73, 130, 149, 265, 287, 288, 289, 294, 296, 299, 412, 417

웨스턴 유니언 71, 307

웨이스트 매니지먼트 74, 303, 312, 314, 315

웬디스 292

웰스 파고 319, 323, 330

위임장 설명서 158

윌리엄 리글리 주니어 사 420

윌리엄스 커뮤니케이션 406

윌텔 409

유나이티드 테크놀로지 73, 432, 436

유나이티드 항공 303

유나이티드헬스 그룹 285

유니온 카바이드 441

유동부채 101

유동성 매각 322

유에스 뱅코프 330

유에스 스틸 433

유틸리티 458

  규제 461

  리스크 465

  성공 보증 수표 464

  재무적 특성 462

  전기 458

유형고정자산(PP&E) 99

은행 317

  경제적 해자 328

  리스크 319

  성공의 보증 수표 330

  유동성매각 322

  이자율 위험의 관리 324

의료산업 263

  건강보험/ 의료 관리 283

  경제적 해자 264

복제 의약품 회사 274
생명공학 275
의료장비 회사 279
제약회사 266
의약품 임상 실험 계획 267
이베이 70, 192
이익 55
   성장 134
   순이익(손익계산서) 111
   순이익(현금흐름표) 115
   영업이익 177
   영업이익(손익계산서) 108
   이익잉여금 101
   이자소득(손익계산서) 110
   주당순이익(손익계산서) 113
이익률
   순이익률 58, 136, 188
   영업이익률 76, 109, 226, 238
이자
   이자보상비율 110, 151
   이자소득/비용 110
   이자율 리스크 관리 324
이자 및 법인세 차감전 이익(EBIT) 151
이퀴팩스 260, 306
이트레이드 214
이튼 반스 344
인력(manpower) 311
인수 391, 397, 414, 440

인수에 의한 성장 전략 130
인터내셔널 페이퍼 429
인터내셔널 하비스터 439
인터퍼블릭 309
인텔 66, 73, 225, 375
인튜이트 364
일렉트로닉 아츠 364
일회성 비용 108, 119
잉여현금흐름 57, 142

ㅈ

자기자본이익률(ROE) 59, 139, 143
자본(equity) 103
자본비용 60
자본지출 58, 120
자빌 서킷 384
자산
   고정자산 81
   무형자산 100, 381
   비유동자산 99
   유동자산 94
자산운용 337
   성공의 보증수표 343
   주요 성장요인 341
   회계 340
장부가치 101, 192, 334
재고자산 97

재고자산회전율 97
재무제표
  대차대조표 92
  손익계산서 103
  현금흐름표 113
저비용 생산자 379
전기 458
전사적 자원관리(ERP) 363
정보기술(IT) 375
제너럴 다이너믹스(GD) 432, 436
제너럴 리 131
제너럴 모터스(GM) 75, 178
제너럴 일렉트릭(GE) 179, 328, 430, 435, 438
제넨테크 276
제리 샌더스 231
제약회사
  복제 의약품 경쟁 271
  성공 보증 수표 271
  시장 독점 270
  식품의약청 269
  약품 개발 과정 267
  지적재산권 270
  특허 270
제이너스 캐피털 341, 344
제트블루 항공 145, 214
제품 차별화 61
제프 베조스 146

젠텍스 432
존 버 윌리엄스 205
존 보글 187
존 템플턴 경 49
존 핸콕 347
존슨 앤드 존슨 214, 243
주가 변동 40
주가승수의 현명한 활용 190
주니퍼 네트웍스 382
주식
  매도할 때의 5가지 질문 41
  보통주 발행/재매입 121
  소형성장주 46
  스톡옵션 112
  우리사주제도를 통한 세금 혜택 115
  주식 매수 50
  주식의 타당성(validation) 49
  주식 분석 시 제기해야 할 질문 48
주주 81, 92, 103
지출 105, 183
질레트 414
짐머 67

ㅊ

찰스 리 159
채권소유자 81
체크포인트 소프트웨어 364
총이익(손익계산서) 105

총자산이익률(ROA) 59, 137

총자산회전율(TATO) 436, 441

치즈케이크 팩토리 290, 292

치코즈파스 299

ㅋ

캐드배리 슈웹스 420

캐터필러 429

컴캐스트 73, 144

컴팩 96, 101, 109

케네스 프렌치 46

코치 141

코카콜라 34, 64, 101, 159, 413, 423

콜게이트 팜올리브 80, 214, 416

콜스 294

콩코드 EFS 305

쿠어스 413, 422

퀘스트 401, 405

퀘이커 오츠 415

퀵 서비스 레스토랑 289

크라프트 74

크레이그 콘웨이 164

크로거 413

클로락스 201, 216

클리어 채널 391

키블러 424

킴벌리 클라크 413

ㅌ

타깃 74, 288, 294, 296, 412

테바 274

텍사스 인스트루먼츠 378

토미 힐피거 300

통신 400

  경제적 특성 404

  경제적 해자 407

  성공 보증 수표 409

  경제적 특성 404

투기 수익 187

투기꾼 187

투자

  단기투자증권 94

  언제 팔지를 아는 것 40

  톱다운 투자 전략 258

  투자 철학 31

  투자로 인한 이익 177

  투자손익(investment proceeds) 120

  피해야 할 실수 45

투자자의 체크리스트

  가치평가 202

  경영진 분석 170

  경제적 해자 77

  기업 분석 155

  내재가치 223

  미디어 399

  비즈니스 서비스 316

산업재 443
성공 투자 5원칙 44
소비자 서비스 301
소비자 제품 426
소프트웨어 373
에너지 456
유틸리티 467
은행 336
의료산업 286
자산운용사와 보험사 359
재무제표 분석 126
통신 411
투자 언어 90
피해야 할 7가지 실수 54
하드웨어 385
회계 조작 피하기 185
투하된 1달러의 자본 136
투하자본수익률(ROIC) 60, 147, 266
트랜스메타 378
특허권 보호 272
티 로우 프라이스 344
티파니 63, 302

ㅍ

파라마운트 386
파이낸셜 애널리스트 저널 51
파이서브 303
파카 442

판매 및 일반 관리비(SG&A) 107
팜 48, 378
퍼스트 데이터 71, 143, 304
페더럴 익스프레스 74, 314
페이첵스 73, 307
펩시코 73, 412, 422
평균으로의 회귀 33
포드 63
폭스 391
프라이틀라이너 442
프랭클린 리소시즈 344
프로그레시브 357
프록터 앤드 갬블(P&G) 416, 422
프루덴셜 347
프리토레이 414
피델리티 인베스트먼트 345
피터 린치 432
피터 머피 160
피트니 보우스 432
피프스 서드 319, 334
피플소프트 164, 363
필라델피아 서브어번 458

ㅎ

하드웨어 374
   경제적 해자 377
   성공 보증 수표 383
   하드웨어 산업의 역동성 376

하드웨어 산업의 원동력 375
하인즈 421
할인된 현금흐름(DCF) 209
할인율 207
핸드스프링 379
핼리버튼 447
헌츠(Hunt's) 421
헥터 루이즈 231
혁신 62
현금전환주기에 대한 이해 294
현금흐름 53, 205
    사라지는 현금흐름 180
    잉여현금흐름 57, 142
    할인 전 현금흐름 172
    할인된 현금흐름 206
    현금흐름의 변화 172
현금흐름표 58, 78
    감가상각 114
    배당금 지불 121
    보통주 121
    세금 혜택 115
    순이익 115
    순현금 119
    운전자본 117
    일회성 비용 119
    자본지출 120
    채무 122
    투자손익 120

현재가치 계산 209
홈디포 146, 253, 287, 288, 293, 294
화이자 55, 69, 143, 265, 272
화이트 마운틴즈 358
회계
    계속되는 기업 인수 174
    공격적 회계 171
    비용 183
    사라지는 현금흐름 180
    신용 조건의 변화 176
    연금의 함정 176
    재고 과잉 181
    적신호 172
    투자로 인한 이익 177
    현금흐름의 감소 172
    회계 가정의 변경 182
    회수되지 않는 대금 175
휴렛팩커드(HP) 91, 96, 378, 379

ADP 304

AFLAC 347

AOL 타임워너 74, 101, 184, 397

AT&T 321, 379, 400

BP 444, 453

CMGI 52

CVS 288

EMC 62

GEICO 357

H&R 블록 73

IBM 62, 133, 363, 378

IMS 헬스 306

JC 페니 293

JP 모건 체이스 329

MBNA 330

NBC 430

PDA 375

RSA 시큐리티 368

SAB 밀러 413

SAP 363, 372

SBC 74, 401, 409

UPS 66

1996년 통신법 402

360 네트웍스 406

3M 432, 434

지승룡 신흥증권 대표이사 사장이며 학교법인 익성학원 이사장. 한양대학교 경영대학원에서 경영학 석사를 취득하고, 현재 동국대학교 대학원 무역학 박사 과정에 있다. 주요 논문으로는 「중소기업 국제화의 문제점과 전자무역 활성화 방안」「경제환경 불확실성 증대와 금융리스크」가 있다.

조영로 모닝스타투자자문 대표이사. 연세대학교 상경대학을 졸업하고 미국 시카고 대학에서 MBA를 취득하였으며 영국 서섹스 대학에서 법학을 공부하였다. 연세대학교 상남 금융대학원, 증권업협회, 리스크전문가협회 등에서 금융과 장외파생상품에 대한 강의를 맡고 있다.

조성숙 덕성여대 회계학과를 졸업하고 현재 전문번역가로 활동 중이다. 옮긴 책으로는 『버핏, 신화를 벗다』『내러티브 앤 넘버스』『제3의 부의 원칙』『구루들의 투자법』『시그널』『AI 슈퍼파워』『뇌가 지어낸 모든 세계』『머니』『모닝스타 성공투자 5원칙』(공역)『피싱의 경제학』『자유주식회사』『피터 드러커의 매니지먼트』(공역)『세상에서 가장 발칙한 성공법칙』 등이 있다.

모닝스타 성공 투자 5원칙

1판 1쇄 | 2006년 5월 25일
1판 29쇄 | 2025년 9월 10일
지은이 | 팻 도시
옮긴이 | 지승룡 조영로 조성숙
편집 | 김승욱 심재헌
디자인 | 조아름
마케팅 | 김도윤 양지연
브랜딩 | 함유지 박민재 이송이 박다솔 조다현 김하연 이준희
제작 | 강신은 김동욱 이순호
발행인 | 김승욱
펴낸곳 | 이콘출판(주)
출판등록 | 2003년 3월 12일 제406-2003-059호
주소 | 10881 경기도 파주시 회동길 455-3
전자우편 | book@econbook.com
전화 | 031-8071-8677(편집부) 031-8071-8681(마케팅부)
팩스 | 031-8071-8672
ISBN | 89-90831-27-X 13320